丛 书 主 编　丁见民

丛书副主编　付成双　赵学功

美 洲 史 丛 书

文化的边疆

美国印第安人与白人文化关系史论

李剑鸣　著

南闐大學出版社

天 津

图书在版编目(CIP)数据

文化的边疆：美国印第安人与白人文化关系史论 /
李剑鸣著. —天津：南开大学出版社，2023.11
（美洲史丛书 / 丁见民主编）
ISBN 978-7-310-06478-6

Ⅰ.①文… Ⅱ.①李… Ⅲ.①美国印第安人－民族文
化－研究②文化史－研究－美国 Ⅳ.①K712.8
②K712.03

中国国家版本馆 CIP 数据核字(2023)第 192148 号

文化的边疆：美国印第安人与白人文化关系史论
WENHUA DE BIANJIANG：MEIGUO YINDI'ANREN YU
BAIREN WENHUA GUANXI SHILUN

南开大学出版社出版发行
出版人：陈　敬
地址：天津市南开区卫津路 94 号　　邮政编码：300071
营销部电话：(022)23508339　营销部传真：(022)23508542
https://nkup.nankai.edu.cn

天津创先河普业印刷有限公司印刷　全国各地新华书店经销
2023 年 11 月第 1 版　　2023 年 11 月第 1 次印刷
238×170 毫米　16 开本　20.75 印张　4 插页　326 千字
定价：188.00 元

如遇图书印装质量问题,请与本社营销部联系调换,电话：(022)23508339

南开大学中外文明交叉科学中心
资助出版

编者的话

自从 1492 年哥伦布发现"新大陆",美洲开始进入全世界的视野之内。不过,哥伦布认为他所到达的是东方的印度,故误将所到之地称为印度群岛,将当地原住民称为"印地人"。意大利航海家阿美利哥在随葡萄牙船队到南美洲探险后,于 1507 年出版的《阿美利哥·维斯普西四次航行记》中宣布哥伦布所发现的土地并非东方印度,而是一个新大陆。稍后学者为了纪念新大陆的发现,将这一大陆命名为"亚美利加",即美洲。此后很长时期内,欧洲人,无论是西班牙、葡萄牙还是英国、法国的探险家,都将这一大陆称为美洲。葡萄牙航海家费迪南德·麦哲伦,西班牙探险家赫尔南·科尔特斯、弗朗西斯科·皮萨罗,英国探险家弗朗西斯·德雷克、沃尔特·雷利无论在发给欧洲的报告、书信还是出版的行记中,都将新大陆称为美洲。甚至到 18 世纪后期,克雷夫科尔撰写的《一位美国农夫的来信》使用的依然是"America",而法国人托克维尔在 19 世纪 30 年代出版的名著《论美国的民主》也是如此。可以说,在"新大陆"被发现后的数百年中,美洲在欧洲人的观念中都是一个整体。

1776 年,随着英属北美 13 个殖民地的独立,美洲各区域开始走上不同的发展道路。首先独立的美国逐渐发展壮大,西进运动势如破竹,领土扩张狂飙猛进,到 19 世纪中期已经俨然成为美洲大国。接着,原在西班牙、葡萄牙殖民统治之下的广大拉丁美洲地区,也在 19 世纪 20 年代纷纷独立,建立了众多国家。不过,新独立的拉美各国在资源禀赋极为有利的情况下,却未能实现经济快速发展,社会问题丛生,现代化之路崎岖缓慢。现代学者在谈及拉美问题时,屡屡提及"现代化的陷阱"。最后,加拿大在 19 世纪中期经过与英国谈判才获得半独立地位,但此后其"国家政策"不断推进,经济发展和国家建设稳步提升,于 20 世纪初跻身经济发达国家之列。

表面上看,似乎美洲各国因为国情不同、发展道路各异而无法被等同视之，但当历史进入 19 世纪末期以后，美洲一体化的趋势却日渐明显，似乎应了"分久必合"的老话。1890 年 4 月，美国同拉美 17 个国家在华盛顿举行第一次美洲会议，决定建立美洲共和国国际联盟及其常设机构——美洲共和国商务局。1948 年在波哥大举行的第九次美洲会议通过了《美洲国家组织宪章》，联盟遂改称为"美洲国家组织"。这一国际组织包括美国、加拿大与拉丁美洲大部分国家。

除了国际政治联合外，美洲经济一体化也在第二次世界大战后迅速发展。美洲区域经济一体化首先在拉丁美洲开启。拉美一体化协会（Latin American Integration Association）是最大的经济合作组织，其前身是拉丁美洲自由贸易协会，主要成员国包括阿根廷、玻利维亚、巴西、智利、哥伦比亚、厄瓜多尔、墨西哥、巴拉圭、秘鲁、乌拉圭和委内瑞拉。此外，1969 年成立的安第斯条约组织（又称安第斯集团），由玻利维亚、智利、哥伦比亚、厄瓜多尔和秘鲁组成。1994 年，安第斯条约组织正式组建自由贸易区。1997 年，安第斯条约组织更名为安第斯共同体，开始正式运作。与此同时，加勒比共同体、中美洲共同市场、南方共同市场等区域经济一体化组织纷纷出现。其中，1995 年建立的南方共同市场是拉美地区发展最快、成效最显著的经济一体化组织。北美自由贸易区的建立，则是美洲一体化的里程碑。1992 年，美国、加拿大和墨西哥三国正式签署《北美自由贸易协定》。1994 年 1 月 1 日，协定正式生效，北美自由贸易区宣布成立。

时至今日，美洲各国在经济和政治上的联系日益紧密，美洲在政治、经济和文化等诸多方面依然是和欧洲、亚洲、非洲迥然不同的一个区域。无论是被视为一个整体的美洲，还是走上不同发展道路的美洲各国，抑或走向一体化的美洲，都值得学界从历史、文化、外交、经济等多维度、多视角进行深入研究。

南开大学美洲史研究有着悠久的历史和深厚的学术传统。20 世纪二三十年代，曾有世界史先贤从美国学成归来，在南开大学执教美国史，为后来美国史的发展开启先河。不过，南开美国史研究作为一个具有影响的学科则可以追溯到杨生茂先生。先生 1941 年远赴海外求学，师从美国著名外交史学家托马斯·贝利，1947 年回国开始执教南开大学，他培养的许多硕士生和博士生成为国内高校美国史教学和科研的骨干。1964 年，根据周恩来总理的指示，国家高教委在南开大学设立美国史研究室，杨生茂先生任主任。这是中国高校中最早的外国史专门研究机构。此后，历经杨生茂先生、张友伦先生和李剑鸣、赵学功教授三代学人的努力，南开大学美国史学科成为中国美国史研究一个颇具影响的学术点。2000 年，美国历史与文化研究中心成立，成为南开大学历史学院下属的三系三所三中心的机构之一。2017 年，以美国历史与文化研究中心为基础组建的南开大学美国研究中心，有幸入选教育部国别与区域研究（备案）基地，迎来新的发展机遇。不过，南开大学美国研究中心并非仅仅局限于历史学科。南开美国研究在薪火相传中一直都具有跨学科的多维视角特色，这可以追溯到冯承柏先生。冯先生出身于书香世家，数代都是南开学人。他一生博学多才，在美国研究、博物馆学与图书情报等数个领域都建树颇丰，在学界具有重要的影响，他为美国研究进一步开辟了交叉学科的宽广视野。在冯先生之后，南开美国研究的多学科合作传统也一直在延续，其中的领军者周恩来政府管理学院的韩召颖教授、美国研究中心的罗宣老师都是冯先生的杰出弟子。

南开大学拉丁美洲史是国家重点学科"世界史"主要分支学科之一，也是历史学院的特色学科之一。南开大学历史系拉丁美洲史研究室建立于 1964 年，梁卓生先生被任命为研究室主任。1966 年，研究室一度停办。1991 年，独立建制的拉丁美洲研究中心成立，洪国起教授为第一任主任，王晓德教授为第二任主任，董国辉教授为现任主任。2000 年南开大学实行学院制后，拉美研究中心并入历史学院。1999 年，中心成为中国拉丁美洲史研究会秘书处所在地。洪国起教授在 1991－1996 年任该研究会副理事长，1996－1999 年任代理理事长，1999—2007 年任理事长。2007—2016 年，王晓德教授担任研究会理事长，韩琦教授担任常务副理事长；2016 年后，韩琦教授担任理事长，王萍教授、董国辉教授担任副理事长。

此外，加拿大史研究也一直是南开大学世界史学科的重要组成部分。20 世纪 90 年代，张友伦先生带队编著并出版《加拿大通史简编》，开启研究先河。杨令侠、付成双教授分别担任中国加拿大研究会会长、副会长，先后担任南开大学加拿大研究中心主任。南开大学加拿大研究中心是中国加拿大研究的重镇之一，出版了众多加拿大研究成果，召开过数次大型学术研讨会。

深厚的学术传统结出丰硕的学术成果，而"美洲史丛书"就是前述研究成果的一个集中展现。这套丛书计划出版（或再版）18 部学术著作，包括杨生茂编著（朱佳寅、杨令侠编）《美国史学史论译》、张友伦主编《加拿大通史简编》、冯承柏著《美国历史与中美文化交流研究》、洪国起著《拉丁美洲史若干问题研究》、陆镜生著《美国社会主义运动史》、韩铁著《美国历史中的法与经济》、王晓德著《拉丁美洲对外关系史论》、李剑鸣著《文化的边疆：美国印第安人与白人文化关系史论》、韩琦著《拉丁美洲的经济发展：理论与历史》、赵学功著《战后美国外交政策探微》、付成双著《多重视野下的北美西部开发研究》、董国辉著《拉美结构主义发展理论研究》、杨令侠著《加拿大与美国关系史纲》、丁见民著《外来传染病与美国早期印第安人社会的变迁》、张聚国著《上下求索：美国黑人领袖杜波依斯的思想历程》、罗宣著《美国新闻媒体影响外交决策的机制研究》、王翠文著《文明互鉴与当代互动：从海上丝绸之路到中拉命运共同体》与董瑜著《美国早期政治文化史散论》。

与其他高校和科研机构的相关成果相比，这套丛书呈现如下特点：第一，丛书作者囊括南开大学老中青三代学者，既包括德高望重的前辈大家如杨生茂、张友伦、冯承柏、洪国起，又包括年富力强的学术中坚如王晓德、李剑鸣、赵学功、韩琦等，还包括新生代后起之秀如付成双、董国辉和董瑜等；第二，丛书研究的地理区域涵盖范围宽广，涉及从最北端的加拿大到美国，再到拉丁美洲最南端的阿根廷；第三，涉猎主题丰富广泛，涉及政治、经济、文化、外交、社会和法律等众多方面。可以说，这套丛书从整体上展现了南开大学美洲史研究的学术传统特色和专业治学水平。

为保证丛书的编写质量，南开大学历史学院与南开大学出版社密切合作，联手打造学术精品。南开大学中外文明交叉科学中心负责人江沛教授在担任历史学院院长时启动了"美洲史丛书"的出版工作，并利用中外文明交叉科学中心这个学术平台，提供学术出版资助。余新忠教授继任历史学院院长后，十分关心丛书的后续进展，就丛书的编辑、出版提出了不少建设性意见。南开大学世界近现代史研究中心主任杨栋梁教授对丛书的出版出谋划策，鼎力支持。此外，美国研究中心、拉丁美洲研究中心的博士及硕士研究生出力尤多，在旧版书稿与扫描文稿间校对文字，核查注释，以免出现篇牍讹误。

南开大学出版社的陈敬书记、王康社长极为重视"美洲史丛书"的编辑出版工作，为此召开了专门的工作会议。项目组的编辑对丛书的审校加工倾情投入，付出了艰巨的劳动。在此向南开大学出版社表示衷心的感谢！

丁见民

2022 年 4 月

再版前言

若以材料、方法和观点的生命力来衡量，多数史学论著的寿命都是比较短暂的。我这本小书出版于 27 年前，自那时以来，无论我个人的学术兴趣，还是国内外美国史研究的状况，都发生了至大至深的变化；尤其是关于美国印白关系史的研究，在国内外史学界得到发展的程度，真可以用"翻天覆地"来形容。因此，现在再版这本旧作，如果参照相关研究的最新进展，确乎没有太大的意义。

最近二三十年来，美国学术界关于印第安人历史和文化的研究论著，以其数量之巨大，远非一个人在短期内所能掌握。在本书出版之际，我就离开了印第安人史这个领域，把主要精力转向了美国早期政治史，因之对印第安人史研究的近期状况自是十分隔膜。在校订本书的底稿时，我仅浮光掠影地扫描了一下相关研究动向，就深感成果之多，变化之大，实在令人目不暇接。[①]

就史观而言，关于印第安人在美国历史中的角色和地位，近期美国史学界已有大不一样的界定。尽管许多美国史家一直在努力"肃清"特纳史学的"流毒"，致力于把印第安人的经历作为美国传统的一部分来对待，但是关于印第安人对美国历史的贡献，却仍然缺乏明确而恰当的定位。最近几十年来，美国史家更加自觉采用土著美国人的视野，不仅把印第安人当作整个美国历史的重要角色，而且更突出地强调他们在历史过程中的重要性。美国史家大多不再仅仅把印第安人视作史前美洲的主角和殖民地历史的参与者，而是集中关注他们在美国历史形成和国家构建中所起的作用，把他们看作美

---

① 关于 1995 年以前 100 年美国印第安人史学的演变，参阅 R. David Edmunds, "Native Americans, New Voices: American Indian History, 1895-1995," *The American Historical Review*, Vol. 100, No. 3 (Jun., 1995), pp. 717-740；关于 20 世纪 90 年代以来美国印第安人史学的进展，参阅 Eric Foner and Lisa McGirr, eds., *American History Now* (Philadelphia: Temple University Press, 2011), pp. 376-399.

国历史面貌的塑造者。据有些学者研究，欧洲人在同印第安人接触之初，以及后来作为先锋进入北美内陆，非但无力改变或支配那里的土著社会，反而对当地部落产生很强的依赖性，其观念和制度的形成、演进历程中也有土著人群留下的印迹。即便在19世纪以来遭受系统剥夺的时期，印第安人也不是默默的苦难承受者，而同样扮演着历史的参与者和创造者的角色。[①]

具体到印白关系史的研究，美国史家一方面继续关注欧洲裔居民对印第安人的剥夺以及由此造成的种种灾难，另一方面也十分强调印第安人自主而积极的应对。印第安人不再是欧洲人进逼的被动的受害者，也不再是美国政策的无奈的顺从者；相反，他们一直在寻求适应，进行抗争，用各式各样的方式捍卫部落的土地，维护自己的权利。而且，印第安人也从未置身于美国历史进程之外，而在很大程度上参与了美国人身份认同的塑造。著名印第安人作家小瓦因·德洛里亚（Vine Deloria Jr.）之子菲利普·德洛里亚（Philip J. Deloria）现在已是一名出色的历史学者，他在自己的书中指出："后殖民时代"的美利坚人为了摆脱其欧洲渊源，创造出一种新的自我形象，即把他们自己描绘成新世界原初居民的合法继承者；而在这个过程中，他们一面把"印第安人特性"加以内化，一面致力于消灭真实的印第安人。从这里引出了一个尖锐的悖论：欧洲裔美国人离开印第安人就无以构想其美利坚人的身份认同，而保留真实的印第安人又不能塑造出一种完整的身份认同。[②]另一位知名的印第安人史专家弗雷德里克·霍克西，在一本新书中叙述了一大批印第安人活动家的事迹。这些人大多是律师、游说者、鼓动家和作家，他们用言辞和理念而不是暴力来捍卫印第安人的权利，由此创造出一个不同的世界，印第安人部落及其文化变成了美国社会的一部分，土著美国人的后代和曾经剥夺其祖先的人们的子孙，可以共同生活在这个世界中。[③]

与此相关的一个重要问题是，如何看待白人社会和美国政府与印第安人整体命运的关系。有的学者主张用"种族灭绝"（genocide）来定性。[④]但

---

① Michael A. McDonnell, *Masters of Empire: Great Lakes Indians and the Making of America* (New York: Hill and Wang, 2015); Allan Greer, *Property and Dispossession: Native, Empires, and Land in Early Modern North America* (Cambridge, UK: Cambridge University Press, 2018).

② Philip J. Deloria, *Playing Indian* (New Haven: Yale University Press, 1998).

③ Frederick E. Hoxie, *This Indian Country: American Indian Activists and the Place They Made* (New York: Penguin, 2013).

④ Brendan C. Lindsay, *Murder State: California's Native American Genocide, 1846-1873* (Lincoln: University of Nebraska Press, 2012); Jeffrey Ostler, *Surviving Genocide: Native Nations and the United States from the American Revolution to Bleeding Kansas* (New Haven: Yale University Press, 2019).

是，美国学术界就此产生了激烈的争议。一方面，如何定义"种族灭绝"，不仅是一个学术问题，而且牵涉到复杂的道德和情感因素；另一方面，如何从统计学角度取得足够的证据来支持"种族灭绝"说，也不是一件轻易就能完成的工作。有学者试图用"族裔净化"（ethnic cleansing）来界定美国历史上针对印第安人的暴力、迁徙和剥夺，以此超越关于"种族灭绝"的争论。当然，"族裔净化"和"种族灭绝"一样，都是反人类的罪行。①

美国史家还对早期印白关系史加以"概念化"，由此产生了三个具有重要学术价值的分析范畴。第一个是"边界地带"（borderlands）。20 世纪 20 年代，曾受业于特纳的赫伯特·博尔顿（Herbert Eugene Bolton）开风气之先，把聚焦点从新英格兰的盎格鲁-印第安人关系，转向西南地区的西班牙-印第安人关系，提出了"边界地带"的概念。②他的学生踵继前行，进一步发掘印第安人在美洲西班牙帝国的历史角色，并揭示西班牙遗产对美国历史的意义。20 世纪 90 年代以来，不少学者继续研究法国、墨西哥、加拿大与印第安人之间的"边界地带"，更加深入而细致地揭示了印白关系的复杂性、混合性和互动性。③第二个重要范畴无疑是"中间地带"（middle ground）。这个概念由理查德·怀特率先使用。他有一本书专门探讨欧洲人的贸易、战争和疾病对印第安人的影响，描述土著社会如何应对殖民帝国和欧洲人的冲击，并旁及不同部落之间的关系，精细地勾画出欧洲人特别是法国人与大湖区土著居民的复杂关系。④另一些学者采用"中间地带"范式来研究其他地区不同族裔、不同文化的联系和互动，尤其注重印第安人在文化接触中的积极主动的角色。第三个有影响的分析范畴，可以说是"定居者殖民主义"（settler colonialism）。北美的欧洲人对印第安人的剥夺并不像西属美洲那样，是借征服战争而一举完成的，而是白人定居者不断蚕食、渐次夺取的结果。这就是"定居者殖民主义"的要义。⑤这三个分析范畴之间有联

---

① Gary Clayton Anderson, *Ethnic Cleansing and the Indian: The Crime That Should Haunt America* (Norman: University of Oklahoma Press, 2014).

② Herbert E. Bolton, *The Spanish Borderlands: A Chronicle of Old Florida and the Southwest* (New Haven: Yale University Press, 1921).

③ Ramón A.Gutiérrez, *When Jesus Came the Corn Mothers Went Away: Marriage, Sexuality and Power in New Mexico, 1500–1846* (Palo Alto, CA: Stanford University Press, 1991).

④ Richard White, *The Middle Ground: Indians, Empires, and Republics in the Great Lakes Region, 1650–1815* (New York: Cambridge University Press, 1991).

⑤ Jeffrey Ostler, "Locating Settler Colonialism in Early American History," *The William and Mary Quarterly*, Vol. 76, No. 3 (July 2019), pp. 443-450.

系，也有交叉点，因而有学者把它们结合在一起加以运用。[①]这些分析范畴不仅对理解印白关系的历史大有意义，而且也可以给其他类似问题的研究带来有益的启发。

在许多具体问题上，新著和新说更是层出不穷，而且大多也是从印第安人的角度出发，展现印第安人所扮演的积极角色。在西部史研究中，印白关系历来是不可忽视的重要课题。20世纪90年代以来，有一批论著从印第安人的视角重新审视印白关系在西部史中的地位，探讨包括土著妇女在内的西部印第安人的经历，并把印白关系作为赋予西部以特征的持久因素。[②]早期印白关系史研究历来是成果集中的领域，而科林·卡洛威（Collin Calloway）对印第安人与美国革命的研究，还在美国革命史学中产生了很大的反响。[③]美国政府的印第安人政策依旧是印白关系史的重头戏。科林·卡洛威的另一本书，系统梳理了条约和订约在印白关系史上的地位，尤其重视正式谈判以外的私人会晤等方面的细节，并发现条约对于印第安人和美国人有不同的意义。[④]一些关于印第安人教育的论著，也不再以联邦政策为重点，而是把土著学生作为中心，将他们在学校的经历称作"创造性适应"，肯定他们在印第安人政策改革中的作用。有的研究做得十分细致，具体讨论了土著学生的阅读和写作。[⑤]此外，关于联邦涉及印第安人的法律和司法判决、印第安人迁移、印第安人战争及保留地制度的研究，也都有大批论著问世。虽然这些新作涉及的大都是旧题材，但是展示了新视角、新方法、新材料和新观点。

[①] Lucy Eldersveld Murphy, *Great Lakes Creoles: A French-Indian Community on the Northern Borderlands, Prairie du Chien, 1750-1860* (New York: Cambridge University Press, 2014).

[②] Patricia Nelson Limerick, *The Legacy of Conquest: The Unbroken Past of the American West* (New York: W. W. Norton, 1988); Richard White, *"It's Your Misfortune and None of My Own": A New History of the American West* (Norman: University of Oklahoma Press, 1991); Paige Raibmon, *Authentic Indians: Episodes of Encounter from the Late-Nineteenth-Century Northwest Coast* (Durham, NC: Duke University Press, 2005); Jane E. Simonsen, *Making Home Work: Domesticity and Native American Assimilation in the American West, 1860-1919* (Chapel Hill: University of North Carolina Press, 2006); Donald L. Fixico, *Indian Resilience and Rebuilding: Indigenous Nations in Modern American West* (Tucson: University of Arizona Press, 2013).

[③] Colin G. Calloway, *The American Revolution in Indian Country: Crisis and Diversity in Native American Communities* (New York: Cambridge University Press, 1995).

[④] Colin G. Calloway, *Pen and Ink Witchcraft: Treaties and Treaty Making in American Indian History* (New York: Oxford University Press, 2013).

[⑤] Hilary E. Wyss, *English Letters and Indian Literacies: Reading, Writing, and New England Missionary Schools, 1750-1830* (Philadelphia: University of Pennsylvania Press, 2012).

例如，以往美国史家大多从"高层"视野出发，集中考察美国政府的印第安人政策的制定；近期有学者的研究表明，负责印第安人事务的基层官员对于联邦政策的实施具有重要的作用，而涉及土著社会的主权和法律问题也至为复杂。①

最近几十年，"族裔政治"和"身份政治"在美国十分盛行，而关于20世纪印白关系的研究，也特别注重印第安人的身份认同和民族主义。查尔斯·威尔金森（Charles Wilkinson）在这方面的研究成果颇有分量。他关注的重点是20世纪中期以来印第安人追求部落主权的活动。②另有学者考察游猎部落克罗人的"泛印第安人意识"的兴衰，深入剖析了印第安人部落观念和身份意识的复杂性和变动性。③以往学者大多认为，1969年印第安人占领阿尔卡特拉斯岛（Alcatraz Island）乃是印第安人"行动主义"（activism，主要是"红色权力"运动）的起源；近来有学者称，1961年成立的"全国印第安人青年理事会"（National Indian Youth Council），意味着印第安人"行动主义"的发端，因为这个团体提出要建立"一个大印第安人美国"（A Greater Indian America）。④

史料和方法方面的更新也不可谓不显著。在"视觉转向"的驱动下，利用摄影、绘画、展览和物质文化产品来研究印白关系史，也成为一种流行的风气。这在缺乏印刷品和手稿的情况下，尤其具有补益的价值。与此相应，图像学、文本分析、人类学理论等也大量运用于相关的研究中。在不同题材的论著中，还可以见到史学经典方法之外的政治经济学分析、土著研究范式、人种史学等方法。史料和方法的这种多样性，自然能形成丰富多彩的学术图景。

国内专门研究美国印第安人史的学者为数甚少，但自进入21世纪以来

---

① Cathleen D. Cahill, *Federal Fathers and Mothers: A Social History of the United States Indian Service, 1869-1933* (Chapel Hill: University of North Carolina Press, 2011); Lisa Ford, *Settler Sovereignty: Jurisdiction and Indigenous People in America and Australia, 1788-1836* (Cambridge, Mass.: Harvard University Press, 2010).

② Charles F. Wilkinson, *Blood Struggle: The Rise of Modern Indian Nations* (New York: W. W. Norton, 2005).

③ Frank Rzeczkowski, *Uniting the Tribes: The Rise and Fall of Pan-Indian Community on the Crow Reservation* (Lawrence: University Press of Kansas, 2012).

④ Bradley G. Shreve, *Red Power Rising: The National Indian Youth Council and the Origins of Native Activism* (Norman: University of Oklahoma Press, 2011).

也有些许新的气象。年轻一代研究者中，有人写出了关于"印第安人新政"的专著，[①]还有人把印第安人的经历嵌入环境史和疾病医疗史的脉络中考察，发表了若干篇颇有分量的论文。[②]诚然，国内的印第安人史研究，无论规模还是水准，都不可能同美国史学界相比量，但是近期的论著也能紧密追踪美国史学的前沿动向，在视角、材料和研究深度上均有可赞之处。

相较之下，我这本小书难免显得肤浅和过时。在我涉猎印第安人史的时候，最大的难题是图书文献搜求不易。当时既没有现在这样便利的数据库和网络工具，也不能亲身出国做研究，于是只能依赖京津地区几个图书馆的藏书。遇到个别不可或缺的材料，便只好托在美国的师友代为查找和复印。现在来看，本书最大的欠缺的确是由于材料薄弱。不仅原始材料不足，而且许多重要论著也无从利用，对很多问题的讨论便难以深入。就视角和观点而言，我比较强调印第安人所经受的苦难和不幸，尤其关注白人社会和美国政府的文化征服及其危害，并没有充分留意文化的竞争和混合，更未着重指出印第安人在其中的自主性。此外，我在行文上也带有较为鲜明的道德取向，对白人社会及美国政府对待印第安人的态度和政策，持强烈的批判立场。读者幸勿以为这代表了我对美国历史和文化的总体看法。毕竟，印白关系只是美国历史的一个侧面，远不能涵盖美国人过往经历的丰富性和多样性。在方法上，我着意借鉴文化人类学的理论，明显地倾向于文化相对主义的立场。在今天看来，这也有一定的局限性。此外，本书的文字也带有雕琢痕迹，这是由于我当时过于关注文辞，偏好"故作摇曳"的文风。

不过，重温"少作"，也有让我略感欣慰的地方。就目前国内的美国史研究而言，从文化的视角描摹印白关系的基本轮廓，对于构建美国史的基本知识框架，依然是很必要的。再则，即便参照美国史学界印第安人史研究的近期动向，就印白文化关系的历史进行更高水准的宏观考察，也未尝不是一项值得开展的工作。只是以我目前的兴趣和精力，实在不可能重拾印第安人史方面的课题。但我仍然觉得，这个领域是大有可为的，尤其是在大量史料

①　丁见民：《自治与同化的悖论：美国印第安人新政研究（1933—1945）》，天津人民出版社，2015年。

②　付成双：《试论毛皮贸易对北美印第安人的生态影响》，《世界历史》2006年第3期，第4-11页；付成双：《现代环境主义视野下的"生态的印第安人"》，《历史研究》2011年第4期，第156-172页；丁见民：《北美早期印第安人社会对外来传染病的反应和调适》，《世界历史》2015年第4期，第59-68页；丁见民：《外来传染病与美国历史早期印第安人口的削减》，《世界历史》2018年第1期，第96-106页。

文献引入、研究条件明显改善的情况下，只要愿意投入较多的时间和精力，就一定可以做出令人耳目一新的成绩。

这次借再版的机会，我重点校订了文字，调整了体例，更正了一些明显的错漏，在其他方面则基本上未做变动。这些事情做起来也颇为琐碎而繁难，幸而一如既往地得到了内子的帮助，于是极大地减轻了工作的负担，加速了任务的完成。

李剑鸣

2021 年 4 月于上海新江湾城

目　录

导　言

一

　　20 世纪 60 年代的某一天，在清教徒"始祖移民"最初踏上北美大陆的"普利茅斯石"，一群来自 25 个部落的印第安人举行游行示威，宣布把感恩节改为"全国致哀日"。这个昙花一现的小小事件，虽无重大历史影响可言，却格外意味深长。这些游行者的先辈们，300 多年前曾在此处友善地欢迎和帮助一批越海而来却困苦无助的白人移民，那时他们何曾料到，这些受过他们恩惠的白人，一旦立足以后竟然反客为主，以怨报德，不仅夺占他们的土地，驱杀他们的人民，而且摧毁他们的文化，使他们此后的历史沦为一部浩劫和毁灭的悲惨记录。他们的后代抚今追昔，痛定思痛，不禁悲愤交加，大声疾呼不要忘记白人的历史罪恶和印第安人的巨大不幸，于情于理也就无可厚非。

　　其实历史早已清楚地记下了一切。自从白人来到北美，这里便出现了两幅对照鲜明的历史图景：白人组成的社会不断走向强盛和繁荣，而北美最早的居民则日益陷入苦难的深渊。这两幅图景所展现的实际是同一历史事实：白人社会文化的发展和兴盛，曾以印第安人的不幸和灾难作为代价。

　　也就是说，由白人移入北美所发端的种族交往和文化接触，带给印第安人的乃是物质和精神上的双重创伤。数百年间，印第安人的家园被人夺占，生存条件受到破坏，许多强大的部落归于崩溃，无数人民死于非命。这些都是史不绝书因而众所周知的事情。然则白人不仅进行暴力夺占，而且还极力从文化上改造印第安人，当完成物质上的征服以后，愈益加紧了文化同化的进程。这就使得印第安人在失去家园的同时，又面临着失去文化传统和种族认同的威胁。这种双重的严酷考验，把印第安人推入极其悲惨和不幸的境地。

暴力夺占和文化征服，严格说来乃是同一过程的两个方面，都是白人出于满足自己社会文化发展的需要，从物质和精神上剥夺印第安人的行为。前者因其显而易见的暴虐、血腥和不义，构成印白关系史上最为黑暗的章节，也被视为美国社会"辉煌"发展历程中极不光彩的污点。然而，白人加之于印第安人的文化征服，虽然不见刀光剑影，却同样是一场严酷的战争。白人力图根绝土著文化，按照自己的文化标准重新塑造印第安人的形象；印第安人处于巨大的生存危机和文化压力当中，一直执着顽强地维持文化传统，抗拒白人的同化。可见，这是一场事关种族存亡和文化绝续的无声战争。印第安人在其中所受创痛之深巨，所遭损失之惨重，完全可以同物质和肉体上的灾难等量齐观。

二

一般来说，不同文化的撞击和交流，自古以降一直都在为人类文化的演进创造动力，提供机遇。一个孤立封闭的文化系统，不论曾经多么发达，轻则进步缓慢，重则停滞不前乃至归于寂灭无闻。但劣势文化通过吸收外来文化，则可能获得飞跃式的发展，这种例证在世界历史上也可以说俯拾即是。古代地中海周边国家，由于接受希腊文化的影响而进入"希腊化"时代，出现过文化的转型；"蛮族"与罗马文化的接触，推动了欧洲封建制的形成；女真族在大量吸收外来文化以后迅速崛起，竟至入主中原；日本人因为善于吸纳外来文化，近代以来便能自立雄视于世界民族之林。然而印第安人与白人的文化接触，所上演的却是一出旷绝古今的历史悲剧。

制造悲剧的责任，无疑应由白人社会承担。因为白人不仅是北美的后来者，而且在文化势能上居于明显优势，但他们很少公正地对待印第安人，没有平等地处理与土著文化的关系，所采取的方式浸透着殖民主义和种族主义的"毒素"。从殖民之初开始，他们就极度蔑视土著文化，一心按照所谓"基督教文明"的模式加以改造。美国建国以后，在"开化"和同化印第安人的工作中，投放了更大的财力和人力。到19世纪中后期，美国打败了境内所有土著部落，便以强制手段迫使印第安人"美国化"。这一强制同化运动，一直持续到 20 世纪 30 年代。此后同化倾向仍时有抬头。直至 70 年代，美国主流文化与其他少数种族文化的关系，才开始转向多元文化主义的原则，形成相对平等的格局，对印第安人的文化征服方告终结。

可以说，文化问题在美国印白关系中占有十分重要的地位。白人入主美洲后，受到与土著居民关系的困扰。他们称此为"印第安人问题"①，意在指责印第安人妨碍其扩张和发展。尽管白人中间向来有人力主从肉体上消灭印第安人，但白人社会作为一个整体，却把文化同化当作解决问题的最后手段。即便在边疆战争频繁发生的年代，非部落化教育、传教活动、农业示范、习俗变革这样一些从文化上改造印第安人的工作，一直都在进行，并且呈不断扩大的趋势。在完成武力征服以后，文化改造几乎成了白人社会处理"印第安人问题"的唯一方式。美国政府有关印第安人事务的文件中涉及最多的问题，便有"文明开化"和文化同化。较之其他存在白人与土著居民关系问题的国家，如拉美诸国和澳大利亚，一以贯之的文化改造运动的确是美国印白关系的一个突出特点。这一问题过去没有受到应有的重视，因而很有开展研究的必要。

三

然则白人社会何以最终选择文化方式来解决"印第安人问题"呢？他们既然需要夺占印第安人的土地以获得发展，肉体的消灭岂非更快更有效的手段？要回答这个看似简单的问题，不得不涉及众多复杂的历史和文化因素。

首先当然是白人没有可能从肉体上灭绝印第安人。这种做法不仅会招致难以承受的道义负担，而且从实际的方面看，在白人社会的早期发展中，也无法承担如此沉重的物质代价，因为印第安人的武力抵抗断非易于对付。这一点可以从一些边疆将领的见解获得证实。他们觉得对印第安人的战争，会使白人付出人力和财力上的极高代价，因而不是理想的方式；如果能够引导印第安人按照白人的方式生活，则不仅可使他们与白人和平相处，而且也

---

① 这是一个带有种族主义色彩的历史概念。印第安人并不接受这种提法，他们认为，所谓"印第安人问题"，首先是一个"白人问题"。

会让出大片土地供白人占用和开发。因之文化方式既可弥补暴力手段的不足，又能从根本上消除"印第安人问题"对白人社会的困扰。印第安人一旦失去文化特性，也就不复为对立于白人社会的种族，这与肉体上的灭绝实则异曲同工和殊途同归，而且由于道义负担和物质代价较轻而显示出很大的优越性。

从历史上看，白人社会对印第安人进行文化改造，在不同时期有着不同的背景和功能。殖民地时期英国政府和殖民地当局鼓励"文明开化"活动，目的在于巩固其殖民体系，减轻边疆防卫的负担，实现基督教"文明"对"野蛮人"的征服，增进帝国的荣誉。美国政府在内战以前所开展的"开化"工作，大体上服务于夺占印第安人的土地资源这一现实目标，因为西进的移民产生不断扩大的土地要求，美国政府首要的考虑，必然是如何取得部落的土地而又尽量减少印第安人的抵抗。以财货易土地、迁移政策和保留地制度都旨在解决土地问题，而"文明开化"活动则一直与此紧密配合。19世纪中期以后，美国国力急剧上升，已成世界经济大国，领导世界文明的欲望也随之增强，因而在海外扩张的同时，要求在国内强化"盎格鲁文化一致性"，急速同化印第安人也就成为一项必不可少的工作。那时白人把这种同化称作"美国化"，用意即在于此。当然，无论出于何种意图，白人社会通盘都在为自己的利益打算，印第安人的权利和命运则不在他们考虑之列，尽管他们屡屡宣称，"文明"将给处于"野蛮状态"的印第安人带来福祉，结果证明这不过是欺人之谈。

倘若从文化接触本身看问题则会发现，两种文化的性质和接触的历史条件，必然导向白人文化对土著文化实行围剿和改造。白人在入主北美之时，已然迈出中世纪之门，进入工商业蓬勃发展的新时代，技术和组织的优势，使其文化体系具有极强的势能。北美土著居民依然滞留于石器时代，工具的粗糙、技术的简陋和制度的单纯，使他们的文化势能较白人处于悬殊的劣势。进而言之，两种文化从环境中汲取能量资源的方式和程度，不仅差别甚大，而且相互冲突而不能相容。印第安人依靠直接占用资源来维持低限度的生存，而白人则通过生产以改变资源的形态和性质，从而获得超越生存要求的剩余财富。这样两种差别极大的文化在同一环境中相遇，结果必定不能和平共处而相安无事。白人以其技术和制度的优势，自然产生文化优越感和征服欲，因之对劣势文化极加贬斥，冠以"野蛮""愚昧""落后"的恶名，继而以"文明"和"进步"的名义加以征服和改造。特别是在那个殖民主义、帝国主义和种族主义被当作合理价值取向的时代，征服和改造一种劣势文化，便成为实现帝国理想的当然途径。

就美国文化的特性而言，用文化方式处理"印第安人问题"，还负有调和工具理性和价值理性之间的矛盾这样一种使命。美国文化向来以不重理论、鄙弃空谈、重视实际和关注功效为特征，实用主义实际就是这种生活方式的哲学表述。这种讲究效用和追求功利的工具理性，因为缺乏理想色彩和价值目标，从价值理性的角度看则有很大的不合理性。一种文化如果需要保持其系统的弹性，就必须缓解这种矛盾。因此，美国人立国之初便以"美洲"（America）作为其国名的一部分，扩充疆土时则打出"天定命运"的旗帜，海外扩张更用传播文明的名义加以标榜，而这样做的目的，不外是以价值目标来掩盖功利追求的不合理性。在处理与印第安人的关系时，白人社会同样使用这种以崇高名义实现卑劣欲望的惯技。美国赖以兴盛的土地资源，公认得自对印第安人的剥夺，而夺人之物则与人类维持相互关系的基本准则相悖，不免留下道义的负担和历史的污点。白人社会和美国政府为了摆脱这一窘境，便采用文化方式来达到目的。按照白人的说法，美国取得印第安人的土地，乃是文明进步的必然要求，因为印第安人身处野蛮状态，没有也不可能有效开发利用北美的资源，只有通过白人之手才能把北美建成一个自由、民主和平等的"人类避难所"，印第安人既然要阻挡白人实现这一崇高的理想，招致灭顶之灾就不仅是自取其祸，而且也是文明进步的必要代价。可是，白人并不想从肉体上消灭一个"劣等"种族，而是引导他们走"文明"的道路，使他们得享"人类避难所"的福泽，拥有远胜于他们原来"野蛮状态"的"文明"生活。这样一来，怎么能够将剥夺印第安人一事指斥为不义之举呢？于是，白人社会的利益欲望便巧妙地披上了一件好看的价值外衣，工具理性的不合理色彩从而得以掩饰。

然而，白人社会自我缝制的这件价值外衣，说穿了也不过是"皇帝的新装"。理由乃是不言而自明的。白人既然以文化改造和同化服务于利己的要求，也就根本漠视和践踏印第安人的权利和利益。而且事实证明，"文明开化"所给予印第安人的绝非美好生活，而是连接不断的痛苦和损失。任何一种文化系统本来都有独立的价值和功能，白人社会试图消灭土著文化，实际是一种文化帝国主义的行为。他们对印第安人文化权利的侵害，达到无以复加的程度，由此铸就了一种极不平等也不合理的文化关系格局。

四

印第安人的文化不仅自成体系，而且独具价值。他们虽然受到工具和技术的制约，但以北美地域之辽阔和资源之丰富，他们并无严重的生存危机。他们的社会组织、生活习俗和价值伦理，都与其环境和生存状态有着和谐的关系。他们热爱自己的生活方式，其文化系统表现出高度的稳定性。

但是，白人的到来改变了原有的局面，他们遇到严峻的生存危机和巨大的文化压力。由于工具技术和组织方面的劣势，他们根本不能抵御白人社会的扩张和剥夺；在白人文化的咄咄侵逼下，他们的文化传统陷于毁灭的危险当中。他们对这一空前巨变所做的反应，根据一些美国学者的看法，因为千差万别而无法描述。但如果将细节上的差别和表面的复杂忽略不计，而从整体上和实质上加以考察，仍然可以看出他们大致的反应倾向。

在一般情况下，印第安人不难识别白人技术与工具的长处，因而能够吸收那些可与其传统生活方式相结合的成分；但对于白人的制度、习俗和价值观念，他们往往持深闭固拒的态度。不过这种吸纳和拒斥，又因种族关系整体格局的变化而前后有所不同。在种族冲突至为尖锐的时期，印第安人对白人文化表示全面反感；而在白人社会的种族主义倾向有所收敛的20世纪中叶以后，印第安人在生活中吸收的白人文化成分迅速增多。就对待白人文化以及所谓"文明开化"的态度而言，各个部落大体上都出现过"开化派"与"守旧派"的分歧和争执。"开化派"主动学习白人生活方式，对"开化"政策采取合作立场，因而受到美国政府的欢迎和鼓励。"守旧派"则坚持传统生活方式，鄙弃和拒绝采纳白人文化，白人社会对他们既痛恨又深感无奈，诋之为"异教徒"或"野印第安人"。而且不同的部落在反应的主导倾向上也不尽一致。一些原来文化相对发达而又具有较为开放的文化心态的部落，往往试图通过吸收白人文化来维持生存；其他的部落则因长期与白人进行抗争和不能适应变动，结果陷入极度的贫困和苦难之中。

可是文化心态和应变反应的差异，对印第安人在文化接触中的整体命运并无决定性的影响，因为白人社会处心积虑地谋求消灭土著文化，迫使印第安人适应白人的文化模式，甚至对于印第安人文化传统中的任何东西，都不允许保留。

　　长期的文化接触，特别是白人社会对土著文化的征服和改造，使印第安人社会文化的变迁发生扭曲和变形。受白人文化的冲击，印第安人的社会结构、经济生活、风俗习惯均有变化，但是其文化的根本性质却仍得以维持。现今的印第安人文化，乃是传统方式与白人文化的不和谐的混合物。在土著社会，随处都可看到浓厚的传统色彩，古老的血缘关系和风习仪式与现代的物质技术之间，形成一种强烈的对照，而这种对照使土著文化显得支离破碎。因之，直至现在，冲突仍未从印第安人与主流社会的文化关系当中彻底销声匿迹。

五

　　随着人类理性的成长和文化观念的更新，越来越多的人认识到，对于不同形态和不同性质的各种人类文化体系，不能采取绝对的标准来衡量高下和评判优劣，只有在平等与开放的条件下进行文化的交流和竞争，人类社会才能得到正常发展。这乃是研究印白文化关系的出发点和应保持的基本立场。

　　但是，在实际进行研究的过程中，却不免遇到许多理论、方法乃至情绪上的难题。

　　首先是"文化"的概念问题。"文化"一词早已在许多学科中同时使用，但似乎仍然没有形成为各个学科所公认的定义。人类学虽然把"文化"作为基本概念使用，但提出的定义也是多种多样的。这个学科从诞生之日起就力图给"文化"做出一个严格而又能被普遍采纳的界定，然而一切努力均归徒然。① 从历史的角度考察印第安人与白人的文化关系，同样涉及"文化"的概念问题。鉴于人类学家不仅是研究美国土著文化的先驱，而且做出了世所瞩目的成绩，可供汲取借鉴之处甚多，因而这里所运用的"文化"一词，自然比较偏重其人类学上的含义。人类学家所谓"文化"，就是人类用以应付环境、谋求生存和实现发展的手段以及由此产生的结果的总和，其基本构件有技术、制度和观念三大部分。技术乃是文化中最活跃、最易变的成

---

① Peter B. Hammond, ed., *Cultural and Social Anthropology: Introductory Readings in Ethnology* (New York, 1975), p. 4.

分。在不同文化的接触中，它也是最容易发生相互交流的因素。制度则包括社会组织和风俗习惯，它以技术为基础，和观念也有相互制约的关系。观念则是文化的深层结构，是一种生活方式的核心部分。它由价值伦理、国民性格等构成，其变化虽与技术和制度相关联，但具有很强的自主性，变化的速率也颇为缓慢。从文化变迁的角度说，规定文化性质的因素，通常不是技术，而是制度和观念。

除"文化"的概念以外，文化人类学、社会学和民族学常用的"文化接触""文化变迁""社会文化变迁""涵化""同化""整合"之类的术语，对研究印白文化关系史也颇有助益。它们在相应的学科中均有约定俗成的定义，不易引起误解，故毋须像对待"文化"概念一样予以特别说明。

但需要说明的是，对印白文化关系的这项研究，并不是以人类学为视角，而是一种历史的考察，重点在于对印白文化接触的起源、文化关系的演变及其后果进行动态的和历时性的探讨，从中提炼出若干历史的教训和启示。为研究的方便起见，对于印第安人文化因地域和部落而异的差别，只得存而不论，姑且把它作为一个有着极大共性的整体。至于与印第安人文化相对应的主流文化，则无妨称作"白人文化"，这当然不等于把美国主流文化视为白人所专有。

如前所述，几百年来的印白文化关系史，乃是以冲突为主要特征的，其基本内容则是白人对土著文化的围剿和改造以及印第安人对此做出的反应。然则可否以一个贴切的词汇来概括印白文化关系史的这种基本特征，则又是一个颇费推敲的问题。历史上白人把攻击土著文化之举称为"文明开化"（civilization）、"基督教化"（christianization）、"美国化"（americanization）、"改造"（conversion、transformation）和"合并"（incorporation）。这些说法无疑带有种族主义色彩和文化偏见，故已为学术界弃而不取，历史学家即便作为历史概念使用，仍须加上引号以避免误会。"文化征服"的提法虽不见诸史籍，但作为一个史学概念，似可描述白人对土著文化所持态度的性质和特征。另外，"文化关系"一词用于印白之间，也非史家所惯为，采用这个术语来概括本书的主题，意在强调两种文化的互动。

以往的情况还表明，研究印白关系史，特别容易受到出于义愤的道德情感和偏执于历史主义的冷酷评判这两种彼此对照的倾向的困扰。一方面，印第安人因白人的暴力夺占和文化征服而饱经劫难，自然使具有理性和良知的人们满怀同情和愤慨。然而这种情绪渗透到研究中，则难免流于对制造悲剧的白人及其政府痛加谴责，于是发生道德情感妨害学术评价的情形。另一方面，单线的历史进步观流布甚广，所谓"文明"胜于"野蛮"的观念，历来有人深信不疑，因而印第安人的苦难就被看成历史进步的当然代价。人们相信一个发达富足的白人美国，不仅极大地优于印第安人的初民社会，而且有利于人类社会进步。这种极端的历史主义，有时也会反映到研究工作当中。实际上，道德标准与历史评价的矛盾，向来逼迫历史学家在一种危险的境地走钢丝。历史既是无可改变的过去实在，后世的研究者当不必身陷其中而自扰于情绪因素；然而绝对的超然和中立，又势必限制历史学家评品事件和裁量人物的自由。如何在这两者之间保持平衡，曾使许多史家"伤筋折骨"，其中包含的困惑和苦恼，似乎是所有治史者无从摆脱的宿命。求全实难，因为每位史家笔下的历史，毕竟只是他所处的时代和他个人所"发现"、所理解和所需要的历史。

照此来说，对美国印白文化关系所做的历史考察，也难免受到价值标准、时代氛围、社会需求乃至研究者知识结构的制约和局限。这也是不足深怪的事情。

六

在目前的条件下开展印白文化关系史研究，既属必要且有可能。因为国内对这个问题尚无研究的空白状况，应当得到填补；而美国学术界已经取得的成果，又为这项研究创造了条件。

美国史籍中有关印第安人的记述，最早可追溯到欧洲探险家和殖民地官员留下的文字。后来出自传教士、贸易商人和曾被印第安人俘获者之手的作品，有些也曾广泛流传。这些文字一般都囿于种族和文化的偏见而无从言及学术意义，通常为后世的研究者用作资料，以说明当时白人对印第安人的认知和态度。19 世纪的历史学家在撰写美国历史时，大多旁及印第安人；但专门的研究则由人类学家和民族学家率先着手，路易斯·亨利·摩尔根即为此中巨擘。弗朗西斯·帕克曼所著《庞蒂亚克阴谋》，可算是第一部较有分量的印第安人历史著作。19 世纪 80 年代初，海伦·亨特·杰克逊出版《耻辱的世纪》，对美国政府的印第安人政策提出批评。这本书由于迎合当时的改革潮流而备受推重，对印第安人事务所产生的影响，可与《汤姆叔叔的小屋》在奴隶制问题上的反响相比拟。20 世纪以来，印第安人的历史在美国史学中所占的地位日趋重要。殖民地史、西部史、农业史和种族关系史的研究，当然不能避开印第安人，而且印第安史学已作为一个专门领域而受到史家的重视。特别是第二次世界大战以后，印第安传统的价值获得承认，多元文化主义的氛围趋于形成，印第安人的历史也因之得以重新评价。更多的白人历史学家和人类学家热衷于此，印第安裔学者也异军突起，而且卓然有成。俄克拉何马大学出版社等出版机构，编辑出版了有关印第安人文化和历史的大型丛书。见之于图书馆书架之上的有关著作和资料集，信可谓汗牛充栋。《哈佛美国历史指南》的"印第安人"子目之下，所列书目不下 300 种，且多为经过时间检验而确有价值的书籍。新近《美国历史评论》《美国历史杂志》的图书评介栏目中，有关印第安人历史著作的书评，每期均有所见。据威尔科姆·沃什伯恩撰文介绍，20 世纪 60—70年代的印第安人史学领域呈现十分繁盛的景象。[1]弗雷德里克·霍克西等人所编《土著美国人书目提要》，辑录的书籍虽达 1300 种之多，但尚不是一份囊括无遗的书目。[2]美国学术界对印第安人文化与历史所做研究的发达，于此可见一斑。

　　印第安人过去没有自己的文字，他们保存历史的方式，完全依赖口口相传，因而有关他们历史的文献资料，均由白人记述而成。已经辑录结集出版的，有弗吉尼亚·阿姆斯特朗的《我说过了：印第安人口中的美国史》、韦恩·莫昆等编《美国印第安人重要历史文献》、彼得·纳波科夫所编《土著美国人的证言：印第安人与白人关系文集》等数种。美国政府有关印第安人政策的文件，包括条约、法令、印第安人事务局年度报告、国会辩论、政府官员函件、保留地官员报告等，则至为浩繁。查尔斯·凯普勒取精用宏，在此基础上编成《印第安人事务：法令与条约集》，共 5 卷，1904 年出版；威尔科姆·沃什伯恩编有《美国印第安人与合众国关系文献史》，共 4 卷，1973 年出齐；他所编《印第安人与白人》一书，也是一部可以参考的文献集；弗朗西斯·普鲁查的《美国印第安人政策文件集》，虽然比较简明扼

---

① Wilcomb Washburn, "The Writing of American Indian History: A Status Report", *Pacific Historical Review*, Vol. 40, No. 3 (August, 1971), pp. 261-281.

② Fredrick Hoxie et al., eds., *Native Americans: An Annotated Bibliography* (Pasadena, California, 1991).

要，但所收录文件较近，截止于 1988 年。

论及印白关系史的研究状况，值得一提的著作也为数不少。系统考察白人对印第安人及其文化的态度与认识的著作，当首推罗伯特·伯克霍弗的《白人眼里的印第安人：从哥伦布时代到现今的美国印第安人形象》；德怀特·胡佛的《红种人和黑种人》亦有可读之处。研究早期印白关系，特别是文化关系的出色作品，就所见到的而论，有加里·纳什的《红种人、白种人和黑人》、詹姆斯·阿克斯特尔的《内部入侵：北美殖民地各种文化的竞争》、弗朗西斯·詹宁斯的《入侵美洲：印第安人、殖民主义和征服的谎言》等几种。关于美国的印第安人政策，现有的研究成果相当可观。弗朗西斯·普鲁查长期致力于此，他于 1984 年出版的长达 1200 页的《伟大的父亲：美国政府与印第安人》，称得上是迄今最见功力的一部著作，其不足在于较少涉及印第安人对美国政策的反应。沃什伯恩的《红种人的土地，白种人的法律》，在探讨印第安人的政治与法律地位方面，亦有自己的特色。罗纳德·萨茨的《杰克逊时期的美国印第安人政策》和伯纳德·希恩的《灭绝的种子：杰斐逊式的博爱慈善与美国印第安人》两书，对美国建国初期的印第安人政策详加讨论，颇富学术价值。重点研究 19 世纪下半叶强制同化运动的著作，择其要者，可以举出亨利·弗里茨的《1860—1890 年间同化印第安人的运动》、弗雷德里克·霍克西的《最后的诺言：1880—1920 年间同化印第安人的运动》、克里斯汀·博尔特的《美国印第安人政策与美国改革》，以及普鲁查的《危机中的美国印第安人政策：1865—1900 年间的基督徒改革派和印第安人》。对于文化关系中的传教和教育问题，美国学术界也有专门的研究，伯克霍弗的《救赎与野蛮：1787—1862 年间新教传教与印第安人的反应分析》和玛格丽特·斯扎兹的《教育与美国印第安人：通向自决之路》算是较具代表性的成果。涉及具体部落与白人关系的研究论著，也为数众多。较早的作品中，以爱德华·斯派塞的《征服的循环：1533—1960 年间西班牙、墨西哥和美国对西南部印第安人的冲击》较为著名，最新的著作则有卡罗尔·德文斯 1992 年出版的《抵制殖民化：1630—1900 年间美国土著妇女与大湖区传教点》。

在国内研究外国问题，难免深受缺乏资料的困厄，许多学者于此都有深切体会。但在现有条件下开展研究，又是必须着手的事情。就一般情况而论，从历史学角度对美国印第安人与白人的文化关系做出总体考察，特别是把白人社会对印第安人的文化征服，作为一个贯穿印白关系史的重大问题来研究，即便在印第安人史学十分发达的美国学术界，也未尝不是一项有待深入开展的工作。因此，下面将要进行的探讨，虽然受到资料的限制，或许也不会因为美国学者已有的研究而显得多余或毫无价值。

第一章 在两个世界之间

距今 500 余年以前的 1492 年，热那亚航海家克里斯托弗·哥伦布启航西行，去寻找他梦想中富庶的东方，结果抵达的却是当时不为人知的加勒比海岛。他自认已到达东方的印度，把当地居民误称为"印第安人"①。这在当时只是一个十分偶然的事件，但由此开启的却是一个新的历史时代。这一事件的巨大意义，经过此后发生的一系列重大历史变动的衬映，已经十分清楚地显现出来。继哥伦布之后，欧洲人渐次到现今美国境内探查和移居。这里的土著居民便和白人相遇，两种截然不同的文化体系，也就开始了一旦启动即不见其已的接触过程。

一、文化接触的历史机遇

1. 印第安人的社会结构和文化状况

当欧洲人悄然而至之际，印第安人在北美生息的时间已经极为漫长，②并且形成了适应当地自然环境的生存方式和文化系统。虽然他们人口分散，部族众多，内部文化差异甚大，但作为北美的土著居民，一经与新来的白人相对照，各个部落在种族和文化上的共性，便极为鲜明地凸显出来。

关于 1500 年左右北美印第安人的人口，由于众所周知的原因，虽经许多学者多年调查测算，仍无精确可靠的数字。詹姆斯·穆尼 1924 年估计的结果是 1,148,000 人；艾尔弗雷德·克罗伯 1939 年得出的数字略低，为900,000 人；而亨利·多宾斯 1983 年提出的数字则大得惊人，他认为中美

---

① 现今美国土著居民因"印第安人"之名系由白人所加，故大多弃而不用，自称为"土著美国人"（Native Americans）。

② 印第安人也是美洲的移民，他们到达美洲的时间迄无定论，最早之说为公元前 75,000 年，最晚之说为公元前 11,000 年前，而一般认为大致在距今 25,000 年前。可见他们作为美洲最早居民的资格，乃是无可争议的。

洲以北的土著人口约为 18,000,000 人。①关于印第安人的人种起源问题，在学术界也没有一致意见。未混入其他血统的印第安人，大体上接近亚洲人种的某些特征。肤色一般是褐里透红，若细分则有棕色、黄褐色、橄榄色、黄色、古铜色等多种差别。男子身高在 1.70 米上下（合 5 英尺 6 英寸），高者可达 1.80 米（合 6 英尺）以上，比当时的欧洲人略高；女子身材矮小，多在 1.52 米以下。他们的头发既黑且粗，颧骨较突出，鼻子大而平，眉毛较浓，男子一般胡须甚少。绝大多数人体格匀称健壮，很少畸形。他们不知许多肆虐欧洲的疾病为何物，故寿命稍长于当日的白人。早期的英国殖民者，出于吸引移民的动机，往往刻意渲染土著妇女的身材容貌，把她们描绘成牙齿洁白、眼睛明亮、皮肤光滑、上身裸露、乳房丰满的性感女子。②最初欧洲人感到印象最深的事情，乃是土著妇女分娩时的轻松容易：一个正在劳作的孕妇，忽然走进附近的树丛，片刻即怀抱婴儿而出，几小时后又重新开始劳动。而且，母婴的死亡率极低。

与欧洲人相比，印第安人在技术、工具和器物上的粗糙简陋，当然是不言而喻的。但是，这一切与他们的生活方式和谐一致，因而他们并无严重的衣食之忧。虽然生活在不同地域的不同人群，所采用的谋生手段略有不同，但以直接占用资源的方式为生，则是土著文化共有的特征。他们的大宗食物来源，在东部和西南部为玉米，在大湖区为野生稻米，在大平原上为野牛，在太平洋沿岸地区则为橡子和鲑鱼。东部林区和西南部的部落，在居处附近种植玉米、豆类和瓜类作物，所用工具多以贝壳、木片、石块或兽骨制作，形状如锹；种植的方法则是伐树除草或放火烧荒在先，然后播种，待自然成熟时便去收割。新英格兰北部的一些部落，有用鱼作肥料的习惯。不过即便在农业相对发达的部落，也不能因此而获得充足的食物，仍须辅以狩猎和采集。狩猎的武器一般是石矛、骨箭或尖锐的木棍。火的使用已相当普遍。烹制食物的器具均非金属所制，或是藤条编制的篮子，或是皮革树皮作成的容器，而陶器则多见于普韦布洛各部落。他们将烧热的石块投入盛水的容器，反复多次即可煮熟食物。蔽身取暖的衣服多用兽皮制成，只有少数懂得纺织的部落，才可用布制衣。赤身露体乃是随处可见的风习。居住条件因

---

① Russell Thornton, *American Indian Holocaust and Survival: A Population History Since 1492* (Norman, 1987), p. 26.

② J. Leitch Wright, Jr., *The Only Land They Knew: The Tragic Story of the American Indians in the Old South* (New York, 1981), p. 19.

地域而有所不同。东北部的阿尔冈钦语族各部落，大多拥有比较固定的住所，称"wigwam"，意即房子。西南部一些部落用石块和泥砖建造房屋，普韦布洛族的一所大房子，分成 800 个房间，可容 300 户人家居住。大平原部落的住所，是用木杆支撑的"tipi"，实际上就是兽皮帐篷，因支拆方便，很适合他们行踪不定的游猎生活。交通工具在水上为独木小舟，在雪地则为狗拉雪橇；大平原部落广泛使用的马，乃是后来由西班牙人传入的。治病疗疾主要依靠植物药材，外加一些奇异的巫术仪式。有些部落的妇女还懂得用以避孕和预防难产的神秘方法。

印第安人的社会结构是以血缘关系为基础的。基于血缘而组成母系家庭，结为氏族和胞族，进而建立部落或部落联盟。部落是印第安人核心的社会和文化单位，大凡狩猎、作战和宗教活动，均由部落主持。然则在大平原地区和"老南部"，许多土著人群内部极为分散，众多氏族或胞族独立活动，部落之名仅以语言和文化特征来确认。母系家庭虽是一种普遍的制度，但所谓"母权社会"实则近乎神话。事实上，除少数部落受女性支配之外，一般都是男子充当部落事务的主角。用今人的眼光看，土著妇女的社会地位并不是很高，她们不仅从事种植采集等繁重的维生活动，而且还须操持家务、生儿育女、服侍丈夫，从早到晚似无片刻休息；而男子除外出狩猎作战之外，便抽烟聊天、赌博游乐，似乎甚为悠闲。这种极不均衡的性别分工，曾使白人大惑不解进而大为不满，指责土著男子懒惰闲散，"他们的妻子乃是他们的奴隶，干了他们所有的工作"[1]。有些部落出现了明显的社会分化。太平洋沿岸北端的印第安人中，自由人和奴隶的划分十分严格，奴隶处于非人的境地。而且，世袭的财产已经成为决定社会地位的基础。[2] 西南部的纳奇兹人以社会分层鲜明而闻名，社会成员被划分为上层的日族、贵族和荣族，臭族居于下层，为上面三个等级服务。

印第安人在文化上的多样性，在语言方面得到最为突出的反映。1500年左右，墨西哥以北的北美地区大约存在 300 种土著语言，无数方言尚不包括在内。[3] 据 1940 年的一次调查，这个地区仍在使用的语言尚存 149 种。[4]

---

① Howard S. Russell, *Indian New England Before the Mayflower* (Hanover, N.H., 1980), p. 96.

② Tom McFeat, ed., *Indians of the North Pacific Coast* (Seattle, 1966), pp. 138, 145.

③ Arrell M. Gibson, *The American Indian: Prehistory to the Present* (Lexington, 1980), p. 43.

④ Robert F. Spencer et al., *The Native Americans: Ethnology and Background of North American Indians* (New York, 1977), p. 38.

人类学家为了便于研究，对土著语言做了分类，划分出若干语族。其中流行范围较广的语族有阿尔冈钦语、易洛魁语、苏族语、卡多安语、尤托-阿兹特克语、阿塞帕斯堪语、莫斯克霍格语和塔洛语等数种。所有土著语言都没有演化成文字。19世纪有些白人认为印第安人语言词汇贫乏，平日交谈亦须辅以手势，如在黑夜便彼此不能交流。其实这并不是普遍现象。有些部落的印第安人乃是极富口才的，他们平时虽然沉默寡言，但在公开场合发表演说时，却口若悬河、雄辩滔滔。据托马斯·杰斐逊说，易洛魁人首领洛根的演说才能，与欧洲历史上任何一位大演说家相比，都难分轩轾。[①]

宗教在各个部落的形态和发展水平都不一样。有的部落宗教已经具有比较完整的教义、教规和祭师制度，有的部落则仅有关于神的简单观念。如果从总的特征上说，印第安人的宗教信仰属于神灵崇拜性质。东部和西南部的一些部落弥漫浓厚的宗教气氛，而在西部的游猎部落中，宗教则主要是个人的事情。有关创世、迁徙和末日的传说，也在许多地区流传。人们所信奉的神祇，多与自然界有密切的联系。主宰万物的至上神，在不同部落有不同的名称：易洛魁人称作"Orenda"，阿尔冈钦人称作"Manitou"，苏族人称作"Wakan"。白人一概转译为"Great Spirit"。至上神是无所不能的创世者，自然万物和印第安人的生命都由他所赐予。有些印第安人还信奉因果报应说，例如，有个霍皮人认为，他的姐姐是因为丈夫做了有违众意的事，才如预言所说的那样死去。[②]

白人曾经极力抹杀印第安人的价值伦理，在他们看来，印第安人既然是连文字也没有的野蛮人，怎么可能还拥有值得一提的文化价值观念呢？但有材料说明，印第安人精神世界的丰富多彩，与拥有文字的"文明人"并无实质的差距。

关于人与自然的关系，在印第安人的观念体系中居于核心地位。他们相信万物有灵论，把自然看成所有事物共同的家，人和动物、树木、土地、河流，都是这个家庭中平等的成员。人绝对没有榨取、虐待自然万物的特权。人的生存有赖于自然的赐予，因之人必须尊重和敬畏自然。人们猎取野兽、采集根茎、砍伐树木，都是出于维持生命的需要而采取的迫不得已之举，因而应当对自然心怀歉疚和感激。超出生存需要对自然资源进行滥取掠

① Wilcomb Washburn, ed., *The Indian and the White Man* (New York, 1964), p. 427.

② Ernest Beaglehole, *Notes on Hopi Economic Life* (New Haven, 1937), p. 15.

夺，因有悖天意而必招恶报。印第安人不满于白人把他们生活的环境视作荒野，如苏族人路德·立熊所说，广阔的平原，美丽的山峦，蜿蜒的溪流，所有这一切对印第安人都是驯良美好的，只有当白人将它们破坏得面目全非时，真正的"荒野"时代方告来临。①

印第安人的人际关系，通常是建立在平等友爱的基础上的。夫妻之爱虽缺乏现代人的浪漫多姿，但亦有其动人之处。丈夫为生病的妻子寻找药物，不惜徒步跋涉至40英里以外；丧偶的悲哀能够持续数年；为爱情铤而走险，带着心爱的姑娘远走他乡的故事，也有所闻。亲子之爱在印第安人乃是自然的流露，未成年的孩子受到全体氏族成员的关心爱护。即使那些被掳的白人和异族人，也极少遭到虐待，为部落所收养者为数甚多。他们从不奸淫被掳的妇女，因为这些人一旦获得收养，便成为他们的姐妹，而同族之间的性行为，被认为是大逆不道的。据说，有些为部落所收养的白人，并不愿意重返白人社会，因为他们感觉在部落社会有爱心亲情可依。②

即便用现在的标准来衡量，印第安人所具有的基本品质也是值得赞美的。他们正直、诚实、勇敢、自尊，热爱自由，注重友情，富有责任感和同情心。初来北美的白人移民，曾是这些优秀品质的受益者。普利茅斯的殖民者罗伯特·库什曼不禁感叹，许多基督徒在善良诚实上不及印第安人。③ 有些长期在部落生活的白人发现，印第安人的确比白人更仁厚善良，道德水准更高。④ 一位波尼族妇女在教导她的孩子时所说的一番话，反映了印第安人的价值取向和对理想人格的追求：

> 你必须永远信奉 Ti-ra'-wa（至上神的名称——引者）……要成为一个男子汉。要勇敢，要敢于面对你所遇到的任何危险。……一个人待在自己的房子里是不会变得伟大的；只有那些工作、流汗和竭尽全力战斗的人，才能如此。
>
> 使人成为男子汉的，是他的雄心。……我要你成为一个了不起的男子汉。

---

① Philip Weeks, *Farewell, My Nation: The American Indian and the United States, 1820-1890* (Arlington Heights, Ill., 1990), p. 34.

② Peter C. Hoffer, ed., *Indians and Europeans: Selected Articles on Indian-White Relations in Colonial North America* (New York, 1988), p. 203.

③ Russell, *Indian New England Before Mayflower*, p. 33.

④ Hoffer, *Indians and Europeans*, pp. 85, 201.

　　　　要怜恤那些穷困的人，因为我们一直是穷困的，而人们经常
怜恤我们。

　　　　如果我听到你死于战场，我不会哭泣。因为那是使人成为男
子汉的东西：战斗和勇气。看到你死于病痛，我会很遗憾的。假
如你被杀，我情愿让你死在空旷的土地上。

　　　　要爱护你的朋友，永远不抛弃他。假如你看到他被敌人围
住，你不要跑开。走近他，如果你救不了他，就跟他死在一
起，……①

　　读过这些句子，自然难以继续把印第安人与野蛮嗜血、毫无人性的形象联系
在一起。在技术和工具上，他们的确不足与"文明人"相比量；但他们的价
值取向和伦理准则，自有不能抹杀的独特之处。

　　2. 印第安人文化发展的障碍

　　自从印第安人的祖先踏足美洲大陆以后，数万年时光悄然流逝。土著
文化虽然缓慢地演变和成长，但总的趋势却是走向稳定和停滞。由于缺乏革
命性因素的作用，"旧世界"各民族在初民阶段曾经历的文化飞跃和社会巨
变，在北美印第安人那里却迟迟没有发生。土著文化的发展，显然遇到了严
重的障碍。

　　根据考古发现和人类学的研究，大致在距今 50,000 年至公元前 8,000
年② 这个漫长的时期，印第安人由使用简单打制的石片和木棍，发展到掌握
具有特定功能的各种石、骨和木制工具，狩猎和采集成为他们基本的经济活
动。公元前 8000 年后，冰川融化，气候和环境随之大变。对新的生存环境
的适应，产生了新的工具和技术。火的运用，食物结构的丰富，工具材料的
多样化，狗的驯养，保存和储藏食物方法的发明，这一切都把印第安人文化
推向高峰。公元 500 年以后，农业自墨西哥传入，食物因而增多，可以维
持激增人口的生存，制陶术和纺织术也在一些地区传播。但在此之后，新的
技术发明已寥若晨星，土著社会结构趋于僵滞，印第安人文化进入高度稳定
状态。1250 年以后的某些地区，甚至出现文化倒退现象，原有的技术竟至
失传，强盛的部落走向衰落。

---

① Wayne Moquin et al., eds., *Great Documents in American Indian History* (New York, 1973), pp. 52-53.

② 距今 50,000 年之说，乃是有关印第安人迁居美洲年代的另一种意见。

造成文化停滞不前的原因，除去自然灾难和强敌入侵，主要还在于印第安人文化系统本身的缺陷。这些缺陷不只存在于北美，而且也可见于整个美洲。

工具和技术的限制，应当说是最为严重的问题。印第安人驯养鸡、狗和骆马，但却没有牛、马、猪、驴等大型家畜，而大型家畜对农业、畜牧业和交通的发展，都有决定性的作用。牛和马之用于耕作，可以突破人力的局限，扩大耕种面积和增加产量，在供养较多的人口之外，或能有所剩余。但印第安人的农业始终停留在人力耕作的层次上，因而完全依赖农业为生的部落极为罕见，即使在农业发达的部落，种植所提供的食物也只占70%至80%。另外，大型家畜还是运载工具和肉食来源，没有它们，远程交通极为不便，而肉类供应便只能指望狩猎。铁器的阙如，也是土著文化发展的严重阻碍。大湖区的居民虽然使用过天然铜料，但冶金技术却与所有部落无缘。征诸历史，铁器的运用曾在初民社会引起深刻的革命。印第安人既然没有发明金属工具，也就始终未能从根本上更新其生存模式。此外，印第安人尚未掌握制造和使用轮形物件的技术，车轮、陶轮和纺轮均不为他们所知，这对生产和交通的制约，也是显而易见的。

工具和技术的这些局限，使印第安人一直未能完成从直接占用资源向生产系统的过渡，长期徘徊于最低限度的生存边缘，剩余产品甚少。既然缺少剩余产品，分工就不能深化，维持生存之外的其他活动就不能开展，基于剩余产品的财产私有制和交换活动①，更无从获得很大发展，导致土著文化形态粗糙简单，缺乏创新冲动，也没有相互竞争的刺激和压力，停滞不前便是可以想见的结果。

语言问题也是印第安人文化进化的不利因素。印第安人语言十分复杂多样，以致同处一个地区的部落，所操的竟是完全不同的语言。平原印第安人为克服不便，发明手势语，但使用范围有限，效果也不甚理想。语言差异、交通困难以及交换稀少等多种因素合在一起，造成各个部落彼此隔绝，难以形成文化上的一致性，因此也就不能走向较大范围的联合，具备强大实

① 在白人到来以前，各部落之间存在零星的交换活动。如密歇根所产之铜，出现于距此很遥远的部落；弗吉尼亚部落制造烟管的石料，产自明尼苏达；休伦人用玉米换取邻近部落的鱼和肉食。部落内部村落之间的交换活动也颇为活跃，在农业部落尤甚。如霍皮人的传统市集，往往与仪式、舞蹈等活动相联系。参见 Francis Jennings, *The Invasion of America: Indians, Colonialism and the Cant of Conquest* (New York, 1975), pp. 85-86; Beaglehole, *Notes on Hopi Economic Life*, p. 81.

力的主权实体没有兴起于北美。相反，部落之间会彼此争斗厮杀。当欧洲人到来时，形同散沙的印第安人，即无可能组织起有力的抵抗，从而使白人渐次渗透，在新大陆扎下根来。

3. 文化接触时代的来临

在北美土著文化停滞不前的同时，欧洲社会正在酝酿一场深刻而巨大的变动。在英国，植根于传统畜牧业中的毛纺织业趋于兴旺，推动农业走向市场，渐次导致整个社会经济结构的转型。国内工商业的发展，对外部市场的需求更加迫切；社会变迁产生的政治、宗教和人口的压力，也要求得到宣泄；外向扩张因而成为不可遏止的欲求。海道的畅通，则又为这种扩张提供了可能和便利。于是，白人乘船渡海，陆续踏上北美的土地，从而开启了长达数世纪的文化接触过程。

今天我们已经可以看得十分清楚，15—16世纪欧洲文化开始向美洲扩张，无异于一场意义深远的世界历史运动。自此以降，不同国家、不同民族、不同地区之间的孤立隔绝状态逐渐被打破，不同民族的交往，不同文化的接触，已成人类社会发展的大势。这一趋势对于那些置身当时历史潮流之外的人群，更多地意味着灾难和不幸，因为发动和主导这一潮流的欧洲居民，不仅蓄积了较强的文化势能，而且刻意利用这一优势为自己服务，把其他民族的利益置于不顾。

印第安人既然长期苦于缺少外部文化刺激，是否可能把欧洲的冲击作为摆脱文化停滞状态的难得机遇呢？历史事实做出的是否定的回答，因为欧洲白人文化和土著文化在势能与性质上有着霄壤之别。如果说铁器时代、农业时代和工业时代乃是所有人类文化走向繁盛所必经的阶段，那么印第安人与白人的差距，则是几个时代。两种文化在当时人类文化演进的梯级上，正好处于两个极端。印第安人以其简单的工具技术和质朴的社会组织，突然被动地卷入世界历史运动的前沿，实在难有主动选择自身命运的可能。文化接触带给他们以苦难，也就是在所难免的了。

二、新、旧世界的初遇

1. 白人来到北美

欧洲人最初涉足北美的地方，主要是大西洋沿岸的狭长地带。他们向内陆的探查和推进，用了几个世纪的时间。因此，最早与白人接触的印第安人，多为东部沿海地区的部落。印白文化关系史便从这里发端。

最先到达现今美国境内的白人，乃是西班牙人。1513 年，西班牙探险家彭塞·德·列昂"发现"佛罗里达；1565 年，彼得罗·蒙伦德斯在此建立圣奥古斯丁。这是现今美国境内最早的白人定居点。西班牙人接着经墨西哥湾进入得克萨斯、新墨西哥、亚利桑那和加利福尼亚一带。到 18 世纪，西班牙的势力已渗透到密西西比河流域。西班牙人每到一处，始则与印第安人进行贸易，继而实施武力征服，然后由教会主持推行文化上的同化。教会反对冒险家们将印第安人掳卖为奴或强制他们服劳役，因为这种残暴虐待的结果，导致土著人口急剧减少。西班牙国内在 1550—1551 年间还就此展开争论。追逐财富者援引亚里士多德的理论，声称处于野蛮状态的人乃是文明人的自然奴隶；教会则力主给土著居民以接受文明生活的机会。教皇和王室均支持教会的立场。虽然捕捉奴隶和榨取劳动的现象一直存在，但"开化"工作也相伴而行。西班牙人留给美国印第安人的最大遗产，便是马和天主教。

在西班牙人之后，法国人、荷兰人和英国人接踵而至。法国人虽然早在 1546 年便在佛罗里达与当地居民进行贸易，但他们在北美立足，较西班牙人几乎晚了一个世纪。法国人与土著部落通过毛皮贸易建立起合作关系，耶稣会传教士的传教活动也取得了引人注目的进展，因之许多部落把法国人当作朋友。1763 年英国取代法国在加拿大的统治，当地竟有部落举行起义以示抗议。这与 1821 年拉美印第安人普遍欢庆西班牙殖民统治的崩溃，恰好形成一个有趣的对照。荷兰人在哈得孙河口建立新阿姆斯特丹，最初依靠与易洛魁人的毛皮贸易作为经济支柱，后来荷兰农夫夺占印第安人的土地，引发尖锐冲突，种族关系很快恶化。

英国人到北美探查始于 15 世纪末，而第一个永久移民点的建成，则在百余年以后。但他们后来居上，在一个多世纪中相继取代法国人、荷兰人和西班牙人，成了北美最大的殖民霸主。英国在北美进行殖民活动之初，与印第安人的关系曾是命运所关的重大问题。英国在罗阿诺克岛建立的第一个移民点，后来神秘地失踪，据推测可能与当地部落的进攻有关。1607 年第一批永久移民来到弗吉尼亚，当地强大的波哈坦联盟如果当即发动攻击，而不是迟至 1622 年才采取行动，英国的殖民进程必会遇到更大的挫折。新英格兰地区在 1620 年后始有白人定居，印白之间亦由开始的和睦相处，最终恶化到兵戈相向。不过，英国政府尽量采取和平移民的方式，不愿因武力征服而付出高昂的代价，因而多次下令限制白人侵夺部落土地，禁止殖民地人擅自与印第安人交往。

英国人最初在大西洋沿岸一带活动，以后渐次向俄亥俄河流域、大湖区和密西西比河流域推进。印白之间的接触，随白人的扩张而扩大。不同地区的印第安人，第一次见到白人的时间，往往相距甚久。

2. 印第安人眼里的白人及其文化

印第安人一直与外界相隔绝，活动范围十分狭小有限，他们第一次遇见肤色、身材、相貌、装束、技术和语言均迥然有异的白人，到底产生了什么样的感觉，由于他们不能用文字加以记述，现在已很难揣测。要了解他们对于白人及其文化的最初印象，唯一所能依据的只有部落口头传说和白人留下的片断记载，而这些资料一般都不具有很高的可信度。

很多部落都曾流传有关白人来临的预言和传说。这些预言和传说，很可能是印第安人与白人有过交往之后，经过巫师和老人的附会和编造，用以解释他们遭际的一种方式。据说，大湖区的奥吉布瓦人先知曾做过一个怪异的梦，梦中情形后来一一应验。在他的梦里，"外表奇特的人从大湖上过来。他们在我们的岛上登岸。他们的皮肤跟雪一样白，他们脸上生着长毛。这些人从大湖上过来。乘的是一些奇妙的大船，上面有很大的白翼，就像巨鸟一样。这些人有又长又锋利的刀子，他们还有一些又长又黑的管子，他们用来对准鸟儿和动物。……"① 不久，白人果真出现在大湖区，其模样与先知梦里所见并无二致，那些形似巨鸟的东西是白人乘坐的帆船，又长又黑的管子则是火枪。有些部落的传说，不仅预言白人的到来，还涉及白人对他们此后生活变动的影响。霍皮族世代流传的一个故事说，预言显示他们的家园将有异客来临，这个人聪明颖慧，懂得很多印第安人不知道的东西，拥有许多新的发明，并且，"他将运用一切手段取得他想要的东西"②。加利福尼亚有个 90 多岁的温顿族老媪在 1939 年回忆说，她幼年时曾听祖父说起他的一个不祥之梦，他梦见一只白色的兔子吃掉了印第安人所有的一切。③ 后

---

① James Axtell, *The Invasion Within: The Contest of Cultures in Colonial North America* (New York, 1985), p. 8.

② Peter Nabokov, ed., *Native American Testimony: An Anthology of Indian and White Relations* (New York, 1978), pp. 5-6.

③ Nabokov, ed., *Native American Testimony*, p. 7.

来白人夺走印第安人的家园，无异应验此梦。阿科马-普韦布洛人中的老者，甚至预见到白人文化对印第安人的影响："听呀！听呀！那些灰眼睛的人们越来越近了。他们在修一条铁做的路。……将来有一天你们会与这些人混合在一起。……当你们与这些灰眼睛的人混合在一起以后，你们会学习他们的方式。你们会打破家庭，会杀人越货。"[1]

不论这些预言传说是否真实可信，各个部落或早或迟都和白人这些不速之客相遇，已是既定的事实。当白人首次出现时，据文献记载，印第安人惊奇诧异，或视为天外来客，或当成地下钻出的怪物。16世纪时，一群印第安人救起一个欧洲水手，把他置于地上，在阳光下从头到脚仔细观察，神情中流露出极大的敬慕。[2]不同部落对白人有各自的称呼，他们根据自己的印象来给这个新来的种族命名，因而称谓五花八门。如"白眼睛""灰眼睛""黄眼睛""蓝眼睛"之类，显然来自他们所见白人眼睛的颜色特征；再如"灰白人""灰白脸""白人"之类，系取其肤色特点；而"坐水人""造斧者""长刀""长枪"（后两个名称专指美国人）等说法，则与白人使用的工具有关。有的部落在与白人发生较为密切的联系后，通常称白人为"父亲"，称英王为"伟大的父亲"。后来各部落在与美国交往时，仍沿用这一习惯，称美国总统为"伟大的父亲"或"白人大首领"。

从那些早期探险家和殖民者的记叙来看，印第安人在与白人交往之初，大多比较友善，并未因为白人是异类而加以攻击杀戮。但在短暂的友好之后，印第安人对白人渐生疑惧，到后来转为深恶痛绝。这一态度的变化，主要源于白人对印第安人的不断侵害和双方因生存竞争所产生的尖锐矛盾。印第安人觉得白人背信弃义和残暴无情，专擅巧取豪夺；他们认定白人社会充满弊病，与印第安人的生活方式相去甚远。

印第安人对白人及其文化的这种不良印象，得自他们与白人交往的切身经验。英国人于1585年在罗阿诺克首次进行移民实验，当地部落对他们十分友好热情。但英国人却不能待之以公道。他们丢失一只银杯，便怀疑被印第安人偷走，前去兴师问罪。印第安人拒不承认偷窃的指控，英国人即放火烧掉村庄，捣毁庄稼，导致双方关系骤然恶化。印第安人由此断定白人不讲信义，喜怒无常，而且崇尚暴力。罗阿诺克的事变，可以说是整个早期印

---

[1] Nabokov, ed., *Native American Testimony*, p. 15.

[2] James Axtell, *After Columbus: Essays in Ethnohistory of Colonial North America* (New York, 1988), p. 132.

白关系演变的一个缩影。

1788 年，有个叫帕钦茨的特拉华人对白人的特点做了总结，他说：

> 我承认有一些好白人，但他们比起坏白人来人数太少。坏白人一定是最强大的，因为他们统治一切。他们想干什么就干什么。他们把那些与他们肤色不同的人当作奴隶，⋯⋯他们如果能够，也会拿我们当奴隶，但他们不能，他们就杀我们！他们的话里没有什么信义可言。⋯⋯他们当面对一个印第安人说："我的朋友！我的兄弟！"他们会拉着他的手，同时又弄死他。①

印第安人于此有切肤之痛，说起来不免言辞剀切，情绪激愤。肖尼族首领特库姆塞在动员印第安人起来抗击白人扩张时，用更为激烈尖锐的口吻谴责道：

> 白人是一个道德败坏的种族。自从白人与红种人发生接触的日子以来，就存在一系列接连不断的侵夺。狩猎地正在迅速消失，他们把红种人赶得越来越远，赶到西部去了。⋯⋯只要白人一出现，对红种人就是一个罪恶的源泉。他们的威士忌酒摧毁了我们武士的勇气，他们的情欲败坏了我们妇女的贞操。②

不过，他这里所痛斥的白人，专指美国人，而不包括他的盟友英国人。索克-福克斯人首领黑鹰对白人抱有同样的恶感。他抨击白人专事欺诈，毫无德行可言："白人不剥头盖皮；但他们干得更坏，他们毒害人心，跟他们在一起，就不会是纯洁的"；所以"一个像白人那么坏的印第安人，在我们的人民中间是不能生存的，他会被处死，会被拿去喂狼"。③印第安人尤其憎恶白人的忘恩负义和贪得无厌。他们刚来北美，曾得到印第安人帮助，但稍具实力，便夺占印第安人的土地，到后来，如塞尼卡人红夹克所说，他们变得日益强大，而印第安人则无立足之地了。④

总之，在印第安人心目中，白人虽然拥有先进的技术和优越的工具，

---

① Gibson, *The American Indian*, p. 250.

② Gibson, *The American Indian*, p. 287.

③ Virginia I. Armstrong, *I Have Spoken: American History Through the Voices of the Indians* (Chicago, 1971), pp. 65-66.

④ Washburn, *The Indian and the White Man*, p. 212.

第一章 在两个世界之间 25

而且日趋发达强盛，但他们却不是一个高尚伟大的种族。印第安人也不欣赏白人的"文明"生活，如果让他们选择，他们绝不会采纳那种生活方式，因为这不会给他们带来真正的幸福。① 有个部落后来编造一个创世神话，称上帝造人时，把捏好的人形放到火炉中烘烤，开始时技术不熟练，烤得时间过长，结果人形被烤糊，做成的便是黑人；第二次则烤得略欠火候，造出的人成了灰白色，这是白人；到第三次他才烤得恰到好处，终于造出了金褐色的印第安人。② 这个故事饶有趣味地反映出印第安人的种族观：他们非但不觉得自己低人一等，反而具有很强的优越感。

3. 白人眼中的印第安人及其文化

白人毕竟懂得运用文字，他们对印第安人及其文化的看法，可用大量的文献为证。美国学者罗伯特·伯克霍弗指出，历史上白人对印第安人的理解存在明显的偏向，他们通常用一个部落社会的情况来概括全体印第安人；以白人的标准来看待印第安人的缺陷，而不考虑其文化的多样性；还好用道德评价来描述印第安人。③ 因之在评论白人对印第安人的看法时，应当把这些因素纳入考虑范围。

在哥伦布首航美洲以后很长时期内，欧洲人对印第安人的了解，仍未超出好奇和传说的层次。哥伦布曾绑架一些印第安人，带回西班牙展览。此后不少白人探险者如法炮制，使更多的欧洲人有机会亲睹美洲居民的形貌。对于印第安人的外表，白人并无恶感，大多认为他们体态匀称，身体健壮。但对土著社会和文化的认识，则不仅肤浅，而且充满误解和偏见。

一开始，欧洲人对印第安人的来源表现出异乎寻常的兴趣，所提出的各种解说，多与基督教的人类起源说有关。有人认为印第安人也是上帝创世时同时造出的人类，只不过被放在了不同的地方；相左的意见却称上帝为新大陆另造了一个亚当，印第安人便是这个亚当的后裔。最有影响的说法则是，印第安人系《圣经》中提及的十个走失的以色列部落，他们越洋远徙北美；有人甚至提出了印第安人与古犹太人习俗相近的证据。其他不同的说法还有多种，或曰印第安人来自埃及，或曰来自亚特兰地斯，或曰来自迦太

① Armstrong, *I Have Spoken,* p. 25.

② Thomas F. Gossett, *Race: The History of an Idea in America* (Dallas, 1975), p. 7.

③ Robert F. Berkhofer, Jr., *The White Man's Indian: Images of American Indian from Columbus to the Present* (New York, 1978), pp. 25-26.

基，或曰来自亚洲；如此等等，不一而足。[1] 新英格兰的白人移民甚至相信，印第安人与白人本来同出一源，其皮肤原来也为白色，只是由于他们喜欢涂面，结果变成了暗色。[2]

对于土著居民，白人通常以讹传讹地习称"印第安人"，称之为"土人"或"野蛮人"者也大有人在。稍后，用肤色作名称的说法也得以流传，如"红皮肤""红种人"之类；欧洲人则自称为"白人"以示区别。印第安人后来接受这种区分，把所有欧洲人都叫作"白人"，而称自己为"红种人"。[3]

白人对印第安人一般都怀有偏见和歧视之意，他们用以描述印第安人及其文化的词汇，便是一个证明。他们谈到印第安人时，常用的词汇有"野蛮"（savage，barbarous，wild）、"原始"（primitive）、"邪异"（pagan，heathen）、"魔鬼的奴仆"（slave of the Devil）、"迷信"（superstition）、"愚昧"（ignorance）等，其含义各有侧重，而总的评判取向则是，印第安人处于人类文化的低级形态，尚未得到"开化"，不具备文明社会的文物教化和风俗习惯，较之"文明"的欧洲人，实在是生活于黑暗和不幸当中。他们在使用这些字眼时，流露出"文明人"惯有的自傲自负和高高在上的优越感。

上面所论只是总的倾向，白人对印第安人及其文化的看法，在细节上则颇为复杂多样，而且随时间推移而有所变化。"高贵的野蛮人"（Noble Savage）之说，在欧洲和殖民地均一度风行，知识界和上层社会谈论尤多。印第安人既"野蛮"而又"高贵"的形象，系白人依据基督教观念所做的构想。他们认为，印第安人还生活在人类被逐前的伊甸园中，虽不知文明和法律为何物，但悠游纯朴，怡然自乐。这种看法显然也带有"文明人"的优越感，并且不无文化上的偏见。生活在 16 世纪的彼得·马特绘声绘色地描述说，印第安人"似乎生活在一个古代作家们经常提到的黄金世界，在那里，人们生活简单纯朴，既无法律的强制，也没有争吵、法官和诽谤，仅以满足天性为度，并不为了解将来的事情而伤神"[4]。印第安人不仅被说成乐天知足，而且品行高尚。照传教士约翰·赫克韦尔德的说法，"印第安人不仅正直，在许多方面他们还是一群善良慷慨的人。不忍坐视病人和老者遭受

① Gibson, *The American Indian*, pp. 3-4.
② Dwight W. Hoover, *The Red and the Black* (Chicago, 1976), p. 37.
③ Hoffer, *Indians and Europeans*, pp. 300-318.
④ Paul Jacobs et al., *To Serve the Devil* (New York, 1971), I, p. 13.

缺衣少食之苦……他们相处时彬彬有礼，分别一段时间后重逢，便表现得充满感情"①。总之，"他们肯定更为接近自然"，他们是自然的"直系子女"。② 有人甚至以土著社会的纯朴来反衬欧洲文明的奢靡。③ 詹姆斯·阿代尔曾作为贸易商长期生活在印第安人中间，他在 1775 年出版的《美洲印第安人史》中写道，印第安人生活质朴，性情温良，体格迷人，虽然处于野蛮状态，但如经开化，即可进入文明时代。④ 他的书影响甚大，使"高贵的野蛮人"之说，得到更广泛的传播。本杰明·富兰克林也十分欣赏土著生活方式，因为"在那里没有暴力，没有监狱；没有官吏强制人们服从或实施处罚"⑤。托马斯·杰斐逊觉得，印第安人和欧洲人相比，在身体和智力上都毫不逊色。⑥ 有些比较偏爱印第安人及其文化的人甚至认为，土著社会比白人社会更高尚，更符合基督教理想，基督教中的许多美德未见之于白人身上，却在印第安人中得到反映，白人和他们相比应觉汗颜。⑦

不过，这种带有理想成分的好感，出了知识阶层和上层社会便很少有人接受。对那些与土著部落有着实际利害关系的白人来说，印第安人只不过是野蛮人，毫无人类的尊严和权利可言。白人通常用自己的社会和文化标准去衡量印第安人，认为他们缺乏文明社会的技术、习俗和制度，他们"赤身露体，没有开化，有的还吞吃人肉"，而且不懂知识，也没有历史和文字。⑧ 教会从宗教立场出发，把印第安人不信上帝看作为魔鬼所控制的表现，指责他们身上到处都是邪恶，"他们是爱撒谎的坏蛋，他们是十分懒惰的坏蛋"⑨。殖民地官员的看法往往更为偏激和不公正。普利茅斯殖民地总督威廉·布拉德福曾写到，普利茅斯是"美洲一片广阔无边、无人居住的土地，十分富饶，适宜定居，找不到任何文明居民，只有一些野蛮残暴的人出没其

① Washburn, *The Indian and the White Man*, p. 65.

② Bernard W. Sheehan, *Seeds of Extinction: Jeffersonian Philanthropy and the American Indian* (New York, 1973), p. 111.

③ Berkhofer, *The White Man's Indian*, p. 75.

④ Hoover, *The Red and the Black*, pp. 64-65.

⑤ Jacobs, *To Serve the Devil*, p. 11.

⑥ Sheehan, *Seeds of Extinction*, p. 20.

⑦ Gary B. Nash, *Red, White, and Black: The Peoples of Early America* (Englewood Cliffs, N.J., 1982), p. 297.

⑧ Hoffer, *Indians and Europeans*, p. 298.

⑨ Ronald Takaki, "The Tempest in the Wilderness: The Racialization of Savagery," *The Journal of American History*, Vol. 79, No. 3 (Dec., 1992), p. 909.

间，而这些人与这里出没的野兽并无多大差别"①。鼓吹向美洲殖民的英国
商人罗伯特·格雷，甚至说印第安人比野兽更坏。② 后来，随着殖民进程加
快而爆发激烈的种族冲突，白人社会对印第安人的仇恨和恶感也不断加深。
1622 年，弗吉尼亚发生惨烈的种族战争；稍后，新英格兰又有"菲立普王
之战"。这些给印白双方都造成沉重损失的事件，使白人社会对印第安人的
微弱好感丧失殆尽。一些被印第安人掳走的白人，在返回后发表他们在部落
的经历，有的故意渲染印第安人生活方式的野蛮可怖，使更多人相信印第安
人嗜血冥顽的说法。

　　白人在种族和文化问题上抱有这些偏见，除受到文化心态的制约外，
显然还离不开实际功利的直接驱使，因为他们迫切需要夺取印第人的土地，
而把他们诬为没有生存权利和占地资格的兽类，便是一个简便的借口。殖民
者向来把印第安人看成自己生存发展的障碍，很多人希望他们尽早灭绝。新
英格兰的印第安人因疫疾流行而大批死亡，清教徒们竟喜出望外，额手称
庆，视为上帝之手造出的"美妙天灾"，意在空出土地来让文明人享用。③
一位卡罗来纳的殖民地官员承认，白人对印第安人远不如印第安人待白人那
么友善，白人不把印第安人当人看待，很鄙视他们。④ 到 19 世纪中期种族
冲突登峰造极之时，白人中间甚至传出"只有死了的印第安人才是好印第安
人"⑤的说法，从中透露的自私残忍和血腥无耻之气，令后来的闻者都感觉
毛骨悚然和心悸齿冷。

　　对印第安人的恶感，不仅广泛存在于社会各界，而且还反映在白人政
府的决策中，因为政府官员难免受到舆论气候的感染和社会需要的驱使。乔
治·华盛顿偶尔也称印第安人为"野蛮人"和"豺狼"，主张把他们赶走，
让白人获得更多的土地。⑥ 一位国会议员公开指斥印第安人"徒有人类之
形，而毫无人类之心"⑦。有些联邦政府负责印第安人事务的官员宣称，处
理印第安人事务如同和野兽打交道，采用什么手段，应视便利和安全的需要

---

① Jacobs, *To Serve the Devil*, p. 10.

② Nash, *Red, White, and Black*, p. 40.

③ Hoffer, *Indians and Europeans*, pp. 31-32.

④ Nash, *Red, White, and Black*, p. 345.

⑤ Moquin, *Great Documents in American Indian History*, p. 106.

⑥ Philip Weeks et al., *Subjugation and Dishonor: A Brief History of the Native Americans* (New York, 1981), p. 23.

⑦ Weeks, *Farewell, My Nation*, p. 16.

而定。①

　　及至 19 世纪中后期，白人描画的"野蛮人"形象通常以大平原印第安人为原型：他们头插羽毛，身穿兽皮，住帐篷，出没无常，茹毛饮血，杀人成性，狂热地沈溺于战争、抢劫和各种仪式舞蹈。把大平原印第安人作为全体印第安人的象征，至今仍在美国的文艺和大众媒体中留有遗迹。这种形象之所以能广泛传播，固然同当日西进移民与土著部落流血拼杀的历史有着深刻联系，但更重要的根源在于白人社会对印第安人历史与文化的无知。内兹帕斯族的约瑟夫首领 1879 年抗议说："我要求白种人了解我们的人民。你们当中有些人以为，印第安人与野生动物没有两样。这是一个巨大的错误。"② 然而白人受文化偏见和切身利害的制约，长期不能也不愿从这个错误中自拔，于是错误的观念导向错误的抉择。白人竭力通过文化征服来实现所谓文明对野蛮的胜利，结果不仅给印第安人造成深重的苦难，也使白人自己背上沉重的历史和文化的十字架。

三、技术与器物的交流

1. 生存手段的取长补短

　　印白两种文化在整体上有着天壤之差，自认为文明发达的白人当然不屑于学习印第安人的生活方式，而印第安人则以白人习俗与其传统不合而难于认同。不过，这些差异和隔膜，并未完全阻碍两个种族在生存方式的细节上相互交流和借鉴。

　　印第安人第一次接触白人的工具器物和生活习俗时，大多不免感到惊奇和难以理解。他们一开始把面包当成"一块桦树火绒"；他们看到白人喝红酒，更是诧异白人竟残忍到用红色的血液作饮料。③ 新墨西哥的吉卡里拉-阿帕奇人，首次从白人那里得到帽子、短裤、鞋子、外衣、盘子、毯子、面粉、糖、咸肉、咖啡之类的新奇物品，不懂得如何使用，对吃的东西尤其一筹莫展。结果他们把短裤围在腰上，用帽子装水，把鞋当成靴子；他们用

---

① Jacobs, *To Serve the Devil*, p. 17.

② Moquin, *Great Documents in American Indian History*, p. 237.

③ Axtell, *After Columbus*, p. 130.

咸肉煮汤，因食用过量导致多人死亡；把面粉当作玉米来加工，做成的东西无法食用；他们将咖啡放在火上熬了两天，仍未煮烂，尝过煮出的水，苦涩难咽，于是把它磨碎做成面包，也因不能入口而丢弃；糖是唯一受欢迎的东西，小孩拿来作糖果吃。①

白人使用的工具器物，最初也令印第安人感到新奇和迷惑。他们称白人为"铁人"或"制衣人"，把传教士用的银器看作精灵，以为神奇之物。新英格兰的印第安人首次见到风力磨坊，叹为人间奇迹；白人之用犁耕作，也被认为近乎戏法。他们不解白人何以如此聪明，能够制造许多奇妙的器具。② 他们对白人的文字和书籍也觉匪夷所思，不禁连声称奇。据传教士托马斯·哈里奥特记述，印第安人第一次接触印刷的《圣经》，视之作神赐之物，"很高兴地抚摸它，拥抱它，吻它，拿它贴近他们的胸和头，去摩擦他们身体的各个部位"③。他们把书称作"会说话的纸"，相信文字与魔法师的咒符有同样的法力。魁北克的印第安人因疫疾流行而成群死去，他们确信这是白人用文字描述记载当地的河流、树木和居民的结果："他把我们的名字写在一张纸上，很可能他用这种办法使我们中了魔法，把我们引上死路。"④

后来，印第安人与白人的接触日趋频繁，特别是双方的贸易活动不断扩大，白人的技术、器物和工具也就得到广泛采用。印第安人很快认识到白人工具器物的长处，铁器之优于石器，火枪之胜于弓箭，都是一用便知的。但他们采用白人的工具器物时并非兼收并蓄，而同样表现出一定的选择性。他们欢迎那些能够为其传统生活方式所容纳和消解的成分，而许多有可能冲击或破坏其文化特性的东西，则为他们所不取。

印第安人获取白人工具器物，主要借助贸易和白人的赠与。他们用毛皮换取白人的货物，而白人商贩和殖民当局为了笼络印第安人，往往送去许多礼物。弗吉尼亚加罗林县有一座 17 世纪 80 年代的印第安人文化遗址，其发掘情况证明，印第安人采用的白人工具器物品类繁多。在这里的发掘物中，有火枪、发火燧石、子弹、玻璃箭头、金属刀具、夹子、钉子、扣子、各种金属器皿、锡蜡制品、玻璃球、银币等的物品，这些显然都来自于白

---

① Nabokov, *Native American Testimony*, pp. 54-55.

② Axtell, *The Invasion Within*, p. 11.

③ Axtell, *After Columbus*, p. 89.

④ Axtell, *After Columbus*, p. 91.

人。① 印第安人虽然一开始并不习惯白人的食物饮料，但面包、猪肉和酒等东西，也渐成他们的日常食用之物。白人的纺织品在有些部落代替兽皮而成为服饰用料。白人的毯子尤其不可或缺，他们白天披以为衣，夜间铺在地上则成卧榻。南部有的部落还从白人那里学会制砖、砌墙、制造铜器和车轮；铁工制作、造船、锯木、接缝、制鞋等技术，也为他们所掌握；他们还能使用针线，引进粗呢做衣服。② 东部那些人口较少而又长期与白人混居的部落，在物质生活上更加接近白人。西部大平原诸部落的人得到西班牙人留下的马匹，很快成为出色的骑手，狩猎和劫掠的效率得以成倍提高，食物的供给也就大为充足。西南部的纳瓦霍人原为游猎部落，后来从西班牙人那里引进绵羊和山羊，养羊业和羊毛制品贸易在其经济生活中遂成支柱。

物质文化交流对印第安人的影响，也表现在战争方面。印第安人传统的战争方式多为正面的攻击，双方以弓箭、石矛、木棒等武器展开厮杀。白人初到美洲，凭借先进的武器和优越的装备，在交战中以少胜多，经常大败土著部落。不久，印第安人借鉴白人的武器和作战技巧，并与原有的作战方式相结合，加上熟悉地形环境的优势，便成白人的强劲对手。像易洛魁联盟这样原本就具备较发达社会组织的土著人群，一旦使用白人的先进武器，更是如虎添翼，令白人望而生畏。大平原上的黑脚族、苏族和肖肖尼人，因得马和火枪之助，崛起为西部最为骁勇善战的部落。那些居处略为固定的农业部落，最初在遭到白人攻击时，习惯性地隐蔽在村寨里，而白人乘机毁坏庄稼，焚烧房舍，掠走财货；后来他们学习白人的建筑技术，修筑较坚固的防御工事，并采用伏击战、突袭战等方式来对付白人的进犯。

在白人方面，印第安人的作战技巧也有所助益。印第安人的皮制服装，很适宜在丛林荒野中活动；游击战术和剥头盖皮的习俗，也为白人所采用。不过，对白人生活产生更大影响的，乃是印第安人的食物和农业技术，这在移民点初建之际尤其具有重要意义。

詹姆斯敦在建立之初，移民们遇到严重的生存危机。食物极端匮乏，迫使他们将马、狗、猫宰杀充饥；在老鼠也被吃光以后，便掘墓以人尸为食；有个男子在饿极难耐时，竟杀死怀孕的妻子，把腹中胎儿扔进河里，腌制其肉作为食物。当此存亡攸关的危难时刻，附近的印第安人送来半生的玉

① Wright, *The Only Land They Knew*, p. 225.
② Wright, *The Only Land They Knew*, pp. 166-167.

米，使他们免成饿殍。弗吉尼亚殖民地负责人约翰·史密斯事后回忆，不觉暗自心惊：印第安人如乘移民极度虚弱之机稍作攻击，他们将死无葬身之地；幸而印第安人带给他们的是玉米，使他们恢复了元气。然而史密斯并无感激印第安人之意，他认为这不过是上帝的福佑。① 新英格兰的清教徒"始祖移民"身处困境仍得以立足于新大陆，更离不开印第安人的援助。当地有个叫作斯匡托的印第安人，早年被欧洲人掳去为奴，会讲英语。清教徒移民抵达后，他便充当联络的桥梁，说服当地部落帮助移民度过第一个难熬的冬季。结果，移民从印第安人那里得到工具、种子和土地，并学会了种植当地作物的技术。第一批移民于是得以在新英格兰安身立足。印第安人的援助和合作，对当时殖民地的生存显然至关重要，因此殖民当局一再指示清教徒移民，不得冒犯和伤害土著居民，否则将受处罚。② 稍后建立的南部各殖民地，在拓殖发展中同样得到过印第安人的帮助。潮汐地带的部落，在农业种植方面具有很丰富的经验，白人在刚开始种植业时，经常向他们请教。白人掌握了烟草种植技术，殖民地的经济才获得较快的发展。一般白人家庭喜欢使用印第安人的陶器、篮子和其他器物。土著医术也曾为缺少医药的移民解除病痛。即使是作为边疆开拓象征的圆木小屋，虽为特拉华河谷的瑞士移民所首建，也借鉴了印第安人以圆木为建筑材料的经验。③

在白人当中，那些深入内地的贸易商、探险家和传教士，尤其得益于印第安人应付恶劣环境的生存技巧。对于常年生活于深山野岭中的捕兽者，学习印第安人的经验更是必不可少的课程。他们因生活环境的恶劣与印第安人不相上下，所以几乎完全土著化。他们茹毛饮血，行动机敏，孤独自处；在宗教和人生哲学上也接受不少土著观念；他们所用的语言夹杂许多土著成分，其中包括手势语，印第安人惯用的"哇"（wah）、"啊"（ugh）、"嘿"（heap）之类的词，经常出现于他们口头。长期的野外生活，使他们的肤色变得与印第安人一样，有时甚至难于把他们与真正的印第安人区分开来。他们虽然学习印第安人的生存技能，却把自己的"老师"视为天敌，每当遇到必先杀之，然后再查明底细。④

据那些曾经在部落滞留的白人所言，印第安人的生活虽然粗糙简陋，

① Nash, *Red, White, and Black*, pp. 56-57.

② Gibson, *The American Indian*, p. 187.

③ Wright, *The Only Land They Knew*, pp. 243-244.

④ Ray A. Billington, *America's Frontier Culture: Three Essays* (College Station, 1977), pp. 35-47.

但并不如通常想象得那样可怕和难以适应。一些被印第安人救起或掳掠而后收养的白人，不仅很快习惯部落生活，而且在获得重返白人社会的机会时，还感到留恋不舍乃至不肯离去。白人社会对此大感不解而且于心不甘：他们千方百计诱导印第安人采纳"文明生活"，然而从者寥寥；而印第安人未费半分心力，却能如此成功地同化白人！

两个种族在接触初期进行物质文化的交流，当然不是强制的产物，而是出于生存需要所做的自觉选择。印第安人长期在北美大陆生活，拥有适应环境的独特生存技能。白人移民初入北美，技术与工具的优势一时不能发挥，这时借用土著经验，便属自然且必要的事情。可见人类在处于维持生命的最低限度时，对于环境的反应并不因为所负载的文化迥异而有根本的不同。印第安人采用白人的工具器物，乃是受其功用和便利所吸引，但同样以不会危及他们的文化特性为前提。

2. 主流文化中的土著色彩

较之拉丁美洲各国，美国主流文化中来自印第安人的成分并不太多，因为土著人口在美国居民构成中仅占很小的比重，而且印白之间的通婚也较为少见。尤其是主流社会长期致力于消除印第安人的文化特性，更加限制了土著文化进入主流社会。即便如此，印第安人文化的印迹，在美国生活中仍然比比皆是。

以地名为例，美国50州中便有27州的州名取自印第安人语言，如亚拉巴马、阿拉斯加、亚利桑那、阿肯色、康涅狄格、达科他、伊利诺伊、艾奥瓦、堪萨斯、肯塔基、马萨诸塞、密歇根、明尼苏达、密苏里、俄亥俄、俄克拉何马、得克萨斯、威斯康星等便是。城镇、河流和山岭的名称，与土著语言有关者数目更大，在新英格兰就达5,000个之多，在加利福尼亚也不下200个。[1] 纽约的"曼哈顿"，在部落语言中意为"我们大家都酩酊大醉的地方"或"山峦之岛"。印第安人使用的字眼和词汇，有些在转换成字母文字后进入日常英语，较常见的有"papoose"（婴孩）、"wampum"（钱）、"wigwam"（棚屋）、"powwow"（典礼、会议）、"sachem"（大亨、首领）、"going on the warpath"（去打仗、出征）、"burying the hatchet"（和解、休战）、"running the gauntlet"（受到严厉批评）、"smoking the peace pipe"（友好相处）、"happy hunting ground"（乐土、丰收乐园），等

---

① Gibson, *The American Indian*, p. 580.

等。①

论及美国的文学、艺术、科学和宗教的发展，也不能避而不谈印第安人的影响。印第安人的生活和战争，曾是文学艺术创作中长盛不衰的题材。美国小说的先驱查尔斯·布朗，在他 1801 年发表的小说《埃德加·亨特利》中，就写到了有关印第安人的内容；詹姆斯·库柏所著印第安人题材的小说，拥有十分广泛的读者。这类小说在 19 世纪 30 年代有 15 部，40 年代便达 39 部。其中罗伯特·M.伯德的《林中尼克》，先后印过 25 版。在 1825—1860 年间出现的 190 部戏剧作品中，与印第安人有关的就占 50 部。②大受欢迎的西部电影里，印第安人更是常见的角色，尽管大多带有歪曲的意味。土著人工制品在不少博物馆都是珍贵的藏品，如史密森学会的民族学收藏品，在 1860—1873 年间由 550 件增加到 13,000 余件。③人类学的兴起和发展，曾极大地得益于对印第安人社会和文化的研究；从 19 世纪 90 年代开始，土著人种研究成为美国人类学研究生培养的项目之一。美国有的教派带有印第安文化色彩。例如，摩门教的赞美诗里收有印第安人的歌曲；震教徒有时宣称他们受到印第安精灵的控制。

据美国学者研究，印第安人的影响在美国政治领域也有一些体现。费利克斯·科恩论及，"从印第安人那丰富的民主传统中，产生了美国生活中一些特色鲜明的政治理想"④。据说，富兰克林 1754 年起草奥尔巴尼联盟计划时，曾经援引易洛魁联盟的宪法；杰斐逊为推敲美国宪法的内容，也对这个文件做过研究。还有人认为，美国的建国和立宪确曾借鉴易洛魁人的政治经验。⑤ 小唐纳德·A.格林德等人，在 1991 年出版的《自由的典范：土著美国人与民主的进化》一书中，着重探讨了大西洋沿岸土著联盟对美国民主的影响。恶名昭著的纽约民主党机构"坦曼尼厅"，其名称来自于特拉华族一位著名首领的名字。在威廉·佩恩时代，这位首领德高望重，教友派尊之为"圣坦曼尼"。后来用他的名字命名的团体，有 1772 年的"坦曼尼

---

① Spencer, *The Native Americans*, p. 505.

② Gibson, *The American Indian*, p. 582.

③ Frederick E. Hoxie, "Exploring a Cultural Borderland: Native American Journeys of Discovery in the Early Twentieth Century," *The Journal of American History*, Vol. 79, No. 3 (Dec., 1992), p. 971.

④ Roger L. Nichols et al., eds., *The American Indians: Past and Present* (Waltham, Mass., 1971), p. 32.

⑤ James A. Clifton, ed., *The Invented Indian: Cultural Fictions & Government Policies* (New Brunswick, 1990), pp. 107-108.

王之子会”和1786年的“坦曼尼协会”。后者逐渐演变为一个政治组织，其总部就是“坦曼尼厅”。

美国人喜爱的服饰、舞蹈、装潢、化妆和节日当中，也有一些起源于印第安人。土著文化的痕迹在美国人的餐桌上体现得尤为鲜明。印第安人最先懂得栽培烟草、玉米、豆类、瓜类、土豆等作物，这在世界农业的发展中占有很重要的地位。美国人经常食用的浆果蛋糕、玉米面包、玉米合菜、玉米饼、坚果面包、瓜馅面包、烤火鸡、黑莓、葡萄、草莓、西瓜、栗子、豆类、豆汤、青玉米、南瓜、蛤肉、鳕鱼、鱼杂烩之类，都是印第安人的贡献。[①]

印第安人文化对美国和世界的影响，既有史为证，便不能抹杀。有的美国学者恰如其分地评论说，印第安人文化虽然没有改变美国文化的性质，但是，“可以公正而可信地认为，如果没有欧洲人与印第安人之间的互动，今天的美国和欧洲社会，将别是一番景象”[②]。费利克斯·科恩根据土著文化对美国社会发展起过的作用，尖锐地批评白人对印第安人采取同化政策；他认为，实质性的问题并不是白人所谓“印第安人的美国化”，而是“白人的美国化”。[③]

3. 白人物质文化对印第安人的危害

早期印白之间的文化交流，在土著社会产生了各种严重的负面后果，其中以烈性酒和火枪的危害至为深远，有时甚或以部落主权和印第安人的生命为代价。

白人传入的烈性酒，在土著社会乃是一件极为可怕的毁灭性武器。印第安人原本不知酿酒，当然无从谈及饮酒的习俗、禁忌和戒律，他们一旦受到酒的诱惑，便耽溺沉醉而不能自拔。

印第安人开始时对烈酒感到害怕，但旋即品出其中滋味。梅诺米尼人初赴法国人之邀，不敢碰酒，视为可取人性命的毒物。他们让几个无用的老人先尝，谁知这几个平日沉默寡言的老人，在沾酒之后竟口若悬河，十分兴奋激动，走路东倒西歪，最后倒地不省人事。印第安人以为他们中毒身死，准备找法国人复仇。不久这几位老人苏醒，对他们的首领说："酒是个好东

---

① Russell, *Indian New England Before Mayflower*, p. 73.

② Jennings, *The Invasion of America*, p. 172.

③ Nichols, *The American Indians: Past and Present* (1971), p. 41.

西，我们感到很快活，你必须也尝一点。"① 后来，愈来愈多的印第安人得出与那几个老者相同的结论，饮酒之风便在土著社会蔓延开来，遍及几乎所有与白人有过接触的部落。烈酒也就成了印白贸易中一种重要的货物，成了印第安人生活中的不可或缺之物。白人当局对印第安人表示友好，赠之以酒；印白代表举行谈判，伴之以酒；部落举行仪式庆典，也非酒不成。酗酒之风极盛，土著村落醉汉遍地，连妇女也嗜酒如命。印第安人称烈酒为"火水"（firewater），他们何曾想到，从白人那里接受的这种"礼物"，竟会融入他们的生活，变成他们文化传统的一个特色。为了弄到酒，他们不惜代价，声称"我们不在乎钱，也不在乎土地和货物。我们要的是威士忌"②。

对于烈酒给印第安人造成的危害，时人即有记载和评论。富兰克林目睹印第安人酗酒的混乱场面，不禁感叹道："如果真是上帝有心让这些野蛮人灭绝，以便给耕作的人们腾出土地的话，看起来朗姆酒很可能就是指定的工具。它已经消灭了所有那些从前居住在海岸的部落。"③ 杰斐逊也发现，烈酒"已经使他们身体衰弱，精神萎靡，使他们陷入挨饿受冻、衣不蔽体、贫困潦倒的境地，使他们不停地争吵斗殴，使他们人口减少"④。托马斯·麦肯尼谈到，"一个没有亲眼目击的人，绝对难以想象印第安人为威士忌做出了什么样的牺牲"；酒使他们贫困乃至丧命，因而酒乃是"最后的毒药"。⑤ 不少部落首领在与白人谈判时，通常烂醉如泥，轻率地在白人拟定的条约上签字，酿成丧失土地和主权的惨祸。一般人在醉酒以后，往往相互殴斗残杀，犯罪事件不断发生，兄弟阋墙、夫妻反目的现象也不鲜见。嫁与印第安人的白人妇女玛丽·杰里逊，在自述中谈及其子酒后手足相残的惨痛往事，仍然悲愤难当，认为酒不是变人为兽，就是夺人性命。⑥

略为清醒明智的部落首领，大抵能够看出酗酒的严重后果，他们要求白人当局禁止贸易商人在部落销售酒类。1677 年，特拉华族首领奥卡尼科恩与英国人谈判时，因醉意朦胧而受到英方申斥。他回答说，最早卖酒给他们的是荷兰人；酒接连不断地给他们带来不幸，"它使我们失去控制；我们

---

① Nabokov, *Native American Testimony*, pp. 43-44.

② Weeks, *Farewell, My Nation*, p. 56.

③ Sheehan, *Seeds of Extinction*, p. 273.

④ Sheehan, *Seeds of Extinction*, p. 239.

⑤ Sheehan, *Seeds of Extinction*, p. 239.

⑥ Weeks, *Subjugation and Dishonor*, p. 28.

不知道自己在干什么；我们相互斗殴；我们相互把对方扔进火里……由于喝酒，我们已有 140 个人送了性命"；所以"必须把酒桶封起来"。[1] 长岛有个印第安人对白人说："你们不应当把白兰地卖给印第安人，这酒使他们发疯，因为他们不习惯这酒。为了防止所有弊病，我们希望你们不要把那种火水卖给我们的武士。"[2] 1748 年，有个克里克人提醒他的同胞，"酒是黑暗邪恶原则的秘密使者"，如果继续酗酒，整个族群都会毁灭。[3] 一些部落首领还向殖民当局请愿，呼吁禁止酒类贸易。[4] 但是终殖民地时期，酒类对印第安人的侵害不仅没有得到控制，反而日甚一日。

火枪乃是白人带给印第安人的另一把双刃剑。印第安人对于火枪的最初反应，一如对待其他白人器物一样，是既惊奇又害怕。居住在密歇根湖畔的梅诺米尼人，17 世纪 60 年代首次从法国人那里得到一支火枪，开始他们不敢放枪，经法国人授以瞄准射击的方法，才发现并不会伤着自己。其他部落的人也有类似感觉。一个奥古布瓦人事后说："从那些（又黑又长的管子里）发出火花和十分吓人的声音，我怕得要命，甚至在梦里也一样怕。"[5] 根据白人当时的记述，印第安人头一次目睹射击，"他十分害怕，浑身发抖"；"站着不动，好像遭到雷击一样，然后像个修士似的祈祷膜拜，用他的手指指天空，又指着海和船，好像在祝福我们"[6]。可是，一旦印第安人真正了解火枪的长处和威力，就千方百计地想要得到它。因此，在早期印白贸易中，枪支成为最贵重的商品。殖民当局担心火器会增强印第安人的实力，极力禁止枪支弹药的贸易。然而印第安人还是能够从各种渠道获得枪支，他们或用毛皮或用土地与白人交换，有时他们弄到的武器，竟比白人军队的装备还要先进。很多印第安人精于射击，阿尔冈钦人大多是出色的射手。

由于使用枪支，印第安人的狩猎效率和战斗能力大为提高，这固然是其便利。但是，枪械弹药都依靠白人供应，如果枪械发生故障，或者弹药短缺，他们即陷入束手无策的境地。因此，部落首领经常请求白人派机械师来修理枪械，为他们供应弹药。在火枪成为狩猎工具后，一些部落竟忘记了传

---

[1] Armstrong, *I Have Spoken,* pp. 5-6.

[2] Clark Wissler, *Indians of the United States* (New York, 1966), p. 295.

[3] Jacobs, *To Serve the Devil,* p. 23.

[4] Nabokov, *Native American Testimony,* p. 49.

[5] Axtell, *The Invasion Within,* p. 4.

[6] Axtell, *The Invasion Within,* p. 11.

统的捕猎方法。苏族各部落长期依赖法国人和英国人供应武器弹药，后来英国人不能保证这项供应，导致许多人"死于因缺少弹药而引起的饥饿"①。夏延族也曾遇到同样的困难，他们请求美国政府依照允诺送来枪支弹药，"这样我们就可以打到野牛，使我们的家人免于饥饿"②。除了枪支，进入印第安人日常生活的其他器具也有其不利的一面。这主要是由于印第安人不能生产这些器具，只有仰赖白人的供给，而换取的代价不是毛皮，便是土地，有时还包括对白人的忠诚和服从。有些印第安人只得承认，他们"离了英国人的援助就不能生存"③。殖民地官员中也有人看到，火器使印第安人"对英国人的完全依赖，不仅表现在贸易上，甚至还包括其生存"④。白人有意利用这种依赖性，在贸易中刻意欺骗印第安人，拼命压低毛皮的价格，用质次量少的货物与之交换；或者以断绝货物供应相威胁，许以优惠供应为诱饵，以达到控制部落的目的。

一些部落首领意识到这种依赖性所引起的消极后果，倡导恢复传统生活方式以摆脱这种不利局面。据一个流传甚广的传说，特拉华族的神"生命之王"曾这样开导该族首领：

> 你们为什么让白人生活在你们中间而受罪？我的孩子们，你们把你们祖先的习俗和传统给忘掉了。你们为什么不跟他们一样穿兽皮做的衣服呢？为什么不使用他们用过的弓箭和石头尖的枪矛呢？你们从白人那里买来枪支、刀子、水壶和毯子，现在你们已经离不开这些东西了；更糟糕的是，你们喝了那有毒的火水，使自己变成了傻子。把所有这些东西都抛弃吧，像你们明智的祖先从前那样去生活吧。⑤

有一次，一个波尼族首领在同美国代表谈判时，拒绝接受他们送来的刀、枪和毯子等礼物，他的理由是，印第安人有野牛和玉米，不需要其他东西即可生存；冬天穿皮袍取暖，用不着毯子；箭可射杀野牛，毋须枪支；石刀剥取

---

① Gary C. Anderson, *Kinsmen of Another Kind: Dakota-White Relations in the Upper Mississippi Valley, 1650-1862* (Lincoln, 1984), p. 91.

② Armstrong, *I Have Spoken*, p. 90.

③ Hoffer, *Indians and Europeans*, p. 380.

④ Sheehan, *Seeds of Extinction*, p. 220.

⑤ Armstrong, *I Have Spoken*, p. 22.

牛皮时，与铁刀一样合用。他最后说："我们不要你们的礼物，我们不要你们进入我们的家园。"①

四、印第安人与北美的早期开发

1. 毛皮贸易的主角

印第安人在北美殖民地经济生活中的地位，主要是通过贸易，特别是毛皮贸易而获得体现的。在南部，虽有少数印第安人充当白人的奴隶和仆人，也有一些人在白人当中从事体力劳动，但人数有限，在经济上没有多大影响。毛皮贸易则不然，它在殖民地早期经济发展中起过举足轻重的作用。

毛皮贸易受到地理和气候条件的制约。在北部和西部，进行交易的物品是海狸皮。海狸皮在欧洲销售的行情极好，用以制作帽子和披肩，颇受上流社会欢迎。南部印第安人则用硝制过的鹿皮与白人交换。鹿皮可用来制作衣服和靴子，也是毛皮贸易中的主要货物。毛皮贸易大多采取以物易物的交换模式，白人贸易商用各种器物和酒类饮料换取印第安人的毛皮。这种交换方式持续几个世纪。经常用于交易的物品有刀、枪、剪刀、针、呢绒、金属箭头、火药、铅弹之类的物品。有时在交易中也使用中介物。在切萨皮克湾地区，白人用作中介的有烟草、烟草执照、磨光贝壳（peake）和贝币（roanoke）等物。按照弗吉尼亚议会 1649 年的规定，1 码成串的磨光贝壳合 1 先令 6 便士，1 法寻合 5 先令；如磨光贝壳为黑色，则价值翻倍；1 码成串的贝币合 10 便士。② 白人制造的玻璃珠也曾是一种中介物，后来取贝币而代之。在 1624 年，一条独木舟值 10,000 个蓝色玻璃珠。印第安人的鹿皮斗篷也作过中介物，一件鹿皮斗篷可换 100 英亩土地。③ 交易的价格并不固定，因时因地而有差别。印第安人缺乏商业的经验，也不了解金钱的意义，更不清楚毛皮的价值，因而交易价格的决定权便落入白人手中。白人从毛皮贸易中获得的利润一般达到百分之数百。例如，在 18 世纪中期的南部，一床毯子可换 3 张公鹿皮或 6 张母鹿皮，一把刀子可换 1 张母鹿皮，一杆枪的价格等于 7 张公鹿皮或 14 张母鹿皮，1 夸脱朗姆酒也能换到 1 张

---

① Nabokov, *Native American Testimony*, p. 47.

② Wright, *The Only Land They Knew*, p. 244.

③ Wright, *The Only Land They Knew*, p. 95.

公鹿皮。①

交易通常在比较固定的地点进行，而且采取群体活动的形式。有一个毛皮贸易商人描述过同阿尔冈钦人交易的场景，颇为详细生动。印第安人不分男女老幼，成群结队地走向交易地点。首领先派年轻人前去通知白人商人，并向他们索取一些烟草回来，分给首领或家族头领，作为友好的表示。年轻人回来禀报首领后，大队人马才向贸易地点进发。妇女们支起帐篷准备过夜；首领则带着其他人去与白人商人会面。印第安人要向白人送礼，礼物包括马、皮袍、狐狸皮帽等物。当晚白人商人用酒来款待印第安人。第二天进行交易时，印第安人要求白人对前一天送去的礼物做出回赠。他们如果觉得回赠的价值不够，便取回送去的马匹。交易完毕后，印第安人还要在原处停留一两天，和商人们一起抽烟喝酒。他们撤走时，往往先把妇女送走，然后再带上换来的火药、烟草等物上路。②

英、法两国在北美进行殖民活动，毛皮贸易一度是其中的一项主要内容，许多殖民地官员、商贾和军官因此而致富发迹。毛皮由印第安人供应。他们拥有猎取毛皮兽的经验和剥制处理皮革的技术，实际上构成毛皮贸易的支柱。如果没有他们的合作，这种利润丰厚的活动就无法维持。因此，殖民当局竭力与有关部落保持和平友好的关系，限制白人骚扰或驱赶印第安人，并且加强对贸易活动的控制。

但是，毛皮贸易带给印第安人的也主要是有害的影响。第一，许多部落竞相争夺毛皮资源，导致冲突迭起，战乱频繁，在削弱印第安人力量的同时，也给白人扩张创造了可乘之机。毛皮资源的地域分布很不均衡，而且极易耗竭。在一个地区的毛皮兽被捕杀尽净以后，必须开辟新的毛皮资源，否则卷入毛皮贸易的印第安人即无以为生。于是，占领毛皮产地和控制贸易路线，便成为部落战争的主要导因，而战争的背后总是闪动着白人的影子。这种持续不断的互相厮杀，消耗了许多部落的生气，使印第安人抵御白人扩张的能力日趋衰弱。

第二，毛皮贸易破坏了部落经济的良性循环，加剧了印第安人的生存危机。部落经济原以保证其成员的温饱为目的，其功能通常能得到合理的发挥。但在卷入毛皮贸易以后，狩猎成为商业性活动，这与部落经济的传统背

---

① Wright, *The Only Land They Knew*, p. 173.

② Wissler, *Indians of the United States*, pp. 300-301.

道而驰；而且大批妇女也参与其事，担负剥皮、硝皮和制皮等工作。种植采集之类的谋生活动遂告停止，土地荒废的现象颇为普遍。部落的食物完全依靠用毛皮换取，一旦所获无多，或者毛皮资源告罄，整个部落便困于饥饿。

第三，部落社会组织和传统价值观念受到毛皮贸易的严重冲击，土著文化的危机随之加深。印第安人为便于捕猎，往往搬出原来的村落，居住在靠近毛皮资源的丛林深处，由此导致部落纽带松懈，传统的村落格局也难以维持。而且，传统的人与自然的关系也受到破坏。印第安人过去把人与自然视为和谐统一的整体，反对超出生存要求而获取自然资源，但现在他们为了获得毛皮，不惜大开杀戒，以商业的动机来蹂躏自然，显然背离了他们原有的价值观。

第四，白人文化中的恶劣因素，通过毛皮贸易传入部落社会，印第安人的道德和士气因此遭到败坏。印第安人经常接触的白人毛皮商人和捕猎者，大多是胆大放浪、桀骜不驯之辈，酗酒、嫖娼、好赌、嗜杀。他们把种种不良习气带到印第安人中间，酗酒赌博和卖淫嫖娼的现象也发生于部落社会。总之，正如纽约州州长德威特·克林顿所说，毛皮贸易恰似一个"潘多拉魔盒"，既诱惑印第安人，又充满各种邪恶。[1]

2. 殖民争夺中的同盟者

据说印第安人当初欢迎新到的欧洲人，是想借助他们的力量来打败敌对的部落；当他们发现白人所用武器的威力以后，更是争相与之结盟。欧洲人进行殖民争霸时，也设法利用印第安人。英、法两国角逐于北美，印第安人在中间充当一个很有分量的筹码。无论哪一方，只要获得更多部落的支持与合作，便会实力大增。英国贸易商人爱德蒙·阿特金评论道："我们这些殖民地或整个大陆的繁荣，如果没有他们（指印第安人——引者）的兴趣和支持，将很难持续。作为朋友，他们是保证我们居民点安全的廉价而坚强的屏障；一旦成为敌人，他们就会通过战争方式而进行蹂躏和破坏，不管我们怎么做，这些由我们占有的地区将变得毫无用处。"[2] 英、法两国都看到印第安人的这种重要性，因此竭力争取他们的支持和合作。

英、法两国用以争夺盟友的策略大同小异。他们或与部落建立贸易关系，优惠供应各种货物；或为部落提供枪支弹药，挑动他们攻打与敌方结盟

---

[1] Sheehan, *Seeds of Extinction*, p. 222.

[2] Gibson, *The American Indian*, p. 232.

的部落；或发出头盖皮悬赏和许以报酬，吸引他们参战；或帮助他们打败敌对部落，以赢得好感和支持。英国在贸易方面占有绝大优势。英国出产的货物质高价低，颇受印第安人欢迎。英国人通过贸易夺走法国人的许多盟友。法国人的法宝则是向印第安人显示友善，以感情方式维系部落的忠诚。英国政府偶尔采用封官晋爵的办法笼络部落首领，也能收到一定效果。

17、18 世纪，英、法在北美数度交战，每次战争都有印第安人参与。1689—1697 年的"威廉王之战"，主要战场在新英格兰北部、纽约北部、圣劳伦斯河谷及下加拿大地区。对印第安人贸易的争夺，乃是引发战争的直接因素。一些原来向法国商人供应毛皮的部落，受到英国廉价货物的吸引，转而与英国商人建立贸易关系。特别是强大的易洛魁联盟与英国人结盟，并准备向西发展，这使法国人颇感不安。他们决定以易洛魁人为突破口，扼制英国势力的扩张。易洛魁人经不住法国人持续不断的袭击，只得与之议和。英国却声称易洛魁人为本国臣民，不许他们与法国人谈判。易洛魁人当然不服，申明他们只是欧洲人的兄弟，而不是孩子，因而拥有平等的地位。经过这次纠纷，易洛魁人一度力争在英、法之间保持中立。但是实际上并无可能。以易洛魁人实力之强和所占地域之重要，英、法两国都不会置之于不顾。在随后发生的"安妮女王之战"中，英、法两国都想让易洛魁人加盟，各施高招以逞其志。英国人用心尤为良苦，设法将 5 名莫霍克首领带到英国，安妮女王亲自出面热情款待。然而易洛魁人联盟仍不放弃中立态度。南部的克里克族和乔克托族支持法国，而奇克索族则站在英国人一边，他们相互之间发生拼杀。1739—1748 年间，北美战端再起，易洛魁人与英、法的关系，仍无实质性的改变，只有部分莫霍克人帮助英国人作战。在这次称作"乔治王之战"的事件以后，不少部落都觉察到英国势力急剧扩张的威胁，于是纷纷放弃与英国的优惠贸易，投向法国人的阵营。1754 年英、法在北美开始殖民争霸的最后一战，易洛魁联盟再次成为双方争取的重点对象。是年，英属 7 个殖民地的代表与易洛魁各部落首领商讨结盟事宜，易洛魁人勉强同意为英方效力。切罗基人也派出 600 名武士加入英军。法国的土著盟友甚多，南有克里克人和乔克托人，北有奇珀瓦人、渥太华人、迈阿密人、怀恩多特人、肖尼人和西特拉华人。经过 9 年的交战，法国在北美的殖民体系完全崩溃，英国遂成唯一霸主。

这一力量格局的变动，使许多部落深为震动。那些同法国结盟的部落，一时沦为被征服者。面对来自英国的巨大压力，惊惧不安的印第安人在庞蒂亚克的领导下，结成一个泛印第安人联盟，试图赶走英国人，迎接法国人卷土重来。残酷的战争于 1763 年爆发，持续 3 年之久，最后以双方媾和告终。至此，印第安人只得承认英国人为北美唯一的盟主。

3. 美国独立战争的受害者

18 世纪七八十年代，北美殖民地兴起摆脱英国统治的独立运动，印第安人再次面临策略上的选择。英国和反叛者都设法取得印第安人的帮助。1775 年 6 月，大陆会议收到一项主张与印第安人保持友谊的提案。大陆会议还希望促成边疆地区各部落加盟，但由于缺少财货以收买部落首领，无法赢得他们的效忠。英国人和许多部落有着长期的联盟关系，在战争爆发以后，印第安人纷纷来投。特拉华族有个首领表示，殖民地人反抗英国，就是孩子反对父亲，理当受到惩罚，所以他支持英国。[1] 奇克索人、克里克人、乔克托人、肖尼人、莫霍克人、塞尼卡人以及特拉华族和切罗基族的一部分人，从战争开始便站在英国一边。托马斯·盖奇将军还从加拿大招募一支土著队伍，专门袭击新英格兰的边疆定居点，以分散反叛者的注意力。南部和边疆地区的部落也相继发难，袭扰白人定居地。效忠派也组织土著武装攻击反叛者。流血事件不断发生。英国人把反叛者描绘成贪婪残暴之徒，反复提醒印第安人，如果反叛者得胜，他们的家园就将不保。独立战争期间白人的急速西进，使印第安人相信了英国人的宣传。于是，几乎所有边疆部落都投向英国麾下，俄亥俄河谷和肯塔基地区的印第安人，尤其愿意为英国人效力。英军将领亨利·汉密尔顿在底特律设立总部，为西北地区部落提供武器装备，并向他们悬赏反叛者的头盖皮。支持独立的印第安人为数甚少，主要来自奥奈达、塔斯卡罗拉和特拉华等部落。

印第安人卷入美国独立战争，不仅毫无所获，反而深受其累。他们原想帮助英国教训忤逆的"孩子"，但未料反叛者竟成功地建立了与英国分庭抗礼的新国家。于是，他们所要面对的便是一个更难应付的新对手。当独立战争战火正炽时，美国人就频繁地对亲英部落施以报复。大陆军在 1779 年的一次行动中，烧毁 40 多座易洛魁人村镇，乔治·华盛顿因有"毁城者"之称。美国人因印第安人与英国联手作战而更添仇恨，他们宣称，"美洲所有野蛮人不是文明开化就是死路一条"[2]。他们实行报复性屠杀，歇斯底里

① Nabokov, *Native American Testimony*, p. 114.

② Gibson, *The American Indian*, p. 254.

到连改奉基督教的和平印第安人也不放过。1782 年，威廉森上校率领美国民兵一次杀死近百名改奉基督教的印第安人，无分男女老幼，一概焚尸灭迹。美国人的报复性屠杀，加以战争中的伤亡，使得印第安人损失大量人口，战斗力量尤其受到重创。而且，在战争结束时，各部落的英国盟主并未在《巴黎和约》中为他们争取任何保护性条款，使得他们落到任由美国人宰割的地步。紧接独立战争之后，美国与东部和西北部的部落相继签订条约，迫使他们割让大片土地，并保证与美国维持和平关系。从此，在密西西比河以东地区，能以武力抗衡美国的部落已是寥若晨星。

美国的胜利对印第安人的冲击，并不止于物质力量方面，印白文化关系的格局也随之出现深刻的变动。在殖民地时代，印第安人作为英、法的同盟者，在表面上保持一种平等的地位，文化征服虽已开端，但由于政治上的平等和独立，他们的文化权利尚能勉强维持。然则美国的胜利使许多部落沦为被征服者，其文化自主性便有累卵之危。美国作为一个新兴国家，表现出强劲的发展势头和扩张欲望，这对印第安人更是一种不祥之兆，他们不久便被美国人视为发展与扩张的障碍。殖民地时代各种限制白人夺占的禁令，在这个新国家也不复具有效力；汹涌西去的移民洪流，将陷印第安人于灭顶之灾。文化征服也随生存竞争的激化而来势更猛。众多部落在独立战争中支持美国的敌人，使美国人更有口实指责印第安人野蛮残忍和冥顽愚昧，进而把他们描绘成文明与进步的死敌。"文明开化或死路一条"，便是刚刚独立的美国赫然推到印第安人面前的两难选择。对印第安人来说，驱逐或消灭白人的时机已经永远失去，所以他们也不得不直接面对这一选择。

第二章 "文明开化"的缘起

20世纪以前白人和印第安人关系中的核心问题，一是对土地的争夺，一是文化的征服和改造。这两个问题之间存在十分紧密的联系，或者毋宁说是同一问题的两个方面。白人社会的发展和扩张，要求解决所谓"印第安人问题"；而这个问题的解决，实质上就是对印第安人在物质上完成剥夺和在文化上实现征服，并最终把他们同化到主流社会。可见，文化方式乃是白人社会谋求解决"印第安人问题"的终极手段。文化方式的具体运作便是白人社会自命的"文明开化"运动。白人对印第安人实行"文明开化"，既有生存竞争的广阔背景，也受制于白人的文化偏见，还包含摆脱种族暴力冲突的动机。这种活动始于殖民地时期，中间经历零星的自愿"开化"和隔离中的文化围剿等几个阶段，到19世纪下半叶变成了一场全面的强制同化运动。

一、物质剥夺的驱动

1. 生活方式的矛盾

欧洲国家于16—17世纪开始向新大陆移民，在整体上受到经济、政治、人口、宗教等多种因素的推动，但在具体的普通移民，其首要考虑则不外乎寻求生存。当日从欧洲迁至美洲，不仅海路迢迢，凶险莫测，而且一旦身临新大陆的陌生环境，也必感前路未卜。若非遇到极强的生存压力，一般人断然难以下决心涉海远行。移民初到美洲，其生存有赖于迅速地开发利用土地资源。后来，他们的人口日益增加，追逐财富的欲望不断扩大，因而需要的土地也就越来越多。然而，在北美广袤的土地上，到处都有印第安人生息繁衍，这与移民的土地需求便是一个直接的矛盾。而且，由于文化的差异，两个种族的生活方式很少有相通相容之处。这就必然导致一场激烈的生存竞争在北美大陆展开。

印第安人依靠直接占用资源维持生存，要求以广阔的地域作为前提。自然界直接为人类提供的生存物质，通常受到再生能力的限制，只有大面积的土地才足以保证一定人口的生存需求。尽管每个部落通常都占有很大的狩猎地，但仍须不断向资源丰富的地区迁徙，方可获得足量的衣食供应，因之对狩猎地的争夺乃是部落战争的主要内容。欧洲人的生活方式则以生产系统为支撑。移民不仅带来了母国的技术和工具，还移植那里的社会模式和政治、经济制度，通过对自然的开发利用，把原初资源转换成产品和财富。白人在技术和工具上占有优势，又具备不同的价值取向和社会制度，他们利用资源的方式和速度，便对印第安人的生存环境构成毁灭性的冲击。白人砍伐林木，开荒耕种，致使野兽减少，许多部落因之无猎可狩。这还只是最初和最直接的后果。当白人人口剧增和生产方式发生变革以后，生存竞争便更呈水火不相容之势。

西北印第安人部落领袖庞蒂亚克，曾这样对英国毛皮商人说明印白在生存方式上的差别："你们的国民以为我们像白人一样，没有了面包、猪肉和啤酒就活不下去。但你们应当知道，我们的至上神和生命之主给我们提供了食物，它们就在这广阔的大湖中和那森林茂密的山岭上。"① 白人当然也能觉察到，两种生活方式是不可能和平并存的："大多数白人和大多数印第安人都意识到，他们的两种生活方式是直接对立的。两个种族都认为对方比自己低级；谁都不愿采纳对方的方式；这就是为什么印第安人和白人不能相处的原因。"②

印第安人对于白人加于其生存环境的破坏，一直怀有强烈的不满。新英格兰的纳拉甘西特人在 1642 年就发出抱怨："自从英国人夺取我们的家园以后，他们用大镰刀割掉青草，用斧子砍伐树木。他们的牛和马吃掉了草，他们的猪弄脏了我们安乐土；我们最后免不了要饿死。"③ 1821 年，塞尼卡首领红夹克向纽约州州长德威特·克林顿申诉说，白人对印第安人做了许多不正当的事情，比如掠夺他们"最有价值"的木材，偷窃他们的马和牲口，随意把他们投进监狱，干扰和破坏他们的捕鱼和狩猎活动。他痛切地指

---

① Armstrong, *I Have Spoken*, p. 21.

② Armstrong, *I Have Spoken*, p. 25.

③ Armstrong, *I Have Spoken*, p. 3.

出："我们几乎完全被剥夺了那些惯有的生存资源。"① 可见，印白生存方式的矛盾，从一开始就是存亡攸关的。

白人则指责土著生活方式野蛮落后，要求印第安人给文明让路。詹姆斯·门罗总统在 1817 年 10 月致安德鲁·杰克逊的信里，明确表达了白人社会的这种意愿："狩猎或野蛮的状态，需要用广阔的地域来加以维持，超出了进步和文明生活的正当要求所容许的限度，因而必须让路。那些印第安人部落如果不放弃这种状态，实现文明开化，那么他们就会衰落乃至灭绝，这已是再确定不过的事情了。狩猎生活虽然通过好战的精神来加以维持，但面对人口稠密而强大的文明人，他们所能进行的抵抗是十分微弱的。"②

显然，这两种判然有别的生存系统，在北美大陆无法和平并存，冲突乃是必然的归宿。白人实行资本主义生产方式，具有强烈的扩张趋向，并且在扩张中不断增势；而印第安人的生存条件遭到不断破坏，竟至彻底崩溃，便是无可避免的事情。

社会制度的差异，也是引起冲突的原因。印第安人以血缘为社会结构的基础，即便在最发达、强盛的部落，也没有产生有关领土、疆域、主权和政治合法性的观念与制度。这种状况往往被社会结构和政治系统相对发达的白人所利用，成为他们在北美占地和扩张的口实。他们宣称，印第安人对新大陆的土地并没有合法和得到确认的所有权，他们的土地权利仅只是通过占有而获得，所以白人入主北美并不涉及政治主权和土地所有权，所要解决的主要问题，不过是使印第安人让出他们占有的土地。而且，印第安人并不以个体的形式占有土地，这更使白人觉得有理由进占和剥夺。印第安人的确尚未形成财产私有的观念，部落也不具备确认和保护私有财产的制度与功能。部落成员大都没有聚敛财富的念头，一旦有所富余，必定与人共享。然而，私有财产之于白人，早已成为社会的基本制度。15—16 世纪以后，私有财产的神圣性和合理性，更得到政治上和法理上的进一步确认和保障。白人把原始共有制诬为野蛮落后的制度，把部落共有的土地视作"自由土地"，加以夺占就变成了"天经地义"的事情。

印第安人的世界观和价值观与白人也有根本的不同，这些通常也是矛盾的根源。印第安人利用自然资源以满足生存需要为度，白人则力求从自然

---

① Armstrong, *I Have Spoken*, p. 52.
② Moquin, *Great Documents in American Indian History*, p. 109.

界获取尽可能多的财富。印第安人经常以此诟病白人文化。在土著社会，群体具有特别重要的意义，一个人如离开自己的氏族和部落，就根本无法生存；同样，一个人如只考虑自己的事情，也将为众人所不齿。白人却一直努力摆脱各种政治的、经济的、宗教的和人身的依附关系，追求以个体为中心的自由和权利，明确宣布"每个人都是为他自己的"①。社会分化和等级之别在白人社会已是普遍现象，金钱的多寡则是衡量成就和地位的准绳；而在印第安人中间，全体部落成员都是平等的，即便儿童也拥有与成年人相同的地位和权利。印第安人仅把工作当成谋生手段，一旦衣食无虞，就停止劳作；而白人则将勤奋工作等同于财富的源泉，觉得印第安人懒惰闲散。印第安人在时间上没有"未来"的概念，他们崇奉过去，把传统和祖先推为至尊；而白人的时间则永远是指向未来的，他们觉得人生短暂，因而不应浪费时间，时间就是生命，时间等于财富。

可见，两种文化不仅在技术与工具上效能悬殊，而且在制度和观念上异若霄壤。负载不同文化的两个种族，在从同一环境中获取生存资源时，等待他们的便只有激烈的冲突。以土地所有权而论，白人用货物换取印第安人的土地，交易既成，便认为理所当然地取得了土地的所有权；印第安人对买卖的性质有不同的界定，只承认白人得到暂时的使用权，仍把土地看作部落所有。在印白混居的地区，印第安人的马闯入白人的围场中吃草，他们自认有这种权利，因为草是至上神所创造，任何私人均无权独占。他们向来以为，"土地长出的东西属于大家共有；树林中的猎物也是大家共有的"②。白人却视之为侵犯私人财产的行为，为此发生争执纠纷，相互仇杀也就成了司空见惯的事情。印第安人对这种冲突有自己的理解：

> 我们知道，白人并不了解我们的方式。大地的一部分与其他部分，对他们都是一样的，因为他们是陌生人，他们在晚上到来，把大地上他们所需要的一切统统拿走。大地不是他们的兄弟，而是他们的敌人，当他们征服了大地时，就在上面行进，……看到你们（指白人——引者）的城市，就使红种人的眼睛发疼。……在白人的城市里没有多少空地。没有地方去听春天树叶的声响，去听虫子翅膀发出的声响。……所有事物都是相互联

---

① Nash, *Red, White, and Black*, p. 209.

② James S. Olson et al., *Native Americans in the Twentieth Century* (Provo, Utah, 1984), p. 22.

系的。降临大地的一切，都会降临到大地之子们的头上。……我
们不过是野蛮人。白人的梦想对我们是不存在的。①

生活方式的矛盾所引发的冲突，最终会导致自己种族的衰落和毁灭，
这应当不是印第安人始料所及的。白人初来时势孤力单，他们曾善意地施以
援手；当白人在生存竞争中占据强大优势以后，他们才发现自己处境艰难，
情势危殆。肖肖尼族首领沃夏基曾沉痛地感叹说，"白人通过一些我们不知
道的方式，学会了许多我们没有学到的东西，其中包括如何制造优越的工具
和可怕的武器，打起仗来比弓箭更好，而且他们的人群从海那边的地方源源
而来，看起来好像没有尽头"；这对印第安人意味着巨大的不幸，"我们的父
辈终于被一步一步驱赶出来，或者被杀戮。我们作为他们的子孙，只不过是
那些一度强盛的部落的残余，被拘留在大地的一个小小角落里"②。正是由
于白人拥有绝大的优势，所以当特库姆塞动员南部一些部落起来反抗美国
时，一个乔克托人便称这种战争不仅没有必要，而且极不明智，只不过是
"我们种族的末日和完全毁灭的开端而已"。③

印白力量的彼消此长，白人社会取得绝对优势，这到 19 世纪初已经是
无可改易的局面。1826 年，美国印第安人事务局长威廉·克拉克宣称，印
第安人过去曾是强劲而可怕的敌人，但现在他们的"实力已被打败，他们的
好战精神已被压服；他们本身也沦为怜悯和服从的对象"。④白人社会既然
在物质力量上确立了优势，也就等于在文化关系中占据支配地位。根据文化
接触的一般规律，优势文化取代或改造劣势文化，通常是势所必然的事情，
因为"那些在既定环境中能够更有效地开发能源资源的文化系统，将对落后
系统赖以生存的环境进行扩张"⑤。于是，印第安人的生存资源很快陷入浩
劫，其文化系统的存亡绝续也就成了一个严峻的问题。

2. 对资源的争夺

印第安人和白人之间的生存竞争和文化冲突，主要围绕土地问题而展
开。人类的生存和财富的增殖，在前工业时代主要依赖土地，土地因之成为

① Nabokov, *Native American Testimony*, pp. 107-109.

② Armstrong, *I Have Spoken*, p. 118.

③ Jacobs, *To Save the Devil*, p. 58.

④ Francis P. Prucha, *The Great Father: The United States Government and the American Indian* (Lincoln, 1984), p. 32.

⑤ （美）托马斯·哈定等：《文化与进化》，韩建军、商戈令译，浙江人民出版社，1987 年，第 60 页。

关键的资源。印第安人和白人利用土地的方式和目的虽有不同，但对土地的需要却绝无二致，这就预示双方必然就土地资源展开至为激烈的争夺。而且，两个种族的土地观念本来就是相互对立的，印第安人以土地为神圣的"母亲"，而白人则把土地当成商品对待。这种差异增加了争夺的复杂性。

白人虽然否认印第安人的土地所有权，但对部落占有土地的实际状况，仍不能不予以认真对待。"我们进入这些野蛮人的土地，夺走他们正当的居住地，由我们自己取而代之，同时又不招致他们的伤害和攻击，须用什么样的权利与理由才能达到目的呢？"[1] 对于这个问题，殖民当局和普通移民采取了不同的解决之道。

英国政府承认土著部落对土地的占有，但申明所有权属于英国，如果部落愿意出卖土地，英国享有不容置疑的排他性购买权。1763 年英王发布的"公告令"，勾画出这种土地政策的轮廓。实际上，英国此前一直在向印第安人购买土地。1683 年，威廉·佩恩在给其下属的指示中就提到过，印第安人乃是土地的真正主人，因为这块土地从未被征服，而且英王也总是命令英国人去购买土著的土地。[2]

但是，普通移民则无意纠缠于法理上的字眼，他们放言诬指印第安人为与野兽无异的野蛮人，公开否认他们享有合法的土地权利。他们自认有充足的理由占用北美的土地，因为印第安人并没有很好地开发利用这里的资源。马萨诸塞殖民地初期领导人约翰·温思罗普提出，印第安人不能有效地开发和改良土地，因而没有理由阻挠白人取得土地的正当权利。罗伯特·库什曼更加直截了当地说，印第安人如同狐狸之类的野兽，在辽阔土地的草莽间出没，没有能力也没有要求去开发土地，"所以取得一片没有使用的土地而加以利用，乃是完全合法的"[3]。他们的意见代表了当时移民的普遍看法。

美国政府对待部落的土地权利，沿袭英国当日所用的"占有权理论"，宣布美国不仅享有唯一购买权，[4] 而且有权终止印第安人的土地权利。[5]

① Nash, *Red, White, and Black*, p. 39.

② Wilcomb E. Washburn, *The Indian in America* (New York, 1975), pp. 84-85.

③ Hoffer, *Indians and Europeans*, pp. 33-34.

④ 《格林维尔条约》中即有此一说。See Walter Lowrie et al., eds., *American State Papers: Indian Affairs,* Vol. IV (Washington, 1832), p. 563.

⑤ Sandra L. Cadwalader et al., *The Aggressions of Civilization: Federal Indian Policy Since the 1880's* (Philadelphia, 1984), pp. 195-196.

1877 年，美国最高法院的一项判决更明确宣称，印第安人处于半野蛮状况，必须为白人的较高级文明让出空间。[1] 西进的移民也鼓吹殖民地时期的论调，或以印第安人不能有效利用而夺占土地，或视之为动物而加以驱杀。

主张维护印第安人土地权利的声音，在白人中间也时有所闻，只不过相当微弱。杰斐逊在出任总统之前曾说过，印第安人的权利是神圣的，未得他们同意，不能取其寸土。[2] 他就任总统之后又提出，要以文化转换的方式，诱导印第安人压缩维持生存的土地面积，从而留出更多的土地以满足白人的需要。[3] 19 世纪二三十年代，南部各州为取得土地，迫使那里的几个部落向西迁徙；新泽西州参议员西奥多·弗里林海森就此发表演说指出，印第安人拥有一份土地，乃是上帝创世时做出的安排。[4] 人类学家路易斯·亨利·摩尔根也认为，白人夺占印第安人的土地是一桩反人性的滔天大罪。[5]

印第安人当中也有人看到，种族冲突的核心问题就是土地。他们告知白人："我们知道，我们的土地现在正变得越来越有价值。白人以为我们不知道土地的价值；但我们知道，土地是永久存在的，而我们用土地换来的一点点货物，很快就会用完和消失。"[6] 因此，有时印第安人不愿出让自己的土地，但是白人决不肯善罢甘休，冲突和战争也就在所难免。[7]

印第安人不肯放弃土地，还有一个更加重要的原因，就是土地和他们的生存及宗教都有莫大的关联。有个土著先知提出一种创世说，以此证明印第安人土地权利的合法性：至上神最早创造的是印第安人，然后才造出法国人、传教士、美国人、英国人、黑人和拖着一条尾巴（辫子）的中国人；所以，印第安人乃是最古老的种系，而其他人都是新来者，新来者夺取原来主人的土地则必遭天罚。[8] 特库姆塞则从印度安人的角度利用"占有权理论"，声称既然印第安人最先占有土地，白人就无权夺走。[9] 归根到底，印

① Cadwalader et al., *The Aggressions of Civilization*, p. 200.

② Moquin, *Great Documents in American Indian History*, p. 107.

③ Gibson, *The American Indian*, pp. 271-272.

④ Weeks, *Subjugation and Dishonor*, p. 53.

⑤ Fred Eggan, *The American Indian: Perspectives for the Study of Social Change* (New York, 1980), p. 149.

⑥ Armstrong, *I Have Spoken*, pp. 14-15.

⑦ Nabokov, *Native American Testimony*, p. 147.

⑧ Moquin, *Great Documents in American Indian History*, p. 37.

⑨ Moquin, *Great Documents in American Indian History*, p. 134.

第安人的基本立场不过如内兹珀斯族的约瑟夫首领所说:"我要求在我自己的土地上生活的权利,也承认你们在你们自己的土地上生活的特权。"① 如此两不相犯,自然是最为理想的结局。

但是,白人却始终千方百计地夺取印第安人的土地。他们采用战争、条约、驱赶、贿赂、强占等多种手段来达到自己的目的。文化征服也一度直接服务于这方面的目标,而且被当作理想的方式。杰斐逊曾坦率地表示,以私有财产和农业代替狩猎,将使印第安人"能够在一块小得多的土地上生活",因而可产生"相当大的利益",既能使印第安人减少对土地的需求,又能让白人获得更多的土地。② 显然,文化方式的优势是显而易见的,因为印第安人一旦改变生活方式,就会自动让出大片土地,白人既能如愿以偿,又毋须承担道义责任。另外,白人社会还惯于用"文明"和"进步"的名义来掩饰土地需求这种"卑下的欲望",自命代表先进文化,称西进拓殖为"文明"对"野蛮"的征服,似乎夺占土地的行为就此获得了正义性和合理性。这也是对文化方式的一种巧妙运用。

夺占土地的活动在民间和官方同时进行,所用手法则有明显的区别。自殖民地时期开始,个人和民间团体就一直以擅入方式蚕食部落土地。殖民当局和美国政府虽然始终限制白人擅自夺取印第安人的土地,也禁止私人向部落购买土地,但是民间占地的现象非但不能禁绝,反而愈演愈烈。官方取得印第安人的土地,大多采取购买和交换的形式,在名义上付出一定的代价。部落出让土地,得到食物、衣服、工具和金钱作为补偿。据估计,迄于1947 年,美国政府为土地向部落所付的价值共计 8 亿美元。③ 但是,以美国现有土地之广袤和印第安人失地后所受苦难之深,这种土地交易显然是极不公平的。1955 年,美国最高法院在一项判决中指出,这"不是什么买卖,而是按征服者的意志剥夺他们的土地"④。

3. 种族生存的危机

白人的侵夺以及因此而起的种族冲突,把印第安人推向毁灭的边缘。

---

① Weeks, *Farewell, My Nation*, p. 108.

② Francis P. Prucha, ed., *The Indian in American History* (New York, 1971), p. 24

③ Wilcomb E. Washburn, *Red Man's Land / White Man's Law": A Study of the Past and Present Status of the American Indian* (New York, 1971), p. 110.

④ Cadwalader, *The Aggressions of Civilization*, p. 194.

损失土地对印第安人意味着生存环境发生巨变，他们传统的谋生能力遂告丧失殆尽；不断的战争、强制迁徙和疾病肆虐，又使他们人口锐减，在日趋壮大的白人社会的侵逼下，他们作为种族的生存遇到严峻的危机。

白人到来以前，美国境内到处都有土著部落活动；但到 1887 年《道斯法案》生效前，部落仅占有 1.3 亿英亩土地；至 1933 年则只剩 4,900 万英亩，而且大部分为废地和荒漠。[①] 丧失土地本来就是一场巨大的灾难，而白人社会为获取土地，不断逼迫他们背井离乡迁徙异地，则使他们蒙受更大的损失和不幸。欧塞奇族在 1750—1850 年间，平均每 10 年向西迁移 100 英里；特拉华首领 1886 年称其部落先后迁移过 6 次。[②] 每次迁徙都是一次土地的损失，而重新适应生存环境的困难，则使他们的生活条件不断恶化，人口减少便是必然的结果。

白人在取自部落的土地上进行大规模种植和开发，逐渐侵蚀印第安人的生存资源。大平原印第安人的生存系统以猎取野牛为支撑，人们食其肉，衣其皮，以其骨制作工具，即便烹饪的容器、佩带的装饰和居住的帐篷，也离不开野牛。用凯厄瓦人的话说，野牛是印第安人的"命根子"[③]。但在 19 世纪中期以后，白人潮水般涌入大平原地区，野牛的生存环境遭到破坏；而白人职业猎手的滥杀，更加速了它们的灭绝。据估计，1800 年美国有野牛 40,000,000 万头，1870 年减至 14,000,000 头，到 1889 年仅剩 1090 头。[④] 野牛群的消失，陷大平原印第安人于绝境。他们痛苦地看到，"野牛漫游的美丽世界，已经一去不复返了"；[⑤] "饥饿和寒冷将摧毁我们"[⑥]。

印第安人的经济生活对环境有着异乎寻常的依赖，环境的变化，往往使其生存系统受到致命的破坏。部落社会的危机，首先源于经济生活的崩溃。进入保留地时期，大多数部落都程度不同地依赖美国政府的配给和年金度日，印第安人也就最终落入美国的控制之中。

人口的减少更能反映印第安人与白人接触后的不幸经历。按照学术界

---

① Washburn, *The Indian and the White Man*, p. 395.

② Nabokov, *Native American Testimony*, p. 153.

③ Nabokov, *Native American Testimony*, p. 222.

④ Thornton, *American Indian Holocaust and Survival*, p. 52.

⑤ Nabokov, *Native American Testimony*, p. 221.

⑥ Armstrong, *I Have Spoken*, p. 87.

流行的说法，1500 年左右美国境内的土著人口大约在 100 万—200 万之间；到 19 世纪末，仅存 24 万，减少的幅度确实骇人听闻，以致有学者以此作为文化接触中外来者对原有居民实行种族灭绝的例证。[①] 土著人口锐减的直接原因，并非白人的屠杀。根据有的学者估算，1789~1898 年间，印第安人在与美国的战争中约死亡 4,000 人，不足这个时期土著人口的 1%；而在疾病和饥饿中丧生者则占其人口的 30%～40%。[②] 另有一种资料表明，1860—1890 年间，印第安人与美国正规军之间的战斗在 1,000 次上下，战死者共 4,371 人。[③] 总之，直接死于战争的印第安人并不很多。相反，白人传入的天花、霍乱、猩红热、麻疹、性病等疾疫，在对这些疾病缺乏免疫力的印第安人中间反复流行，以致死者甚众，甚或有整个部落因此而湮没无闻。据有的学者推断，1492—1900 年间，丧生于疾病的印第安人占其死亡总数的 90%。[④] 疾疫的传播，或许不是白人的有意安排，[⑤]但却是文化接触所带来的一个严重恶果。

物质上的失败，也给印第安人造成精神上的创伤。印第安人是一个骄傲和热爱自由的种族，他们曾对初来的白人表示怜恤，曾真诚地帮助那些他们认为虚弱可怜的人。但正是这些人后来打败了他们，夺走他们的家园，使他们沦落到"一无所有"和"一切都已逝去"的境地。这种结局使他们悲愤痛心，乃至消沉颓丧，生活的活力和未来的希望全都灰飞烟灭。

种族生存危机同时也是文化的灾难。印第安人的文化传统和生活方式，由于失去物质实力的依托和保护，便跌入"人为刀俎、己为鱼肉"的危境。一场旨在消灭土著文化的强制同化浪潮，紧接物质上的征服之后汹涌袭向印第安人。

---

① Stephen Bochner, ed., *Cultures in the Contact: Studies in Cross-Cultural Interaction* (Oxford, 1982), p. 25.

② Weeks, *Farewell, My Nation*, p. 55.

③ Robert M. Utley, *Frontier Regulars: The United States Army and the Indian, 1866-1891* (New York, 1973), pp. 410, 412.

④ Nabokov, *Native American Testimony*, p. 145.

⑤ 英国殖民者为了对付庞蒂亚克组织的反抗，曾故意将染有天花病毒的毯子送给印第安人，希望造成疾疫流行以削弱印第安人的力量。只是后果如何，未曾见诸史籍。

二、白人社会的文化偏见

1. 文明和野蛮的分野

20世纪以前，白人文化有一个突出的特点，就是以一己的标准去衡量其他文化体系，把一切与之不合的东西均斥为异端。印第安人文化便被他们指斥为野蛮落后，理当为文明所征服和取代。

欧洲人向美洲扩张之际，已经具备复杂多样的生产技术，懂得运用先进的工具，掌握簿记结算制度，形成了产品交换的市场，拥有国家、法律、教会和学校，以文字、书籍和艺术为媒介的精致文化也颇为发达。他们来到新大陆以后，虽然白手创业，但人作为文化的载体，也把欧洲文化的既有成就一同带到美洲。他们便用自己的标准来观照土著文化，发现"文明"社会的各种事物在印第安人中间均无迹可寻，于是断定土著文化处于尚未"开化"的野蛮状态，并由此得出文明优于野蛮，而且有权利征服和战胜野蛮的结论。

关于文化优劣有别的思想，在欧洲原是源远流长的。古希腊名医希波克拉底和思想家亚里士多德这样的贤智之士，习惯于以地理环境和气候条件来解释种族差异，认为希腊人在文化上优于其他种族。古罗马的建筑史家维特鲁维乌斯也持类似观点，称罗马人比北方人聪明。[1]基督教兴起为主流宗教后，进一步熔铸出欧洲文化的基本特性。基督教对世界采取绝对的二分法，偏执于非此即彼的善恶判断，形成既深且强的偏见，一切不合其标准的教义，均被视为异端而不容许存在。在世俗生活中，宗教偏见与种族和文化的偏见相互强化，任何异样的习俗、制度和观念，不是野蛮愚昧，便是低劣落后。移居北美的白人，对土著文化所持有的正是这样一种心态。

白人对印第安人的看法，无论"高贵的野蛮人"，还是"徒具人形的野兽"，都未越出"文明"与"野蛮"两分的樊篱。所不同的是，前者并不认定印第安人与文明生活截然对立，以致存在不可逾越的鸿沟；而后者则坚信野蛮人"残忍、野蛮和非常背信弃义"[2]，已经被撒旦所引诱，顽固抗拒基

---

[1] Gossett, *Race: The History of an Idea in America*, p. 7.

[2] Nash, *Red, White, and Black*, p. 77.

督福音的感化。① 文化的优越感普遍存在于白人社会。费城神父威廉·史密斯说："野蛮生活由于简单平常而无所约束，当然无法与优良生活和宗教之光的福佑展开竞争。"② 言辞之中流露出"文明人"惯有的自得和自信。

而印第安人看到早期移民生活艰困，力量微弱，也一度产生文化上的优越感。阿卡迪亚的米克麦克人就早期法国移民的窘况发表评论说："这里所有的印第安人都认为，他们比法国人更幸福、更强大。"新英格兰一个白人在谈论当地一位印第安人首领的自傲自大时，颇不以为然地说，他"以为自己跟鞑靼王差不多"，"他以为他呵一口气就能吹倒城堡，夸一个海口就可以征服一个王国"。易洛魁人当初的自满心理更加强烈，"他们似乎一直把他们自己看得比所有其他人类更为优越，与此相应，他们自称 Ongwehoenwe，意思是超过所有其他人的人"。生活在圣劳伦斯河谷的蒙泰因人，在谈到白人加之于他们的"野蛮"之名时，表现出一种调侃和超然的态度："每个人都把与他自己的习惯不合的一切东西，叫作野蛮。"③ 言外之意似乎是，白人在印第安人眼里也不过是"野蛮人"。不过印第安人的优越感并没有持续多久，他们在生存竞争中遭到了失败，精神上的踌躇自满也随之冰消瓦解。

白人对种族和文化差异的强调，与印第安人直观的种族观念有质的不同。白人突出"文明"和"野蛮"的分野，采取的是理性方式，而且带有种族利己主义的动机。从 18 世纪末开始，白人文化中有关文化进化和社会发展的观点日益趋于系统化，成为一种主导的社会思潮。这种理论认为，人类社会的发展和文化的变迁，都经历从原始到现代、从野蛮到文明、从低级到高级的序列，每一后起的阶段必然优于前一阶段，每一先进的文化必然战胜落后的文化。人们对进步抱有绝对的信念，认为只要趋于进步，就必定具备正义。这种思维定式，把历史主义和道德主义奇妙地糅合在一起，为美国政府的印第安人政策提供了思想逻辑。白人社会执迷于这种观念，把对印第安人的每一次剥夺都说成文明战胜野蛮的表现，所以他们才能处之泰然，心安理得。

这种线性的文化进化论既然是当日盛行的思想，其例证便俯拾即是。据杰斐逊晚年描述，从落基山脉向大西洋沿岸地区自西而东做一次旅行，就可以亲眼观察到文化演进的各个阶段：在旅行中依次接触的，首先是自然状

---

① Gibson, *The American Indian*, p. 195.

② Axtell, *The Invasion Within*, p. 302.

③ Axtell, *After Columbus*, pp. 142-143.

态下的野蛮生活,接着是用驯养家畜以补充狩猎之不足的边疆生活,然后是作为文明推进先锋的边疆白人的"半野蛮生活",最后才是沿海城市的发达文明。这一旅程大致相当于人类从诞生到现今的进步过程。他相信文明的进步没有止境,"这种进步在何处停止,无人能够回答;与此同时,在人类改善的脚步不断迈进之下,野蛮生活一直在退缩,我相信终有一天要从这个地球上消失"①。按照他的逻辑,印第安人的"野蛮"生活给白人的"文明"步伐让路,不仅合乎历史进步之理,而且也是势所必然而不能避免的。由此可见,文化进化论实际充当了白人对印第安人实行文化征服的理论依据。

19世纪的民族学和生物学研究,与文化进化论桴鼓相应,论证白人是最为优越的种族,从而形成所谓"科学的"种族主义。1843年,爱丁堡的出版商罗伯特·钱伯斯匿名发表《创世的足迹》,书中所描绘的人类进化顺序是,最初是黑人,经过马来人、印第安人、蒙古人各个阶段,最后才发展出高加索人种。②其他一些以科学名义发表的种族主义著作,有的证明黑人在生理上比白人更接近猿猴,有的认为印第安人在体质和智力上均不及白人发达,其指向无一不是白人优越论。这些"科学的"种族主义理论,在当日所起的作用,不外是为剥夺印第安人和奴役黑人推波助澜。③

到19世纪中后期,由于受达尔文生物进化论的推动,社会和文化的进化论成为一种极富影响的理论体系。英国学者爱德华·B.泰勒于1871年出版《原始文化》一书,首次使用"文化"一词来描述人类应付环境、谋求生存而取得的各种成就。泰勒对历史进步充满信心,认为人类社会经过蒙昧、野蛮诸阶段而走向文明,每一后进的阶段都胜过前一阶段。④大致在同一时期,美国人类学家路易斯·亨利·摩尔根的《古代社会》问世。摩尔根对人类由野蛮进入文明的经历做了系统描述,不仅充分肯定文明取代野蛮的巨大进步意义,而且指出:"雅利安人代表人类进步的主流,因为它产生了人类的最高类型,因为它通过逐渐控制地球而证明了它内在的优越性。"⑤可见,在摩尔根的观念中,只有能够有效开发利用环境的种族才是人类的优秀

---

① Sheehan, *Seeds of Extinction*, p. 26.

② Gossett, *Race: The History of an Idea in America*, p. 68.

③ See Berkhofer, *The White Man's Indian*, pp. 55-61.

④ Hoover, *The Red and the Black*, p. 154.

⑤ (美)路易斯·亨利·摩尔根:《古代社会》(下册),杨东莼、马雍、马巨译,商务印书馆,1981年,第557页。

分子。按照这一标准，印第安人显然不能入选。这正是他坚信印第安人最终必须接受文明生活的理由。以泰勒和摩尔根为代表的文化进化论，把文明和野蛮的分野推到极致，系统论证了文明取代野蛮的必然性和合理性。这种理论一经白人社会利用，便可为改造和同化印第安人提供了有力的舆论支持。

2. "文明开化"的可能性

按照一些美国学者的意见，美国白人在文化上一直追求所谓"盎格鲁一致性"，要求其他非主流民族接受白人的生活方式和价值观念。同化印第安人的目的，也就是要实现这种"盎格鲁一致性"。然则以印白文化差异之大，是否存在取得这种"一致性"的可能呢？白人社会的主导意见所提供的是一种肯定的答案。

做出肯定回答的第一个依据是，印第安人虽然处于野蛮状态，但他们仍然是人类，既是人类，就完全可能走向文明。早期欧洲人讨论印第安人的起源，大体上认为他们也是上帝的创造物，也就是与白人同出一源。不仅如此，人们还发现印第安人的确具备接受文明生活的素质。理查德·约翰逊1609年所著《新不列颠》一书，在大谈印第安人的"野蛮"之后笔锋一转，说他们温顺可爱，"很容易被引入善途，很乐于接受良好的（生活）条件"[1]。传教士亚历山大·威塔克相信，印第安人虽然陷于邪恶和愚昧，但通过基督教的开化，也不难走上文明之路。[2] 罗杰·威廉斯在1643年出版的《美洲语言探秘》中，更鲜明地表示了这种信心。他反驳各种诋毁土著生活方式的议论，认为印第安人在许多方面并不比欧洲人低劣。他的结论是："大自然知道，欧洲人和美洲人在血统、出生、身体诸方面均无差别，上帝用同一种血创造了整个人类，所有人在性质上都是天罚的产儿。"[3] 既然印第安人与白人同属人类，为何两者在生活方式上会有如此巨大的差别呢？新英格兰的清教徒做出的解释是，印第安人为魔鬼所控制和诱惑，不能信仰真正的上帝，以致误入歧途，掉进了黑暗的深渊。[4] 因此，只要帮助他们摆脱魔鬼的控制，就能使之沐浴"文明"之光；他们一旦了解文明生活的长处，便"会很愿意告别他们那过时而盲目的偶像崇拜，学会对真正的上帝的服务

---

① Roy Harvey Pearce, *The Savages of America: A Study of the Indian and the Idea of Civilization* (Baltimore, 1965), p. 12.

② Berkhofer, *The White Man's Indian,* pp. 19-20.

③ Hoover, *The Red and the Black,* p. 39.

④ Hoover, *The Red and the Black,* p. 37.

和信仰",并在很短的时期内即可"被带进我们的文明生活",因为"就人的天性而言","只要改善其命运的可能得到合理展示,他们是很容易接受教化和统治的"。① 即使对印第安人满怀偏见的科顿·马瑟牧师,也曾向新英格兰公司建议说:"要使这些可怜的动物具备人性,采用各种办法来驯服和开化他们,这并不是一件困难的工作。"② 卡德瓦拉德·科尔顿在他的《美洲纽约殖民地境内五个印第安部落的历史》一书的卷首,致书纽约总督,建议采取适当措施改造印第安人,俾其不再为野蛮人,而成为白人的朋友;他觉得,这对增进英国的荣誉也是有益之事。③ 总之,殖民地时期有不少人相信,印第安人可以通过"文明开化"而走出野蛮时代。

在美国建国初期的政治领导人中,也有许多人对"文明开化"持乐观态度。杰斐逊不止一次说过,印第安人在体质和心灵方面都与白人不相上下,因而完全可能获得改造。与他同时代的知识阶层大多认为,印第安人的独特习俗和生活方式乃是环境的产物,而非其天性所致;只要采取适当的开化措施,他们便能顺利步入文明生活。④ 19世纪初曾长期负责联邦印第安人事务的托马斯·麦肯尼,对于印第安人走向"文明"的前景,尤其抱有强烈的信心。他曾对西部一个部落表示:"你们的昏暗日子行将结束。光明已经一闪而过,照亮了那片长期笼罩在你们头上的乌云的边缘。"⑤ 还有人从人与环境的关系着眼,认为只要改变环境,印第安人便能得到"开化"。曾在部落生活过的威廉·克拉克,以及印第安人教育专家理查德·普拉特,都曾表达过这类看法。⑥ 概而言之,印第安人乃是"我们人类中聪慧而高尚的一部分,能够得到很高的道德和智性的改善";"按任何一个正确的原则来看,他们都是一个应当免于灭绝的种族,如果有可能拯救他们的话"。⑦

白人社会对印第安人"文明开化"的前景感到乐观,正是推动他们坚持不懈地实行强制同化的重要因素。首倡保留地制度的卢克·李,在1851年的印第安人事务年度报告中指出:"印第安人的历史所提供的丰富例证说

---

① Axtell, *The Invasion Within*, p. 132.

② Axtell, *The Invasion Within*, p. 133.

③ Cadwallader Colden, *The History of the Five Indian Nations Depending on the Province of New-York in America* (Ithaca, 1958), pp. v-vii.

④ Sheehan, *Seeds of Extinction*, p. 42.

⑤ Sheehan, *Seeds of Extinction*, p. 145.

⑥ Prucha, *The Great Father*, p. 141, 697.

⑦ Prucha, *The Great Father*, p. 156.

明，他们拥有对其进步不可缺少的各种因素，拥有与其白种兄弟同属一系的所有力量、本能和同情心，对此只需加以适当开发和引导，使他们能够迈出同样的步子，同样庄严地走在文明生活的道路上。"他尖锐地批评认为印第安人天生低劣的说法，因为这种观点既不为哲学所宣扬，也未为经验所证实。① 他的后任乔治·梅尼培尼也充分肯定印第安人拥有人类共同的各种品质，承认他们是"偏见的牺牲品"，相信他们"能够改变习性，能够获得开化，而成为社会中有用的成分，这是有充足证据证明的"。② 发表过类似意见的印第安人事务官员，实在不胜枚举。

社会舆论中也有相近的倾向。废奴主义者在内战之后以同等的热情致力于"开化"印第安人的运动。他们深信，世界上所有种族和所有阶级的人们，在本性上都是相同的，人们向善或趋恶，乃是其环境教育和影响的结果。③ 这种人性同一论，过去曾是他们为黑人奴隶争取自由而奋斗时所怀有的信念，此时又成了他们"开化"印第安人的有力支持。19世纪80年代，一批自称"印第安人之友"的改革派，倡导立即全面地执行印第安人"美国化"的计划，其所依据的思想，主要还是"高贵的野蛮人"的观念。他们眼中的印第安人品格高尚，才智出众，只要让他们接受文明之光的照耀，就会很快和其他美国人一样，成为真正的美国公民。他们为此呼吁："让我们永远忘记'印第安人'这个词以及它在过去所体现的一切，而仅仅记住，我们是在和一个共同父亲的众多孩子打交道。"④ 理查德·普拉特甚至毫不怀疑，一个土著小孩完全有可能当上美国总统。⑤

美国社会在任何问题上向来都难有绝对的一致，对"文明开化"运动也是一样。持悲观立场者也大有人在。一位编年史家在记述1622年的印第安人暴动时，感到"用征服方式较之以公正手段开化他们要来得十分容易，因为他们是些粗率、野蛮和赤身裸体的人"⑥。在政治生活中精于妥协之术的亨利·克莱，在"开化"印第安人一事上却没有那么宽心，认定他们不太

① Wilcomb E. Washburn, ed., *The American Indian and the United States: A Documentary History* (4 vols., New York, 1973), I, pp. 60-61.

② Francis P. Prucha, ed., *Documents of United States Indian Policy* (Lincoln, 1990), p. 91.

③ Prucha, *The Great Father*, p. 497.

④ Prucha, *The Great Father*, pp. 622-623.

⑤ Washburn, *The Indian and the White Man*, p. 262.

⑥ Axtell, *The Invasion Within*, p. 181.

可能采纳文明方式，因为这不合他们的天性。[1]乔赛亚·诺特和乔治·格利登两人在《人类诸类型》一书中，断然否认印第安人有实现"文明开化"的可能性。这两位学者公然宣扬种族优越论，把所有非高加索人种均视为低级种族，认为美洲土著人种根本无法在强制下改变习性，等待他们的只有彻底的灭亡。[2]这些人还强调说，由于天性的制约，印第安人既不能获得开化，也不能发展到文明阶段，所谓"纯血统印第安人"得到"开化"的例子，在美国绝难找到。[3]因此，"无论我们做什么，印第安人仍旧是印第安人。他们不是易于接受文明开化的生物"[4]。

反对的声音虽然不绝于闻，但并不十分响亮，因为白人社会从未停止"开化"活动的事实，证明支持同化运动的意见一直发挥着更大的影响。

3. 文化方式的意义

白人既然相信文明优于并必然战胜野蛮，而处于野蛮状态的印第安人又完全可能为文明社会所吸收，那么他们所要做的唯一工作，便是摧毁印第安人的传统文化，使他们迅速同化于主流社会。白人社会采用这种文化方式来处理"印第安人问题"，是基于多种考虑的。他们自信代表文明与进步的白人文化，注定要覆盖整个北美大陆。杰斐逊即持这种看法，他反对以有损于印第安人为由来阻止文明的进步和增进人类幸福。[5]白人同时也看到，美国文明的推进必然遇到印第安人的阻碍，如果用肉体上消灭的办法来摆脱这种阻碍，按国会众议院印第安人事务委员会1818年一份报告中的说法，实在不合人道，而且令人恐怖。[6]况且，倘使印第安人接受文明生活，既可充分体现文明对野蛮的真正胜利，又能使白人社会免于承担种族灭绝的责任。因此，文化方式对于白人社会，实在是一石数鸟的上佳之选。可见，文化方式最大的重要性，在于它不仅有助于白人完成对印第安人的物质剥夺，而且能够掩饰这种剥夺的残暴和不合理色彩。白人社会既然宣扬自由、平等和人权，便不会看不到，夺人之物有悖于起码的道义准则。如何协调夺占土地的功利目标与所崇奉的价值标准之间的矛盾，因而就是白人社会在处理"印第

---

[1] Prucha, *The Indian in American History*, p. 25.

[2] Berkhofer, *The White Man's Indian*, pp. 58-59.

[3] Gossett, *Race: The History of an Idea in America*, p. 237.

[4] Weeks, *Farewell, My Nation*, p. 14.

[5] Prucha, *The Indian in American History*, p. 26.

[6] Prucha, *The Great Father*, p. 150.

安人问题"时所必须面对的难题。文化方式由于具有上面提及的诸多长处，便为白人社会选作解决难题的"不二法门"。

白人社会在运用文化方式时，首先把自己的文化说成文明的典范，并宣称这种文化的扩张代表历史进步的方向。他们抱定文明与野蛮不能两立的观念，要求印第安人在接受文明与完全灭绝之间进行选择。他们实际上早已替印第安人做出了选择：如果印第安人不想灭亡，就只有认同于白人的生活方式；如果他们一定要充当美国文明扩张的拦路虎，遭到灭绝乃是自取其祸，白人并不会因此而背负历史的罪名，因为这是"文明"与"进步"的必然要求。托马斯•哈特•本顿在参议院向来就是边疆居民的代言人，他在19世纪上半叶的大陆扩张狂潮中宣称，文明的推进不可抗拒，顺之者昌，逆之者亡，这是上天制订的法则；印第安人和其他所有处于白人扩张道路上的民族，都不能摆脱这一法则的制约。① 有个边疆居民在一次调查作证时明确表示："我认为而且深深地相信，印第安人乃是文明的一个障碍，应当被根绝。"② 按照他们的逻辑，只要为文明和进步所系，一切行为就理所当然地取得了正义性。因此，美国建国初期就有人预言："印第安人不是获得开化就是归于灭绝的时刻，迟早是会到来的。"③

不过白人社会出于理性的考虑，并不希望印第安人横遭灭绝。华盛顿政府的陆军部长亨利•诺克斯曾满怀忧虑地警告说，如果白人的人口扩张和战争造成了土著部落的毁灭，那么无关利害的人们及其后代，就会把这种行为归入西班牙人在墨西哥和秘鲁的暴行一类。④ 杰斐逊强调，只有当印第安人拒不接受文明方式时，才不得不把他们驱赶到更远的地区，任凭战乱和饥馑来处置他们。⑤ 他设想的理想结局是，"使我们的居住地与他们的汇合并混杂在一起，相互融合，成为一个民族。把他们作为美国的公民而结合到我们中间，无疑是事物自然进步所必将产生的结果，对此最好加以推动，而不应阻挠"⑥。但是，这种理想在印白关系史上长期只是空想，实际充斥的仍然是暴力驱杀和无情剥夺，即便这类活动显然有违良知与公理，也因白人社

---

① Prucha, *The Indian in American History*, p. 27.

② Rodman W. Paul, *The Far West and the Great Plains in Transition, 1859-1900* (New York, 1988), p. 132.

③ Prucha, *The Indian in American History*, p. 16.

④ Prucha, *The Indian in American History*, p. 22.

⑤ Prucha, *The Indian in American History*, p. 23.

⑥ Sheehan, *Seeds of Extinction*, p. 174.

会发展所关而不得不照常进行。

引人深思的是，白人社会很少意识到文化征服有何不妥之处。他们自以为是地认为，文明既然优于野蛮，也就必能给印第安人带来裨益。蒂莫西·皮克林曾对易洛魁人发问："难道与他们（指白人——引者）一样知道许多必要而且美好的东西，不使你们感到快乐吗？难道你们不希望避免衰退和人口日益减少，不想增加你们的人口和成长得日趋强大吗？"[①] 1885—1888 年间任印第安人事务局长的 J. D. C. 阿特金斯，正是运用文明胜于野蛮的逻辑，来反驳那些批评强制同化的人："迫使印第安人放弃剥头盖皮的刀子和战斧，对他们难道是残忍的吗？迫使他们放弃那些自我摧残肉体的舞蹈和折磨人以致死去的邪恶而野蛮的太阳舞，难道是残忍的吗？迫使他们让自己的女儿接受教育和按这个国家的法律结婚，不至于在小小年纪便以规定价格卖为小妾去满足那愚昧与野蛮的欲望，这对印第安人难道也是残忍的吗？"[②] 显然，白人社会根本不曾考虑印第安人是否欢迎文明生活。他们早已断定，印第安人受愚昧与野蛮所控制，不可能替自己选择合适的生活方式；白人既是文明的使者，便负有使命去为他们安排正当的生活，即便这将成为"文明的负担"也在所不辞。这种与宗教意识如出一辙的文化使命感，在"文明开化"运动中对白人起着信念上的兴奋剂作用。

三、摆脱种族冲突的途径

1. 种族关系中的暴力因素

英国驻北美军队总司令托马斯·盖奇 1770 年预言，边疆的开拓必将伴以对印第安人的战争，白人必须"为每一寸土地而战"，因为印第安人早已对白人闯入其领地失去了耐心，"对他们土地的蚕食，经常产生了严重的后果"。[③] 事实正如他所料，白人的夺占导致暴力冲突，虽然印第安人因此蒙受更大的损失，但白人社会同样付出了沉重的物质代价。为了摆脱种族冲突的困扰，美国政府尝试过迁移、隔离等多种措施，但用力最多的仍是"文明开化"，因为印第安人一旦与主流社会融为一体，干戈便自然会化为玉帛。

---

① Sheehan, *Seeds of Extinction*, p. 174.

② Prucha, *The Great Father*, p. 691.

③ Mortimer J. Adler, ed., *The Annals of America* (Chicago, 1976), Vol. 2, p. 209.

　　激烈的种族冲突始于北美殖民地创立之初，一直延续到 19 世纪晚期，历时近 300 年。300 年间，斧钺交加、血腥残杀的事件，可谓不可胜计。詹姆斯敦和普利茅斯都曾因为与当地部落发生流血冲突，几乎毁于一旦。除正规战争外，民间的零星暴力事件更是司空见惯。双方因土地纠纷和财产损害屡起争斗，死亡一条人命往往激起狂烈的报复，最后演化成有众多部落卷入并延续多年的战争。边疆居民处于直接面对印第安人的前哨，尤其惧怕部落的袭击。他们于是组织民团，修筑工事，武器更是须臾不离其身。美国历史学家利奥·休伯曼谈及边疆生活的这一侧面时写道："在边疆，寨墙高筑，上有齐肩高的枪眼，经常被使用。边疆人的枪总是放在随手可取之处。他们的妻子儿女不可待在离房子太远的地方。他们必须很早就学会注意任何一点小小的动静。……印第安人的袭击往往是突然、迅速和悄然而至的，粗心大意和无所准备的惩罚，便是可怕的死亡。"① 边疆居民并不满足于这种被动的自卫防御，他们常常主动出击，挑起讨伐土著部落的战争。宾夕法尼亚的边疆地带，有一支称作"帕克斯顿健儿"的民间武装，专门对付印第安人。1763 年，他们怀疑一向友好的科纳斯托加族与一个仇恨白人的部落有联系，顿时恶念横生，残暴屠戮，直至将整个部落斩尽杀绝，妇孺不免。富兰克林事后追记始末，也不禁心寒齿冷，痛斥这些边疆白人为"基督教白种野蛮人"②。弗吉尼亚 1676 年发生的"培根起事"，也是由小小的种族摩擦所引起的重大流血事变。起事者对印第安人满怀仇恨，他们阻断一切与部落的贸易活动，把消灭印第安人作为自己的基本目标，只要遇到印第安人，不问青红皂白即取其命，其凶残疯狂实在无以复加。南卡罗来纳在 1715 年的雅马西战争中，四分之三的贸易社区被毁，200 余名白人丧生；雅马西族更是遭到致命重创，一度拥有 5,000 人的部落，到 1761 年时仅余 20 人。③

　　独立战争以后，随着移民浪潮滚滚西去，种族冲突波及更广，程度更为猛烈。美国政府发动"正当而合法"的征讨印第安人的战争，④ 先后 20 余次，目的都是维持边疆安全，保护白人移民的利益。19 世纪 50 年代以后，大平原地区成为印白对抗的中心战场。骁勇善战的大平原诸部落，行踪飘

---

① Leo Huberman, *We, the People* (New York, 1960), p. 42.
② Adler, *The Annals of America,* Vol. 2, p. 127.
③ Gibson, *The American Indian*, p. 212.
④ 《西北法令》中语。See Henry S. Commager, ed., *Documents of American History* (New York, 1949), p. 131.

忽，出没无常，经常袭击闯入其活动领域的移民队伍和美国邮车，攻打附近的白人定居点，令边疆移民深为震骇和惊恐。为了对付这一危险，美国政府派出正规军在大平原上巡逻据守。民间团体则采取以攻为守的策略，遇见印第安人便先发制人。有家快车公司的官员指示其下属，只要印第安人在射程之内，立即开枪射杀，不必心慈手软。① 19世纪中叶加利福尼亚淘金热兴起时，白人趋之若鹜，那里的种族关系旋即变得十分紧张。据亲历淘金的旅行家弗雷德里克·洛·奥姆斯特德记述，当地随处可见被迫放弃传统猎场和营地的印第安人，他们的亲人遭白人杀戮，已经一贫如洗，生活条件甚为恶化；"他们因缺少惯用的食物而饱受折磨，他们对所有白人都充满仇恨和报复的情绪"；于是，他们抢劫和偷窃白人财物，杀掉一切当路的白人。②

白人惯常把种族冲突的根源归结为印第安人的嗜血好战。多数部落固然尚武好战，但不足深怪，因为战争乃是他们的生活方式，是他们确保生存权利和维系社会结构的基本手段。但是，他们并不无故寻衅杀人，更不愿与白人及其政府进行正面对抗。若非生存权利受到侵害，他们总是怀有和平相处的愿望。有位部落首领表示，至上神"告诉我们不要相互争吵打斗，也不要相互射杀；白人和印第安人要成为一个民族"③。明戈人首领洛根一向尊重和善待白人，但他的亲人仍遭白人杀害，他迫不得已进行复仇，申明事端应归咎于白人的背信弃义和以怨报德。④印第安人确曾抱有幻想，希望与白人友好相处，"只要日月在天空发光，我们就要像兄弟一样生活"⑤；或者至少互不相犯，各行其是。⑥即便好战如苏族和夏延族，当受到白人步步进逼时，红云、黑壶等首领仍努力维持和平。然而，白人的不断扩张和进逼，使他们的和平之梦彻底破灭。

边疆白人对印第安人怀有很深的偏见和仇恨。他们在取自印第安人的土地上生活，时常遇到抵抗和反击，便将"文明人类"的起码准则弃之不顾，如同处置野兽一样对付印第安人。他们称印第安人为"丑恶的野蛮人"，加之以"肮脏""下贱""偷窃""撒谎""谋杀""厚颜无耻"和"背信

---

① Washburn, *The American Indian and the United States,* I, pp. 148-149.

② Victoria P. Ranney, ed., *The Papers of Frederick Law Olmsted*, Vol. 5: *The California Frontier, 1863-1865* (Baltimore, 1990), p. 686.

③ Paul Radin, *The Story of American Indian* (New York, 1944), p. 370.

④ Armstrong, *I Have Spoken*, p. 28.

⑤ Armstrong, *I Have Spoken*, p. 6.

⑥ Moquin, *Great Documents in American Indian History*, p. 147.

弃义"之类的恶语，① 否认他们有资格占有广阔的土地，甚至盼望他们早日灭绝。有个 1784 年到美国旅行的英国人发现，"白种美国人对印第安人整个种族抱有很强的厌恶感，随处可以听到这样的议论：要将他们从地球表面全部铲除，男女老幼一个不留"②。亨利·豪在其 1847 年出版的《俄亥俄历史集粹》一书中写道："但是，我们的西部拓殖者无论从职业还是从行为上说，都不是爱好和平的人。他们对土著居民怀有本能的仇恨，只是由于不能灭绝这个种族，才阻止了这种仇恨的爆发。"③ 白人对印第安人的这种仇恨，进一步加剧了种族暴力冲突。

印第安人对种族冲突的起因也有解说，通常把自己的行动界定为自卫。苏族人坦率地承认："我们杀白人是因为白人杀我们。"坐牛说过："我不喜欢战争。我从未当过侵略者。我战斗只不过是要保卫我的妇女和孩子们。"④ 言词甚为真诚，所陈也确属实情。1927 年，"美国印第安人部落大会联盟"在致芝加哥市长的备忘录中，对几百年的种族冲突提出如下看法："印第安人杀白人，是因为白人夺走了他们的土地，毁坏了他们的狩猎地，烧掉了他们的森林，消灭了他们的野牛"；可是，"白人起来保卫他们的财产被叫作爱国者，而印第安人要是做了同样的事情，则被称作杀人犯"。⑤

当然不能否认，白人社会也有个别人能对种族冲突保持冷静公正的态度。富兰克林 1786 年曾说："几乎每次印第安人和白人的战争，都是由后者对前者的某些不公正之举所引起的。"⑥ 有个边疆居民在 1860 年的一次调查作证时承认："难题都是由白人一方的侵略所引起的。据我所知，白人总是诅咒印第安人，不愿公正对待他们。"⑦

两个种族激烈冲突的根源，在于文化的差异和实际利害的矛盾；这一严酷的现实使双方都得出了彼此难以和平相处的结论。诺克斯在 1787 年致国会的报告中指出：

---

① Gibson, *The American Indian*, p. 403.

② Hoffer, *Indians and Europeans*, p. 312.

③ Thomas D. Clark, ed., *The Great American Frontier: A Story of Western Pioneering* (Indianapolis, 1975), p. 144.

④ Armstrong, *I Have Spoken*, p. 126.

⑤ Armstrong, *I Have Spoken*, p. 146.

⑥ Armstrong, *I Have Spoken*, p. 33.

⑦ Paul, *The Far West and the Great Plains in Transition*, p. 131.

根深蒂固的偏见，内心的怨恨，以及白人和印第安人相互之间在各种场合所采取的行动，将永远不会使他们成为友好的邻居。一方急切地保卫自己的土地，另一方则贪婪地想要取得它。由于以前心里已被激怒，一点小小的冒犯便会导致死亡，复仇随之而来，永无止境。无情的战火于是即被点燃，无辜无助者和有责任者均卷入其中。[①]

在 1831 年出版的《西部印第安人战争》一书里，蒂莫西·弗林特写道："我们的职业、定居、习俗、法律、制度、学校等等，使得我们与他们的合而为一，如同人与其他性质迥异的动物合而为一一样，是完全不可能的。"[②] 苏族有位首领则从另一角度表达了类似的看法，他认为，印第安人和白人"不能比肩而居"[③]。

2. 迁移政策的局限性

既然无法和平共处，印第安人和白人社会都曾设想以种族隔离来避免冲突。印第安人要求白人远离他们的猎场，希望通过隔离来解除白人对其生存的威胁。白人社会则借助强大的物质优势，迫使印第安人迁至白人尚未涉足的遥远地区，为他们的扩张让路。但白人同时也清楚地意识到，隔离终非长久之计，只要印第安人存在一天，种族冲突就在所难免。所以，他们虽然极力将印第安人隔离开来，却并未停止执行"文明开化"计划，而是双管齐下，两端并举，试图以文化上的同化来最终解决问题。

殖民地时期，英国政府和殖民地当局由于无力全面对付印第安人的抵抗，也不能强迫所有部落远离白人社会，所以只能限制白人进入印第安人地区，以实现种族隔离和减少冲突。但限制白人擅自夺占部落土地，事实上纯属空想，而印第安人也并未坐视白人的侵吞蚕食，于是冲突仍然日趋激烈。美国建国初期曾一度沿袭殖民地时期的成例，国会几度制订《与印第安人交往法》，规定对擅入部落领地并杀害印第安人者处以死刑；对印第安人财物造成的损害必须予以赔偿；印第安人如在白人社区犯罪，则由部落做出满意的处置。[④] 但这些条款的执行者往往敷衍塞责，因而缺乏约束力，其结果正

[①] Sheehan, *Seeds of Extinction*, pp. 267-268.

[②] Washburn, *The Indian and the White Man*, p. 126.

[③] Jacobs, *To Save the Devil*, p. 4.

[④] Prucha, *Documents of United States Indian Policy*, pp. 17-21.

如威廉·哈里森所说:"受害的总是印第安人,而白人却从未(受到影响)。"①

美国政府为实现种族隔离也确曾颇费心思。乔治·华盛顿幻想用一道"中国长城"将两个种族分隔开。②杰斐逊一直主张把那些不能接受文明生活而又与美国作对的部落迁移到西部去。③美国政府获得物质实力的支持后,感到可以不顾印第安人抵抗而强迫他们让路,于是迁移之说甚嚣尘上。詹姆斯·门罗总统开始正式考虑迁移问题,约翰·昆西·亚当斯当政时已把迁移作为首选办法。1829 年,以征伐印第安人起家的安德鲁·杰克逊出任总统,强迫印第安人西迁的决定已是呼之欲出了。

1830 年,国会经过激烈辩论,最后通过了《印第安人迁移法》。该法授权总统与有关部落签订条约,用西部土地换取他们在东部的土地,并拨款50 万美元作为迁移的费用。迁移政策在执行中遇到重重阻力,并非易事。杰克逊政府为成其事,真可谓绞尽脑汁,费尽周折。他们进行宣传游说,对部落施以威逼利诱。他们向印第安人晓以利害,声称与白人混居杂处只会招致灭亡,不如迁往西部以摆脱厄运。为了减轻舆论指责,他们不得不进行迁移前的组织和准备。无计可施时,他们则动用行政和军队的力量,迫使部落与美国签订迁移条约,驱赶印第安人走上西迁之路。

印第安人最终只得忍辱含悲告别故土,踏上后人称作"眼泪之路"的迁移途程,一路上历尽磨难,备尝艰辛。美国政府为印第安人安排的去处远在西部的俄克拉何马,路途迢遥,加以气候恶劣,负责此事的联邦官员又玩忽职守和大遂其私,迁移中的印第安人因之饱受冻馁之苦,死者不可胜计。原来生活在南部的"五大文明部落",由于主动学习白人文化,早已在社会发展和经济改善方面取得突出成就。被迫西迁的结果,使得他们财物损失殆尽,来之不易的社会繁荣毁于一旦。当时正在美国旅行考察的阿历克西斯·德·托克维尔,在田纳西的孟菲斯遇到一群迁移中的乔克托人。他看到这一默默忍受疾病、寒冷和饥饿折磨的人群,深感这种"不幸远非我的能力所能描绘","将永远不会从我的记忆中消失"。④

---

① Prucha, *The Great Father*, p. 106.

② Ronald N. Satz, *American Indian Policy in the Jacksonian Era* (Lincoln, 1975), p. 6.

③ Washburn, *The Indian and the White Man*, p. 95.

④ Alexis de Tocqueville, *Democracy in America* (A New Translation by George Lawrence, New York, 1969), p. 324.

经过 19 世纪 30—40 年代的迁移运动，东部和西北地区约有 10 万印第安人被迫移居西部。托克维尔就此评论道："现在，对印第安人的剥夺，已经以一种正规和可谓十分合法的方式而得以完成。"① 白人最早开发的密西西比河以东地区，至此基本解除了种族冲突的困扰。印第安人祖传的土地，绝大多数落入白人的控制之下。

美国政府实施迁移政策的意图，不仅是取得印第安人在东部占有的土地，而且还包括种族隔离和对西迁部落集中进行"文明开化"。但实际结果只有第一项得以竟其全功。

种族隔离显然是迁移的一个重要出发点。这种打算突出反映了美国政府的目光短浅和急功近利。1832 年，美国政府派出一个名为斯托克斯委员会的调查小组，前往西部由迁移部落新建的"印第安人之乡"了解情况。委员会事后提出了防范种族冲突的建议方案，其要点为：禁止白人随意进入印第安人地区，沿阿肯色和密苏里边疆划出一条五英里宽的中立带，将两个种族完全隔开。稍后，国会制订《1834 年印第安人贸易和交往法》，规定普通白人非持许可证或执照，不得进入印第安人之乡；只有政府官员、教师和传教士不在此限。② 根据美国政府当时的理解，密西西比河以西的广大地区属于"大沙漠"，不适宜"文明人类"定居，因而阿肯色和密苏里边界可以作为"永久的印第安人边疆"。③ 可是，这条边疆实际上只维持了一个短暂的时期，白人移民旋即越过密西西比河浩荡西去，通过迁移而实现种族隔离的计划，也就化为泡影。

"文明开化"也是迁移政策的一个目标。美国政府最初设想，把较多的部落相对集中在一个较小地区，应当更有利于"文明开化"的开展。陆军部长刘易斯·卡斯在 1831 年的年度报告中提出，要不遗余力地鼓励印第安人采纳个人私有财产，帮助他们解决农耕所需要的家畜、农具和种子问题，并且大力发展教育，传播白人文化。④ 负有"开化"使命的传教士和白人教师，在美国政府的支持下，源源不断地来到西部"印第安人之乡"，从事卡

① Tocqueville, *Democracy in America*, p. 324.

② Satz, *American Indian Policy in the Jacksonian Era*, p. 143.

③ Robert M. Utley, *Frontiersmen in Blue: The United States Army and Indian, 1848-1865* (Lincoln, 1967), p. 4.

④ Francis P. Prucha, *American Indian Policy in the Formative Years: The Indian Trade and Intercourse Acts, 1790-1834* (Cambridge, Mass., 1962), p. 257.

斯部长在报告中所提到的各项工作。

　　然而，迁移政策除了成功地夺占印第安人的土地以外，既没有实现永久隔离，更未完成"文明开化"的任务。1834 年国会建立印第安人领地的立法计划落空，美国当初答应保障西迁部落土地权利的许诺就成了一纸具文。19 世纪 40—50 年代西进运动形成高潮，过去认为无法定居开发的地区，倏忽之间兴起许多白人村镇。原来与白人相距遥远的部落，复又和白人边疆社区犬牙交错，种族矛盾重新变得尖锐起来。

　　3. 保留地制度的功能

　　在这种情势下，美国政府只得采取新的措施来处理土地和种族问题，这种新的措施便是保留地制度。保留地（reservations）是美国政府通过条约为土著部落划出的居住和活动区域，范围明确和相对固定，印第安人不得随意离开，其他人亦不能擅自进入。美国只承认部落对保留地享有临时的居住权，所有权仍属美国。推行保留地制度的目的，首先仍然是压缩印第安人的土地，满足白人社会对土地资源的需求。实行种族隔离和在保留地进行"文明开化"，也是不可忽视的动机。可见，保留地制度和迁移政策在目标上如出一辙，只不过两者的实际后果有许多不同。

　　建立保留地的最早尝试始于殖民地时期。那时，殖民当局把一些弱小而又对白人友好的部落集中安置在固定的区域，由白人进行管理，引导他们学习"文明"生活方式。建国初期，美国政府也曾为东部一些部落划出这种类型的保留地。

　　但到了 19 世纪中期，情况发生了很大的变化。白人移民越过密西西比河，向远西部移动，边疆地区的文化冲突和种族摩擦，便呈愈演愈烈的趋势。核心的问题仍然是争夺土地资源的生存竞争。白人社会此时不仅在物质和技术上已具有绝对的优势，而且人口大大超过印第安人，有实力强迫他们屈服于白人的扩张要求。至于如何去做到这一点，则仅只是一个手段问题。19 世纪 40 年代末，联邦印第安人事务局长奥兰多·布朗提出，要给西部各部落划定活动区域。他在 1850 年的年度报告里进一步完善了这个设想，并计划在保留地进行"文明开化"。继任的卢克·李在布朗设想的基础上，制订了"李方案"，其要点是：压缩各部落的活动范围，把印第安人迁入若干保留地，使之远离移民路线和白人定居点；每个保留地均有严格的边界，印第安人如加以反抗，即以军队进行弹压；保留地由联邦实行统一控制和管理，各州不得插手；同时对保留地居民实行"文明开化"。这个方案得到美国政府决策者的首肯，被迅速付诸实行。内战以后，美国政府挟战争胜利之余威，对西部各部落频繁用兵，至 80 年代中期大体完成了武力征服，所有部落都被迫接受保留地制度。美国政府设立保留地管理处，并向每个保留地派驻管理官员。管理官员的职责，一般是控制部落的财产和基金，发放联邦配给和年金，监督印第安人的活动，执行改造印第安人的"文明开化"计划。

印第安人迁入保留地以后便失去了活动自由，也不复能取得传统的生存资源，他们的社会活力受到了毁灭性的打击。虽然不时有印第安人越出保留地边界而返回故地，或狩猎，或袭击白人社区，或抢夺财物，但他们在整体上已不再对白人社会构成多大的威胁。他们与白人社会基本隔绝，保留地形同汪洋大海中的岛屿。

美国政府对隔绝中的印第安人加紧推行文化改造。白人社会长期以来认为，印第安人的生活方式与基督教文明完全对立，对美国人的习俗和价值观念也构成潜在威胁，而把他们拘禁在保留地，有助于清除他们的传统文化，促使他们接受白人的生活方式。卢克·李在提出保留地方案时就建议说："在此同时，政府要向他们供应牲口、农具和可供衣着的有用材料，鼓励和帮助他们建立舒适的住宅，为他们提供教育、智性、道德和学校方面的设施。"①当时有人预计，在保留地首先使印第安人由猎人变成农夫，做到生产自给，同时使他们免受"坏"白人的恶劣影响，并借助教育让他们学会体力劳动技能，传播基督教以使他们信仰上帝，最后再建立法制以保护其私有财产权利；如此按部就班，经过 25—30 年的努力，庶几可以完成文化上的同化。②

1867 年，美国政府派出杜利特尔委员会，在西部调查印第安人的状况，发现由于战争、疾病和生存资源匮乏，西部各部落人口锐减，生活贫困，如果不很快把他们迁入保留地，改造成"文明人"，他们便难免灭绝的厄运。③次年，"和平委员会"更是直接把"文明开化"作为解决西部印第安人问题的唯一办法："白人和印第安人必须融为一体共同占有这块大地，否则，其中一方就必须放弃它。如果以往他们能够共同生活的话，那么印第安人应当通过这种接触很快获得开化，战争也就是不可能的事情。大家承

---

① Weeks, *Farewell, My Nation*, p. 61.

② Gibson, *The American Indian*, p. 428.

③ Prucha, *Documents of United States Indian Policy*, p. 104.

认，这本应是有益于印第安人的"；但是，实际上他们却不能共同生活，所以只能在西部辟出一些地区留给印第安人，组建几个领地，并尽快使印第安人走上文明生活的道路。①

1874 年，民族学家约翰·W.鲍威尔率领史密森学会考察团，对科罗拉多河谷的部落进行调查，然后就如何使保留地更有利于印第安人的"文明开化"提出了一系列建议，其要点是：发给印第安人的所有补贴，要尽可能用于引导他们工作，对于有劳动能力的人，最好把补贴作为劳动的报酬；不能供给他们成衣，而只发给布匹，让他们学会自己缝制衣服；也不要发给他们帐篷，以免他们继续其流动生活，应当为他们建造住房以供长期定居；为每户提供奶牛，使他们逐渐聚敛财富；帮助他们从事农业，派遣白人工匠到保留地传播各种生产技术；建立医疗站；开办学校向他们传授工作技能和英语。总之，要把保留地变成"生产与文明的学校"②。

1880 年，印第安人事务局在给保留地管理官员发布的详细指示中，有三项涉及"文明开化"问题。第 231 条规定，管理官员的首要职责在于引导印第安人从事文明的劳动，能否做到这一点，将与其他情况一起作为考核管理官员工作成败的标准；第 232 条规定，不能让任何印第安人无所事事，如果农业劳动容纳不下所有人手，则应开发其他行业；第 233 条规定，管理处所属农场应当成为教育印第安人如何工作的学校，同时最好鼓励印第安人建立自己的农场，以培育其财产观念，促使他们逐步走上自给自足的生活道路。③

上面这些材料表明，对印第安人进行文化改造，进而实现同化，以便从根本上消除种族冲突，乃是保留地制度的一个重要功能。

四、强制同化运动的兴起

1."文明开化"运动的早期形态

综上所述，对印第安人进行文化征服，具有深刻的历史和文化根源，涉及广阔的社会背景，更受到夺占土地和化解种族冲突这类实际需要的驱

---

① Washburn, *The American Indian and the United States*, I, pp. 154-161.

② Washburn, *The Indian and the White Man*, pp. 380-385.

③ Prucha, *The Great Father*, p. 719.

动，所以此举对于白人社会有着特殊的意义。他们很早便着手进行"文明开化"，并结合时势逐步扩大和强化，最终形成一场强制同化运动。国内有关论著一般着力于揭露美国政府推行强暴的种族灭绝政策，对文化的征服未予足够的重视。就实际后果而言，20世纪以前美国的印第安人政策，的确与种族灭绝没有多大差别。但问题是美国政府并未从理性上公开选择这种政策，战争、迁移和驱赶一类措施，大抵都是应付眼前迫切需要的权宜之计。美国政府的主观意图，在于以文化方式同化印第安人，从根本上解决"印第安人问题"。

对印第安人的文化征服，几乎与探查和殖民活动同时开端，可谓源远流长。在英国刚开始计议向北美移民的1583年，乔治·佩克厄姆爵士即发表小册子，声称英国有责任运用一切手段，使印第安人"摆脱谬误走向真理，摆脱黑暗走向光明，摆脱死亡之路走向生存之道，摆脱迷信崇拜走向真诚的基督教，摆脱魔鬼走向基督，摆脱地狱走向天国"。他担心印第安人有可能不会接受"文明"，所以同时鼓吹"用暴力对付暴力"，以确保殖民和贸易的安全。[1] 在他的设想中，文化方式居于首要地位，而暴力手段则只是一种必要的补充。1606年英王授予殖民公司的特许状中，特别提到要"开化"和"拯救"那些"生活在黑暗中，对真正的知识和信仰上帝愚昧无知得十分可怜"的印第安人。[2] 理查德·约翰逊在他1712年所著《弗吉尼亚的新生活》一书中，劝告白人种植园主对印第安人不要动辄施暴，而应以"耐心和人道"来促使印第安人的"邪恶的本性"适应"文明的形式"。[3] 殖民者入主北美的本来目的，在于夺取更大生存空间，获得更多的资源和财富，但是他们反对以纯粹的暴力来实现自己的意图，极力倡导和平的文化方式。这种手法自有其高明之处，因为它既可用高尚的名义来掩饰功利的贪欲，又能增进殖民帝国和"基督教文明"的荣誉。用弗吉尼亚公司一项声明中的说法，这样就无异于"买下他们（指印第安人——引者）地上的珍宝，而卖给他们天堂的珍宝"[4]。

殖民者对"文明开化"的重视并未停留于口头。弗吉尼亚殖民地居民得印第安人之助刚刚脱离困境，就着手引导他们的"救命恩人"学习"文

---

[1] Nash, *Red, White, and Black*, p. 41.

[2] Mortimer J. Adler, ed., *The Annals of America* Vol. 1 (Chicago, 1976), p. 16.

[3] Pearce, *The Savages of America*, p. 12.

[4] Berkhofer, *The White Man's Indian*, p. 118.

明"的生活方式。他们试图使土著儿童远离成年人的影响，单独接受白人的教育，有机会体会白人的道德价值和物质生活的好处。为了克服文化传递中的语言障碍，殖民地人决定编纂一部语文词典，并把《主祈祷书》译成波哈坦文。当局专门辟出 10,000 英亩土地，用以建立一所印第安人学校。1622 年白人和印第安人发生重大流血冲突，办学计划受到冲击而停顿，已经初具规模的学校遂成一片废墟。弗吉尼亚公司还进行实验，把土著青少年安置在白人家庭充当学徒，一则亲身感受"文明生活"，二则学习生产技能和生活习俗；期满即获得自由，而且仍可留在白人社区，或当技工，或做农夫。①当局对把子女送到白人家庭的印第安人奖励 10 英镑，目的是争取他们的配合。② 这个计划也因 1622 年事件而半途而废。

　　新英格兰清教徒更加热衷于向印第安人输送"上帝的文明之光"。清教徒深信，印第安人受到撒旦的控制，陷于愚昧和黑暗当中，实在是一群不幸的异教徒；白人既然受上帝之托传播文明，便有责任引导他们信仰上帝，采纳白人的生活方式，以摆脱野蛮状态。新英格兰一度盛行把弱小而友好的部落集中在一个固定地区，为他们建立保留地或庄园，名叫"祈祷城"，由传教士进行"文明开化"工作。祈祷城的印第安人造屋而居，从事生产劳动，奉行基督教仪式，大致按白人模式生活。根据丹尼尔·克鲁金在《历史汇编》中提供的数字，1674 年马萨诸塞共有祈祷城 14 座，土著居民 1,100 人，其中受洗者 45 人，领圣餐者在 64—74 人之间。③ 到美国革命前夕，新英格兰地区共有 91 座祈祷城或保留地，22 座印第安人教堂，牧师和教师中也有 133 人来自土著部落。④

　　在所有祈祷城中，内蒂克庄园建立较早，规模和成就都可谓首屈一指。内蒂克庄园初建于 1651 年，长期由有"派往印第安人的使徒"之称的约翰·艾略特主持。庄园内有三条长长的街道，印第安人分户居住；会议厅、商店、桥梁等设施也一应俱全。印第安人在此学习基督教信仰，种植果树和庄稼。懒惰、酗酒、多夫多妻、赌博、男子蓄长发、女子露乳之类的行为，都被视为重大过失，要招致罚款或鞭笞之刑。居民须向传教士纳税，其

---

① Wright, *The Only Land They Knew*, pp. 63-67.

② Jacobs, *To Save the Devil*, p. 22.

③ Axtell, *The Invasion Within*, p. 251.

④ Axtell, *After Columbus*, pp. 49-50.

首领也由白人选择。① 内蒂克庄园的"开化"模式具有浓厚的宗教神权色彩，不仅难于为印第安人所接受，甚至也不见容于白人社会。

从总体上看，清教徒的"开化"活动似乎比南部各殖民地更见成效。到 18 世纪，新英格兰各地都能看到获得"开化"的印第安人。他们身穿白人服装，居于英式住宅，从事多种"文明的"职业，服从英国法律，而且会说英语。大约有 500 名印第安人超越种族和文化的界线，在生活方式和宗教信仰上与白人完全一致。②

但因受种族力量对比的制约，"文明开化"运动在整个殖民地时期规模尚小，涉及的印第安人为数有限。而且，那些接受白人文化的印第安人既不能在白人中间立足，又受到敌对部落的威胁，难以独立生存。可见，文化方式对于整个种族关系并没有发生决定性和全局性的影响。

2. 美国政府的"文明开化"政策

从独立战争开始，美国政府便对"文明开化"问题予以特别重视。反英战争初期，大陆会议在一项有关印第安人问题的决议中指出："联合殖民地人民与印第安人之间的友好贸易，在后者中传播基督福音和培养文明技艺，可以给双方都带来不可估量的好处。"决议要求负责印第安人事务的官员，向土著部落派驻牧师和教师。③ 华盛顿当政时期更未忽视"开化"印第安人。陆军部长诺克斯认为，"文明开化"即使不能完全使印第安人进入文明状态，至少也可以使他们附属于美国的利益；何况这一方案较之军事征讨节省开支，代价低廉。④ 杰斐逊则是美国早期主张同化印第安人的代表人物之一。他希望印第安人放弃渔猎采集，定居而成为自耕农，这样既可以减少他们维持生存所需的土地，又有助于他们逐渐进入主流社会。他所理想的种族关系格局，首先是共存，进而通过"文明开化"而实现种族融合。他在与迈阿密人和波塔沃托米人谈话时说：

> 我们会很高兴地看到你们的人民开始耕种土地、饲养有用的牲口和从事纺织，以满足他们的衣食。这些资源是确定的，从不会使你们失望，而狩猎资源则有可能靠不住，从而使你们的妇女

---

① Axtell, *The Invasion Within*, pp. 141-142.

② Axtell, *The Invasion Within*, p. 281.

③ Prucha, *The Great Father*, p. 142.

④ W. W. Abbot, ed., *The Papers of George Washington*, Vol. 3 (Charlottesville, 1989), p. 140.

孩子饱受饥寒之苦。我们会很乐于为你们提供最急需行业的工具，还会派一些人指导你们如何制造和使用这些工具。①

此后，美国政府的决策者大多不赞成边疆居民任意驱杀印第安人的做法，而把解决"印第安人问题"的希望寄托在"文明开化"上。门罗政府的陆军部长在一项声明中强调，把印第安人引入"文明的境界"，应当成为美国政府的真正政策和认真的愿望。如果一味夺占土地，只会导致无休止的战争和对土著居民的驱逐与灭绝；相反，采用人道而仁慈的政策来同化印第安人，较之热忱欢迎来自旧世界的难民，更能增添美国的荣誉。② 约翰·卡尔霍恩在陆军部长任上提出，要反对边疆居民对印第安人的残暴和野蛮态度，而把"文明开化"作为处理印第安人问题的一个基本手段。③ 可见，美国政府的立场和受实际利益驱使的普通白人并不完全重合，它既要满足白人的土地需求，又须顾及美国的"荣誉"。"文明开化"正好可以调和这两种要求，因此成为美国政府的基本政策。

实际执行这种政策也是从华盛顿当政时期开始的。1793 年，国会制订《与印第安人交往法》，应华盛顿总统之请，在法令中特意规定，"为了在友好的印第安人部落中推动文明开化，也为了获得和继续维持与他们的友谊"，总统有权向他们提供货物、资金、家畜和农具。④ 国会拨款 20,000美元用于购买家畜和农具，以便对印第安人进行职业培训。此后国会不时增拨这项基金，每次 10,000 美元到 15,000 美元不等。美国与部落签订的条约，一般都包含关于"文明开化"的条款。1791 年与切罗基族的《霍尔斯顿条约》即有这种内容：美国鼓励切罗基人利用美国提供的农牧业工具而变成牧人和农夫，从而获得"最大程度的文明开化"。⑤ 1839 年与欧塞奇族的条约也规定，美国提供猪、牛、犁、斧等物，帮助他们从事农业生产，过上定居生活。⑥ 根据条约，美国因取得割让土地所应付给部落的年金，究

---

① Prucha, *The Great Father*, p. 142.

② Prucha, *Documents of United States Indian Policy*, pp. 27-28.

③ Prucha, *Documents of United States Indian Policy*, pp. 32-33.

④ Prucha, *The Great Father*, p. 140.

⑤ Thomas D. Clark, et al., *Frontiers in Conflict: The Old Southwest, 1795-1830* (Albuquerque, 1989), p. 27.

⑥ Garrick Alan Bailey, *Changes in Osage Social Organization, 1673-1906* (University of Oregon Anthropological Papers, 1973), p. 68.

竟以货物或现金还是以帮助他们发展农业的方式来支付，可以由印第安人自己选择。

1819 年 3 月，国会通过《对邻近边疆定居点的印第安人部落实行文明开化的条例》，规定每年拨款 10,000 美元设立"文明开化基金"，用于雇佣"品质优良而能干的人"来指导印第安人"从事适合其处境的农业，以及教育他们的子女阅读、写字和算数"。① 这个法令标志美国政府的"文明开化"政策已具备系统性和正规性。所设的这笔"文明开化基金"，主要用于资助早已在部落办学传教的宗教团体。美国很早即向部落派驻代表（agents），并假手他们以推动"文明开化"。1802 年，陆军部长亨利·迪尔伯恩解释这一措施时说，联邦向部落派驻代表，意在培养部落与美国的友好、和谐的关系，杜绝双方交往中的不正当行为，"引进农牧业和家庭制作的技艺，作为产生和传播一个得到良好管理的文明社会所固有的各种福祉的手段"。② 美国政府还打算利用领取执照的贸易商人来帮助印第安人发展农业，因为这些人经常出入部落，既了解土著风俗，又易于为印第安人所接纳。

然则美国政府的"文明开化"政策能否收到效果，主要取决于印第安人的态度。部落只要仍然具有实力，便是不受美国控制的主权实体，对"文明开化"问题也就拥有自主选择的权利。他们可能如美国政府所愿而采取合作姿态，也可能置之不理而我行我素。即便是弱小的土著人群，当无法忍受白人的"开化"举措时，也能一走了之。这就使得美国政府长期不易选择"开化"的对象。强大而又仇恨白人的部落，本是应当重点攻破的堡垒，但他们恰恰最难以同白人合作。传教士和联邦代表所到的部落，一般不是比较弱小，就是与美国保持着友好的关系。但在种族关系不断恶化的背景下，要找到这样的部落也不是易如反掌的事。因此，"文明开化"的努力所能触及的范围，通常是十分有限的。

印第安人深厚的文化传统，更是抵御白人文化征服的坚硬屏障。印第安人虽然在物质和技术上处于劣势，但对自己的生活方式并不妄自菲薄，而且还怀疑白人的习俗和制度能否带给他们幸福。有一位部落首领尖锐地诘难白人："你们说'为什么印第安人不耕种土地而像我们一样生活呢？'我们

---

① Prucha, *Documents of United States Indian Policy*, p. 33.

② Clark, *Frontiers in Conflict*, p. 30.

能不能同样恰当地问一句，'为什么白人不去打猎而像我们一样生活呢？'"①
1822 年，波尼人首领沙里塔里希明确向门罗总统表示，"我热爱我的家园，
我热爱我的人民，我热爱我的生活方式"；他请求美国人"放开我吧，让我
享有我的家园"。②当然也有印第安人配合白人的"开化"工作，不过他们
所取于白人文化的仅仅是皮毛，如穿衬衣、上教堂和讲英语之类，对于白人
的价值观念缺乏理解，对复杂的生产技术也茫然无知，而且他们没有社会依
托，徘徊于白人文化与土著传统的边缘，根本不能从整体上改变印第安人文
化的性质。

但是，时势的变化使白人不能继续容忍印第安人握有自主选择权。19
世纪中叶，美国政府开始强制推行"美国化"，力争尽快完成对土著文化的
征服和改造。

3. 印第安人政策改革运动

19 世纪中晚期，美国社会发生了一系列意义深远的变动，直接或间接
地影响到印第安人与白人的文化关系，也改变了印第安人的历史命运。

这个时期，美国经济和技术的发展呈狂飙突进之势，把白人在物质上
的成功推进到登峰造极的地步，美国遂成世界上一个新的强国。国力既盛，
美国人便更有理由对白人的优越和文明的胜利深信不疑，文明战胜野蛮，白
人取代印第安人而占领整个美洲，似乎真的是历史命运的安排，是文明进步
的必然结果。以往加于印第安人的种种暴虐和剥夺，也就因此获得了圆满而
合理的解释；而继续对印第安人实行物质与文化上的征服和改造，更是理所
当然而不容置疑。

这时，向西部移民和拓殖的西进运动也进入了尾声，白人基本上完成
了对整个大陆的占领和开拓，印白两个种族、两种文化在地理上的边疆已然
不复存在。从 19 世纪 60 年代开始，美国政府对西部印第安人实行大规模
武力征讨，大约经过 20 余年时间，彻底打败了境内所有土著部落。历时数
百年的生存竞争至此落下帷幕。结局当然是至为明朗的：白人从中迅速崛
起，而印第安人则几乎丧失了一切。在生存竞争中遭受惨重失败的印第安
人，也不复具有继续传统生活方式的外在条件，保护自己文化价值的实力更
是荡然无存，只能沉浮于"汹涌的文明生活的海洋"③之中。这一局面使美

---

① Armstrong, *I Have Spoken*, p. 30.

② Armstrong, *I Have Spoken*, p. 53.

③ 赫伯特·韦尔什语。See Washburn, *The Indian in America*, p. 233.

国获得了推行强制同化政策的有利时机。

此时的美国还受到一内一外两股浪潮的拍打，其一是新移民浩荡入境，其二是海外扩张已然势不可当。世界各地的人们把美国当成寻求美好生活的机会之乡，纷纷携家带口来投。美国人因此坚信"人类避难所"之说绝非虚妄，同时也为国内文化的纯一性而深为忧虑。如果土著居民尚且不能步入"文明"生活，又怎么能期待新入境的非盎格鲁-撒克逊移民迅速成为合格的美国公民呢？于是，完成对印第安人的文化改造，由于同整个"美国化"运动产生密切关联，引起了白人社会的更大关注。同化处在主流文化包围中的印第安人，完成对外来移民的文化整合，都成了实现"盎格鲁一致性"的紧迫要求。海外扩张虽然受到美国资本寻找更大市场的驱动，但同时也打着传播基督教文明的旗帜。美国既然负有向海外输送优越文明的使命，倘若仍然听任印第安人停留于主流文化之外，当然就会暴露出美国文明的阿喀琉斯之踵。

总而言之，19世纪中晚期时势的演化，已经把强制同化印第安人的运动推到无从避免的地步。

其实，美国政府在保留地推行的"文明开化"，从一开始就带有强制性，早就给印第安人带来文化上的劫难。保留地印第安人失去了自由，传统的经济生活已经崩溃，传统的风俗仪式遭到禁止，抗拒"开化"则招致扣发生活配给乃至监禁的处罚。但是，保留地把印第安人和主流社会隔开，对于最终的同化反而构成障碍。一批热心印第安人事务的白人，特别是知识阶层和慈善活动家，对保留地制度的弊病深为不满，主张进行改革。这批人得到了"印第安人之友"的称号，自认代表印第安人的真正利益，以充沛的热情和巨大的心力推动美国政府制定迅速同化的政策。他们的目标是废除保留地，打破部落制，尽快完成印第安人的"美国化"，把他们最终改造成美国公民。

改革派成立众多民间团体，发动和领导这场印第安人政策改革运动。波士顿的"印第安人保护委员会"成立于1879年。费城的"印第安人权利协会"于1882年成立以后，开展广泛的宣传活动，其领导人赫伯特·韦尔什两年里发表过99次演说。这个组织自定的目标是"保障美国印第安人已由条约和美国法令所赋予，并由其文明和处境所确认为正当的政治和公民权利"①。费城的教会女性还在 1883 年建立"全国妇女印第安人协会",在全国各地设立 80 余个分支机构,出版名为《印第安人之友》的月刊。托马斯·布兰德于 1885 年组建"全国保卫印第安人协会"。这些团体的活动一般集中在宣传和游说国会两项。从 1883 年开始,改革派于每年秋天在纽约的度假地莫洪克湖畔举行集会,商讨他们所关心的问题。会议的规模很快扩大,到 90 年代与会者达 150 人,社会影响也一度为世所瞩目。度假地业主艾伯特·K.斯迈利是会议的发起人和赞助者。他热心印第安人问题,还是联邦印第安人事务委员会的成员。会议的主角通常是公理会牧师利曼·阿博特,印第安人权利协会主席韦尔什,参议员亨利·道斯,以及大学校长梅里尔·盖茨等人。这些人的见解和言论,对当日印第安人政策的影响可谓举足轻重。

改革派所持的基本观点,乃是社会进化论、文化优越论和人道主义的混合物。在他们看来,人类社会必然经历由野蛮向文明的不断进步过程,美国白人文化由于成就卓尔不群,自应是理想的典范,其成长和扩张代表历史前进的方向,印第安人只有跟上美国文明的步伐,才能免于毁灭和获得幸福;但保留地把印第安人与白人隔离开,也就等于把他们排斥在文明的大门之外,任由他们继续受到野蛮的部落制的控制,实在是不合人道,有悖正义。可见,改革派批判美国政府的印第安人政策,并非由于这些政策导致了对印第安人的剥夺,而是因为不利于同化印第安人。

在改革派看来,保留地制度乃是一个不光彩的失败。他们把保留地称作"文明海洋"中的岛屿和"野蛮"生活的保护屏障。利曼·阿博特在1885 年的莫洪克湖会议上抨击道:

> 如果这种保留地制度仅仅对我们造成看得见摸得着的伤害,
> 我们庶几尚可忍受它。但它阻碍文明发展,把印第安人孤立起
> 来,否认正义要求赋予他们的所有权利。……它是一大无望的错
> 误,……它不能得到弥补和改正,……它只能被连根拔除,从根
> 到枝叶一点不留,而代之以一种新制度。②

据说,在卡莱尔印第安人职业学校的一次集会上,学校创办人普拉特向印第

---

① William T. Hagan, *The Indian Rights Association: The Herbert Welsh Years 1882-1904* (Tucson, Arizona, 1985), pp. 19, 25.

② Olson, *Native Americans in the Twentieth Century*, p. 64.

安人学生发问："我们应当如何解决印第安人问题？"学生们齐声高呼普拉特事先传授的口号："废除保留地制度！废除保留地制度！"一时声振屋瓦，足令闻者动容。①

保留地实际上已是部落最后的辖地，因而这种制度的存废与部落的地位休戚相关。改革派要求废除保留地制度的真正意图，在于打破部落制，将部落共有的土地分配给印第安人个人，使他们变成个体小土地私有者，与主流社会在经济上取得一致，这样有利于他们最后变成美国公民。他们相信，唯有如此方可引导印第安人"从野蛮状态的黑夜进入基督教文明的闪亮黎明"②。他们为此倡导制订部落土地私有化法令，大力发展非部落化教育，废止不利于印第安人生产自立的配给制。他们的口号是印第安人"美国化"，要求印第安人在文化上与盎格鲁美国人取得同一性，拥有"各种权利、公民资格、法律保护和个人土地所有权"③。

当时正处于形成中的美国民族学也为强制同化摇旗呐喊，摩尔根、鲍威尔、艾丽斯·弗莱彻等著名学者，均支持"美国化"主张。弗莱彻认为，由于印第安人突然被卷入现代生活，因而失去了逐步解决问题的时间，只能立即实现同化，而且越快越好。④

改革派的观点在联邦政府得到了回应，这说明强制同化确乎是难以遏制的趋势。1879 年，内政部长卡尔·舒尔茨提出一个解决"印第安人问题"的方案，特别强调定居生产、非部落化教育、土地私有化和公民权。⑤这与改革派的主张不谋而合。拉瑟福德·海斯总统在致国会的公文中宣布："现在已经到了这样的时刻，要执行一种政策，尽可能迅速地把印第安人置于与这个国家其他永久居民同样的立足点上。"⑥印第安人事务局 1889 年的年度报告明确表示，保留地制度已经过时，必须马上废止；"事物进展的逻辑，要求把印第安人作为美国公民，而不是印第安人，吸收到我们的国民生活中来"；如果他们不能和平地采纳"白人方式"，那就不得不动用强制手

---

① Washburn, *The Indian in America*, p. 241.

② Prucha, *The Great Father*, p. 620.

③ Gibson, *The American Indian*, p. 492.

④ Frederick E. Hoxie, *A Final Promise: The Campaign to Assimilate the Indians 1880-1920* (New York, 1989), pp. 27-28.

⑤ Prucha, *The Great Father*, p. 595.

⑥ Weeks, *Farewell, My Nation*, p. 218.

段。[1]参议院印第安人事务委员会主席亨利·道斯，同时也是莫洪克湖会议上的活跃分子，因而充当改革派与政府决策层之间沟通的桥梁；1887 年那个全面反映改革派主张的同化法案，即因他的姓氏而得名。

改革派幻想借助法律和强制手段，促使一个种族跨越漫长历史年代所形成的文化鸿沟，其结果难免是"欲速则不达"。这种激进政策的风险当日即为人所觉察。"全国保卫印第安人协会"虽然也把同化看作印第安人的最后归宿，但反对操之过急。他们认为，"美国化"进程的或缓或速，必须以印第安人的接受程度为标准，而不能以白人的意愿为转移。他们提出的当务之急在于保护土著文化。[2] 1887 年，正当国会热烈讨论《道斯法案》时，乔治·克鲁克将军发出警告说："我们千万不能过快地驱使印第安人实现这些变动，我们千万不要强迫他们马上完全采纳文明方式。"[3] 然而，在那种全社会都急切盼望尽快解决"印第安人问题"的气氛中，这些谨慎的劝告难免沦为无人应答的荒野呼号。强制而迅速同化的主张已然支配美国的印第安人政策，这种大势断非少许人力所能扭转。

---

[1] Washburn, *The American Indian and the United States*, I, p. 424.

[2] Gibson, *The American Indian*, p. 493.

[3] Olson, *Native Americans in the Twentieth Century*, p. 67.

第三章 文化入侵的前哨

人类学和心理学的研究表明，人类在天性上并不因为种族而有根本的不同，文化的差别系环境和教育的影响所致。美国历史上主张"开化"和同化印第安人的白人，虽然受到种族和文化偏见的制约，但依旧看到从文化上改造印第安人的关键，在于教育其年轻一代。他们力图通过非部落化教育，消除土著青少年的传统文化特征，使其掌握白人的语文和生产技能，从而过渡到"文明"的生活方式。因此，教育问题从一开始就在印白文化关系中占有极其重要的地位，美国政府也对此给予高度重视。不过，教育实际上并不如白人社会所期望的那样，是一件打破部落传统和传播白人文化的有效工具；它所能发挥作用的程度和范围，受到多种因素的限制。

一、"文明开化"的希望

1. 教育问题的重要性

在所谓"文明"社会里，知识的传播、习性的培养和技能的训练，大抵都离不开正规的学校，因而教育在未成年人的社会化过程中所起的作用，可谓至关重要。其实，即使在习惯上称作"原始"的部落社会，教育同样担负十分关键的社会功能，只是不经过学校，也未采取传授书本知识的形式。

在部落社会，儿童从出生起即受到严格的锻炼和培养，以期他们成年后可以充当合格的部落成员。由于身处艰苦的生存环境，学习和掌握谋生技能便是青少年的主要任务。他们长大以后必须具备坚忍、果敢、敏捷和吃苦耐劳的品格与素质，并能熟练运用各种谋生和作战的技巧，否则难以生存于复杂危险的环境。男性儿童将来必须承担狩猎和作战的职责，所以部落特别注重培养他们的荣誉感、责任心和生死观。他们从小受到熏陶，相信英勇杀敌乃是荣誉之源，战死沙场胜于因病而终，勤奋捕猎以使妻儿得免冻馁，则是他们的基本责任。传统仪式和宗教信仰对于强化青少年的部落认同，也是必不可少的一课。传说故事、祖先墓地和各种象征物，都是他们了解部落传统的教材。温纳贝戈族有位妇女教导她的儿子牢记：（1）做一个对同伴有用的人；（2）要获得幸福就必须付出牺牲和心血；（3）要取得别人的尊敬和重视，就必须具有使自己变得强壮有力的精神；（4）既不要死于村落里，也不要让妇女死在男子的前头，战死沙场是最好的归宿，这样灵魂就会不死；（5）要爱护妇女和儿童；（6）要慷慨仁厚，与人分享自己的一切所有；（7）要帮助老人和弱者，因为他们给予的回报将使人长久受益。[1] 这番训导将一个猎手和武士所应具备的全部品质悉数罗列出来，反映出部落对后代的道德教育拥有丰富的内容。对女子则侧重进行采集种植、操持家务和抚育孩子的训练。除父母亲人外，部落中的长者、先知和巫医，都是青少年的导师。总之，印第安人虽然未设学校，也没有文字，但用自己的方式把后代造就成适应生存环境的人，从而使其文化得以传承和延续。

白人并不了解印第安人教育的形式和性质，认为他们之所以生活在愚昧和黑暗之中，正是由于缺乏"文明"的教育；而要让他们享有文明对人类的"赐福"，只有借助白人式的教育，因为"使他们野蛮和不开化的原因，不是人的天性，而是人的教育"。[2] 传教士和殖民当局均立足于这一假定，把教育看成"文明开化"的突破口。他们试图使土著儿童脱离部落社会，在白人开办的学校中完成重新社会化，成为文明生活的追随者，然后把文明的种子带回部落，如此世代相续，一旦所有人均接受白人教育，部落传统即因无人传承而告断裂，"野蛮人"也就迈入了文明时代。这一逻辑的推衍似乎颇具说服力和可信性，但教育的实际过程和后果，往往不会遵循种理论上的逻辑。

白人社会在全面推行"文明开化"计划时，并不因为以往教育没有产生很大效果而丧失信心，依然特别强调教育的重要性。从民间到政府，都把教育视为同化印第安人的有效方式。1842 年，印第安人事务局长 T. 哈特利·克劳福德说："我们所能赋予他们的最大裨益，就是广义的教育，如文字教育、劳动和机械技艺教育、道德教育和宗教教育。"[3] 他把"文明开

---

[1] Moquin, *Great Documents in American Indian History*, pp. 46-51.

[2] Hoffer, *Indians and Europeans*, p. 170.

[3] Prucha, *The Great Father*, p. 286.

化"计划的所有重要内容都纳入教育的范畴，意在利用学校来完成对印第安人的文化改造。人类学家摩尔根把教育上升到印第安人存亡所关的高度。他认为，印第安人如欲生存，就必须开化；而要开化，就必须依赖教育和基督教。按他的设想，印第安人一旦受到教育，就会喜爱财产；而一旦拥有私有财产，就会成为公民，就会"除了名义之外便不再是印第安人"①。

然而学校教育给予印第安人的冲击，与他们在战场上所受创伤相差无几，庶乎尚有过之。在边疆印第安人战争临近尾声的 19 世纪七八十年代，教育家戴维·W.亚当斯敏锐地感觉到："下一场战斗……是在教室里进行的。所要处理的问题不再是剥夺印第安人的土地，而毋宁是剥夺他们的思想、心灵和灵魂。这是一场温情脉脉的战争，但却同样是一场战争。"②此言切中非部落化教育的要害，只不过"温情脉脉"的色彩并未出现于教育过程当中，因为非部落化教育带有强制性，实际上是一种文化的暴虐。但美国政府和白人社会却自有理由，以为强制极其必要，因为"用文明……的生活方式教育印第安人，旨在保护他们免于灭绝"③。

把教育与印第安人的生死存亡相联系，是当日白人社会常见的思考方式，目的无非指明教育至关紧要。1866 年，印第安人事务局长丹尼斯·库利谈到，要把相当一部分印第安人从异教的致命控制下解救出来，非教育莫办。他的后任爱德华·史密斯在 1873 年也说，如果不花费日益增多的资金来教育年轻一代印第安人，任何文明开化计划都将是短视和代价高昂的，因为"印第安人最终的文明开化，或许可以通过对他们子女的教育而实现；而且，与其他办法相比，这样能更迅速地达到目标"④。民族学家艾丽斯·弗莱彻认为，只有对土著青少年进行教育，才有可能把美国印第安人（American Indians）改造成印第安裔美国人（Indian Americans）；因而更多更好的学校乃是"国家的需要"⑤。1883 年，内政部长亨利·特勒在一次演说中说明各项"开化"措施的相互关系，认为"教育和准备是第一位的；然后才是土地私有化和公民权"⑥。卡莱尔印第安人职业学校 1882 年的一

---

① Hoover, *The Red and the Black*, p. 99.

② Weeks, *Farewell, My Nation*, p. 227.

③ Weeks, *Farewell, My Nation*, p. 222.

④ Prucha, *The Great Father*, pp. 688, 692.

⑤ Hoxie, *A Final Promise*, p. 25.

⑥ Washburn, *The Indian in America*, p. 241.

份报告，十分尖锐地谈到纳瓦霍人的教育问题，声称"将来有一天，纳瓦霍人必须从书本中寻求知识，不然就会灭亡"①。1884 年莫洪克湖会议的一项决议简洁明了地宣布："教育乃是文明开化的根本。"② 以上各种意见或涉及教育在"文明开化"中的地位，或注重教育对印第安人命运的影响，总之都赋予教育以异乎寻常的意义。

19 世纪 80 年代末期，托马斯·摩根出任印第安人事务局长以后，进一步明确了教育的作用，并对学校管理和教学内容加以调整。他在 1889 年的年度报告中，对印第安人教育的现状做出详细分析，并探讨改进的措施和途径。③ 他说：

> 当我们谈到印第安人的教育时，我们的意思是指那种培训和引导的综合性制度，由此来把他们改造成美国公民，让他们可以获得我们这些人所享有的各种福祉，使他们能够凭自己的力量和用自己的方法来与白人成功地竞争。要使印第安人下一代与其白人公民同胞友爱而和谐地相处，并与他们一起享受美好家庭的甜蜜、社会交往的欢愉、商业贸易的盈利、旅行的便利以及来自文学、科学、哲学的乐趣和真正宗教所提供的安慰和激励，教育将是一个中介。④

白人社会所谓印第安人教育，并不涵盖全体印第安人，而主要涉及上文摩根提到的"印第安人下一代"。传教士很早就发现，成年人接受白人教育十分困难。后来美国政府有关官员也看到，"要开化年老的野蛮人是没有多少希望可言的，唯一实际的问题就是如何去控制和驾驭他们，使他们的野蛮本能不至于剧烈地爆发出来"⑤。因此，"在习性形成以后，唯一能够改变它们的途径，就是去影响其孩子"⑥。当时人似乎信服一种简单的推论：老人总会死去，由受过教育的年轻一代取而代之，数代之后文明便会在印第安人中扎下根来。所以，他们对印第安人教育的前景颇感乐观，断言"在印

---

① Davida Woerner, *Education Among the Navajo: A Historical Study* (Columbia University Ph. D. dissertation, 1941), p. 31.

② Prucha, *Documents of United States Indian Policy*, p. 164.

③ See Washburn, *The American Indian and the United States,* I, pp. 424-434.

④ Prucha, *Documents of United States Indian Policy*, p. 178.

⑤ Weeks, *Farewell, My Nation*, p. 224.

⑥ Sheehan, *Seeds of Extinction*, p. 164.

第安人青少年中的教育等活动，会使印第安人从野蛮、邪神崇拜和蒙昧生活中解脱出来"[①]。《教育杂志》在 1893 年甚至夸张地宣称："如果每个印第安人儿童都在学校待上 5 年，野蛮状态就会停止，政府对印第安人的援助也就会成为历史。"[②] 非部落化教育取得任何一点进展，都使他们兴奋不已，他们似乎看到，"在很多印第安人那里，过去长期笼罩在他们头上的愚昧和迷信的乌云，终将被驱散了，基督教和一般知识的光芒，将要照亮他们道德与智性中的黑暗"；"文明开化"运动已经在一些部落引起了一场"重大的道德和社会革命"。[③]

后来的情形证明，这种乐观显然为时太早。

2. 印第安人教育的方式

教育在服务于文化征服的总体目标时，的确承担着许多通过其他方式无法完成的独特使命。这正是白人社会何以如此重视发展印第安人教育的缘故。

传播白人关于"文明"的观念，重塑印第安人的文化价值，乃是印第安人教育的首要使命。白人社会向来认为印第安人要实现"文明开化"，首先必须了解什么是文明方式，进而培养适合文明方式的品格和素质。威廉·琼斯曾用一种哲人式的口吻说："一言以蔽之，白人学校的首要目标是教育心灵；而印第安人教育的根本要点，则在于启蒙灵魂。"[④] 继他之后担任印第安人事务局长的弗朗西斯·勒普进一步指出，在印第安人的教育中，一切的基础是性格的发展，知识的学习尚在其次。他强调要使印第安人毕业后适合在边疆地区生活。[⑤] 威尔逊政府的印第安人事务局长卡托·塞尔斯仍在重复这种观点："我们学校的目的，不是培养完美的农夫或完美的家庭主妇，而是开发性格和生产劳动效率。"[⑥] 显然，白人社会显然希望借助教育这个工具去掉印第安人的文化之根，为他们进入"文明生活"做好准备。

然而，无论是"文明观念"的传播，还是性格的开发，都必须跨越语言这个巨大的障碍。印第安人受语言的限制，部落之间的相互交流已属十分不便，要与白人实现文化融合，不解决语言问题更是徒托空言。这个任务显

---

① 海厄姆·普赖斯语。See Weeks, *Farewell, My Nation*, p. 224.

② Hoxie, *A Final Promise*, p. 67.

③ 奥兰多·布朗语。See Prucha, *The Great Father*, p. 292.

④ Prucha, *Documents of United States Indian Policy*, p. 201.

⑤ Prucha, *Documents of United States Indian Policy*, pp. 204-205.

⑥ Hoxie, *A Final Promise*, p. 204.

然也须由教育来完成。

　　白人社会决定以英语取代众多的部落语言。他们自认英语是"太阳底下所有民族中最伟大、最有力和最兴旺的语言"①，因此，"我们所能赋予印第安人的最大福祉，莫过于英语"②。他们觉得，"这种语言对白人或黑人都如此有益，也应当有益于红种人"。他们还相信，"教一个印第安人青年以他自己的野蛮方言，对他乃是一种实质性的损害。……在我们自己的语言之外，用其他任何语言来开化这个国家的印第安人，即便不是不可能，也是不现实的。这一点乃是显而易见的"③。他们深信印第安人一旦学会英语，其社会与文化就会发生巨大变动，一种新的生活即告开始。

　　出于传授英语的目的，拼写、认读、写作等课程，一直在印第安人学校中占有突出分量。殖民地时期的一些印第安人学校，几乎全盘照搬英国文法学校的课程，以语文教学为重心。到推行"美国化"的时期，英语更是强制性的课程。土著儿童一入校门，便不准使用本族语言，不讲英语的学生要受各种处罚。内政部长卡尔·舒尔茨强调说："印第安人子女如果要得到开化，他们就必须学习文明的语言。当他们能够通过最直接的表达途径接受文明的各种观念和思维方式时，他们将能非常易于领会这些观念和思维方式。"④阿特金斯担任印第安人事务局长期间，要求政府和教会主办的所有印第安人学校必须用英语讲授全部课程，其理由是，"在为印第安人下一代设立的学校中，应当传授他们将要成为公民的这个共和国的语言"⑤。

　　然而，让印第安人掌握英语甚为不易。首先是语言环境很难令人满意，土著学生在学校学说英语，回到家里却只能使用本族语言。其次是土著语言的发音和英语差别太大，训练学生领会正确发音需要花费很多时间和精力。另外，强迫他们放弃母语难免激起抵触情绪，学习英语的积极性和主动性也就大打折扣，学习的效果自然很成问题。

　　土著社会习俗的变革也需要学校的参与，向印第安人传授"文明社会"的道德和习俗，更是白人赋予学校教育的重要使命。18世纪40年代，约翰·萨金特提出一个教育计划，旨在改变印第安人的"整个思想和

---

① J. D. C. 阿特金斯语。See Prucha, *The Great Father*, p. 690.

② 路易斯·摩尔根语。See Eggan, *The American Indian*, p. 156.

③ Prucha, *Documents of United States Indian Policy*, p. 176.

④ Prucha, *The Great Father*, p. 690.

⑤ Prucha, *The Great Father*, p. 691.

行动的习惯"①。阿特金斯在论及印第安人学校的任务时，把这一点摆到尤为重要的位置。白人所要革除的土著习俗，小至服饰、发型和睡眠卫生习惯，大到血缘关系、多妻制和男子狩猎女子种植的分工模式，甚至姓名也不例外。学校正是最早禁止土著习俗的地方。土著青少年入学以后，从服装到姓名均按白人习俗予以更换，日常起居也必须符合白人社会的规范。为了使学生避免感染传统习俗，学校一般设在远离部落的地方。有的学校位于白人社区附近，这样更利于他们感受到"文明"社会的熏陶。乔克托学园即根据这种原则创办，将许多部落的学生集中起来，不让他们受到"野印第安人"的影响；学校还计划招收白人学生，在校内充当土著学生的榜样。保留地时期的寄宿学校有不少建在保留地以外，形成一套特殊的教育制度。学生入校则如同身陷囹圄，父母不得探视，星期天也不能回家。这种制度的主要目的是使土著青少年脱离传统的社会环境，从小培养白人式的生活习惯。

传授"文明"的生活方式，特别是让土著青少年学习生产技能，俾其成年后能自食其力，一直是印第安人教育的中心任务。白人社会要求走出学校的土著学生，不仅能讲英语，在外表上像"文明"人，而且要身怀一技之长，足以在"文明社会"安身立命。托马斯·克劳福德在 1839 年就任印第安人事务局长以后，批评教会的传教方式，认为首先把印第安人变成基督徒而后进行文明开化，实在是本末倒置。他不相信欧洲人经过漫长时间才实现的由野蛮向文明的过渡，在印第安人那里能够完成于旦夕之间。他特别强调，在学校仅教印第安人阅读写作是绝对不够的；"如果他们没有学会建造房屋并住在里面，睡在床上，定时进餐，懂得耕作和收割，能够饲养并使用家畜，掌握并能运用机械技艺，如果他们不学会从其喜悦和改善出发来享受在文明生活中广泛传播的有益方式和合理欢乐，那么在教室里学到的那些纯粹的知识，相对说来或许会是毫无价值的"②。基于这种考虑，他尤其赞成创办体力劳动学校，认为这种学校不仅可以向土著儿童传授劳动谋生的技能，并且能够培养他们劳动的习惯，这"对印第安人的文明开化是不可或缺的"③。有教会利用政府的"文明开化基金"，于 1839 年在堪萨斯建成一所体力劳动学校，一度被誉为同类学校的样板。该校学生来自肖尼、特拉华、堪萨斯、波塔沃托米、怀恩多特、渥太华等部落，实行男女同校，主修英

---

① Axtell, *The Invasion Within*, p. 199.
② Satz, *American Indian Policy in the Jacksonian Era*, p. 259.
③ Prucha, *The Great Father*, p. 286.

语、农业和家务技艺。克劳福德以此为例证，说明对印第安人习俗和生活方式的改造是完全可能成功的。在他的主持下，印第安人事务局还特别为这类学校制订办学原则，包括男女同校，男生学习农业和机械技艺，女生学习缝纫、纺织及其他家务手艺。[①] 实行男女同校的目的，据说在于同时培养合格的体力劳动者和称职的家庭主妇，使印第安人将来有温暖的家庭可以依傍，从而喜欢家庭生活，注重为自己的家庭聚积财产，进而萌生私有观念。[②] 其他各类印第安人学校也开设大量生产技能方面的课程，有的还实行半天上课、半天劳动的制度。

内战以后，印第安人教育的形式趋于多样化，但体力劳动和职业技术培训仍然很受重视。1862 年，印第安人事务局长威廉·多尔表示：“最好的学校乃是那些劳动学校，劳动越多就越好。如果印第安人没有劳动的习惯，书本知识就毫无用处。”[③] 这种主张比较侧重教育的短期效果，要求教育直接服务于印第安人在经济上的自立。20 世纪初，在这个基础上形成了职业培训论。这一论点强调，经验业已证明书本知识对于印第安人的实际生活并无多大意义，要使他们离校后谋生自立，唯有大力开展职业技术的培训。卡尔文·伍德沃德在 1901 年指出，致力于培养印第安人的文学艺术趣味，无异于“在石头上播种”，根本不会有什么收获；即便职业教育也不应当以白人的生产劳动技术为主，因为对白人有用的东西，未必能给印第安人带来改善。[④] 这说明，白人社会经过多年尝试，才开始意识到印第安人的迫切需要并不是最终同化，而是解决起码的衣食温饱问题，从而使教育立足于更加现实的基点上。

白人社会还寄希望于发挥教育的政治功能，在印第安人中间培育公民意识，改善其政治素质，为他们最终成为美国公民做好准备。这一点在“美国化”运动中尤其受到重视。托马斯·摩根在主持印第安人事务局的 1889 —1893 年间，即以此作为印第安人教育的中心任务。摩根强调，要尽力唤醒印第安人对美国的热爱，在每所印第安人学校悬挂美国国旗，唱美国国歌；要教导学生把美国看成自己的家园，把美国政府当作朋友和恩人；要使学生了解美国历史上的伟大人物，并为他们所取得的成就而感到骄傲；要尽

---

① Prucha, *The Great Father*, p. 288.

② Prucha, *The Great Father*, p. 261.

③ Prucha, *The Great Father*, p. 456.

④ Hoxie, *A Final Promise*, p. 194.

量少讲、最好不讲印第安人不幸的过去，即便涉及也要与他们美好的未来进行对照。总之，要通过学校来激发印第安人对政府的忠诚，对国家的感戴，以及对他们自己前途的信心。摩根还提到，应当在印第安人中培育"美国人"的意识，使他们认识到自己与其他美国人拥有同样的权利，懂得自己的义务和责任，了解美国的宪法和政府，熟悉选举制度以及其他各项政治原则。他认为这一切都具有突出的重要性。① 为了达到上述目标，他提议在印第安人学校庆祝美国节日，如元旦、华盛顿诞辰、宣言日、独立日、感恩节、圣诞节等全国性节日。他甚至建议把《道斯法案》签署的 2 月 8 日定为印第安人的"授予公权节"②。显然，这些主张乃是当时强制同化运动波澜骤兴的产物。自 1887 年《道斯法案》通过以后，人们普遍相信印第安人的彻底同化已经指日可待，学校理当为这一天的尽早到来尽一份力量。

此外，白人社会还把学校作为造就土著精英人才的场所，希望由他们引导部落走向"文明"。1822 年，杰迪代亚·莫斯神父在一个调查报告中建议，设立一所印第安人学院，采取政府资助而由教会管理的形式，专为部落培养教师和领导人。这个计划虽成具文，但它所体现的意图实际上已经贯彻于印第安人教育当中。长期以来，白人社会期望受过教育的印第安人把"文明"的种子带回部落，从而在内部引发变革。美国政府特别支持印第安人学校的毕业生担任部落首领。托马斯·摩根在 1889 年的年度报告中提出，要为少数独具才能的人提供高等教育机会，使他们得以成为印第安人领袖，这对同化的进程有着不可估量的重要意义。③

印第安人教育所要担负的这些任务，必然在学校的建设、课程的设置、实习的安排、教师的选择以及学生的管理等各个方面和环节上都有所体现。不过，在"文明开化"运动的各个阶段，教育的功能和地位不可一概而论，不同类型的学校在目标和手段上也有相应的差别。

归根结蒂，教育作为白人社会征服和改造土著文化的重要工具，很早便在部落社会推行。它以重塑印第安人下一代为宗旨，实际上无异于白人实行文化入侵的前哨。

① Washburn, *The American Indian and the United States,* I, pp. 432-433.
② Prucha, *Documents of United States Indian Policy*, p. 181.
③ Prucha, *Documents of United States Indian Policy*, p. 179.

二、非部落化教育的发展

1. 印第安人教育的兴起

白人开始殖民活动时便在部落发起教育，后来的发展尤其迅速，学校数目和入校学生增长甚快。由于受到整个"文明开化"运动性质的制约，印第安人教育在 19 世纪中叶前以诱导性为主，学校争取部落和学生家长的合作以至殚精竭虑，因为这种合作直接关系到教育的兴废成败。

英国在计议向美洲殖民的同时，也打算在土著居民中间开展教育活动。英国人所谓"文明开化"和"基督教化"，必须借助教育来实现，因而重视土著青少年的教育也就是殖民当局的一贯政策。1609 年，英国派遣托马斯·盖茨前去救助詹姆斯敦的居民，同时赋予他着手对土著儿童进行教育的使命。[①] 英王詹姆士一世在 1617 年令其下属募集资金，准备在北美建立学校和教堂，以供"开化"土著居民之用。1619 年，弗吉尼亚公司拨出1,500 镑作为教育基金，用以改善土著青少年的智力和训练其职业技能。公司还专门辟出土地以建立一所英式印第安人学院。公司指示弗吉尼亚殖民地总督，可以采用一切手段，甚至不惜动用武力，只要能把土著儿童从部落分离出来，按照白人的方式加以教养。在 1622 年事变前夕，据一位印第安人学校的学监说，"异教儿童"在信仰上帝方面取得了"不小的进步"。[②] 有几名土著青年还被送到英国去深造。但在 1622 年，受到白人侵逼的当地部落几乎将詹姆斯敦夷为平地。这一事件改变了白人对印第安人的态度，仇恨代替怜悯，"文明开化"的兴趣也就大为减退。直到 17 世纪晚期，弗吉尼亚的印第安人教育才略呈复兴之兆。

此时，英国科学家罗伯特·波义耳留下一笔 5,400 英镑的遗产，为弗吉尼亚的"文明开化"创造了经济条件。传教士布莱尔用这笔钱的一部分，在威廉-玛丽学院内建立一所印第安人学校，于 1701 年开始招收七八岁的土著儿童入学。根据遗产管理的规定，可以从中支付 10 名土著学生购置衣服、食品和书籍的开销，并提供一名教师的生活费用。弗吉尼亚当局采取措

---

① Margaret Connell-Szasz, *Indian Education in the American Colonies, 1607-1783* (Albuquerque, 1988), pp. 53-54.

② Gibson, *The American Indian*, p. 213.

施，促使印第安人送子女上学。那些应向殖民当局纳贡的部落，只要把儿童送到威廉-玛丽学院，便可免去此项负担。有时，殖民当局还把敌对部落的人质送入学校。威廉-玛丽学院于 1723 年专门修建布拉福尔顿厅，作为印第安人教育的场所。不过，入学人数时多时少，很不稳定。1712 年有学生 14 人，几年后增至 20 名，到 1754 年又只剩下 8 人。①

1714 年，弗吉尼亚还建成一所称作"克里斯蒂纳"②的印第安人学校，于 1740 年停办。在另建的一座印第安人村镇，所有土著儿童都进了白人开办的学校。

新英格兰的清教徒则以宗教热情对待印第安人教育。学校大多设在"祈祷城"。教师当中还有受过教育的印第安人，内蒂克庄园便有 2 名；1662 年，新英格兰至少有 13 名土著教师。③聘用土著教师旨在克服语言难关，因为土著儿童一开始不懂英语，传教士对部落语言亦所知甚少。约翰·艾略特穷其心力以摆脱语言限制，孜孜矻矻地把基督教典籍和其他书籍译为土著语言，毕生共译出 14 种。康涅狄格有些部落受生存需要所迫，请求白人建立学校，教导他们的后代识文断字。到 18 世纪上半叶，当地共有 4 所印第安人学校。④

除课堂教育外，有的殖民地还尝试实习教学，把土著儿童寄养在白人家庭，在日常生活中感受并学习白人的习俗和语言。不过，这样做的消极后果不久就显示出来，土著儿童非但没有学到多少有用的东西，反而沾染白人社会的不少恶习。于是，只得放弃这种实验。

殖民地时期印第安人教育起步初始，就带有强制色彩，不明就里者或许以为怪事。那时，进入印第安人学校就读的土著青少年，大多来自饱受战祸和疾病袭击而变得衰弱不堪的部落，已经失去了抵御白人文化压力的力量。但是，土著学生仍常以逃学表示反抗，造成入学率起伏不定，令办学者大伤脑筋。同时，疾病侵扰产生了尤其严重的后果，许多学生感染白人的疾病而死在学校。这不仅减少了在校人数，而且也使更多人视入学为畏途。

美国政府继承殖民地的遗产，把印第安人教育推向了新的阶段。华盛顿当政时期开始向友好部落派遣白人教师，传授"文明生活的各种技艺"。

---

① Wright, *The Only Land They Knew*, p. 186.
② "Christiana"，意即"基督之乡"。
③ Axtell, *The Invasion Within*, p. 183.
④ Axtell, *The Invasion Within*, p. 188.

美国与部落签订的条约，一般都列入有关教育的条款。迁移运动中美国强迫部落签订的每一项迁移条约，几乎都包含办学的许诺：印第安人一旦迁入西部，美国便为他们建立学校，派去白人教师。1834 年，美国政府根据这些条约所支付的教育经费共计 35,000 美元。^① 不过，美国政府开始时重点资助民间团体办学，因为这样能更快地见到成效。1819 年设立的"文明开化基金"，主要在各民间学校之间进行分配。据国会众议院印第安人事务委员会提供的数字，1824 年美国共有 24 所印第安人学校，其中仅 3 所建于1819 年以后。^②

19 世纪 20 年代以后，印第安人教育发展的步伐加快，美国政府创办和维持的学校不断增多。1830 年，各类印第安人学校共计 52 所，在校学生有1,512 人；^③ 到 19 世纪 40 年代中后期，体力劳动学校有 16 所，学生为800 余人；寄宿学校和地区学校有 87 所，学生达 3,000 人。^④ 同时，美国政府用于印第安人教育的支出也有所增加。1830 年与乔克托族签订的条约规定，美国在 20 年内每年支付 2,000 美元作为 3 所学校教师的经费。美国根据 1836 年与渥太华族和奇珀瓦族签订的条约，每年支付 5,000 美元，用于雇佣教师、修建校舍和购买书籍。1845 年，美国政府当年按条约支付的教育经费 68,159 美元，外加 12,369.5 美元的"文明开化基金"，总金额在8 万美元以上。^⑤

总的来说，19 世纪 50 年代以前的印第安人教育，在形式上比较温和，尚未从政策上采取强制性的方式。有些学校以土著语言教育为主，采用英语的学校也往往辅以部落语言。教育能否有所进展，在很大程度上取决于部落和学生家长的配合。因此，印第安人教育发展的速度相对缓慢。许多人对此感到不满，要求采取行动尽快扭转这种局面。

2. 强制教育与"美国化"

内战以后，美国印第安人教育体系很快形成。随着"美国化"运动的兴起，非部落化教育也借强制手段而推行。美国政府制订系统的教育计划，以保留地寄宿学校、保留地外寄宿学校和体力劳动学校组成印第安人教育体

---

① Prucha, *The Great Father*, p. 153.

② Prucha, *The Great Father*, p. 152.

③ Prucha, *The Great Father*, p. 154.

④ Satz, *American Indian Policy in the Jacksonian Era*, p. 271.

⑤ Prucha, *The Great Father*, p. 289.

系，同时选拔出色的土著学生进入公立学校乃至大学深造。非部落化教育于是获得势头强劲的迅猛进展。

这种进展的取得大体上依靠强制印第安人上学，充分反映出同化运动的横暴专断特征。每当开学之际，保留地便陷于鸡犬不宁的混乱状况，到处都有警察驱赶儿童上学，逃学者受到严厉搜捕，一旦抓获便难逃处罚。家长如果拒绝子女上学，也要遭受惩戒。土著学生入校后，被迫放弃一切与传统有关的东西，完全按照学校制定的标准生活、学习和劳动，违反规定的后果便是责罚。美国政府和白人社会希望通过这种强制教育，在较短时间内完成印第安人的"美国化"。

美国政府的教育方案包括成人培训和儿童教育。对成人重点传授农业和牧业的生产技术，对儿童则是书本教学和职业训练同时并举。但是，成人很快证明不易接受新知识，于是教育的重点便转向土著青少年。

美国政府要求各部落在教育上予以合作。"和平委员会"在西部工作期间，与苏族、夏延族各部落签订条约，其中规定部落须保证6～16岁的男女入学，而美国则为每30个学生配备一名教师。这一条款的有效期为20年，美国政府预计届时这些部落都应当得到了"开化"。1882年7月，国会立法批准将废弃的联邦军事要塞改作校舍。此前，美国曾在边疆地区修建众多要塞以防范和打击西部印第安人。在各部落均被征服以后，文化改造上升为当务之急，改要塞为学校，既可缓解燃眉之急，又能节省开支。把用于武力讨伐的设施改作文化征服的场所，也可谓"物尽其用"和"变废为宝"。

美国政府的印第安人教育投入逐年增加。1877年拨款20,000美元，1881年75,000美元，1885年增至992,800美元，1889年达到1,348,015美元。此后若干年里拨款仍在递增，1904年的数字已是3,880,740美元了。[①]印第安人事务局控制的基金中，教育经费所占的比重也不断扩大。在1873—1874财政年度，印第安人事务局共计支出4,676,222.9美元，其中教育经费为37,597.31美元，仅占0.804%；1885—1886财政年度，在全部支出的4,912,736.44美元中，有979,716.32美元用于教育，占比为19.942%；1894—1895财政年度，总支出为6,364,494.25美元，其中教育费用为1,962,415.80美元，占比进一步上升

---

① Prucha, *The Great Father*, pp. 816, 819.

到 30.818%。①

　　在教育经费增长的同时，学校和入学人数也呈相应上升的趋势（见表3.1）。②

表 3.1　学校数量和入学人数

年份	寄宿学校		全日制学校		总数	
	学校（所）	学生（人）	学校（所）	学生（人）	学校（所）	学生（人）
1877	48	缺	102	缺	150	3,598
1881	68	缺	106	缺	174	4,976
1885	114	6,201	86	1,942	200	8,143
1889	136	9,146	103	2,406	239	11,552
1893	156	13,635	119	2,268	275	16,303
1897	145	15,026	143	3,650	288	18,676
1900	153	17,708	154	3,860	307	21,568

　　学校的类别依据管理形式可分成政府学校和合同学校两种。前者的数目在 19 世纪前半期即已超过民间学校，成为印第安人教育的主导力量。合同学校系教会等民间团体与联邦签订合同而开办，经费来自政府，而管理则归民间机构。1883 年，这类学校中寄宿学校有 23 所，全日制学校有 16 所。③

　　从办学方式上说，印第安人学校又有寄宿学校和全日制学校之别。寄宿学校根据坐落地点分为保留地寄宿学校和保留地外寄宿学校。这种类型的学校发展速度很快，因为当日白人社会和美国政府认为，断绝学生与部落和父母的接触，等于摆脱了印第安人传统的影响，可以更好、更快地向他们灌输白人文化。学生在校吃住上课，即便星期日也不能回家，从起床到入睡，均处于学校的控制之下。当时人相信，土著学生只有在和部落社会完全隔离的状态下接受教育，才能放弃"野蛮习俗"。全日制学校大多设在保留地，学生就近入学，朝去晚归。这种学校校舍简陋，教学条件远逊于寄宿学校，学生人数有限，但在经济上易于维持，因而在寄宿学校不能满足需要的情况下，其数目也有较大的增长。然而，联邦有关部门仅以此为迫不得已的权宜之策，指责之声也不绝于闻。1877 年，印第安人事务局长埃兹拉·海特历数全日制学校的种种弊病，批评它使学生处于家庭的不良影响之下，抵消了

① Prucha, *The Great Father*, p. 718.

② Prucha, *The Great Father*, p. 816.

③ Prucha, *The Great Father*, p. 693.

学校教育的效果。在他看来，寄宿学校乃是消除这类弊病的最佳办法。①

其实，保留地外寄宿学校的缺陷不久也暴露无遗。最大的问题是，土著学生走出校门后无处安身立足。他们长期脱离部落社会，可是毕业后又不得不返回保留地，不免难以适应环境；他们对传统的谋生技巧已是全然不知，而在学校所学的东西在部落又没有用武之地；部落和家庭通常把他们视为白人化的异己分子，平日里加以排斥和蔑视，则使他们陷入更大的窘境。威廉·琼斯在 1897 年出任印第安人事务局长后，主张调整印第安人教育的体制，寻找解决上述难题的途径。他所采取的措施是削减保留地外寄宿学校的数目，增设保留地寄宿学校。他认为，后一类学校具有较多长处，因为"它们位于（学生）家长的家庭所在地，他可以时常去看望自己的孩子；而另一方面，孩子在经历发育的过程中不至于与其家庭和乡人失去接触。……这样教育出来的孩子，没有与其未来的环境失去联系；而在非保留地学校，其才能便得不到完全开发；让他们跟那些今后他们必须一起安身立命的人们保持联系，或许是一件更好的事情"。② 这就等于推翻了从前的设想，把教育的目标由原来的完全白人化拉回到解决生计问题这种现实的起点上。

及至 20 世纪初年，整个寄宿学校体制都受到了激烈的批评，因为它非但未能收到预期的效果，反而给学生毕业后的生活造成种种损害。于是，弗朗西斯·勒普从 1905 年开始压缩寄宿学校的经费，大力扶植全日制学校。过去，美国政府和白人社会担心，学生与部落社会保持密切接触不利于"文明开化"，而勒普则持相反的看法。在他看来，全日制学校的学生每晚返回自己的家庭，便把良好的生活习惯和更高的道德准则及时辐射影响其家人和部落，这对"文明开化"反而更加有益；而寄宿学校则不过是"单纯的教育济贫院"。③ 因此，他指示下属的保留地监督员，不必强迫孩子去保留地以外上学，也毋须阻止他们进入父母或监护人选择的学校。他继而提出减少非保留地学校拨款的主张，得到了广泛拥护。经过这次政策调整，1905—1910 年间寄宿学校的入学率下降 10%以上，而全日制学校的学生则增加了 47%。④

寄宿学校的萎缩还有直接的经济原因。它的维持需要投入大量资金，

---

① Prucha, *The Great Father*, p. 689.

② Prucha, *The Great Father*, p. 818.

③ Prucha, *Documents of United States Indian Policy*, p. 206.

④ Hoxie, *A Final Promise*, p. 203.

给人留下靡费的印象。尤其是来自西部各州的国会议员，不愿设在东部的寄宿学校吸去大量联邦基金，更是大力抨击学校免费为学生提供衣食的做法，认为这样做过于铺张，如果代之以全日制学校，则一定可以节省不小的开支。

就长远的趋势而论，全日制学校的兴盛，表明非部落化教育已经陷入进退失据的境地。美国政府和白人社会一直致力于彻底消除印第安人传统对年轻一代的影响，为此特别倚重寄宿学校的教育，强调学生与部落社会的隔离。但全日制学校却与上述目标背道而驰。学校教育与部落生活交织混合，虽然不能排除学校可能对部落产生影响，但以学生的年幼弱小，无疑更易于受到部落和家庭的熏染。可见，非部落化教育实际上已经窒碍难通，只是仍然保持一种名义而已。

3. 非部落化教育的内容和形式

如前所述，非部落化教育的目标在于用白人文化取代土著传统，通过对印第安人下一代的文化改造来实现同化。学校在课程设置、教学方式、管理措施各个方面，都必须服务于这个目标，以便"严格按照我们真正的农场主教育他自己后代的方式，来教育他们（指印第安人——引者）成人"①。

不同类型的学校，甚至不同地区的同类学校，教学的侧重点都各有差别，但英文拼读、写作、算术、劳动之类的课程，则为全体土著学生所必修。保留地的管理官员负有督导教育的职责，有权对教学内容做出细节上的调整。例如，纳瓦霍保留地的监督员在 1873 年提出一个教育计划，除在传授书本知识之外，着重引导学生学习使用农业工具和保存谷物，以及掌握木工、铁匠和技工的技术；女子则重点训练家务技艺。② 就单个的保留地而言，这种教学的调整并非轻而易举，因为每一变动都牵涉到雇佣教师及提高薪水这样一些具体问题，而这些问题往往不能由保留地自行解决。

托马斯·摩根不是一个喜欢"萧规曹随"的人，他在任职期间多次把革新精神贯彻到教育当中。他设想把印第安人学校划分为小学、语法学校和高中三个不同层次，以适合不同年龄和不同类型学生的学习需要。但这并不符合土著学生的实际情况，因而未得实施。土著青少年从本族传统向白人文化过渡，首先都必须解决语言的听、说、读、写等问题，而这方面的教学通

---

① 蒂莫西·皮克林语。See Sheehan, *Seeds of Extinction*, p. 132.

② Woerner, *Education Among the Navajo*, p. 25.

常极费时日和精力，这就使得几乎所有印第安人学校很难越出语法学校的层次，只有少数非常出色的学生才有机会进入公立高中或大学就读。

而且，印第安人教育的层次总是受到学生离校后最迫切的生活需要的制约。有位印第安人出身的教师说："对印第安人来说，一种有用的职业，将证明比北美最了不起的教授的学识更有好处。"① 这就是说，印第安人学校不能像白人学校那样单纯传授书本知识，而应注重职业技能的培训。因此，劳动技能训练在所有印第安人学校均占很大比重。学生们每天约有一半时间从事体力劳动。男生下地或在车间干活，女生则在厨房练习家务技艺。安排较多劳动时间实际上是一石二鸟。一方面，这样可以锻炼学生的劳动能力和培养喜欢工作的习惯，为他们今后的生产自立打下基础；另一方面，学生的生产收获还可弥补学校经费的不足，自行解决食物的供给。学生不仅在学校劳动，还定期到附近的白人农家见习，参与白人的家庭生活和生产劳动，亲身体验"文明生活"，以期巩固在校所学得的知识和技能。这种实习方式称为"外出制"（outing system），为普拉特的卡莱尔印第安人职业学校所首创。托马斯·摩根对这种制度赞不绝口，在 1889 年的年度报告中列举它的各种长处，倡导加以推广。②

但是，印第安人教育不能跟上时势的急剧变化，很难达到白人社会的期望，因而受到越来越激烈的批评。不少人指出，用白人教育的模式开办印第安人学校完全是无用的尝试。从 19 世纪末到 20 世纪初，许多保留地相继实行份地分配，印第安人一时变成了私有小土地所有者，这对职业劳动技术的培训提出了更加急迫的要求。"我将拿我的份地怎么办"也就成了必须由印第安人学校来回答的问题。在这种形势下，印第安人事务局在 20 世纪初对印第安人学校的课程和教学方法做了改革。

印第安人教育专家埃斯特尔·里尔总结以往经验，基于系统化和加强职业教育两项原则，提出了一套新的教学规划。他把学校的课程分作两类，一类属于学术性知识课程，诸如算术、地理、历史、音乐、自然、生理卫生、阅读、拼写、写作之类；另一类则是实用性技能课程，包括农业、烘焙、编织、铁工、罐装、木工、炊事、印刷、缝纫、制鞋、裁剪和装饰等方面的内容。里尔对自己的方案信心十足，断言如能得到切实执行，即可"使

① Satz, *American Indian Policy in the Jacksonian Era*, p. 256.

② Washburn, *The American Indian and the United States*, I, pp. 430-431.

印第安人与美国人民合为一体"①。显然，他的计划主要对印第安人学校的
课程做了规范化和系统化的工作，并且补充了一些新的内容。印第安人事务
局以《学习课程》为题，将这个计划下发到各印第安人学校，于 1901 年付
诸实行。学生每天用一半时间在教室学习书本知识，另外半天则接受职业技
术培训。规模稍大的学校开设的职业课程门类齐全，而一般学校则以广义的
农业为主要培训内容。稍后，有些学校得到印第安人事务局的首肯和鼓励，
开始设立与印第安人传统有关的课程，如编织、纺织、土著音乐、实用艺术
之类。体育课在学校也颇受重视，印第安人武士的骁勇善战的精神转移到竞
技运动当中，涌现出一批极负盛名的土著体育明星。

　　里尔课程规划的权威性并非不容置疑。有人对这种课程设置过于注重
实用性表示非议，认为不能给需要继续深造的学生提供有益的帮助。早已卸
任的托马斯·摩根在 1902 年对里尔计划加以指责，说它妨碍了印第安人与
美国人实现平等。他断言，这种低级的培训注定将使印第安人在今后的生存
竞争中遭遇失败。② 当时还出现了一种新的趋势，旨在矫正职业课程的短视
倾向，主张从长远着眼来规划印第安人教育。受这一趋势的推动，印第安人
事务局于 1916 年开始执行新的课程方案。这一新方案和当时日渐盛行的职
业培训（vocational training）思潮一脉相承，力图为土著学生"提供一条
从学校生活到成功的实际生活的切实可靠的通道"③。它的特点是改横为
纵，把以往同步进行的书本知识教学和职业技术训练分成三个阶段。首先是
基础阶段，时间为 3 年；接着进入前职业阶段，也以 3 年为期；最后才是
职业阶段，需要 4 年方能完成。前两个阶段的教育近似公立学校的书
本教学（academic work），最后一个阶段侧重进行农业和家政的培训。几
乎所有印第安人学校旋即采纳这个方案。印第安人事务局在 20 年代再做调
整，将职业阶段进一步分解为初级职业阶段和高级职业阶段，前者相当于普
通学校的 7—8 年级；后者则在 8 年级以后增加 4 年学习时间，与一般高级
中学相对应。此外，课程当中还增加汽车引擎、汽车机械方面的内容，以紧
跟工业领域的新发展。1926 年以后又适当增加课堂教学时间，把职业培训
的时间压缩到四分之一。

　　这种教学改革的最大长处，在于能够满足多种层次学生的需要，出色

---

① Hoxie, *A Final Promise*, p. 196.
② Hoxie, *A Final Promise*, p. 197.
③ Hoxie, *A Final Promise*, p. 205.

的学生在完成前两阶段的学习后，可以顺利进入公立学校就读；一般学生则继续进行职业培训，为日后积累谋生本领。延长课堂教学时间的意图，在于缩小印第安人教育与美国正规教育之间的差距。

从总的趋向上说，教育与印第安人传统并不发生联系。白人社会的出发点本来就是借助教育抹去印第安人的文化特征，代之以他们认为美国公民所应具备的基本要求。试举一例加以说明。新墨西哥州阿尔伯克基印第安人学校三年级 1911 年的历史课试题是：

（1）谈谈哥伦布航行以及他要航行的原因。

（2）始祖移民是些什么人？他们在什么地方登陆？

（3）谈谈什么是一个公民以及他干些什么。

五年级历史课试题则是：

（1）为什么英国人要向殖民地征税？谈谈《印花税法》。

（2）《独立宣言》的作者是谁？以及它的签署日期。

（3）罗伯特·莫里斯是谁？列举美国最初三位总统的姓名。

八年级历史课试题中有：

（1）列举政府的各种形式以及实行这些形式的国家。

（2）解释新英格兰的乡镇政府体制和弗吉尼亚的县政府体制之间的区别。[1]

所有这些试题只涉及白人的历史，学校要求印第安人学生掌握的知识，与他们自己种族的经历毫不相干。这显然是非部落化教育的性质所规定的。

不妨用三所印第安人学校的情况，进一步说明印第安人教育的细节。第一所是 19 世纪初期创立的乔克托学园，它在当时是一所颇为成功的印第安人学校。学生每天上课 6 小时，冬天减少 1 小时；早晨天明即起，吃过以咖啡、玉米面包、肉和土豆为主的早餐后，便开始劳动；9 点正式上课。在教学中采用"兰卡斯特里亚制"，即由优秀生帮助后进生。据说经过一年教育，44 名学生中有 36 人能读懂《圣经》，6 人可进行简单运算，6 人懂

---

[1] Prucha, *The Great Father*, p. 840.

得英语语法；两个优等生还可以进行较为复杂的数学运算。①

　　另一所学校坐落在阿帕奇保留地的梅斯卡莱罗，是强制同化时期一所寻常的印第安人寄宿学校。校舍为一幢狭长而粗糙的房屋，中间是饭厅和厨房，两边是男女生宿舍，地下室则用作洗澡和储藏。男生由一名训导员维持秩序，女生由一位女舍监管理。主要功课是学习英语和养成爱清洁的习惯。学校要求学生每周洗澡一次。学生没有假期，但允许家长来校探视。为防止学生逃走，学校将宿舍窗户全部钉死。1893 年，全校共有 94 名学生。前后有不少学生死于疾病。②

　　第三所便是名声显赫的卡莱尔印第安人职业学校。学校始创于1879 年，校址为宾夕法尼亚一座废弃的兵营，属于保留地外寄宿学校的类型。创办人理查德·普拉特是内战时的联邦军官，对印第安人的"文明开化"一直抱有兴趣。他确信印第安人教育应当服务于最终同化，提出一个著名的口号："杀死印第安而拯救人（kill the Indian，and save the man）。"此人生性专注执著，为此不懈以求。学校在创办当年即从苏族招收 82 名学生，后来苏族又从印第安人领地送来 55 名学生。经过 10 年始有第一届学生毕业。普拉特在印第安人教育中最有影响的成果是创立"外出制"。学校独得地利，附近有许多向来热心"文明开化"的教友派农户，乐于接受土著学生到他们的农场生活和见习。见习期短则一个夏天，长则一年，甚或达到三年。见习过程受到严格控制，一切都按规定进行，目的是让学生熟悉白人的生产和生活方式。卡莱尔学校取得的进展，在白人社会激起强烈反响；越来越多的人相信，通过教育"开化"印第安人，完全有望如愿以偿。但是，后来保留地以内的学校受到更大重视，卡莱尔的教育模式便失去了昔日的光彩，而且由于无助于解决毕业生的生活出路而为人所诟病。③

三、身负两种文化的人

1. 土著学生再社会化的痛苦和困难

印第安人学校的招收对象，按规定是 6～16 岁的青少年，但实际入学

　　① Sheehan, *Seeds of Extinction*, p. 132.
　　② Eve Ball, *Indeh: An Apache Odyssey* (Provo, Utah, 1980), p.221.
　　③ Prucha, *The Great Father*, pp. 679-699; Gibson, *The American Indian*, p. 432.

者一般年龄偏高。他们在入学之前多年置身部落社会，社会化过程已有相当进展，传统文化特性已基本上铸就了他们的价值观念和行为模式。印第安人学校对他们意味着一种新的文化和社会环境，因而他们必须经历一次再社会化和文化的重新适应。土著青少年在部落社会一般过着较为放任自由的生活，个性发展的空间相对较大。但进入学校便受到严格控制，几乎没有自由可言，这种被迫的再社会化和文化适应，通常会给他们留下痛苦的记忆。

首先，入学一般都不是土著青少年及其家长的自愿选择。除个别部落和个别人主动送子女入学外，[①] 多数父母不想让孩子进入白人学校。因为上学等于骨肉长期分离，更何况他们发现白人教育对于部落生活毫无实际用处，孩子上学不仅浪费时间，反而沾染白人社会的恶习。可是，按照强制教育的要求，父母无权阻止子女上学。保留地管理机关往往扣发不合作家长的配给和年金，实际是以断绝生活来源来迫使他们就范，有时还将他们投入保留地监狱以示惩戒。这些办法在表面上收到了立竿见影的效果，保障了学校的入学率。对躲避或逃学的人，则动用武力加以强迫。保留地官员会同警察，有时甚至出动联邦骑兵，四处驱赶和搜捕不肯上学的土著青少年。美国政府曾试用其他办法以解决他们的厌学惧学问题。丹尼斯·库利从德国引进幼儿园制，让土著儿童从小习惯学校式生活。但结果证明其效果都不及强制手段。托马斯·摩根认为，强迫印第安人上学是为了使他们获得改善，不存在尊重其父母权利的问题，家长反倒没有权利让他们的子女继续其野蛮生活。因此，"我们有责任使这些孩子避免那种巨大而可怕的不幸落到他们身上，必要时可以采取强制手段"[②]。莫洪克湖会议也支持这种做法，并在1892 年的纲领中敦促联邦政府使用武力强迫土著儿童上学，因为"我们认为培养出新的一代野蛮人乃是一件不妙的事情"[③]。从摩根开始，印第安人事务局一直争取国会制订一项强制土著儿童入学的法令，并于 1920 年 2 月最终如愿以偿。其实，这种法令不过是使长期盛行的强制手段进一步合法化而已。

其次，印第安人学生在学校无异于罪囚，受到控制和改造，无论心灵还是肉体都感到难以忍受的痛苦。学校的管理近乎军事化，学生穿着统一制服，每天按军队要求出操，集体活动总是整队出发，进教室和去食堂更不例

---

① 有些印第安人送子女上学系出于生计所迫，因为在寄宿学校提供衣食，可以减轻生活压力。

② Prucha, *The Great Father*, p. 706.

③ Prucha, *The Great Father*, p. 707.

外。学校制订极为严格的规章制度，不准使用本族语言，不准信奉传统仪式。学校的格言是"忘记你从前的方式"[1]。教师和管理人员根本不尊重学生的人格，任意为他们取名，动辄施以处罚。学生每天除从事繁重的体力劳动之外，还须应付枯燥乏味的课程。假期不能回家，父母亲人也不得随意探望。入学如同入狱，多数学生深以为苦，在无法承受折磨时，便只有逃跑一途。但逃跑也是危险之至，学校离家甚远，要返回亲人中间已属不易，还需随时躲避警察的严厉追捕。警察每抓住一个逃学者，收取 1.5～5 美元的手续费，通常从联邦拨给该生的经费中扣除，有时还要家长支付。有个学生家长说，他女儿积蓄了 35 美元，结果都作了逃学被抓的费用。[2]屡逃屡抓，屡抓屡逃，这在许多印第安人的教育经历中乃是寻常的事情。

有个叫作塔拉耶斯瓦的霍皮族人，后来出版一部自传，其中有章节介绍他早年在印第安人学校的生活。据他回忆，联邦官员依据对待"美国化"的态度，把霍皮族人分成"仇视派"和"友好派"，前者即包括逃学者和不送子女上学的家长。他的姐姐先于他进学校。她一入校就被剪去头发，烧掉衣服，换上了学校配发的新衣，教师还给她取名叫"内利"。不久，她从学校逃出，躲避保留地警察的追捕达一年之久。后来终于被发现，只得重返学校。教师早已忘记她的名字，顺口叫她"格拉迪斯"。他的哥哥也逃避上学，前后有好几年东躲西藏，最后仍被警察抓住，送进了学校。教师如法炮制，剪其发，焚其衣，给他取名"艾拉"。稍后，警察发现了他本人，教师给他取名字叫"马克斯"。但他拒绝接受这个新名字，当老师问他的名字时，他没有作答，教师随口说，"你的名字应该是唐"。他在学校接触到不少新的知识和生活习惯，如在床上睡觉、梳头、用刀叉吃饭、上厕所；还学会向耶稣祷告，知道世界是圆的而不是平的；懂得在女孩子跟前光着身子不文雅，也明白人是用大脑而不是心脏进行思考；等等。他在自传中还写到重返家园的欢悦："重回家里真是一大快事，可以见到我的乡亲，告诉他们我在学校的经历。"[3]塔拉耶斯瓦的故事，可以看作强制教育之下土著青少年共同经历的一个缩影。他的特别之处在于坚持完成了学业，并取得了突出的成绩；而更多的人则因无法忍受而半途而废。

可见，文化改造即便自儿童时代开始，也绝非轻而易举之事，尤其当

① Roger L. Nichols, ed., *The American Indian Past and Present* (New York, 1981), p. 217.

② Nichols, ed., *The American Indian Past and Present* (1981), p. 217.

③ Gibson, *The American Indian*, pp. 433-434.

两种文化之间鸿沟横亘时，文化的转换过程就更加困难。经过教育而在文化上"脱胎换骨"的印第安人并不多见，多数人变成了文化人类学家所说的"身负两种文化的人"（a man of two cultures）①，也即通常所谓的"边际人"。他身上的印第安人文化之根从来就没有被斩断，同时他又受到白人文化的强制灌输，或多或少吸收了其中的某些成分。于是，他就成了一种文化的混合体，一个在两种文化的夹缝中生存而无根可依的人。在学校或白人当中，他是一个印第安人，尽管他身着西服，口说英语，白人终究把他视为异类；而在同胞们中间，他自己深感格格不入，别人也把他当成白人化的印第安人，因为他连本族语言也说不好。霍皮人伊丽莎白·怀特曾在加利福尼亚的谢尔曼学院上学，她在自传《不回头》中谈到自己毕业后的两难之境时，仍不免心情沉重："作为一个霍皮人，我受到白人的误解；作为一个被传教士改造过来的人，我又遭到霍皮人充满疑心的对待。"她深切感到，指望印第安人剥去棕色皮肤而变成白人，是完全不可能的。② 印度国大党领袖 J.尼赫鲁结合自己的亲身体会写道："我已经成了一个东西方的奇妙混合体，在哪里也找不到自己的位置，没有地方是自己的家。……我在西方是一个陌生人和外来者。……但在我自己的国家，有时我也有一种流亡者的感觉。"③ 这是典型的"边际人"的漂泊感，反映了一种局外人无从体味的深刻的文化困境。如果把"东方"和"西方"换成"印第安人"和"白人"，这段话同样适合于描述受过教育的印第安人在文化上的痛苦和磨难。

2. 教育对土著社会和文化的影响

长期的非部落化教育，对印第安人的社会文化变迁产生了明显的影响。就长远后果而言，教育在促成部落社会和土著文化的瓦解上所起的作用，超过"文明开化"的其他措施。这正与白人社会注重教育的初衷相吻合。印第安人学校恰如一台锻造机，任何进出其间的人，都不免留下或深或浅的重塑痕迹。这些经过重塑的人返回部落，随身带去白人文化的成分，如此经年累月世代相续，潜移默化的侵蚀自然在所难免。

许多部落的首领所发生的变化，与教育的作用有着息息相关的联系。以往部落首领多为勇敢善战的猎手和武士，他们率领部落生死周旋于沙场，艰苦寻找生存资源，在白人到来以前构成部落社会的核心。但是，他们在与

① Mark Nagler, *Perspective on the North American Indians* (Toronto, 1972), p. 92.
② Weeks, *Farewell, My Nation*, p. 227.
③ Bochner, *Cultures in Contact*, p. 29.

白人打交道时却捉襟见肘，经常陷于被动。其缘故在于他们既不懂英语，也不了解白人及其文化的特性，在交往中往往遭受蒙哄欺骗或威逼利诱，致使部落蒙受损害，不免让他们事后痛心疾首。保留地时期的环境和情势都出现更大的变动，部落失去行动自由，战争已成往事，狩猎活动也难以为继。这时，传统型的部落领袖就显得更加进退维谷，无所适从，没有能力带领部落找到走出困境和适应变动的生存之路。在小大角战役中击败卡斯特将军的苏族首领疯马，最后仍不免死于非命，这一悲剧喻示传统型部落领袖的确已经走投无路。与此同时，毕业于寄宿学校的年轻一代印第安人逐渐成长起来，有的加入部落大会，最后成为部落领袖。他们的优势在于懂得英语，了解白人，知道如何应付白人社会和美国政府。而且，他们还善于审时度势，富有使命意识，决心为部落的利益而奋斗。20 世纪以来，他们在印白关系中的作用更加突出。他们或带领族人开发资源，力求生产自给；或利用美国法律与制度以争取或维护部落的利益。这种状况当非发动非部落化教育的白人所乐于看到，或许也是他们承认印第安人教育失败的一个原因。在威斯康星北部的梅诺米尼人中间，有位从卡莱尔印第安人学校毕业的部落领袖雷金纳德·奥什卡什，领导部落反对联邦政府把保留地的森林资源划入国有森林保护区；他还提出部落新的奋斗目标是"实现独立和自助，结束与美国政府的监护关系"。① 魁钦族的帕特里克·米格内尔自 19 世纪末从卡莱尔毕业以后，便致力于争取本部落的自治。从密歇根大学获得医学博士的卡洛斯·蒙特祖马，在保留地行医治病的同时，还著书立说，宣传印第安人自救之道，成为 19 世纪末印第安人运动的著名领袖。份地分配运动中轰动一时的"孤狼诉希契科克案"，便是在印第安人学校毕业生德洛斯·孤狼协助下提出的。

　　非部落化教育对印第安人生活习俗的改变也可见诸细节。学生返回部落时多少带去一些有别于部落传统的白人习俗。19 世纪 80 年代，赫伯特·韦尔什对纳瓦霍保留地的毕业生做过调查，发现他们人数虽少，但均未"重新堕入野蛮状态"，而且大部分人生活得不错。② 一般说来，印第安人学校的毕业生不太重视血缘关系，有的按白人方式建立家庭，主动送孩子去学校。他们能说英语，懂得新的生产技术。他们活跃于部落社会，多少意味着白人文化的逐渐渗透产生了效果。

① Hoxie, "Exploring a Cultural Borderland", p. 989.
② Woerner, *Education Among the Navajo*, p. 39.

教育也为印第安人接近和参与主流生活创造了条件。受过教育的印第安人由于能够运用英语，便可与白人进行交流；由于掌握了一定的生产技术，则有可能在主流社会得到谋生的机会。卡托·塞尔斯曾十分得意地宣称："学校造就了一大批印第安人。现在，他们上教堂，住在收拾得很好的房子里，成了讲英语的公民和选民以及效率很高的工匠，在企业、学术职业、文学领域和立法机关里均取得了成功；学校的这种力量是无可比拟的。"[①] 这就是说，在塞尔斯任职的时期，已经有一些印第安人在主流社会挣得了一席之地。

另外，非部落化教育反过来促进了印第安人民族意识的形成，这又是一个意外的后果，与白人社会的初衷无疑是南辕北辙的。导致这种情况发生的关键，一是在于印第安人在学校学会英语，可以在更大范围进行跨部落交流活动，遂使不同部落的联系更趋紧密；二则在于印第安人接触到各种知识以后，眼界大为开阔，认清了自己种族共同的历史命运，种族认同意识随之增强。20世纪以来大凡泛印第安人运动的发起人和领导者，无不出自印第安人学校。白人社会原本希望出入于学校的印第安人忘记他们"从前的方式"，结果却强化了他们种族和文化的凝聚性。这对致力于非部落化教育的人，真是一个不小的嘲弄。

3. 非部落化教育的失败

非部落化教育虽然对印第安人传统文化造成了很大的冲击，但未如白人社会所愿完成文化征服的任务，没有培养出美国政府所满意的"红种"公民，因而他们自己也承认是一个沉重的失败。

导致失败的根本因素，乃是学校与社会之间未能实现顺利的衔接。白人社会苦心孤诣地强迫印第安人接受白人式教育，但却没有对学生毕业后的生活做出适当安排，结果学生学完白人传授的知识，大多仍须回部落按传统方式走完今后的生活道路。[②] 他/她在校所学于保留地生活并无多少补益，而且因为从小远离部落而对本族的语言和生活环境均感陌生，再度面临文化适应的问题。翻来覆去的文化转换，使得很多人方向错乱，进退失据。这种状况在20世纪中期以前尤为常见。其他部落成员目睹学校毕业生的窘迫和

---

① Prucha, *The Great Father*, p. 835.

② 除少数人毕业后在白人社会生活外，绝大部分学生返回了保留地。如在内华达的肖肖尼保留地，10个寄宿学校的学生中有9个回到了保留地；夏延河一所保留地学校的校长证实，"学生的大多数确实返回了保留地"。参见 Nichols, *The American Indian Past and Present* (1981), p. 219.

无能，深感白人教育对印第安人毫无益处，遂丧失兴趣，进而加以多方抵制。也有一些学生毕业后运用所学知识和技能改善了自己的生活处境，这固然是不能否认的事实，但是相对较为少见。

印第安人对白人教育没有信心和兴趣，也是由来已久的事情。走出校门的印第安人很少能够改善生活条件，反而沾染赌博、酗酒、嫖娼之类的白人恶习，常为同胞所不齿。威廉·伯德在谈到威廉-玛丽学院的印第安人教育的情况时说，土著青少年在学校度过 1～2 年便回到原来的村落，"不仅没有开化和改变其他人"，"他们自己反而很快故态复萌，又不信教，回到了野蛮状态"；"由于他们不幸把所学的好东西完全忘掉，只记住坏的，于是极易于变得比其他乡民更可恶和更捣乱"。有位来北美旅行的英国人也发现，受过教育的印第安人"大多重返其过去的生活方式，带回他们的同伴从未听说的各种邪恶"①。就此而言，白人教育实际成了败坏部落社会风习的因素。

另一种情况就是前文提到的"边际人"现象。1796 年，有两名传教士感叹说，印第安人在校时由于受到歧视，对过去的生活总是怀念不已；一旦回到朋友们中间，却又发现很难与之相处；于是"他们既非白人，也不是印第安人"，既不能在白人社会立足，也难以在部落当中生存；由于不熟悉"野蛮生活"的谋生本领，不免为其同伴所鄙视，甚至最终走向堕落和灭亡。② 这种说法大体接近事实，印第安人自己的意见可作佐证。1744 年，弗吉尼亚议会邀请易洛魁人输送 6 名青年到威廉-玛丽学院深造，得到的答复是：

> 然而，你们这些人如此聪慧，一定明白不同的人民对于事物有不同的概念；……我们有好几个年轻人从前在北部地区的学院里受到培养，学习你们所有的科学，但是他们回到我们中间时，却跑得很慢，也不会在森林中生活，不能忍饥耐寒，既不会如何盖小屋，也不会抓鹿或杀敌，连我们的语言也说不好；他们做不了猎手和武士，也做不了部落大会成员；他们简直毫无用处。③

印第安人在此以他们惯有的出色口才不容置辩地说明，不同的生活方式对后代的教育要求也必然有所差别。临了他们还颇富幽默地反将白人一军：如果

① Axtell, *The Invasion Within*, p. 196.
② Axtell, *The Invasion Within*, p. 217.
③ Armstrong, *I Have Spoken*, pp. 16-17.

弗吉尼亚的绅士们肯将子弟送来部落，他们一定把这些年轻人培养成"真正的男子汉"①。

设在肯塔基的乔克托学园，在印第安人学校中名声甚隆，但也遇到过同样的难题。乔克托族首领托马斯·莱弗洛尔抱怨他的儿子在学校只学会了喝酒和赌博。还有几名学生竟因前途渺茫而自杀。② 在 19 世纪晚期，纳瓦霍人情愿把聪明强壮的孩子留在家里干活，只送不太有用的人去学校念书。③ 这种做法本身就代表他们对白人教育的评价。对白人教育的怀疑和蔑视，在有的部落长期不能消除，例如加利福尼亚的莫龙戈人，到 20 世纪 70 年代仍反对子女上学，他们觉得"那不过是浪费时间，白人无论如何都不会雇佣你的"；而且，"白人只会教你谎话"。④

总之，非部落化教育在根本上是自相矛盾的。白人一方面费尽心思地使受教育者完成文化转换，另一方面却又不能保证他们在新的文化环境中生活，最后蒙受不幸的仍是印第安人。他们被推入两种文化的夹缝当中，比未受教育的印第安人处境更加艰难。

其实，印第安人在政治和经济各个方面都处于劣势，并不具备和白人竞争的素质和能力，他们即便进入白人社会谋生，也难以找到满意的归宿。印第安人学校的教学内容大都过于简单低级，而且由于师资缺乏、校舍简陋和设施陈旧，印第安人教育水平与白人社会的教育存在很大的差距。许多白人认为印第安人冥顽愚笨，不可能掌握高深的知识，只要能让他们具备简单的读写能力和劳动技能，便已功德圆满。可是这并非实情。据有的教师介绍，印第安人学生不仅顺良听话，而且十分聪颖。⑤ 纳瓦霍保留地的一位传教士在 19 世纪 60 年代谈到，他所教的土著孩子"都和任何白人孩子学得一样快"。⑥ 智商测试法的可靠性早已受到人类学家的质疑，但 20 世纪 40 年代对 670 名 6—15 岁的土著儿童进行测试的结果表明，他们的智商不仅并不低于同龄白人，在有些方面甚至更高。⑦ 这说明学校在安排教育内容时带有种族歧视的倾向。

---

① Armstrong, *I Have Spoken*, p. 17.

② Satz, *American Indian Policy in the Jacksonian Era*, p. 263.

③ Woerner, *Education Among the Navajo*, p. 23.

④ Sam Stanley, ed., *American Indian Economic Development* (Chicago, 1978), p. 146.

⑤ Ball, *Indeh: An Apache Odyssey*, p. 228.

⑥ Woerner, *Education Among the Navajo*, p. 22.

⑦ Nagler, *Perspective on the North American Indians*, p. 98.

教师的素质与教育质量的优劣也有直接的关系。印第安人学校难以聘任合格的教师，一直是一个十分棘手的问题。学校大多设于偏僻地区，环境艰苦，工作和生活条件都相当恶劣，而薪水又不高，略具才干的人自然不愿去任教。因此，教师大多来自白人社会下层，他们自己尚不足以在主流社会立足，焉能培养出高水平的学生？

印第安人学校通常缺乏校舍，学生宿舍尤其拥挤不堪。医疗卫生条件很差，伙食也达不到标准，流行病时常肆虐于校园，造成学生成批死去。物质条件方面的这些限制，对印第安人教育无疑也是致命的障碍。

然则非部落化教育最严重的弊病乃在于其种族主义性质。强制执行旨在消除土著文化特征的教育计划，首先就是一种种族压迫和文化暴虐行为，显然和印第安人的意志与利益有着根本的龃龉。学生处于政府和校方的高压之下，毫无自由可言；教师则歧视虐待学生，遂使他们丧失求知的兴趣和学习的主动性。他们整天接触的学习内容不仅与他们的文化体验毫无联系，而且直接冲击他们的传统文化，充满种族主义色彩。教师在教学中刻意伤害印第安人的自尊，极力破除他们的部落意识。印第安人教育在种族和文化上的不平等性，在一份被教师判为优秀的学生试卷上得到淋漓尽致的反映：

问：我们属于什么种族？
答：人类。
问：人类有几个分支？
答：五个大的分支。
问：哪一个分支属于第一？
答：白种人是最强大的。
问：其次呢？
答：蒙古人或黄种人。
问：其次呢？
答：埃塞俄比亚人或黑种人。
问：再次呢？
答：美洲人或红种人。
问：谈谈白种人的情况。
答：高加索人种总是超过其他种族，他比其他人种想得多，他想
　　一定有某个人造出了地球，那就是上帝创造了这个世界，如果白

种人不发现这点，就没有人会知道。①

学生的知识来自课堂和书本，可见印第安人学校的教师终日灌输于学生的乃是种族主义偏见。在另一份答卷中，有个土著学生甚至写道："红种人他们是有名的野蛮人，他们什么也不知道。"② 这种令外人都感到痛心的自轻自贱和妄自菲薄，当然也非学生头脑中所固有，无疑是来自教师和学校的灌输。

总而言之，非部落化教育在目标、内容和方式各个方面都浸润着种族主义，印第安人学校乃是实行文化征服的实验场，绝无可能给印第安人带来切实的改善。正缘于此，印第安人对白人模式的教育长期加以抵制，并期待和争取教育的改革。

四、印第安人教育的新趋向

1. 转变的开端

20世纪以前印第安人教育存在种种弊病，负面后果日益清楚地暴露出来，说明美国的印第安人教育政策必须做出调整。从20世纪初开始，美国政府多次对印第安人教育状况进行调查，采取了一些补救措施。印第安人教育也就随之出现新的趋向，非部落化教育逐渐走向衰落。

一个显著的变化表现在学校体系的调整方面。过去那种以寄宿学校为主干的体制，因为没有也不能培养真正自立的印第安人而受到激烈的批评。保留地的全日制学校日益为人所重视，逐步发展成印第安人教育体系的核心。1928年，美国政府发布关于印第安人状况的《梅里亚姆报告》，其中就印第安人学校的体系结构提出如下建议：寄宿学校的数量应加以削减，并且只限于招收年龄较大的学生；尽量使教育在保留地以内进行，让学生更接近部落和家庭，使教育的内容得到家长的理解，便于学生毕业后选择合适的生活道路；大力发展全日制学校，把它作为保留地的社区中心，既教育孩子，也培训成人。③ 这些建议赢得了广泛的支持。在此后5年里，有12所寄宿

---

① Weeks, *Farewell, My Nation*, pp. 224-225.

② Weeks, *Farewell, My Nation*, p. 225.

③ Nagler, *Perspective on the North American Indians*, p. 100.

学校被关闭。其时正值大危机横扫美国，政府因财力所限无法维持过多的寄宿学校，这固然是关闭的经济原因。但更主要的是出于教育政策的调整，关闭的寄宿学校有些改成了社区学校。在约翰·科利尔出任印第安人事务局长的 1933 年，被关闭或改建的寄宿学校又有 10 所。寄宿学校的规模趋于萎缩，1932 年有学生 22,000 人，1933—1934 年间减至 17,500 人，到 1941 年仅有 14,500 人。与此同时，全日制学校获得蓬勃发展，由 132 所增至 226 所，1941 年的在校学生达到 15,789 人。[①]印第安人事务局把全日制学校作为新教育体制的基石，认为这种形式便于向土著青少年输入有利于他们与白人社会交往的新观念和新经验，同时也能取得保留地成年人对教育的理解和支持。[②]

教育的内容和方式也发生了相应的变化。多数土著学生毕业后返回保留地，这是印第安人学校必须予以重视的问题。有个保留地学校校长提出，印第安人所需要的"是适合乡间生活的培训"[③]。这也逐渐成为更多人的共识，他们都强调教育应当脚踏实地地为土著青少年今后的生活做好准备。于是，许多学校在教学内容中增加了保留地生活所必需的生产技能训练，诸如挤奶、养牛、养鸡、园艺、农业、木工、油漆、烹饪、食物保存等实用技艺，都成为学生的主要功课。另外，为了减少学生今后在保留地生活的文化障碍，学校还增设有关印第安人历史和文化的课程，包括部落语言、人类学等。有的学校甚至按保留地的社会政治结构来组织学生的活动，使他们从小熟悉部落的管理程序。有些不合印第安人传统又不为学生所需要的课程已被废止，印第安人文化开始在课堂上占有一席之地。

上述变化说明白人社会开始意识到，虽然经历长期的物质剥夺和文化征服，但印第安人和土著文化并不会很快消失，非部落化教育必须对这一现实做出让步，更加贴近印第安人的实际需要。教育作为斩断印第安人文化之根和实现迅速同化的工具，其成败利钝显然已为人所共察，与其继续进行无效的努力，不如改变策略，在学校当中发掘印第安人传统中的优势，引导它走向现代生活。正是在这种背景下，印第安人事务委员会在 1931 年的年度报告中，将教育的目标重新界定为："帮助这些人（指印第安人——引者）作为个人和群体去适应现代社会，尽可能保护或留住他们自己的生活方式，

① Prucha, *The Great Father*, p. 979.

② Prucha, *The Great Father*, p. 980.

③ Nichols, *The American Indian Past and Present* (1981), p. 220.

开发他们的经济和文化资源，这既可推进他们自身的利益，又能看作他们对现代文明的贡献。"① 诚然，印第安人事务委员会并非决策机构，其职能仅是监督印第安人事务局的工作，因而这种意见未必代表政府的立场。但是，以一叶而知天下秋，这种新的动向当然不是毫无根由。在此之前的漫长年月，白人社会不遗余力地围剿土著文化，只恨同化的局面不能立刻到来。屡屡失败的教训使白人社会退而求其次，用"适应现代文明"取代"美国化"作为教育的目标，较之以往似乎略见务实的精神。

在教育接近保留地实际生活的同时，进入公立学校就读的土著学生也日渐增多。鼓励印第安人进公立学校，是印第安人事务局 20 世纪制订的新方针。卡托·塞尔斯在 1917 年提出，凡获得份地所有权、居住在白人社区附近的印第安人子弟，均须进公立学校。到 1928 年，公立学校的土著学生达到 34,103 人，超过了在政府开办的印第安人学校就读的学生人数（25,174 人）。联邦政府为公立学校的土著学生提供助学金，因为各州以印第安人不纳税为由，不愿承担他们的教育费用。国会拨款用作助学金的数额，1914 年为 20,000 美元，1917 为 200,000 美元，1924 年达到 350,000 美元。但仍不敷用。1929 年，助学金的总额为 375,000 美元，不到年底就已告罄。② 公立学校的土著学生与白人子弟在同等条件下接受教育，有利于培养他们今后参与主流生活的品质和能力。这时，印第安人也开始受到城市生活的吸引，激起他们进入公立学校就读的愿望。毕业以后在白人社区寻找工作的印第安人，也逐渐多了起来。但是，进入公立学校对土著学生亦有其弊，因为他们在课程中完全不能接触自己种族的文化和历史。

从表面上看，印第安人学校的教育日趋适应保留地生活，而公立学校的土著学生却不断增加，这似乎是两个背道而驰和相互矛盾的趋向。实际上，印第安人学校和公立学校是两种互不相干的教育体系，适合不同类型的土著青少年的需要。一方面，保留地的青少年多数不能到白人社区谋生，因而教育必须着眼于他们今后在保留地的生活。可是，那些长期与白人共处的印第安人，则希望子女有机会受到更好的教育。而且，美国政府也鼓励那些在印第安人学校表现出色的学生去公立学校就读。另一方面，保留地与邻近的白人社区接触日趋频繁，其经济发展对高层次人才也产生了更大需求，公

---

① Prucha, *The Great Father*, p. 927.

② Prucha, *The Great Father*, p. 824.

立学校便成为越来越多人向往的求学之处。公立学校的土著学生因而与年俱增。

印第安人教育的管理体制也略有变化。联邦政府将管理权分出一部分交予有关各州,改变了过去那种集中管理的模式。根据 1934 年的《约翰逊－奥马利法》,联邦政府与加利福尼亚、华盛顿、明尼苏达、亚利桑那等州签订有关印第安人教育的合同,赋予这些州一定的自主权。联邦管理的学校也获得安排教学和调整课程的权力,不必凡事都由印第安人事务局经手。

然而问题依然存在,有些还十分严重。在一些交通条件恶劣和居民流动性很大的保留地,如纳瓦霍保留地,全日制学校的生源往往很难加以保证和维持。而且,资金短绌、师资不足和午餐补助的困难,也限制了这类学校的发展。许多印第安人仍然喜欢去寄宿学校,因为那里的吃、穿、住均有保障。公立学校土著学生的学习和生活情况,并不受印第安人事务局的重视。印第安人的整体教育水平仍然大大落后于其他美国人,这是更加突出的问题。每 6 名白人学生中就有 1 人在高级中学就读,而土著学生中每 20 人中才有 1 名。[1]另外,种族主义倾向仍然阴魂不散,印第安人对于自己的教育没有发言权,一切都以白人社会的价值和需要为依归。

2. 印第安人对教育的控制

第二次世界大战以后,印第安人教育领域出现的最大变化,乃是印第安人对自己的教育获得越来越多的自主权和控制权。这与当时不断壮大的印第安人自决运动紧密相关。

在战后的 20 余年里,全日制学校陷入了日益深重的危机,而寄宿学校则有东山再起之势。这是由于迅速同化的主张在白人社会卷土重来,寄宿学校以其有利于文化改造而再度受到垂青。于是,全日制学校成了攻击和责难的靶子,人们批评这类学校地处印第安人中间而不利于学生接受白人方式,学校条件及交通状况的限制又影响了入学率。国会参议院的一项报告指出,保留地以外的寄宿学校可以为印第安人提供健康的文化环境,有利于他们接受和喜欢白人的生活方式,这是全日制学校所不能比拟的。[2]教育倾向的这一逆转,很快在学生的人数变动上得到反映。全日制学校的在校人数由1952 年的 16,865 人,下降为 1960 年的 16,025 人;同期寄宿学校的学生

---

① Prucha, *The Great Father*, p. 835.

② Prucha, *The Great Father*, p. 1062.

由 15,549 人增加到 21,353 人。① 与此同时，公立学校的土著学生仍在继续增多。1952 年，公立学校的土著学生有 52,960 人，1961 年增至 64,987 人，1971 年更达到 103,885 人。② 这一势头对印第安人可说是喜忧参半，利弊兼有，因为公立学校的教育既为他们日后接近或进入主流生活创造条件，同时又因完全的白人化而使印第安人文化传统的延续遇到困难。主张同化的白人恰好看重公立学校对印第安人的这种双重影响，因而十分鼓励土著青少年来此就读。

不过，正如战后同化倾向的抬头仅是"文明开化"运动的回光返照一样，反部落传统的教育思潮也只是昙花一现而已。印第安人的种族和文化认同日趋强化，他们反对通过教育摧毁其文化传统。他们对以同化为宗旨的印第安人教育提出尖锐批评，强烈要求由他们自己来控制自己的教育。在 1967 国会举行的印第安人事务听证会上，黑脚族领导人伊里弗·麦凯发言说，联邦的教育政策实际就是谋求消灭印第安人文化："如果你在学校被发现说印第安语，唱印第安歌曲；如果你被发现蓄长发或做类似的事情，你真的会挨鞭子"。③ 苏族的本·黑麋也说："许多印第安人子弟的学校，使他们为自己是印第安人感到羞耻，……它们不认为他们是印第安人，把他们当成白人孩子那样对待。……这样导致了失败，因为它造成了混乱。而且，印第安人的历史和文化遭到忽视时，就会使我们的孩子们以自己是印第安人为耻辱。"④ 同时，印第安人也发现教育对他们的生活具有不能忽视的重要性，是使他们有实力与白人竞争的"主要的和唯一的东西"；如果没有知识，没有技术，英语又不好，便会使他们在市场上处于极其不利的地位，很难找到合适的工作。⑤ 因此，如何使教育真正服务于印第安人的利益，成为不少部落领袖和土著美国人团体所共同关注的重大问题。

按照印第安人的主张，教育首先必须容纳印第安人的历史和文化。这种要求最早出现于 20 世纪初期。"美国印第安人部落大会联盟"在致芝加哥市长的备忘录中，曾就印第安人教育提出建议，认为应当把美国印第安人的真实情况告诉孩子们，要用印第安人的美德和品质来培养他们，以改进他

---

① Prucha, *The Great Father*, p. 1066.

② Prucha, *The Great Father*, p. 1101.

③ Armstrong, *I Have Spoken*, pp. 157-158.

④ Armstrong, *I Have Spoken*, p. 158.

⑤ Moquin, *Great Documents in American Indian History*, p. 327.

们的素质；要告诉他们印第安人并不是野蛮人，让他们了解印第安人如何热爱自然和如何擅长演说；要让他们知道印第安人对初到美洲的白人如何友好相待；要让他们熟悉部落领袖的言行以及印第安人在第一次世界大战中的作用；等等。① 这在当时自然是无从实现的空想。但到了 20 世纪 60 年代，这种呼声显得更为强烈和迫切。1968 年 6 月，在一次关于印第安人教育的讨论会上，来自凯厄瓦、亚基马、阿西尼波伊恩、奥格拉拉-苏族等部落的印第安人，都对白人教育使印第安人传统陷入危机的局面感到忧心忡忡，认为有必要使印第安人后代了解印第安人传统，学习过去生活的方式和本领，为自己身为印第安人而感到自豪。②

　　进入 60 年代以后，美国社会发生了种种变动，争取使印第安人历史与文化在教育中享有应有地位的努力，获得了十分有利的时机。白人社会对自己的文化体系和社会制度产生日益深刻的怀疑，各种社会运动波澜迭起，几乎所有的现存价值标准、社会制度和政府政策都成为反思和批判的对象。与此同时，印第安人文化传统的价值也开始得到正视，一些印第安人学校尝试在教学中增加印第安人历史与文化的内容，受到学生的普遍欢迎。1966年，派恩岭苏族高级中学的教师约翰·布赖德尔神父，开设一门名为"文化适应心理学"的新课，讨论如何做一个现代印第安人，内容涉及印第安人文化传统及其与现代文明的关系。他的学生对这门课程反响之热烈，完全出人意表。他们感触良深，有的说在学习本课之前，他们根本不了解印第安人在历史上的作为和重要地位，现在才感到"知道自己是个苏族人是件很不错的事情"；有的说这门课使他们了解自己的种族，并为自己是个印第安人而骄傲；有的承认"现在，我为自己是个印第安人而感到高兴，以前我还引以为耻呢"。他们纷纷表示，这门课比其他任何课程都更富有意义，建议向全体美国人讲授，使人们更好地理解印第安人的遗产，并且引以为荣。③ 可见，在教学中增加印第安人历史和文化的内容，可以极大地激发印第安人的自豪感和自信心，有利于他们在现代条件下寻找更好的发展道路。

　　印第安人不仅呼吁对教育内容加以调整，而且要求参与教育的管理和控制。加拿大全国印第安人兄弟会曾公开打出"印第安人掌管印第安人教

---

① Armstrong, *I Have Spoken*, p. 146.
② Moquin, *Great Documents in American Indian History*, p. 165.
③ Armstrong, *I Have Spoken*, p. 154.

育"的旗帜，① 这种举动虽未发生于美国印第安人当中，但他们同样一直在争取对教育拥有更大的发言权，促使教育真正服务于他们的改善和福祉。1967 年，联邦政府设立全国印第安人教育顾问委员会，成员中有 15 人来自部落，这就首次打通了印第安人参与自己的教育决策的渠道。同时，美国政府开始尝试由部落自己行使教育管理权。1966 年，联邦政府在纳瓦霍保留地建立拉夫罗克示范学校，以合同形式交给部落管理，开展由印第安人社区控制教育的实验。两年后建成的纳瓦霍社区学院，则是第一所由印第安人自己管理的学院。缅因州的帕萨马阔迪人也在自己的学校实行双语教育，讲授本族历史和文化。

然而，教学条件恶劣，儿童入学率低，教育水平不及其他美国人，这些仍旧是困扰印第安人教育的突出问题。在 60 年代即将结束之际，国会迫于各方面对印第安人教育的批评和谴责，组织了一次专门的调查。在听证会上，参议员蒙代尔措辞严厉地指出了联邦印第安人教育制度的弊病，称之为美国最坏的制度和一个悲剧。② 调查结果汇总为一份长达 4,077 页的报告。报告披露，梅里亚姆时代发现存在于印第安人教育中的弊端，一直没有得到纠正。报告的结论尖锐地指出，联邦印第安人教育政策是一大失败，是一个全国性的悲剧。③ 1971 年，又有一本小册子称印第安人教育是以美国式教育为名，对土著儿童实行虐待，无异于"文化或二等种族灭绝"。④

70 年代以来，美国政府进一步调整印第安人教育政策，连续推出数项重要的法令。特别是 1988 年的《部落所控制的学校法》，进一步扩大部落对教育的管理权和决策权，同时规定联邦承担更大责任，支持和援助印第安人教育的发展。⑤ 不过，美国政府究竟在何种程度上具有诚意，决心改善印第安人的教育状况，使他们真正跟上现代生活的发展，并不能单纯从法令的条文上得到满意的解答。这一点屡屡为以往的经验所证明。

---

① John R. Mallea et al., *Cultural Diversity and Canadian Education* (Ottawa, 1984), p. 131.

② United States Senate, *Indian Education: 1969 Hearings Before the Subcommittee on Indian Education of the Committee on Labor and Public Welfare* (Washington, 1969), pp. 2-3.

③ Prucha, *Documents of United States Indian Policy*, p. 253.

④ William Meyer, *Native Americans: The New Indian Resistance* (New York, 1971), pp. 75-76.

⑤ Prucha, *Documents of United States Indian Policy*, pp. 314-315.

第四章　艰难的"白人之路"

　　白人社会推行印第安人教育，重在重塑年轻一代，在目标上尚有长远性可言；而生存方式的改造则不仅涉及全体印第安人，而且直接关系到他们在传统生存系统崩溃以后的境遇，构成文化转换的物质基础，因而更具迫切性和现实性，实际上成为白人社会和政府进行"文明开化"和同化印第安人的关键。他们竭力诱使或逼迫印第安人定居生产，在土著社会培植私有财产，要求他们通过生产劳动在新的生存环境中实现经济自立。白人社会把这种生存式样的转换称作走"白人之路"，事实上是要把印第安人纳入主流社会的生产系统之内，促使他们在经济生活和谋生方式上趋同于白人。由于经济是一种文化系统存在的基础，因而这个问题在印白文化关系中居于核心地位。在白人社会看来，能否顺利走上"白人之路"，对印第安人乃是生死攸关的大事。可是，对印第安人来说，所谓"白人之路"实在是一条异常艰难的道路。

一、"文明生活"的召唤

1. 私有制的"魔杖"

　　自从文化接触开始以来，白人社会本身正经历"由身份到契约"的转变过程，个体的价值和地位日益受到重视，与个体相关联的财产私有制，更成其社会的基石。处于这种社会状况的白人，自然难以理解也不能允许印第安人以部落共有制作为其生活方式的支柱。他们自负而且自信地宣称，财产私有乃是"文明社会"的标志，具有无可比拟的优长。印第安人要在"文明"的扩张中免于灭亡，当然必须采纳"文明生活"，而采纳"文明生活"的第一步，则是接受财产私有的观念和制度。他们把私有制当成"开化"印第安人的一根魔杖，似乎一经舞动，顷刻间即可造就成千上万的"红种文明人"。

　　对于财产私有化之于印第安人的重要性，白人社会向来予以强调，尽管角度和程度都各有不同。杰斐逊针对部落土地不断落入白人之手的情况，对印第安人晓以利害，试图刺激他们对私有制产生兴趣。他劝诫说，印第安人的唯一希望在于土地的私有化，"只有通过这种方式，你们才能使土地代代相传，土地才不至于从你们子孙的脚下被出卖"①。诺克斯在陈述他的"文明开化"方案时，把培养印第安人"对排他性财产的热爱"，看成"开化"工作的良好开端。他建议派遣一些品格高尚的传教士到印第安人中间去生活，建立示范农场，引导他们以农业为生，并走上私有化的道路。② 1818年，约翰·卡尔霍恩在致国会众议院的函件中也特别提到，印第安人的土地"应当按户划分，应当细心教导他们树立土地个人所有的观念"③。威廉·克劳福德也谈到，私有财产观念乃是"文明开化"的先导，因为只有当享受舒适生活的权利具有排他性时，人们才会去尽力追求这种享受。他虽然承认土地的私有化应当是第一步，但动产的私有观念却具有更大的意义。④以上三人发表上述言论时均为负责印第安人事务的陆军部长，他们的观点无疑代表美国政府在这个问题上的立场。

　　19世纪50年代以后，西部印第安人成为"文明开化"运动的重点对象。这些部落多以游猎抢夺为生，缺少农业种植经验，更无定居生产的习惯和兴趣。在白人社会看来，在这些部落推行私有化，对于他们的"文明开化"显得尤其重要和紧迫。1851年内政部的年度报告对这个问题做了分析：

　　　　全部的历史训告我们，开化一个主要依赖猎物为生的游动种族，乃是十分困难的事情。要驯化一个野蛮人，你必须把他拴在土地上。你必须使他了解财产的价值及其个人私有的好处。……你必须按个人来划分土地，通过利益的纽带来使他们和其家庭结合在一起，教导他们利用农业与和平的技艺；……要告诉他们去

---

① Washburn, *Red Man's Land / White Man's Law*, p. 64.

② Abbot, *The Papers of George Washington*, Vol. 3, pp. 139-140.

③ Washburn, *The Indian in America*, p. 234.

④ Prucha, *Documents of United States Indian Policy*, p. 27.

迎接他们成为美国公民的那一天。①

这番议论把财产私有化说成最终同化印第安人的关键步骤。后来美国政府曾反复申述这种见解。例如，威廉·多尔在 1863 年说，如果要"开化"印第安人，引导他们采纳文明的习俗，就必须使他们接受自我依赖和个人努力的观念；而要鼓励这些观念，则必须使他们以个人身份获得和占有财产。②

到了强制同化时期，土地私有化更是重点措施。内战期间，林肯政府实施宅地分配制度，在成功地调动人们捍卫联邦的积极性以外，还有力地促进了西部开发。有人便很自然地产生联想，一种给白人带来巨大好处的制度，难道不能同样有益于印第安人？内政部长哥伦布·德拉诺在 1874 年提出，如果把《宅地法》扩展到印第安人中间，将对"文明开化"的进程产生很大推动。因为通过这一措施，印第安人的部落组织和社会体系将被迅速打破，印第安人将服从于美国的民事和刑事法律；再加上引导他们放弃游动的习性，教导他们领会生产劳动和个体所有制的好处，"于是就证明这在促进他们的繁荣中具有很大优越性"③。1876 年，印第安人事务局长约翰·史密斯也谈到，如果没有土地个人所有制，任何高级文明是否能够存在便大可存疑；因而应当尽快在印第安人中实行份地分配，以加速"文明"进程。④卡尔·舒尔茨 1881 年在《北美评论》发表文章，就财产私有制的重要性写道：

> 当印第安人成为真实财产的个体所有者和作为个体享有法律的保护以后，他们的部落凝聚力必将被冲散，以至最终消失，他们将沿着"白人之路"迈出巨大的一步。⑤

在保留地从事具体工作的人也有类似看法。有的认为，若把印第安人安置在个体所有的农场上，"从这天起他们将开始实际而长久的进步"。⑥ 人类学家鲍威尔在一篇很有影响的文章里，对政府的印第安人政策提出三条原

---

① Helen Hunt Jackson, *A Century of Dishonor: A Sketch of the United States Government's Dealings With Some of the Indian Tribes* (Minneapolis, 1964), p. 74.

② Prucha, *The Great Father*, p. 465.

③ Prucha, *The Great Father*, p. 660.

④ Prucha, *Documents of United States Indian Policy*, p. 149.

⑤ Moquin, *Great Documents in American Indian History*, p. 110.

⑥ Weeks, *Farewell, My Nation*, p. 220.

则性建议，其中第二条是，个体土地专有权乃是最终解决印第安人问题的办法。[1] 许多人都对私有制所能给予印第安人的积极影响，抱有十分乐观的信心，似乎印第安人一旦成为私有者，便能一步跨入"文明"的大门，几年之内就可获得公民资格，"作为这个共和国的公民，依靠他们自己的资源来维持生活"[2]。他们还相信，私有制"将最终结束部落关系，在印第安人中间促成自给自足、个人独立和物质繁荣"[3]。

白人社会认为私有化与印第安人的前途命运息息相关，显然是以他们自己的文化和社会为视角。这一点已略如前述。资本主义作为一种社会体系，以个人自由为基本价值准则，而个人自由的核心和实质，则是以财产私有制为基础的经济自由，因而资本主义最初从中世纪破土而出时，私有财产便被戴上神圣的光环。此后，人类物质文化的发展呈现史无前例的速度，世界的面貌日新月异。这一切似乎都是建立于私有制的基础上的，于是人们相信文明的成长舍此便无可能。美国政府和白人社会就是以这种思维定式来看待印第安人的"文明开化"。其实，问题的要害并不在于强调私有制的关键作用，而是把私有化作为文化征服的手段，试图以此为突破口，将印第安人强行纳入资本主义的文化和生产体系。鉴于财产共有和分享习俗不仅是土著文化的基本特征，而且是部落社会赖以维系的重要纽带，白人社会便竭尽全力推行土地私有化，以打碎印第安人社会文化的基石，加速同化目标的实现。现实情况证明，白人社会忽视了一个至关紧要的问题：财产私有制是社会和文化演进到一定阶段的自然而然的产物，其形成须以物质财富的增殖和价值观念的变化为条件，其维持则更离不开相应的社会机制和法律体系。白人社会以其主观意愿，强行植入私有制，置各种相关条件和因素于不顾，结果只能给印第安人造成灾难。

2. "白人之路"与生产自立

白人社会虽然夸大其词地张扬私有化的意义，但并未视之为目的，而仅当作"白人之路"的出发点。他们要求印第安人像白人一样，在财产私有的前提下，以个体的劳动维持生存和积累财富，从生产方式上适合资本主义体系的基本准则，否则私有制就不会产生积极的后果。因此，他们在论及私有制和私有化时，必定和生产劳动及经济自立结合起来。

---

[1] Hoxie, *A Final Promise*, p. 24.

[2] Cadwalader, *The Aggressions of Civilization*, p. 47.

[3] Cadwalader, *The Aggressions of Civilization*, p. 61.

　　印第安人传统的经济活动均以维持最低生存为度，这在白人看来自然不属于生产劳动的范畴。内蒂克庄园的创办人约翰·艾略特做过比较："我们劳动和工作，以便建造房舍，种植庄稼和制作衣服，……但他们却不是这样。"因此，白人指责"他们并不勤劳，既没有艺术、科学，也没有利用土地及土地产出的技能和设备"，并且断言"印第安人不能工作"。[①]白人的劳动乃是获致财富的手段，勤奋工作被视为至高的美德；按照这种标准，印第安人在衣食无忧之后便无所事事，闲散悠然，当然就成了不赦的罪恶。

　　为了改变印第安人的谋生习惯，引导他们从事以增殖财富为目的的生产性活动，培养他们对工作的爱好，传教士从殖民之初就开始在友好部落传播英式农业，动员并带领印第安人开辟果园，饲养牲口，采用大型牲畜挽犁耕作。印第安人虽然并非没有看到畜力耕作的好处，但仍旧采用传统方式进行种植，这令白人十分不解。[②]有的殖民地还用学徒制的办法，让土著青年跟随白人劳动和居住，以培养他们的生产技能和工作习惯。这种办法也没有产生预期的效果，因为印第安人并不乐意让子女到陌生的环境中生活，而白人主人也未真心实意地传授技术，不过是利用他们做些粗笨的体力活计。

　　但白人社会并不因此而泄气罢手。他们仍然努力把印第安人的生存置于生产劳动的基础上。杰斐逊于 1803 年致书乔克托部落，劝导他们学习白人走定居生产的道路。他比较耕作纺织和狩猎采集这两种生存方式的优劣，希望乔克托人放弃旧俗，变成农民，像白人那样生活。他写道：

　　　　耕种一小块土地，付出不多的劳动，就能比更为成功的狩猎取得更多的收获；一个妇女通过纺织，就能比一个男人通过打猎提供更多穿的东西。与你们比起来，我们不过是昨天才来到这块土地上。但是请看，我们通过生产和运用与你们同样的理智，却获得了多么大的增殖！兄弟们，照我们的样子去做吧，我们会十分高兴地帮助你们。[③]

杰斐逊所运用的这种劝诱逻辑，为白人社会所普遍遵循。他们反复说明，生产劳动较之粗陋地占用资源，有着明显而巨大的优越性。他们希望印第安人以其起码的理智认清这种优越性，并快乐地从善如流。

① Axtell, *The Invasion Within*, p. 148-149.
② Axtell, *The Invasion Within*, p. 156.
③ Thomas Jefferson, *Writings* (New York, 1984), pp. 559-560.

以经济生活的决定性意义来强调生产自立的重要性，也是白人社会惯用的手法。他们看到衣食乃是人的基本生存所需，因而把改变这种需求的满足方式作为"开化"土著初民的第一步。这种推论既然属常识范畴，也就为人所乐用。吉迪恩·哈利这位19世纪初年曾在土著部落生活的人，结合自己的切身感受指出，把土著儿童放在寄宿学校学习阅读写作之类，并不是"文明开化"的办法，因为"一英亩玉米地或一码土豆地对他们的用处，比起能够翻译维吉尔①或西塞罗②来要大得多。教一个年轻的女性野蛮人纺一束纱，挤一头奶牛，甚至养一窝鸡，会比所有优雅知识的学习更有益于文明开化"③。这种说法旨在突出生产劳动的无比重要，与前文所述有关教育作用的言论，似有相互龃龉之处。但在哈利活动的时期，人们对于印第安人的教育即依赖体力劳动学校，可见两种意见实则如出一辙。

人类学家摩尔根以同样的眼光看待生产劳动。他建议美国政府鼓励保留地印第安人从事农业或畜牧业生产，为他们设立"货栈制"，使其产品能够进入市场。④美国政府实际上也对此一直奉行不渝。负责印第安人事务的官员，往往根据生产劳动的情况，将印第安人划分为好、坏两类，指斥不劳动者"十分野蛮和可恶"，要求他们尽快择善而从。⑤保留地的管理官员对固守传统而不愿生产的人视若寇仇，予以打击；对从事农牧业的人则施惠关照，从而加剧了部落内部在"开化"与"守旧"问题上的分歧。1881年，印第安人事务局长海勒姆·普赖斯在年度报告中批评保留地政策，理由是这种制度对印第安人的生产自立大有妨碍，因为保留地印第安人从政府得到衣食，也就没有劳动的必要，这将永远不会使他们获得开化。他深信，"在产生文明的过程中，劳动是一个根本性的因素"，因而美国政府所能给予印第安人的最大恩惠，莫过于引导他们通过劳动而自立。⑥

可见，白人社会甚为急功近利，要求印第安人很快适应白人社会基本的生活模式，变成定居生产的农民、牧人或手工业者。他们自以为是地相信，这也是"文明生活"对印第安人所发出的美好召唤。

① 维吉尔（Publius Vergilius Maro，前70—前19），古罗马诗人，著有史诗《伊尼特》等。
② 西塞罗（Marcus Tullius Cicero，前106—前43），古罗马政治家和演说家。
③ Axtell, *The Invasion Within*, p. 163.
④ Eggan, *The American Indian*, pp. 162-163.
⑤ Nabokov, *Native American Testimony*, p. 172.
⑥ Prucha, *Documents of United States Indian Policy*, p. 155.

二、土地私有化运动

1. 份地制的起源

土地乃是印第安人以部落和村社共同占有的财产，也是他们基本的生存资源，所以白人社会在部落所寻求的私有化，实际上就是把部落土地分割成小块，分配给部落成员个人占有和使用。这种做法称作"份地制"（allotment）。按照白人社会的设想，印第安人以个人名义占有土地后，必然依靠生产劳动在自己的土地上谋生，对自己能够支配财产发生兴趣，从而激发追求财富的欲望，这样在经济上就会逐渐接近白人。因此，份地制的尝试很早即由白人引入部落社会，并且一直持续到大规模土地私有化运动开展起来。

在殖民地时期，弗吉尼亚、南卡罗来纳和北卡罗来纳都曾强迫一些弱小部落实行土地私有制，向每个武士分配 50～640 英亩土地；但土地所有权属于殖民地当局，而占有土地的印第安人须向当局纳贡。[1] 马萨诸塞在1663 年制定了第一个份地法，把土地分配给印第安人，以期他们实现经济上的自立。[2] 这种分配份地的活动在当时还比较零星分散，涉及的人数不多。

美国政府一直热衷于在印第安人中间推行土地私有化。亨利·诺克斯就是份地制的积极支持者。1816 年，威廉·克劳福德提出一个部落土地私有化的方案，把土地分配给那些证明自己有能力过"文明生活"、建立了农场，并同意成为美国公民的印第安人；他们可以获得土地的完全所有权，不再必须迁徙西部之列。[3] 这个方案只符合那些热爱私有财产的混血人的利益，当时有人估计接受者一定寥寥无几。但其内容在 1817 年和 1819 年写进了美国与切罗基人的条约；1820 年又成为美国与乔克托人所订条约的一部分。根据这些条约，凡居住于部落割让给美国的土地上，并且改良土地和进行耕作的印第安人户主，可以获得份地。不过，实际领有份地的人屈指可

---

[1] Wright, *The Only Land They Knew*, p. 226.

[2] Gibson, *The American Indian*, p. 491.

[3] Leonard Dinnerstein et al., *Uncertain Americans: Readings in Ethnic History* (New York, 1977), p. 80.

数，在切罗基部落为 311 人，在乔克托族则只有 8 人。①

杰克逊政府在实行迁移政策时，把份地制作为一个重要的补充手段。凡不愿迁往西部的印第安人，可以脱离部落，获得份地，继续留在东部生活。1830 年，乔克托族在舞兔溪与美国签订条约，同意让出他们在密西西比的全部土地，迁往西部；凡不迁移的人，只要脱离部落，服从所在州的法律，即可获得 80～480 英亩土地，5 年后可以得到完全所有权。约有四分之一的乔克托人要求领有份地。他们当中有的是相信出让故土即是背叛神意的纯血统印第安人，有的则是在当地有经济利益的混血人。但是，白人土地投机者和政府官员串通一气，不久便设法夺走他们的份地。这些一无所有的乔克托人，最终也只得远赴印第安人领地，与先期迁去的部落重新汇合。② 克里克人 1832 年与美国签订迁移条约，其中规定可以授予每个户主 320 英亩土地，他们在 5 年后获得所有权，并同时成为美国公民。奇克索人的迁移条约也涉及份地制，每份土地为 640～3200 英亩不等。但是，这些份地后来都以平均每英亩 1.7 美元的低廉价格卖与白人。据估计，五大文明部落留在东部的成员所占有的份地，有 80%～90%最后落入了土地投机者手里。③白人社会的土地贪欲，就这样把份地制的尝试变成一份失败的记录。

份地制再次为白人社会所利用，是内战结束以后的事情。格兰特政府对西部各部落推行"和平政策"，其中一个目标就是把苏族、夏延族等部落改造成"爱好和平"的"文明人"。为此执行的土地政策，以鼓励印第安人从事农牧业为准则。对于人均可耕面积不足 160 英亩的保留地，美国同意从邻近地区划入新的土地；凡有意于农耕的户主，可以自己选择 320 英亩，载录于"土地册"中，这种土地便不再属于共有，而处于"选定者及其家庭的排他性占有之下，只要他或他们继续耕作，其占有便可持续下去"。④ 国会于 1875 年制订《印第安人宅地法》，允许印第安人个人占有不超过 160 英亩的土地，但在 5 年内不得转让他人。这个法令并未全面实施。1884 年，国会再度推出类似法令，对印第安人领有宅地给予很大优惠，免除所有费用和义务的承诺，并拨款 1,000 美元以帮助他们选择宅地；宅地由联邦托管 25 年，期满后领有者或继承者方可享有完全的所

---

① Dinnerstein, *Uncertain Americans*, p. 80.

② Dinnerstein, *Uncertain Americans*, p. 80; Gibson, *The American Indian*, p. 324.

③ Dinnerstein, *Uncertain Americans*, pp. 80-84.

④ Prucha, *The Great Father*, p. 494.

有权。①

　　与此同时，部落土地全面私有化的立法运动也已揭开了序幕。肇端的是 1880 年的《尤特土地专有权法案》。法案的内容是，把白河尤特族迁移到犹他东部的尤因塔盆地保留地，把安肯帕格里-南尤特族迁移到格兰德河和拉普拉塔河一带，并授予每个尤特户主 160 英亩土地，余下的部落土地由联邦政府接管。此后，以这个法案为蓝本的具体部落份地法纷纷提交国会，有些获得通过。1882 年国会通过法令，在内布拉斯加的奥马哈人中实行份地分配，共分配 76,000 英亩；作为份地分配的部落土地在 1887 年当年达 584,423 英亩。② 种种迹象表明，大规模份地分配运动的出现，只是一个时间问题了。

　　2. 《道斯法案》的制订与施行

　　《道斯法案》的全称是《印第安人土地专有权法》，其内容实际上超出土地分配和所有权问题，而是一项全面而迅速地同化印第安人的重大措施，因而标志强制同化运动进入高潮。诚然，问题的核心还是土地私有化，因为白人社会仍然视之为同化的基础。

　　从某种意义上说，《道斯法案》乃是主张"美国化"的人道主义改革派和觊觎印第安人土地的投机者携手合作共同谋求的结果。前文述及，19 世纪 80 年代主张改革印第安人政策的人士，激烈抨击保留地制度，要求解散部落，迅速实现部落成员的个体化和部落土地的私有化，推动印第安人尽快走进主流生活。改革派由衷地相信，份地制能使印第安人的处境得到改善，有助于他们享有文明和幸福的生活。1884 年，"印第安人权利协会"发表《印第安人土地专有权》的小册子，倡导把土地分配给印第安人个人，保障其所有权，改变发放配给的办法，使他们的劳动成果得到保护，这是"显然的正义和良好的政策"③。对保留地怀有经济兴趣的利益集团，包括土地投机者、铁路公司、西部牧场主和采矿者等，则和富于理想主义精神的改革派相互唱和，活跃地游说于国会议员中间，力图促成撤销保留地和分配部落土地的立法。从前，正是这些人对土地的追求，把印第安人驱赶进狭小的保留地；但到 19 世纪 80 年代，西部的"自由土地"已所剩无多，他们又眼热于保留地的土地，欲夺而后快之意已是昭然若揭。1881 年保留地总面积为

---

① Prucha, *The Great Father*, p. 660.

② Olson, *Native Americans in the Twentieth Century*, p. 66.

③ Washburn, *The Indian and the White Man*, p. 387.

1.55 亿英亩，而印第安人不足 30 万，如果按每人 160 英亩进行分配，只需用去 5,000 万英亩，余下的 1.05 亿英亩即可对白人开放。[①] 这对渴求土地的白人是一个何等巨大的诱惑！铁路在不断向西延伸，有时必须穿越保留地。按照联邦政府的一贯政策，铁路沿线的土地可以授予铁路公司，但保留地是例外，铁路公司对此早已耿耿于怀。牧场主则看中保留地优良的牧场条件，虽然赁以放牧，但仍不满足，盼望彻底开放保留地，自己取得牧场的所有权。此外，保留地所蕴藏的丰富地下资源，又刺激着矿业主的胃口，他们梦想能够从中获致大量财富。至于普通的西去移民，更需土地安家立业。所有这些人构成一个强大的压力集团，在全国上下呼风唤雨，对立法机关摇唇鼓舌，一时造成颇大的声势。他们与改革派虽然各怀心事，但对开放保留地却一点相通，因而桴鼓以应，共同推动部落土地私有化的立法运动。经过 10 余年的奔走呼号，他们终于得到了皆大欢喜的结果。

美国政府对保留地制度的缺陷也逐渐产生明确认识。为保留地印第安人提供物质配给，不仅加重联邦财政负担，而且无补于印第安人的经济自立。保留地普遍的贫困状况，也到了必须寻觅解决之策的地步。因此，联邦政府对于民间的呼声做出了积极的反应。

但在具体立法时，却仍不免带有美国政府决策过程的惯有特点，长久纠缠于各种细节的分歧。从第一个份地法议案提交国会起，争论就未曾平息。1879 年，印第安人事务局长埃兹拉·海特向国会提出草案，规定在印第安人中间分配份地，所分份地 25 年内不可转让，目的是给他们留出时间以适应私有制，避免份地的过早流失。内政部长舒尔茨和众议院印第安人事务委员会都支持这个法案。但国会当时对此缺乏起码的共识，因此未能进行表决。是年 4 月国会复会以后，又接连收到几项类似法案，不过同样没有下文。1880 年 3 月，国会围绕《尤特土地专有权法案》展开辩论。支持者属于多数派，其骨干人物是参议院印第安人事务委员会主席理查德·科克。科克支持这个法案的理由是，份地制有利于印第安人的"文明开化"，而保留地制度将大片土地封闭起来，不可能使印第安人和白人之间维持和平关系。他的意见糅合了改革派和土地利益集团两方面的主张。来自科罗拉多州的参议员亨利·特勒是反对派的发言人。他的见解和科克针锋相对：份地制并非"文明开化"的手段，在印第安人得到"开化"以前，分配份地不会产

---

① Olson, *Native Americans in the Twentieth Century*, p. 66.

生积极的效果，因为这与他们的习俗和宗教信仰是相抵触的。① 虽然这项法案在国会获得顺利通过，但由此引出的一个重大争议却继续困扰人们：对印第安人的"文明开化"来说，份地制和文明习俗究竟何者居先，这是一个至关紧要的问题。

1881 年 1 月，科克参议员亲自出马，拟定一项议案，授权总统在适合农业的保留地推行份地制（五大文明部落除外），只要保留地三分之二的 21 岁以上的成年男子表示同意即可。法案一经提出，即引起各方关注，顷刻成为争论的热点。内政部长舒尔茨一如既往地予以大力支持，称赞法案是"解决印第安人问题的一个最为根本性的步骤"。莫洪克湖会议的一项决议也指出，"在国会迄今提出的旨在使印第安人免于侵夺、解散部落组织和最终打破保留地制度的法案中"，科克法案乃是"最为现实可行的一项措施"。反对的意见来自两个方面。以亨利·特勒为首的一派，仍然对份地制的前景感到悲观。他们认为，分配一块土地便可以把印第安人变成农民，实在是一种空想，因为印第安人受其传统和文化的制约，不大可能接受外来的改善计划。他们批评科克法案的真正意图并不在于改善印第安人的处境，而是夺取为白人所觊觎的有价值的土地。他们因此尖锐讽刺科克法案不过是"空想加投机的慈善家们的惯技"（hobby of speculative philanthropists）②。另一派则是那些热衷于开放保留地的经济利益集团，他们强烈不满土地分配须以多数印第安人同意为前提，他们断定法案的宗旨"在于维护印第安人的利益，而不是满足西部土地渴求者的要求"。③ 这个法案落到两面不讨好的地步，虽然在 1882 年和 1884 年两度为参议院通过，但在众议院却始终未被纳入议事日程。

科克法案引起的这场争论，一直延续到 1887 年初亨利·道斯参议员提出一项新的份地法案。此时形势已变，局面对支持者极为有利。经过改革派的大力宣传，份地制作为"文明开化"的有效手段的观念日渐深入人心。同时联邦政府的多数决策者亦已看到，打破保留地制度和重新处理部落土地，已经是不能回避的紧迫任务。最后，改革派和西部经济利益集团在开放保留地问题上的高度一致，终于促成《道斯法案》于是年 2 月获得通过。

但是，这并不意味着反对派已经偃旗息鼓。亨利·特勒一如既往地带

① Prucha, *The Great Father*, p. 662.

② Prucha, *The Great Father*, p. 665.

③ Gibson, *The American Indian*, p. 496.

头发难。他重申，任何了解印第安人性格、宗教、法律和道德的人，都不会鼓吹份地制；他预料份地制将产生灾难性后果，不出 30～40 年印第安人的土地权利就会丧失。[1] 众议院印第安人事务委员会的少数派报告也指出，份地法授予印第安人一块土地，并不是要就此将他们改造成农民；"这个法案的真实目的在于取得印第安人的土地，向定居的移民开放。……如果这是以贪婪的名义进行的，那自然是一件很坏的事情；但在进行此事时用的却是人道的名义，披着将他们改造得跟我们一样以促进其福利的强烈愿望的外衣，根本不问他们自己是否愿意，那无疑更为糟糕"。[2] 格罗弗·克利夫兰总统也就此评论道："白人对印第安人土地的饥渴之情，与他们追求正义的饥渴之情是完全一样的。"[3] 民间也有充满疑虑的声音。人类学家摩尔根忧心忡忡，预感到"在很长的时间内，他们必将丧失每一寸土地而陷入贫困之中"。[4]

后来的事实证明这些都不是杞人之忧。不过《道斯法案》的条款本身却并未显示如此强烈的不祥之兆。法案授权总统在适合农业或牧业的保留地实行份地分配。第一条规定份地的面积，户主为 160 英亩，18 岁以上的单身者及 18 岁以下的孤儿为 80 英亩，其他 18 岁以下的人为 40 英亩；第二条规定印第安人可以自己挑选份地，过期不选者，即由政府有关官员代为挑选；第四条允许不在保留地居住或没有保留地的印第安人同样参加份地分配；第五条规定印第安人的份地由美国政府托管 25 年，托管期满后始将所有权交给份地主人或继承者，目的在于防止土地从他们手里转让流失；第六条规定托管期满后，接受份地的印第安人均应服从所在州或领地的法律，受到法律的平等保护，凡脱离部落、已养成文明习惯的人，均可成为美国公民；第七条规定联邦政府承担印第安人土地上农业灌溉设施的建设；第八条把五大文明部落、欧塞奇族、迈阿密族、皮奥里亚族、索克-福克斯族、塞尼卡族等部落排除在本法适用范围之外；其余各条对有关细节问题做了规定。总之，法令确立了份地分配的三条原则：其一，印第安人土地的私有化，必须经历由联邦托管向个人所有的过渡；其二，土地私有化和政治上的

---

[1] Cadwalader, *The Aggressions of Civilization*, p. 48.

[2] Gibson, *The American Indian*, p. 497.

[3] Melvin Steinfield, *Cracks in the Melting Pot: Racism and Discrimination in American History* (New York, 1973), p. 73.

[4] Cadwalader, *The Aggressions of Civilization*, p. 48.

公民权利直接挂钩；其三，一个部落是否实行份地分配，须按具体情况而定。① 可见《道斯法案》不同于以往的类似法令，印第安人的意愿已不再是实行私有化时所要考虑的因素。这既体现了强制同化运动的要求，也反映了西部经济利益集团的心愿。

因此，法令在白人社会受到热烈欢迎。改革派称之为"印第安人的大宪章"，并把签署生效的 2 月 8 日称作"印第安人解放日"。② 在他们看来，法令的问世标志"文明开化"运动已接近最终胜利，印第安人融汇于主流文明之时已是指日可待。土地投机者则在为取得分配后余下的土地进行紧锣密鼓的准备工作，并为多年的愿望终于实现而额手称庆。几方面都对法案感到满意：政府庆幸"印第安人问题"终将解决；改革派期待同化运动不日奏凯；西部经济利益集团则似乎看到财富奔涌如潮。

但是，实施《道斯法案》的后果，却仅使最后一方获得巨大的利益，因而法令实际上构成对印第安人土地的最后一次大规模夺占。导致这一不幸结局的原因，既可见之于制订法令的动机和背景，也与实际执行过程以及后来的修改相关联。但从根本上说，法令的制订和执行，丝毫未从印第安人的切身利益出发，而完全在于满足白人社会的各种愿望和要求。这才是问题的症结。

联邦政府一俟《道斯法案》签署生效，立即着手与有关保留地签订份地分配协议，土地私有化运动迅速铺开，分配的面积与年俱增。据估计，1887 年以前印第安人中共分配份地 7,463 份，③ 合 584,423 英亩；在 1887 —1900 年间，美国政府分配份地 32,800 份，合 3,285,000 英亩；部落出让或出卖多余土地 28,500,000 英亩；1900—1921 年间分配份地 85,860 份，合 14,300,000 英亩，部落出卖的土地有 20,000,000 英亩。到 1911 年，约有三分之二的印第安人分到了份地。及至 1929 年，美国政府共向 207,000 名印第安人分配份地 40,000,000 英亩。④

显然，原来部落占有的土地只有一小部分变成了份地，而更多的土地

---

① Prucha, *Documents of United States Indian Policy*, pp. 171-174.

② Nichols, *The American Indian Past and Present* (1971), p. 230.

③ Olson, *Native Americans in the Twentieth Century*, p. 73.

④ Janet A. McDonnell, *The Dispossession of the American Indian 1887-1934* (Bloomington, 1991), pp. 8, 10. 另据普鲁查《伟大的父亲》一书第 856 页，1900 年印第安人的份地共 55,996 份，合 6,736,504 英亩；1920 年增加到 217,572 份，合 35,897,069 英亩。

则为美国政府当作剩余土地加以收购，然后马上对白人开放。政府购买时出价之低令人难以置信。例如，在苏族保留地，每英亩仅以 25 美分便转入政府之手，而当日市场地价已达到每英亩 3~10 美元。这实际上近于掠夺，其结果必然是使部落蒙受沉重的损失。蒙大拿的克罗族保留地损失 150 万英亩，而黑脚族保留地则损失了一半的土地。[1]

在分配份地的过程中，欺诈现象比比皆是，印第安人的利益受到了进一步损害。印第安人得到的土地一般都是保留地中最差的部分。而且，土地的测量、划分和分配的权力，完全控制在政府官员手里，他们有时与白人利益集团联手，或捏造假名单，或将非印第安人列入分配名单，或将最次的土地拿出来分配。这些不正当行为难以得到及时纠正，最大的受害者自然就是印第安人。

然而，灾难只是刚刚开端而已。不久，印第安人分得的份地又成为白人夺占的对象。当初立法者们考虑到印第安人缺乏占有和经营个人财产的经验，为防范其土地转手他人或为人所骗取，特意在《道斯法案》中规定美国政府对份地托管 25 年，在此期间份地的所有权由政府控制，印第安人无权出租或出售。这种略具审慎的规定，妨碍了白人对份地的租赁和购买，自然不合一些人的心意。国会不断收到立法建议，内容不外是要求废除对份地的保护性限制，"使印第安人自由"，让他们进入市场，像白人一样纳税。主张迅速同化的人则从另一角度看待这个问题，把保护性限制视为印第安人完全进入主流生活的障碍。他们声称，获得份地的人中间不少是妇孺和老弱病残者，自己无力耕种，若不许出租或出售土地，实际等于剥夺了他们从自己财产中受益的权利。这一次，土地投机者和同化派竟奇妙地再度合作，冲决了保护印第安人份地权利的脆弱堤防。

他们首先在租赁问题上打开了缺口。有的联邦官员主张鼓励份地出租，理由是原始民族大多不能有效利用资源，与其任由资源在他们手里闲置，不如出租给白人开发；况且，白人的生产开发活动，还能为印第安人树立文明生活的榜样。[2] 国会受利益集团的推动，于 1891 年准许年老和残疾者出租份地，牧场租期以 3 年为限，而矿地则可达 10 年。3 年以后，国会放宽出租条件，凡无劳动能力者均可出租份地，农场或牧场的租期至多为

---

① Thomas E. Ross et al., eds., *A Cultural Geography of North American Indians* (Boulder, Colorado, 1987), p. 130.

② Hoxie, *A Final Promise*, p. 168.

5 年，矿地仍为 10 年。霍克·史密斯出任内政部长以后，把出租的核准权下放到保留地的管理官员，白人对份地的租赁，便以更快的速度进行。获得批准的租赁申请不断增多，1892 年 2 起，1894 年 295 起，1897 年 1,287 起，1900 年达到 2,590 起。有的部落已把绝大部分土地租给非印第安人经营。例如，在奥马哈人和温纳贝戈人分得的 140,000 英亩份地中，有 112,000 英亩乃由白人租赁。[①] 1920 年，由联邦托管的全部土地中，有 450 万英亩是由白人租赁经营的。[②] 租赁份地对印第安人的经济发展产生了十分有害的后果，因为租赁者往往竭泽而渔或杀鸡取卵，导致地力迅速耗竭，牧场破败不堪，矿产森林资源更被榨取一空，待到租赁期满，交还印第安人的已是一片毫无价值的废地。另外，租赁有时还是产权转让的前奏，一旦条件具备，租赁者即变成了所有者。

美国政府还逐步放宽了出售份地的限制。国会缩短托管期限，尽早将土地证书授予印第安人。这正是白人求之不得的事情，因为他们可以毫不费力地和印第安人达成分地交易。1893 年，国会把皮阿拉普人的份地托管期缩短为 10 年；次年，又批准印第安人领地的波塔沃托米人和肖尼人出售其份地中超过 80 英亩的部分。国会于 1902 年又通过《死亡印第安人土地法》，允许印第安人出售继承的份地。1906 年的《伯克法》，则授权内政部长向确认已具有自立能力的印第安人颁发土地证书，也即承认其对份地拥有完全所有权。这实际等于撤销联邦托管，使白人得以染指于印第安人的份地。1908 年，国会应压力集团之请，通过一项针对俄克拉何马印第安人土地问题的法令，撤除对该州境内成千上万混血人和自由人（前五大文明部落的黑奴）的土地权利的限制，结果使 90% 的人失去了全部或部分份地，故有"1908 年的犯罪"之称。1910 年，国会又制订有关印第安人份地、部落基金、土地灌溉、森林砍伐等问题的若干法令，统称《一揽子法案》（Omnibus Act）。法令规定，不论印第安人自己是否提出申请，只要政府官员确认具备自立能力，即可颁发土地所有权证书。这些法令和措施加快了印第安人获得土地证书的进度。1906—1917 年间，内政部授予 10,000 名印第安人土地证书。1917—1920 年间，内政部设立"能力委员会"，负责考察和确认份地获得者是否具备自立能力，结果仓促颁发了 20,000 份土地证

---

① Olson, *Native Americans in the Twentieth Century*, p. 69.

② Hoxie, *A Final Promise*, p. 184.

书。① 获得土地证书的印第安人有不少旋即将土地转售与白人，变成了一无所有的赤贫者，特别是那些位于土地质量较好地区的份地，如堪萨斯、内布拉斯加和达科他的草地，明尼苏达和威斯康星的森林黑土，俄克拉何马的石油和天然气储存地，更为白人争相购取。居住在南达科他的锡塞顿-苏族人原有份地 300,000 英亩，在 1887—1930 年间，有 200,000 英亩通过买卖落入白人之手。爱达荷的科达伦人原有 400,000 英亩肥沃的土地，到 1930 年仅余下 62,400 英亩，其中仍有 45,000 英亩系由白人租赁，真正由印第安人耕种的土地仅 17,280 英亩。②

《道斯法案》对每块份地的面积作了规定，但在实际执行过程中则有变通，并不坚持原来的标准，农耕地可减少到 60 英亩，牧场可压缩至 160 英亩，因而增加了剩余土地的面积，更大地满足白人的土地欲望。而且，美国政府把份地分配运动扩展到法案中明文豁免的部落，加利福尼亚诸部落和五大文明部落先后被迫接受土地私有化。在 1887—1934 年间，印第安人领地 67 个部落的保留地被全部撤销。堪萨斯北部的基卡普人和波塔沃托米人，内布拉斯加和南、北达科他的苏族人，怀俄明的北夏延人和阿拉珀霍人，蒙大拿的格罗文特人和黑脚族人，新墨西哥的吉卡里拉-阿帕奇人，下科罗拉多河谷地区的莫哈维人，太平洋西北沿岸地区的亚基马人、内兹珀斯人和斯波坎人，以及西南沙漠地区的皮马人，也都失去了保留地。

总之，《道斯法案》虽有实现土地私有化和同化印第安人的意图，但实际上却是白人对印第安人财富的又一次大规模掠夺。印第安人因此所受损失之巨大，可以土地的减少为证。1881 年，印第安人占有的土地仍有 155,632,312 英亩，至 1900 年仅余 77,865,373 英亩，20 年间即有半数易手他人。到 1931 年，印第安人名下的土地已不足 48,000,000 英亩，仅为《道斯法案》生效前的三分之一。③ 即便是仍存于印第安人名下的土地，也由于租赁者的滥用和自然灾害的破坏，许多已成废地。20 世纪 30 年代，印第安人事务局的专家对份地状况进行调查，发现所有份地均受到侵蚀，程度严重者在一半以上。

历史再一次开了一个残酷的玩笑。当年支持《道斯法案》的人，仅有西部经济利益集团如愿以偿，而同化派则大失所望。他们原以为印第安人一

---

① Gibson, *The American Indian*, p. 518.

② Olson, *Native Americans in the Twentieth Century*, p. 82

③ Olson, *Native Americans in the Twentieth Century*, pp. 73, 83.

旦变成土地私有者，同化便会接踵而至。可是，他们未曾料到，白人的土地贪欲和政府的错误决策，致使土地私有化对于印第安人无异于雪上加霜，进一步恶化了他们的处境，加大了他们与主流社会之间的鸿沟。失去土地和部落保护的印第安人，就如同沧海中的小舟，任由风吹浪打，情状至为艰辛悲惨。在《道斯法案》获得通过的时候，"印第安人权利协会"的领导人曾经兴高采烈地宣称："只要这个国家里来自世界各地的人们，继续记得并庆祝兰尼米德①和大宪章、独立节和解放黑奴日，那么1887年的2月8日也值得相应地、充满荣耀地提及，并加以热烈地纪念。"②后来事与愿违的结局令他们深感失望，不禁沉痛反思，对当初所作的热烈支持深感懊悔。③产生这种感想的同化派，想来不会仅限于这一个团体。20世纪30年代大力推行印第安人"新政"的约翰·科利尔，历数《道斯法案》的种种恶果，以一语为之定性：该法乃是"印第安人的苦难和毁灭"④。1981年，联邦地区法院在一次判决中承认，份地制方案"或许是美国决策中一个出发点最好的惨痛错误"⑤。

3. 印第安人的反应

其实，《道斯法案》的出发点并非"最好"，它实质上乃是白人社会贯彻其单方面意志的一次种族压迫行动。印第安人对此加以反对和抵制，便是十分自然的事情。

五大文明部落对土地私有化立法运动反应最为敏感。他们在《道斯法案》通过以前就开展大量活动，以期阻止法令的制订，或者至少使自己得免于份地分配。他们在华盛顿设立一个能量颇大的院外活动集团，在国会议员中间进行游说斡旋。他们的出色工作产生了效果，五大文明部落暂时未被列入必须实行土地私有化的部落名单。但是国会在1893年改变初衷，决定在印第安人领地全面推行份地制。五大文明部落便起而抵制。切罗基人红鸟·史密斯建立一个叫作基托瓦的传统组织，率领一批人抗议美国政府的政策。克里克人契托·哈霍（疯蛇）及其追随者自称"蛇"，他们重建部落传统政府，以复兴部落相号召，宣布克里克族与美国所订条约中规定的土地权

---

① Runnymede，1215年英国大宪章的签署地。
② Olson, *Native Americans in the Twentieth Century*, p. 67.
③ Cadwalader, *The Aggressions of Civilization*, p. 8.
④ Nichols, *The American Indian Past and Present* (1971), p. 231.
⑤ Olson, *Native Americans in the Twentieth Century*, p. 24.

利永远有效，国会的任何立法都不能超越这些条款。哈霍在 1901 年发动"群蛇起义"，带领队伍袭击那些接受份地的人，重申部落政府的法令对全体成员均有效力，禁止克里克人参加土地分配。起义在克里克人中引起很大混乱，美国印第安人事务机关为此深感震动，派出宪兵和骑兵追捕起义者，强行恢复秩序，使土地分配未致中断。但军队所平息的只是有组织的抵抗，而不少人则以其他方式继续表示抗议。他们拒绝领取份地，不在份地上生活，集中居住在学校、会所、教堂等公共设施里。迟至 1912 年，仍有 2,000 名切罗基人没有接受份地，他们的土地或被白人擅自占用，或者废弃荒芜。他们当中有人激愤不已，甚至拒不领取政府开发其份地的地下资源所支付的酬金。基托瓦成员的抵制活动，一直持续到其领袖被捕时为止。后来，五大文明部落的领导人终于意识到，被动消极的抵抗不仅于事无补，反而加深了自己的不幸。于是，他们改变策略，在红鸟、哈霍等人领导下成立"四母社"，派代表赴华盛顿请愿，抗议政府的不公待遇，要求恢复部落习俗和土地共有制，但仍没有结果。最后，他们只得请求政府允许他们出售份地，用这项收入在墨西哥购买土地，供其族人迁居，并重新按自己的方式生活。这当然更是空想。

其他许多部落也都进行过抵制和抗争。塞尼卡部落大会通过决议，公开反对份地制，认为在共有制下每个部落成员都能获得保护，都有生活的依托；"任何印第安人，不管如何不知筹划和不懂节俭，都不能被剥夺利用土地来维持他自己及其家庭的生活的权利。他们总可以耕种土地，而和纳税、租金和购买价格不发生关系"。① 包括坐牛在内的苏族领导人，联络落基山区和大平原地区各部落，试图联合起来共同抵抗份地制。份地制在印第安人中引起的不安情绪和反抗活动，使印第安人事务官员颇为担忧，他们害怕重演轰动一时的"立熊事件"②，导致局面无法收拾，于是严加防范，禁止印第安人擅离保留地。

但是，他们苦心经营的结果却适得其反，震动全国的"孤狼事件"仍不按他们的意志而爆发出来。孤狼为凯厄瓦族首领，他的部落于 1867 年与美国政府签订《梅迪辛洛奇克里克条约》，有效期截止于 1898 年。条约明

---

① Gibson, *The American Indian*, p. 496.
② 庞卡人首领立熊因思念家乡，率 30 名族人逃出保留地，返回故土，遭到美国政府逮捕。1879 年美国司法机关在判决中认定，"和平印第安人"有权自由出入保留地。这个案件曾掀起轩然大波，引发对印第安人政策的反思。

确规定，再行割让土地必须得到全部落四分之三的成年居民签名同意。美国政府于 1889 年派出以戴维·杰罗姆为首的委员会进入印第安人领地，就份地制游说鼓动印第安人。杰罗姆委员会为了获得足够的成年凯厄瓦人的签名，针对凯厄瓦保留地生活困苦的状况，以份地制将带来生活改善相诱，允诺给每人分配 160 英亩土地，然后用 200 万美元购买余下的土地。孤狼起初反对份地制，理由是凯厄瓦人和科曼奇人、阿帕奇人一样，也不善耕作，土地私有化只会招致灾难。其他人也很难相信杰罗姆所描绘的海市蜃楼。另一位名叫匡纳的凯厄瓦人首领提出一个不同的方案，建议政府将购买余下土地的金额提高到 250 万美元，同时在国会与印第安人共同商讨份地制问题。这一动议得到孤狼的支持。经过协商，杰罗姆表示接受印第安人的建议，随后起草一项称作"杰罗姆协议"的文件，要求凯厄瓦人签名。为了取得四分之三的人签名同意份地制，杰罗姆等人上下其手，故意将凯厄瓦族人口由 631—725 人改为 562 人，并且让非印第安人在文件上签名。在得到 456 个签名后，杰罗姆委员会便宣布文件生效。孤狼在文件上签名后，旋即怀疑文件在译为印第安语时遭到篡改，要求抹去他的签名。同时，凯厄瓦人和科曼奇人、阿帕奇人一道上书国会，呼吁国会否决杰罗姆协议。1893 年国会收到杰罗姆协议后，随即展开激烈的辩论。次年，孤狼率代表团抵达华盛顿，与国会有关委员会一起讨论协议，使批准程序搁浅。这一拖便到了1898 年，白人社会要求批准协议的呼声复起。众议院做出肯定的表示，参议院则因收到了新的材料而一时迟疑不决。两年后，印第安人再度向国会陈情，申明："我们现在已经意识到，如果这个条约（指杰罗姆协议——引者）获得批准，我们作为一支人民注定要走向毁灭，陷入贫困境地；夏延人、阿拉珀霍人及其他一些印第安人部落，过早开放了保留地，让白人在他们中间定居，就产生了这样的后果。我们也会一样。"①但是，略加修改后的杰罗姆协议仍为国会所通过。凯厄瓦族等三个部落便再派代表团赶赴华盛顿，与麦金莱总统会谈，试图以一个新的文件取代杰罗姆协议。可是，美国政府拒不考虑此议。孤狼于是更感不安，因为杰罗姆协议一旦实行，部落便被解散，他的首领地位也就不保。在受过教育的印第安人及"印第安人权利协会"的帮助下，他向最高法院提出上诉，引出了"孤狼诉希契科克案"。1903 年，最高法院做出判决，认定国会的做法合乎法律，也即肯定国会在

---

① Cadwalader, *The Aggressions of Civilization*, p. 230.

处理印第安人事务时拥有"绝对权力",毋须尊重条约和印第安人的意愿。①孤狼最终败诉,份地分配便很快在他的部落中推行起来。这个案件在当日曾引起广泛关注。即使那些向来支持土地私有化的团体和社会人士,由于赞成把印第安人的同意作为份地制的前提,故对最高法院的判决不以为然。"印第安人权利协会"事后评论道:"现在人们已经清楚地了解到,国会有权为所欲为;它没有尊重条约的义务,因为印第安人没有什么值得尊重的权利。"②

"孤狼事件"实际可说是抵制《道斯法案》斗争的一个缩影,表明印第安人不论采取何种行动,终究无法扭转局面,因为白人社会的夺占势不可当,美国政府强制执行同化政策也是决心已定。

当年得免于实行土地私有化的印第安人,到后来竟成了幸运者。北卡罗来纳的切罗基人,佛罗里达的塞米诺尔人,得克萨斯的亚拉巴马-考沙塔人,纽约的塞尼卡人,艾奥瓦的索克-福克斯人,科罗拉多的部分尤特人,新墨西哥的普韦布洛人和梅斯卡莱罗-阿帕奇人,亚利桑那和新墨西哥的霍皮人、祖尼人和纳瓦霍人,加利福尼亚的图利河人、胡帕人和尤罗克人,科罗拉多河谷的尤马人,以及阿拉斯加的土著部落,都保住了自己的保留地,部落传统得以延续,生活略有保障,与失去保留地的人相比,享有很多的优越性。在这里,历史再次给白人社会的同化派以辛辣的嘲讽,对印第安人则做了十分残忍的戏弄。

三、生存系统的转换

1. 从游猎状态到定居生活

白人社会把土地私有化作为"文明开化"的手段,其目标在于促使印第安人像白人那样生活,实现生存系统的转换,最终进入资本主义的市场体系。这对惯于游猎生活的印第安人绝非易事。白人社会为此首先要求印第安人放弃游猎状态,固定居住场所。

印第安人的生活依赖于广阔的地域,随衣食资源而流动迁徙,多数部

① Prucha, *Documents of United States Indian Policy*, pp. 202-203.
② Cadwalader, *The Aggressions of Civilization*, p. 217.

落没有形成永久的定居村落。农业部落的生活略为稳定，但生产者仅是妇女，而男子则仍须以狩猎作为衣食供应的补充，因而狩猎乃是印第安人的基本谋生活动。东部和西南部的部落农业较为发达，而西部广大印第安人则多以狩猎和掠劫为生。如大平原南端的西阿帕奇人，在进入保留地以前，农业种植仅构成 25%的食物来源，更多的生存资源需以狩猎、采集和抢劫来获取，因此他们居无定所，终年游移出没于大平原上，只有在冬天才稍作停留。农业部落的稳定也是相对的，他们的活动地域虽然狭小，但也不能永久固定一处，因为粗放的种植极易耗竭地力，必须经常开辟新的种植地，而他们由于居处和工具简陋，也不会在流动迁徙中造成不便和损失。印第安人大多没有家具和床铺，举家所有可以置于马背之上。这一切都体现了游动生活的特点。

白人历来痛诋印第安人的游猎生活，把居无定所的部落视为定居白人安全的威胁。初入北美的移民就指责印第安人处于"分散而狂野的生活过程"，土著妇女"像蜗牛一样不嫌麻烦地把她们的房子负在背上走"。①殖民地时期建立众多的"祈祷城"和保留地，目的之一就是迫使印第安人改变游动生活的习惯，像白人一样定居。

美国政府曾极力压缩印第安人的活动地域，鼓励农业生产，建立示范农庄，重组土著村落，指望这些措施有助于改变他们的生活习惯。但在 19世纪中叶以前却收效甚微。随着保留地制度的逐渐推广，印第安人由游猎状态向定居生活的转变，在美国的武力威逼之下很快实现。人类学家摩尔根善良地希望印第安人依靠自己智性的力量，从游猎采集过渡到定居农耕，②但实际转变的完成，却是白人社会强制政策的外部压力所致。

白人看到广阔的地域乃是"野蛮状态"的命脉，设想如果压缩生存空间，游猎生活就难以为继，印第安人只要不愿灭绝，就只能转而依赖农、牧生产这些更有效地利用土地资源的方式，于是也就能十分自然地步入定居生活。白人之所以压缩印第安人的生存空间，背后显然另有心机，因为追逐土地的人早已盼望把印第安人的土地变成自己的所有物。不过像杰斐逊一类人却多少具有人道主义情怀，寄希望于印第安人在减少土地以后从事定居生产。他曾表示，只要印第安人愿意出卖土地，美国不论是否需要都会慷慨买

---

① Axtell, *The Invasion Within*, p. 138.

② Lewis Henry Morgan, *The Indian Journals 1859-62* (Ann Arbor, 1959), p. 42.

下，因为卖地的收入将使他们有能力改良土地，从狩猎转向农业，在生活上获得更丰足的保障。① 美国政府也确曾用购买方式削减印第安人的土地，迫使他们接受定居生活。不过，最终达到压缩目标的却并非善意的购买，而是巧取豪夺；其宗旨也不在于"文明开化"，而是赤裸裸的生存竞争。

19 世纪中叶，美国政府为了逼迫大平原印第安人放弃游猎生活，支持白人职业猎手和军队猎杀野牛，断绝他们的生存资源。此举对大平原部落的传统生存方式无异于釜底抽薪，最后迫使他们在保留地定居下来。

美国政府同时还意识到定居生活如果不以生产为基础，即等于空中楼阁，因此一直促使印第安人采纳农业生产，为他们提供牲口、农具、种子和技术指导人员。传教士们还在有些部落建立示范农场，安排印第安人到白人家庭体验生活，并要求他们学习白人的建房技术。但在保留地时期以前，这些活动的效果似乎不甚显著。

从 19 世纪 50 年代开始，美国政府逐步把保留地制度推广到所有部落。保留地印第安人的活动地域十分狭小，传统的游猎生活也就失去了存在的基础，他们只得接受定居生活，游猎状态即告终结。不过，对大部分印第安人来说，定居生活的经济条件并不是生产，而是美国政府提供的配给和年金。美国政府和同化派都不满意这一局面，试图在保留地发展农业，开发利用其他资源，促使印第安人在经济上达到"文明生活"的基本要求。

2. 保留地农业的发展

美国政府划给印第安人的保留地，大多坐落于西部自然条件相对恶劣的地区。但这并不排除因地制宜发展经济的可能性。保留地的土地、草场、森林和地下矿藏，都是极有价值的经济资源。对美国政府和白人社会来说，印第安人能否利用这些资源顺利完成生存系统的转换，乃是整个"文明开化"运动成败的关键所在。白人社会为印第安人设计的未来生活，即建立在自给自足的小农经济的基础之上。他们看到印第安人尚未完成由游猎向定居农业的过渡，便认定以私有土地为依托的农业，乃是走向"文明"生活所必经的第一步。但是，在部落按照白人模式发展农业，涉及观念、制度和技术等一系列问题，实际上是对土著生活方式的一次根本性改造。在推行农业计划的过程中，私有财产观念的培植、土地的私有化、工具种子的供应、生产技术的培训和示范、水利灌溉设施的修建、农产品交易市场的开辟，都是必

① Sheehan, *Seeds of Extinction*, p. 169.

须同时并举和配套而行的事情。

内战以前，传播农业生产的重点对象是东部印第安人和西迁部落。美国政府与这些部落签订的条约，大都包含有关农业问题的条款，如规定美国为部落提供农业发展基金，由美国政府支配，用于购买牲口、农具、种子和聘用农业技术人员。相对说来，在这些部落推广农业较为容易，因为作物种植早已是其传统生活方式的一部分，白人所要做的工作，仅是引导改进技术，增加新的作物，采用新的工具，以及扩大种植的规模。例如，特拉华人在迈阿密河谷生活时就种植大片玉米，1795 年美国派兵征讨西北部反美部落，曾将他们的青玉米地付之一炬；他们用于种植粮食蔬菜的土地在 1838 年达到 1,500 英亩，同时还饲养着成群的牛、猪和马；他们在 1866 年当年生产粮食 72,000 蒲式耳，土豆 13,000 蒲式耳，饲养牲口 5,000 头。[1] 这个部落能在农业上取得进步，也得益于美国政府的支持和推动。

19 世纪 60 年代以后，农业计划的重心转到西部各部落。这项工作不仅变得异常艰巨，而且成效也实在微不足道。内战刚结束，美国便向西部派出"和平委员会"，与苏族、夏延族等部落签订条约，对明确证实有意向从事农业的人，由保留地管理官员负责提供种子和农具，并派白人农场主进行生产指导；如有 100 人以上从事农业，美国可另派一名铁工来加以协助（修理、打制农具）；为奖励农耕，美国设立 500 美元奖金，以 3 年为期，每年奖励 10 名收成最好的农民。[2] 可是，此后大平原地区战端迭起，冲突不断，证明在这些部落推行的农业计划并没有收到多大的实效。

部落土地私有化之后，美国政府和白人社会寄希望于获得份地的印第安人有效利用土地，依靠个人的劳动发展生产。推动份地所有者开展农业生产，便是美国印第安人事务管理机构的主要职责。

肖肖尼人实行份地制，始于 1868 年 7 月与美国签订《布里杰要塞条约》以后。美国政府允许肖肖尼人个人拥有 320 英亩份地，对于愿意从事农业的人，美国给予价值 100 美元的农具和种子，并在此后 3 年里每年支付 25 美元，在下一个 10 年里每年支付 20 美元，以帮助他们走上农业道路。美国政府 3 年内还向生产最为出色的 10 名肖肖尼人每年颁发 500 美元奖金。肖肖尼人从此开始了永久的定居生活。

---

① Jackson, *A Century of Dishonor*, p. 62.
② Prucha, *The Great Father*, p. 494; Gibson, *The American Indian*, p. 394.

　　随着份地制的普遍实行，印第安人农业也出现了新的进展。耕种面积、从业者及产值一度都呈增长趋势。兹以几组数字为证：1911年，24,489名印第安人耕作383,025英亩土地，产值1,951,672美元；1916年，35,825名印第安人耕作678,527英亩土地，产值5,293,719美元；1920年，37,000名印第安人耕作1,000,000英亩土地，另有47,000人从事牧业。印第安人事务局长塞尔斯据此宣称，"印第安人由猎人和游荡者向定居土地所有者和住家者的转变，在各地都明显可见"。[①] 但是，在取得进展的表象之下，却掩藏着许多严峻的问题。俄克拉何马印第安人耕种的土地，在1910年达到2,131,477英亩，然而此后却不断减少。全国的情形也大致类似于此。1920年印第安人的耕地面积为1,836,191英亩，1930年下降到1,591,368英亩；印第安人土地及土地上建筑的价值，在1910年时相当于白人农场价值的44%，到1930年却只有31%。[②] 这些数字说明，印第安人的土地所有权并无切实保障，份地流失现象十分严重，而且土地的质量也在不断恶化。显然，美国政府必须改进有关印第安人农业的政策和措施。

　　美国政府在处理份地制农业时犯了一个严重的错误，未能给予足够的财政支持和有效开展农业技术培训，使印第安人向农业生产者的转变极不顺畅。国会对印第安人农业计划的拨款少得惊人，1888年尚有30,000美元，到1891年反而减至15,000美元，1894—1911年间竟分文未与。1911年，国会设立一笔250,000美元的印第安人生产基金，人均只合1.5美元。[③] 这些为数有限的资金，对印第安人农业的庞大工程来说不过是杯水车薪，其于事无补自不待言。印第安人农业之所以逐步走向衰落，与此有莫大关系。有人十分惊异地发现："分配私有份地，不论是对推进美国印第安人的福利，还是对促进保留地印第安人经济发展，都是一大灾难。它不但没有鼓励印第安人从事农业，反而导致印第安人农业的严重衰退。"[④] 这一看法可以从夏延人和阿拉珀霍人经济状况的变动中得到有力证明。1906—1907年，两族总收入为217,312美元，其中来自农业生产的收入仅为5,312美元，三分之二系出售份地所得，其余源于出租土地。而且，两族人均收入逐

① McDonnell, *The Dispossession of the American Indian*, p. 33.

② Prucha, *The Great Father*, p. 895.

③ McDonnell, *The Dispossession of the American Indian*, p. 26.

④ Prucha, *The Great Father*, p. 895.

年下降，1904—1905 年为 139 美元，到 1906—1907 年仅有 78 美元。[1]

虽然美国政府在整体上没有给予足够的支持，但是印第安人事务局仍对农业问题倾注心力。富兰克林·莱恩任内政部长和塞尔斯任印第安人事务局长的 1913—1920 年间，印第安人土地的开发尤其受到重视。塞尔斯指出："印第安人富饶的农业土地、广阔的草场和茂密的森林，都应加以利用，使之成为他们文明开化的强有力工具。"[2] 他推出一些新的措施，包括举办农业博览会，展示印第安人的农产品，以激励他们对自己的农业成就树立信心；聘用更多的白人农民向印第安人传授农业技术；实施畜牧业发展项目等。不过这些措施终究未奏大效，多数印第安人依旧不能开发份地，出卖或出租土地仍然是他们获得收入的主要渠道。

多数保留地地处西部，缺水少雨，要发展农业就必须兴修水利灌溉设施。以部落的财力和人力，绝无可能承担如此浩大的工程，因而美国政府不得不关注此事。国会从 1867 年开始即有此项拨款，1884 年又增设灌溉总基金，金额由当初的 50,000 美元，增加到 1917 年的 244,700 美元。用于水利工程的拨款也逐年增加，到 1924 年达到 2,211,300 美元。[3] 参与其事的人力也得到逐渐加强。1899 年任命两名灌溉监督员，后来增至 7 名；在灌溉的繁忙季节，受雇的水利工程师及其他人员达 150 人之多。[4] 迄于1927 年 6 月 30 日，受益于政府灌溉工程的保留地土地共有 692,057 英亩，其中实际获得灌溉者占 52%。不过，在这部分土地中，仅有 32% 是由印第安人自己耕种的。[5] 这又从另一侧面说明，美国政府应对印第安人农业的落后承担部分责任。

3. 对资源的开发利用

按照美国政府的规定，印第安人对保留地拥有的仅是居留权，并非土地所有权，因而保留地的各种资源也属于美国政府，印第安人不得随意使用。可是，保留地的经济状况极度恶化，必须开发多种资源才能有所改善。最早利用的主要是森林、草场等地表资源；到 20 世纪中叶以后，地下资源的开发在许多保留地都成了经济的支柱。

---

[1] Olson, *Native Americans in the Twentieth Century*, p. 86.

[2] Prucha, *The Great Father*, p. 879.

[3] Prucha, *The Great Father*, pp. 891-892.

[4] Prucha, *The Great Father*, p. 892; Cadwalader, *The Aggressions of Civilization*, p. 65.

[5] Prucha, *The Great Father*, p. 894.

不少保留地都有广阔的森林覆盖面积，印第安人清理耕地时只得砍倒树木，这也为美国政府所许可。但商业化的采伐则在禁止之列。1889年政策出现松动，国会批准印第安人在总统同意下出售倒下或枯死的树木。西奥多·罗斯福总统大力开展全国性的资源保护运动，将2,500,000英亩保留地森林就近划入国有森林保护区。后经威廉·塔夫脱总统批准，将一部分保护区归还于保留地。1910年的《一揽子法案》允许印第安人为改善自己的境遇出售木材。印第安人事务局实施森林计划，帮助印第安人利用森林资源发展经济。1911年，印第安人出售木材的收入约为2,000,000美元。[①]

保留地的草场也是一种极有价值的资源。在美国政府的扶持下，西南部部落发展畜牧业，牲口数量不断增加，经济状况有所改观。帕帕戈人的情况具有一定代表性。这个部落原以狩猎采集为生，由于缺少水源，农业活动极为罕见。在17—18世纪，西班牙耶稣会传教士把牛、马、羊等牲畜引入他们中间；19世纪中后期，他们又从美国的牧场主那里获得新的牲口品种，畜牧业逐渐成为他们的主要经济活动。不过，他们无论在饲养技术、经营方法还是经济实力、市场关系各个方面，都不能与白人牧场主相匹敌。美国政府鉴于畜牧业对帕帕戈人极其重要，决定扶助他们在这个领域立足，由此实现经济上的自立。1914年，国会拨款5,000美元建设灌溉草场的水利设施，还提供资金用于掘井和修建蓄水池。保留地的面积也略有扩大，使他们有充足的土地放牧。于是，帕帕戈人变成了西部牧民，牲口乃是他们的"活支票"。1914年，他们拥有的牲口在30,000~50,000头之间，此外还有8,000~10,000匹马。1935年，保留地被划分成11个分开的放牧区。但是，牲口增加过快的结果，则又带来了土地风化和草场枯竭的危险，印第安人事务局只得对每户拥有牲口的最高数量做出限制。[②]

及至20世纪中叶以后，开发保留地的地下资源崛起为重要的产业，而且愈到后来，其经济意义就愈加突出。经过勘探查明，保留地荒凉贫瘠的地表下埋藏着丰富的石油、天然气、煤、铁等工业资源。印第安人起初缺乏开发这些资源的财力和技术，也没有这方面的意识和要求。他们情愿把矿产资源租与白人而坐收租金。欧塞奇人由于出租保留地的石油开采权，竟跻身全美最富庶的群体之列，人均每年从石油中获得的收入在10,000美元左

① Prucha, *The Great Father*, pp. 889-891; Cadwalader, *The Aggressions of Civilization*, p. 65.

② Stanley, *American Indian Economic Development*, pp. 525-532.

右。[1] 但是，资源开采的租赁也使印第安人蒙受很大的损失。白人所付租金不高，开采时则只顾眼前利润而加以肆意浪费和毁坏。一些部落领袖逐渐意识到此中弊端，强调应由部落管理和经营资源的开发。第二次世界大战以后，25 个部落联合组成"能源资源部落大会"。这些部落占有全美 80% 的铀储量，煤、石油、水资源和木材的储量也相当可观。这个组织在性质上近似卡特尔，对资源实行独占，只允许成员部落开采，不准外人染指。有的部落领袖同意白人投资于保留地资源开发，但须由部落掌握检查权，而且企业必须雇佣较多的印第安人。印第安人自己经营的资源开发企业，则以切罗基人设在俄克拉何马的菲利普石油公司最享盛誉。

美国政府自 20 世纪 50 年开始，试图在保留地资源的基础上因地制宜，开展工业化运动，以便扭转印第安人的经济状况。1953 年上任的印第安人事务局长格伦·埃蒙斯提出，只要吸引资金，即可在保留地就地兴办工业，解决印第安人的就业和贫困问题。他四处宣传游说，动员企业界到保留地投资，兴办劳动密集型产业，并保证企业的所有权将属于投资者。然而，这个计划在很长时期内进展甚微。原因在于保留地的土地关系十分复杂，租赁手续繁难；而且道路交通极为不便，人口稀少又限制了市场的规模。投资者也不满意印第安人的工作素质，如果进行劳动培训，则使企业得不偿失。因此，若干年过去，投资者仍然寥寥无几；即便开工的企业，也很少雇佣印第安人。[2] 通过工业化以解决保留地的就业和贫困，事实证明又是一次所获无多的尝试。

不过，开发印第安人传统工艺技术的举措，却收到了良好的经济效果。1935 年，国会制订《印第安人艺术和工艺法》，鼓励公众了解印第安人的传统工艺，把印第安人的工艺制品推向市场，为他们开辟一个经济收入的来源。根据法令设立印第安人艺术和工艺局，成员共 5 人，工作任务包括承担对印第安人艺术与工艺的市场和技术研究，推动传统制品市场化，以及处罚销售假冒印第安人工艺品的行为。1939 年在旧金山金门国际博览会，1941 年在纽约市现代艺术博物馆，都展示过印第安人的传统工艺制品。印第安人制作的篮子、陶器、织毯、服饰等产品，以其古朴庄重的风格和深厚的历史文化内涵，日益受到市场的欢迎。另外，在风物奇特和景色绮丽的保

---

[1] Gibson, *The American Indian*, p. 404.

[2] Olson, *Native Americans in the Twentieth Century*, p. 151.

留地，结合印第安人文化传统的旅游业也逐渐兴起，既开辟了新的收入来源，也扩大了传统工艺品的销售市场。

但是，总的情形却仍然极不理想，保留地的资源开发并未充分而有效地服务于印第安人的经济发展和生活改善。其根源在于，印第安人自己在开发活动中所占比重不大，各种资源所带来的财富大多流入非印第安人囊中。这在很大程度上解释了，何以占有丰富资源的印第安人多数仍然生活在穷困之中。

四、贫困化之路

1. 印第安人的贫困化

印第安人事务局长约翰·科利尔在 1938 年说："谈论精神发展、道德觉醒和教育进步，都是令人高兴的事情；但是，如果一个印第安人没有足够的东西可吃，没有可以维持正常体面的衣服，不能满足他和他的家庭的住房要求，那他就不会有心思或精神，甚至不会有气力去顾及其他事情。"① 这番话道出了一个现实而浅近的道理。事实上，白人社会的同化计划所遇到的巨大挫折也正在于此：走上"白人之路"的印第安人，大多陷入贫困不堪的境地。他们在物质生活上与白人存在悬殊差距，也就无从融汇于主流生活。

美国政府对印第安人发展生产以求得经济自立的前景往往过于乐观，执行政策时总是急于求成，总结工作时则报喜瞒忧。印第安人事务局长1872 年的年度报告宣布，在当时美国本土全部 253,000 名印第安人中，已有 130,000 人在保留地做到了生产自给，超过总人口的一半；另有 84,000 人在生活上部分依靠政府援助，只有 31,000 人完全指望配给和年金度日；余下的 55,000 人则不在美国控制下，仍然按传统方式生活。② 这些数字的可信程度显然很成问题，因为有许多材料证实，不仅实现经济自立的人在19 世纪 70 年代为数不多，即便到了 20 世纪情况也没有出现根本好转。

以描绘西部生活闻名的作家哈姆林·加兰，在 19 世纪末曾走访西部保留地。他笔下的印第安人的生活境况极端悲惨不幸。他称保留地为"畜栏"

---

① Prucha, *The Great Father*, p. 986.

② Jackson, *A Century of Dishonor*, p. 337.

和"露天监狱","和印第安人家园所在的州或领地相比较,那里的土地是最没有价值的,……这些小小的土地中,很少有一块对红种人是安全保险的"。苏族、黑脚族和北夏延族的人们,住在窄小而通风不畅的圆木小屋或搭建的棚屋里,只有一两个房间,冬天人们挤在一起以抵御严寒,夏天则不得不另搭帐篷或小屋以解酷暑,做饭睡觉全在一间屋子里进行。"他们的家庭生活失去了昔日的全部迷人特色。"由于住房不合卫生标准,很多人染上肺病。他们的衣服不过是优质兽皮和粗劣布料的混合。"他们当然十分不幸和贫困,无事可做,整天坐着抽烟,等待发放配给的日子。耕种土地实际上毫无用处……他们不准离开保留地去打猎或寻找工作。"政府发放一月的配给,一般只够吃一星期或 10 天,然后就只得忍饥挨饿,熬到下一次发放配给之时。吉卡里拉-阿帕奇族和南尤特人的情形也大致相同。①

印第安人自己对于保留地生活的反应,可以和加兰的描绘相互印证。有位叫白鹰的印第安人在谈到他在保留地的生活时说:"我们发现这里的土地很糟,我们一个接一个地死去,我们问,'有谁会可怜我们呢?'我们的动物死了。……我们有一百人死在了这里。"②1890 年,苏族人黑麋用形象化的语言描述了印白关系格局中印第安人处境的不断恶化:

> 我们在我们自己的家园曾经生活得很幸福,我们很少挨饿,因为那时候两条腿的(人)和四条腿的(动物),像亲戚一样生活在一起,它们和我们的东西都很丰富。但沃西库斯(Wasichus,指白人——引者)来了,他们把我们弄到一个小岛上,把四条腿的(动物)也弄到了一个小岛上,而且这些小岛总在越变越小,在它们的四周奔涌着不断增强的沃西库斯的洪流。③

总之,在保留地只有少部分印第安人生活略有保障,而更多人则困苦不堪,糊口度日已属不易。受雇于保留地管理处的人,以及充当土著警察的人,因为收入较为可靠,境况比一般人略好。饥饿和疾病不断袭击保留地,无可奈何的人们,如阿拉珀霍人,有时只得以种子充饥,④ 有时则宰杀牲口果腹。1872 年印第安人事务局长的年度报告所提供的数据,与这种情形显

---

① Gibson, *The American Indian*, p. 457.

② Armstrong, *I Have Spoken*, p. 123.

③ Gibson, *The American Indian*, p. 426.

④ Henry Elkin, *The Northern Arapaho of Wyoming* (New York, 1940), p. 234.

然有很大的出入。

到 20 世纪前 30 年，印第安人的艰辛生活依然如故。分得份地的人中有 49%失去了土地；到大危机爆发前夕，90%的印第安人年收入不足 200 美元。① 1920 年 6 月，素以业余研究西部印第安人战争而闻名的铁路工程师沃尔特·M.坎普，向印第安人事务局提交一份报告，其中包含他多年在西部收集的有关印第安人的材料。他尖锐地指出，印第安人的最根本问题在于没有自给自足的能力，他们不过是贫困的农夫和牧民，缺乏追求财富的欲望和本领。他把贫困的原因归结为他们心理性格上的缺陷，认为他们天生不是资本家，不知追求利润和创造财富。② 虽然他的结论带有当日盛行的种族主义倾向，但他提供的材料却至少说明，美国政府力图使印第安人在经济上自立的计划，到 20 世纪 20 年代仍是一纸具文。

2. 阻碍保留地经济发展的因素

各保留地的总人口不足百万，以其所拥有的资源，加上美国政府投入的物力和人力，印第安人的经济生活本应得到改善，或至少不至于沦入贫困不堪的地步。美国白人可以在一片莽原上建设一个世界强国，却为何不能使印第安人走上富足之路呢？实际情形恰好相反，白人为了建设一个强大富足的国家，不惜对印第安人实行物质剥夺和文化征服，摧毁他们传统的经济生活，导致他们陷入深重的生存危机。美国政府虽然极力促使印第安人实现生存系统的转换，但这一过程受制于各种因素而迟迟不能完成。印第安人过去的谋生方式早已崩溃，而新的生存系统又不能确立，因而他们就不可避免地沦为美国最贫困的人群。

印第安人之所以不能在保留地实现经济自立，是由于他们在经济发展中遇到了许多难以克服的困难。其中至关重要的一点是，印第安人的传统观念、习俗和制度，与白人的经济模式之间存在着明显的差距和矛盾。虽然白人社会长期实行文化改造，但始终不能从根本上改变印第安人文化的性质，所以印第安人传统与现代经济之间，仍然极为隔膜和格格不入。仅以财产观念而言，印第安人根本就不能达到资本主义经济生活的要求。他们的私有意识十分淡薄，不知如何处理金钱，更没有追逐利润和增殖财富的欲望。他们仍以共有和分享为至高的美德。据说，有个罗马天主教牧师曾经抱怨，分享

---

① Cadwalader, *The Aggressions of Civilization*, p. 134.

② Hoxie, *A Final Promise*, pp. 239-240.

习俗使财富分散，不利于富有阶层的形成，使"坏"印第安人把"好"印第安人拖到很低的经济水准，从而造成保留地经济停滞不前。① 印第安人不仅缺乏追求财富的动机，而且极其蔑视为个人目的而聚敛财富。此外，印第安人关于"数"的概念很不发达，不能适应现代经济中的数字管理，无法理解财富数量的变动即是经济发展的基本指标，因而也就难以进入资本主义的市场体系。

印第安人传统的劳动分工模式及相应的观念，也阻碍他们适应白人的经济模式。男子专门负责打仗和狩猎，女子从事田间劳动，这是许多部落共有的分工模式。印第安人认为，男子如果去工作，就会变得和女人一样，丧失"真正的男子汉精神"，导致意志涣散，部落也会随之走向毁灭。② 沙哈普特族先知史沫哈拉有"农业的敌人"之称，他声称："我的年轻人从来不应去工作。工作的男人是不能做梦的，而我们都从梦中获得智慧。"③ 这种分工习俗及其观念与生产系统相抵牾，乃是不言而喻的。农业和畜牧业都离不开男子的参与。白人模式的农场经济，在大型机械化农场出现以前，便是以男子耕作、女子持家为特征的。但是，许多印第安人并不理会新的劳动分工，虽然早已无猎可打，男子仍不屑于工作，宁可酗酒枯坐，或沉浸于对过去狩猎和战争的回忆。可是，白人根本不能理解这种现象背后的文化根源，一口咬定印第安人懒惰愚顽，不肯用自己的劳动来改善生活处境。

印第安人关注过去的逆向文化特性，与资本主义精神更是相去千里。印第安人崇奉传统，把既定习俗和祖先垂训看成至高无上的规约，不愿轻易变更。而且，他们的未来观念也十分模糊，很难想到运用自己的努力去改变现状和塑造明天，因而发展经济以改善生活的重要性往往受到忽视。相反，回忆过去和追述祖先业绩，乃是他们抚慰心灵和逃避苦难的主要方式。

然而，如果把印第安人的贫困化归咎于他们在文化上的缺陷，则显然有乖史实而且不合情理。印第安人的文化特性，原本植根于相应的生存环境当中，与其传统的生活方式和谐一致，本身并无优劣可言。但是，白人不仅打碎了他们传统的生存系统，而且逼迫他们以原有的文化特性迅速适应全新的经济生活，这又谈何容易。更何况美国政府在这一过程中所采取的许多措施都流弊深重，进一步损害了印第安人的经济条件。

① Vine Deloria, Jr., *Custer Died for Your Sins: An Indian Manifesto* (New York, 1969), p. 124.
② Axtell, *The Invasion Within*, p. 165.
③ William C. Macleod, *The Indian Frontier* (New York, 1928), p. 528.

从长远来看，土地私有化政策对保留地经济的破坏至为猛烈。印第安人在部落共有的土地上，或许尚能发展生产；而一旦实行私有化，他们很快陷于无所适从的困境。他们既不懂得如何经营私有财产，也不会借助美国法律来维护财产权利，于是经常受到欺瞒哄骗，土地也为人所巧取豪夺。至于那些不事耕作和不善经营的印第安人，迫于生活贫困的压力，只得出租或出售份地。在 20 世纪初年，印第安人事务局长琼斯列举阻碍印第安人农业发展的各种因素，把份地出租置于第三位。[①]

具体负责印第安人事务的联邦官员，通常不顾保留地的自然条件和部落传统经济的优势，盲目推行以农、牧业为主的经济计划，不仅未能改善印第安人的处境，反而造成更加深重的贫困。太平洋西北沿岸的拉米人原以捕鱼为生，形成精巧高效的捕捞技术，很少为衣食温饱发愁。1855 年他们被迫迁入保留地以后，联邦官员一心要把他们从渔夫改造成农民，大力执行以农代渔计划，要求他们砍伐林木，清理土地，种植粮食和蔬菜。联邦官员认定拉米人的前途在于发展农业，并为此绞尽脑汁。可是结果却适得其反。拉米人多数不愿务农，仍以捕鱼为业，其生产方式和风俗习惯，仍未跳出传统的范畴。如果联邦官员因势利导，鼓励用新的技术开发水产资源，拉米人就不会在 1890 年以后长期为贫困所苦。20 世纪 60 年代以后，捕鱼业对拉米人的特殊意义才得到重新认识，他们的经济境况随之开始好转。这种脱离保留地具体条件的做法，在不少部落都曾造成严重的危害。联邦官员发现有些保留地农业进展太慢，转而鼓励饲养牲口。但由于没有妥善解决他们的食物来源，饥饿的人们便宰杀幼畜充饥，牧业照样不能很快兴旺起来。

贫困往往容易形成恶性循环。越是贫困的部落，就越缺少发展经济的财力和物力；国会的有限拨款经常落入保留地管理官员和合同商人之手，也不能有效地扶助保留地经济。资金短绌对经济发展的限制，到后来显得愈加突出。

以上所论仅涉及印第安人经济发展的一般现象。各个保留地的详情当然是各有不同的。例如，大平原诸部落的贫困化，无疑与传统因素紧密相关；而五大文明部落经济的衰落，则主要是土地私有化所造成的恶果。

3. 走出保留地

保留地的经济状况本来十分恶化，进入 20 世纪各部落人口普遍回升，

---

① Prucha, *The Great Father*, p. 817.

资源和工作机会便更为短缺。日益增大的生存压力，迫使一部分人离开部落和保留地，到白人社区去寻找就业机会。率先跨出这一步的是那些受过教育的年轻人。随后，由于两次世界大战的推动，许多人得以领略保留地以外的生活，走出保留地的潮流逐渐由小变大。50 年代联邦政府开始实施大规模的再安置计划，为数更多的印第安人进入城市。不论印第安人还是美国政府，都不约而同地把离开保留地作为摆脱贫困状况的新途径。

可是，印第安人长期受到多种限制，对保留地以外的世界所知甚少。他们用自己的文化表尺来度量白人的世界，把城市、高楼、铁路和工厂都视为异物，看成对大地之母的亵渎。较早接触白人城市风光的印第安人，是那些前往华盛顿访问和请愿的部落领袖。他们第一次走进城市的感觉肯定是既惊异又颇不适应。蒙大拿的克罗人首领普兰提·库斯首次来到芝加哥，不禁感叹：“这是我第一次见到这样多的白人在一起。看到那么多又高又黑的房子，真让人觉得奇怪。”[1] 他当时何曾想到，就是这种让人“觉得奇怪”的地方，后来竟成了半数印第安人的栖身之所。

最初离开保留地的印第安人大多没有进入城市，而只是在保留地附近的白人社区打零工。1876 年，帕帕戈保留地管理官员在年度报告中谈及，不少帕帕戈人在白人社区中找到了工作，帮助白人收割庄稼，从事各种体力劳动。[2] 20 世纪初，联邦政府开始有意识地安排印第安人到保留地以外寻找工作。1905 年，印第安人事务局设立印第安人就业办公室，以混血印第安人查尔斯·E. 塔加勒特为主任，专门负责解决保留地以外的就业问题，引导保留地的失业者到外面工作，“像白人那样谋生”，同时也让他们了解正常和长期工作的重要性。[3]

20 世纪上半叶美国两度参加世界大战，印第安人走出保留地的运动因而受到了有力的刺激。战时经济需要大批劳动力，吸引众多印第安人参加各种工作。还有一些青壮年参加美军远赴欧洲作战。第二次世界大战期间所动员的印第安人人力尤其可观。印第安人起初对为白人打仗普遍感到难以接受。但在珍珠港事件以后，他们对征兵的态度发生转变，不少人主动应征入伍，表示愿意为美国而战。到战争结束时，共有 25,000 名土著军人在美军

① Nabokov, *Native American Testimony*, p. 179.
② Stanley, *American Indian Economic Development*, p. 534.
③ Prucha, *The Great Father*, p. 768.

各兵种服役。① 另外，大约还有 40,000 印第安人在战时企业中工作。② 这些人与白人长期共处，熟悉主流社会的生活，战后大多愿意留在城市生活。于是，城市印第安人的人数急剧上升。

与此同时，保留地的状况则更趋恶化。人口激增之下，资源不免更加短缺，失业率居高不下，人们生活日趋艰难。有人把保留地比作"监狱营地"，③ 并非过甚其辞。美国政府也看到，凭保留地的资源和就业机会绝无可能缓解贫困问题，因而决定分散保留地人口，把一部分青壮年重新安置于城市。此举可谓一箭双雕，既可缓解保留地的人口和资源压力，又能促进印第安人进入主流社会。国会从 1947 年开始拨款用于对印第安人的培训，为他们进入城市做准备。不久，印第安人事务局建立城市工作科，具体执行再安置计划，为印第安人提供培训机会和搬迁开支，并帮助他们在城市寻找工作和住房，提供 30 天的生活补助和一年的医疗费用。在 1952—1960 年间，共有 35,000 人自愿迁居城市。④ 走出保留地的印第安人，主要集中在丹佛、菲尼克斯、阿尔伯克基、旧金山、达拉斯、洛杉矶、俄克拉何马市、塔尔萨、芝加哥等城市。

迁居城市的几乎全是受过教育的年轻人。他们相对具有知识和技术，也怀有改善自己境况的强烈愿望。但城市生活的现实不久就表明，他们所到之处并非理想的天堂，无数新的困难和考验在等待他们去面对和经受。

---

① Alison R. Bernstein, *American Indian and World War II: Toward a New Era in Indian Affairs* (Norman, 1991), pp. 22-40.

② Prucha, *The Great Father*, p. 1007.

③ Olson, *Native Americans in the Twentieth Century*, p. 152.

④ Olson, *Native Americans in the Twentieth Century*, p. 152.

第五章　重塑印第安人的形象

　　白人社会既然决定以文化同化作为印第安人的最终出路，也就必定按照自己的模式设计出理想的印第安人形象：他们毕业于白人开办的学校，从事生产劳动，占有个人财产，信奉基督教，认同白人的价值和伦理观念，采用英语姓名，穿戴白人式的服饰，能说英语，具有公民身份，除肤色以外，一切都与其他美国人没有差别。人们相信，印第安人一旦适合这种形象模式，便意味着完成了从"野蛮"向"文明"的飞跃，文化征服也就大功告成。为了重新塑造印第安人的形象，美国政府和白人社会在发展教育和强迫印第安人走"白人之路"外，还从宗教、习俗和政治等方面进行改造，力图抹去印第安人的全部文化特征，把他们变成美国公民。

一、莽原上的圣光

1. 传教士与文化征服

　　印第安人在与白人发生接触的时候，其宗教信仰还属于自然神灵崇拜形态，具备成文教义、教规和教会的宗教尚未形成。每个部落都有自己的至上神，大地、植物和动物都被赋予灵性，分别由不同的神祇主宰。许多族群都流传关于灵魂和冥界的说法，相信死者仍以某种形式存在于人们的生活当中，例如，在易洛魁联盟大会始终为死去的著名首领留有席位。切罗基人则把宇宙三分为上界、地界和下界，太阳、月亮和雷电是上界的主要神祇，人、动物和植物则属于地界；鹰虽属地界，但因有翅能飞而与上界接触，故具备神性，受到人们的崇拜。鹰的羽毛、鹰尾舞以及其他种种与鹰有关的事物，经常出现在部落的宗教仪式当中。宗教仪式在印第安人的生活中占有重要地位，凡出征、狩猎、收割、成年、婚丧等活动，都必与宗教仪式相伴随。有的部落还有以异族俘虏活祭神灵的习俗。

初来北美的白人或不了解土著文化，或受宗教偏见的支配，对印第安人宗教不是诋为异端，便是根本否认其存在。托马斯·莫顿断言："新英格兰的土人根本没有崇拜或宗教这回事。"[1]科顿·马瑟牧师则指斥印第安人是"撒旦的代理人"[2]。在白人看来，印第安人有的只是"迷信"，他们的宗教仪式不过是"魔鬼式的姿式和地狱里的聒噪"的混合物。[3]总之，他们是与基督徒不能两立的异教邪魔。"Pagan"和"Heathen"乃是白人在谈及印第安人时使用频率极高的两个字眼，这便足以清楚地反映白人的宗教偏见。

宗教的狂热使命感，也是直接推动欧洲人向美洲进行殖民扩张的动力。基督教会宣称上帝的灵光乃是人类获得救赎的唯一希望，殚精竭虑地向全球各地传播上帝的教义。但教会所扮演的通常不过是带有神圣光环的世俗使者，传教士乃是政治征服和文化渗透的先锋。教会热衷于在艰苦环境中向印第安人传教，固然受宗教使命感的驱动，同时也效力于殖民帝国体系的扩张。17世纪60年代英国先后有多种小册子面世，如《新英格兰的最初果实》（1643年）、《新英格兰印第安人中基督福音的破晓，如果不是旭日初升的话》（1647年），等等。有些还在街头散发，内容多为动员英国人募集资金，为印第安人购置工具、衣服、医药等器物，并提醒英国人注意自己所负有的基督教使命，倡导在北美开展传教活动。[4]

基督教会在印第安人的"文明开化"中负有重要使命，这一点早已是白人社会的共识。但宗教改造与文明开化孰先孰后，却是一个存在争议的问题。一种意见是首先建立学校，培育经济上的个人主义和政治上的民主观念，然后才谈得上宗教的改宗。杰斐逊即持这种观点。他认为，宗教乃是人类发展到高级阶段以后的产物，从宗教改造入手，然后进行开化，这是断然行不通的。他提出的"文明开化"方案，带有浓厚的世俗色彩。他主张先让印第安人获得家禽和牲畜，进而发展农业和家居技艺，培植私有财产，养成对金钱的爱好，掌握算术和书写知识，然后阅读一般书籍，最后才能接触宗教典册。[5]他显然否定了把宗教作为"文明开化"工具的可能，他不能相信

---

① Axtell, *The Invasion Within*, p. 12.

② Nabokov, *Native American Testimony*, p. 65.

③ Axtell, *The Invasion Within*, p. 13.

④ Hoover, *The Red and the Black*, p. 40.

⑤ Sheehan, *Seeds of Extinction*, p. 126.

印第安人以其幼稚纯朴的心灵，可以一开始就理解和接受基督教的精微奥义。

然则教会对此却有不同的想法。在他们看来，基督教与文明本是同义语，传播基督教义便是"文明开化"，如果撇开传教活动，就无从言及"文明开化"。赛勒斯·金斯伯里说，"真正的文明只属于基督教诸国，而不存在于其他地方；它是基督教的结果，也具有基督教的性质，并且首先是通过传教活动而得以传播的"；因此，"把基督教义的平实简单而又强大有力的真理，对异教徒的心灵和意识进行宣讲，不仅是基督教改造他们的最直接的方式，也是文明开化的最直接方式"。① 有个传教士宣称，"上帝就有力量实行救赎"，"不用等待文明使我们的印第安人邻居适合教义，让我们尝试一下，看看教义是否是开化他们的有效手段。……仅用神圣的安息日这一种基督教制度开化他们一年，便胜于所有人类方法在一个世纪里所起的作用"。② 教会一般反对把基督教改造和"文明开化"割裂开来，认为两者本是二而一的过程。"把基督教和文明分开，是完全不可能的"，因为白人带给印第安人的乃是"基督教文明"，而传教士的使命则是在学校和田间，乃至在厨房教导印第安人"生活得像白人一样"。③

教会的立场得到了美国政府的支持。在 19 世纪中叶以前，美国政府执行"文明开化"政策，基本上倚重教会，传教士往往充当政府的代表。印第安人事务委员会在 1869 年的报告中提出，"人们相信，赐福我们的救世主的宗教，乃是一切人民文明开化的最为有效的工具"。④ 印第安人事务局长普赖斯在 1882 年指出，"文明如果不补充基督教的教化和影响，就会是一株生长极慢的植物"；所以政府应当鼓励教会在部落传教和办学。⑤

在"文明开化"的实际过程中，的确不能低估传教士的作用和传教活动的影响。传教士是传播白人文化的先遣队，是文化入侵的主力。他们甚至先于永久移民来到北美，在部落开展传教和探查活动。而且，传教活动并非限于宣讲基督教义和接纳土著信徒。教会最早在部落办学，直到美国政府全面介入之前，教会学校一直是印第安人教育的骨干。传教士还长期向印第安

① Sheehan, *Seeds of Extinction*, p. 127.

② Prucha, *The Indian in American History*, p. 77.

③ Washburn, *The Indian in America*, p. 120.

④ Prucha, *Documents of United States Indian Policy*, pp. 133-134.

⑤ Prucha, *Documents of United States Indian Policy*, p. 157.

人传授定居生产的技术，致力于使他们放弃传统习俗，接受白人的生活方式。如果没有教会的参与和传教士的活动，"文明开化"运动就很难形成如此浩大的声势。

2. 早期的传教活动

最早来到现今美国境内的传教士，是西班牙的耶稣会士。16世纪中叶，也即英国刚着手筹划向北美殖民的时候，西班牙人便在印第安人中建立了传教点，宣讲天主教义，进行"开化"活动。他们活动的区域，涉及现今美国的佛罗里达、得克萨斯、新墨西哥、亚利桑那和加利福尼亚等州。在西班牙人的传教点，集中居住着从许多部落强行捕捉而来的印第安人。他们白天在传教士监督下耕地放牧、读书识字和学习技术，晚上男女分别睡在严加把守的宿舍里。传教士在军队的协助下，对印第安人实行极其严厉的管理和处罚。不堪忍受的印第安人经常起而造反，捣毁传教点和杀死传教士的事件屡有发生。1635年，佛罗里达约有40余个颇为兴旺的传教点，存在百余年以后，为英国人联合当地部落的进攻所毁，改宗的印第安人也被掳卖为奴。西班牙人的传教活动，在美国西南部和加利福尼亚的部落中留下极为深远的影响。大平原部落从西班牙人那里得到马，遂成为善骑能战的族群。有些部落得益于西班牙人传入的羊和牛，在狩猎种植之外又补充了畜牧经济。这些地区出现了众多信奉天主教的印第安人，这无疑是耶稣会士留下的直接遗产。1633年，在祖尼族、霍皮族及其他普韦布洛部落中，约有60,000人接受过天主教洗礼。[①] 在加利福尼亚，约有90,000名印第安人皈依天主教，他们几乎失去了部落特征，被称作"传教点印第安人"[②]。美国夺取这些地区以后，在处理与土著部落的关系时，仍不能漠视西班牙文化留下的印迹。

荷兰和法国的传教士也曾在美国印第安人中从事传教。荷兰人的活动仅涉及哈得孙河谷地区，法国传教士则与易洛魁联盟和大湖区部落有较密切的联系。法国传教士因能较为友好和平地对待印第安人，其传教活动取得了略大的成绩。

英国人对于传教的热情并不稍逊于其他国家的殖民者。国王授权弗吉尼亚公司向北美移民的文件，专门提及宗教改造问题；建立马萨诸塞殖民地的目的，也包括增添"上帝的荣耀，传播基督的教义，使印第安人改信基督

---

① Nabokov, *Native American Testimony*, pp. 61-62.

② Gibson, *The American Indian*, p. 111.

教"。① 可见,传教和殖民从一开始就是联袂而行的。因此,传教活动一直得到殖民当局的大力支持。1636 年,普利茅斯殖民地制订法令,鼓励在印第安人中开展传教活动。马萨诸塞和纽黑文的立法机关,也相继制订类似法令。1682 年,英国成立"新英格兰及在美洲相邻地区传播基督教义会社",其宗旨是"使印第安人摆脱黑暗势力和撒旦王国的控制,去接受真正和唯一的上帝的知识"。这个团体致力于为新英格兰的传教活动提供资助,其活动持续到 1779 年。②

新英格兰的清教徒对传教怀有尤为浓厚的兴趣。清教领袖约翰·鲁滨逊,从荷兰莱登致信普利茅斯总督威廉·布拉德福德,不赞成对袭击普利茅斯的印第安人施以武力报复,主张以宗教感化为主。他写道:"如果你在杀死任何(印第安人)之前,将一些人改造成基督徒,那是一件多么令人高兴的事情啊!"③ 清教领袖的这种热切希望,也为一批又一批不顾艰险而深入部落活动的传教士所共有。小托马斯·梅休前往附陆小岛马撒葡萄园岛传教,不久死于海上;其父继之,仍在那里的万班诺阿格人中间传教。传教士开始并不要求岛上的印第安人放弃传统习俗,而是采取比较和缓的办法,收到了一定的效果。改奉基督教的人后来做了部落首领,许多人接受白人式的教育,能够识文断字,而且岛上也一直没有发生激烈的种族冲突。不过,白人传入的疾病几度肆虐,使岛民人口大减。18 世纪中期,埃利埃泽·惠洛克在康涅狄格的部落传教,创办印第安人慈善学校,学生们举行各种宗教仪式,会读《圣经》,能说英语。

在所有清教传教士中,约翰·艾略特的成绩尤为引人注目。他勤勉耐劳,知难而进,成功地掌握了阿尔冈钦语,并用这种语言编写出语法、拼写和阅读课本,以及教理问答方面的小册子。他还出版了自己翻译的阿尔冈钦语本《圣经》。他不仅用当地语言传教,还把这种语言教给印第安人。他创办了内蒂克庄园,一面传教,一面引导印第安人过白人那样的生活。他还经常解答印第安人在宗教上的各种疑难。例如,有人担心上帝能否听懂他们用土语所做的祈祷,艾略特设法使他们相信上帝无所不能,懂得所有的语言;又有人提出,如何才能证实上帝听到了他们的祈祷,艾略特说一切都取决于祈祷者的思想。他还竭力使印第安人遵守基督教的习俗,在安息日不去捕鱼

---

① Hoffer, *Indians and Europeans*, p. 41.

② Gibson, *The American Indian*, p. 192.

③ Washburn, *The Indian and the White Man*, p. 177.

或打猎。① 由于众多传教士的努力，到美国革命前夕，新英格兰共有 22 个印第安人教堂，91 座祈祷城，72 个白人传教点；改奉基督教并完全成为基督徒的印第安人约有 500 人，此外还有 133 名土著传教士和教师。② 在整个殖民地时期，新英格兰的传教活动都是最为有声有色的。

在中部各殖民地，也有不少传教士在当地部落传教，只是不如新英格兰那么活跃和富有成效。纽约盛行所谓"公爵的法律"，要求印第安人服从英国统治，信奉基督教，不得举行传统的崇拜活动。托马斯·詹姆斯曾到哈得孙河下游地区各部落中传教，但收效不大。荷兰归正会并未因为新阿姆斯特丹的沦陷而停止活动。1683 年，多明·戈弗雷·德里乌斯从荷兰来到纽约传教，掌握了易洛魁语，译出《圣经》的一部分，并在纽约西部的部落中树立了威信。约翰·莱迪乌斯邀请莫霍克人到家里做客，一起祷告和唱圣诗。伯纳德斯·弗里曼也学会易洛魁语，把《祈祷书》和《圣经》的一部分译成部落文字。1712 年，威廉·安德鲁斯来到奥尔巴尼的莫霍克人中传教，4 年里一共给 16 个成年人、54 个孩子和 54 个婴儿施行了洗礼，不少人经常出席他的布道会。不过，他后来到其他部落传教，却未收到如此之大的成效。③

宾夕法尼亚的教友派遵循威廉·佩恩的遗教，一时尚能和易洛魁人友好相处，传教活动也产生了不能磨灭的影响。传教士在部落建起教堂，设立学校，还竭力鼓动印第安人弃猎务农，向他们传授各种生产技术。传教士营建了若干白人社区示范点，从生产、住房到日常生活，都为印第安人提供样板，以便让他们从经验事实中领会"文明生活"的要旨，从而产生效法白人的念头，顺利走出"野蛮"状态。教友派在不同部落所受到的待遇悬殊不一，有时为首领所排斥，有时则被视若救星。后来，易洛魁人走到社会崩溃的边缘，在寻求复兴时曾得益于教友派的襄助。

马里兰的天主教会也未忽视印第安人。安德鲁·怀特神父曾说，印第安人"非常想过文明生活和穿基督徒的服装"。④ 但实际上马里兰的天主教会所取得的进展十分有限。到 1643 年，法国天主教会在加拿大已为 2,700

---

① Axtell, *The Invasion Within*, pp. 224-237.

② Axtell, *The Invasion Within*, p. 273.

③ Gibson, *The American Indian*, pp. 203-204; Axtell, *The Invasion Within*, p. 260.

④ Axtell, *After Columbus*, p. 76.

名印第安人施行洗礼，但马里兰的印第安人受洗者不过 150 人。①

教会在南部其他殖民地的传教活动，值得一书之处似乎很少。弗吉尼亚和卡罗来纳长期为种族冲突所困，传教士的际遇自然无法与新英格兰和宾夕法尼亚相比拟，传教成效也就不值得一提。

3. 美国独立后传教活动的由盛而衰

紧接独立战争之后，各个教派的传教活动急剧形成热潮。各种传教团体纷纷成立，传教由零星活动走向高度组织化。而且，教会一度深得美国政府的信赖和倚重，更加激发了传教的浓厚兴趣，各教派的传教士遍及众多部落。

集中在印第安人中间传教的团体，有"在北美印第安人及其他人中宣传教义会社"（1787 年成立）、"在异教徒中宣传教义联合兄弟会"（1787 年成立）、"美国海外传教协会"（1810 年成立）、"海外传教联合会"（1817 年成立），等等。出自这些团体的传教士深入部落，创办学校，设立教堂，传授农业技术，改变部落习俗，其活动在 19 世纪中叶以前构成"文明开化"运动的主干。

在这期间，传教活动可以说艰苦卓绝而又危险之至，非具备牺牲精神者不能涉足。传教士首先必须面对异常艰苦和险恶的环境。他们所到的部落，大多出没于丛林莽原，而且经常迁徙流动。传教士远离自己的社会，孤身生活在一种陌生的文化环境当中，既要忍受物质生活的极度粗劣，又须随时和部落一起迁移。尤其是许多部落还享有独立自主的地位，对传教采取何种态度，完全按首领的意志而定，驱逐或杀死传教士的事件并不罕见。传教活动还遇到语言的障碍。印第安人的语族和方言不仅复杂多样，而且均未形成文字，学习和掌握的难度可想而知。传教士在部落生活多年，其主要精力往往用在语言学习上面。他们极力模仿揣度，借助罗马字母为部落创立文字，并用这种文字迻译宗教典籍。但土著语言大多不能准确表述基督教的概念和教理，用以传教不免导致曲解和附会教义。他们如用英语布道，应者更是寥寥。而且，传教士当中具备艾略特那种语言天赋的人可谓凤毛麟角，因之许多传教士在一个部落活动多年，结果仍是无功而去。此外，传教方法也让传教士颇伤脑筋。印第安人原有自己的宗教观念，如何才能以白人的上帝取代部落至上神的位置，传教士为此煞费苦心。约翰·艾略特传教初始，印

---

① Axtell, *After Columbus*, p. 83.

第安人以其质朴憨直的心理诘问道："我们的玉米和你们的一样好，我们比你们更快乐"，为什么要向上帝祈祷，为什么要信仰耶稣基督呢？① 可以设想，遇到这类质问的传教士肯定不止艾略特一人。可见，在白人文化的整体优势尚未显扬之时，要使印第安人皈依基督教，必须首先显示上帝的神威，证明上帝比部落神祇更有力量。传教士一般借助治病的办法，一旦治愈部落巫医无能为力的疾病，自然能使印第安人信服基督教的优越性。尤其是如果成功地祛除一位首领的痼疾，就能赢得一个部落的信徒。其他各种先进的技术和工具也被用来证明上帝的伟大。但传教士为此付出的心力能否得到相应的收获，还取决于各种机缘和条件，有些障碍并非人力所能逾越。

在强制同化运动的兴起之中，教会虽然仍起着举足轻重的作用，但较之从前充当"文明开化"的主角，不免显出节后黄花之状。

美国政府在保留地时期之初，仍然借助教会的力量以推行其"文明开化"政策。土著宗教仪式被作为野蛮生活的象征而严加禁止，自然需要基督教取而代之；更何况传教士在传播"基督教文明"方面积累了长期的经验，美国政府自然乐于用他们为"文明生活"充当向导。每个保留地都有教会的踪迹。从1866年开始，美国政府还任用传教士作保留地的管理官员。格兰特政府把更大的权力和责任交给教会，要求教会把保留地的管理处当成传教的前哨。很多传教士担任了保留地的管理官员、职员和教师。这种局面使教会深受鼓舞，对印第安人的传教投入日益增多的人力物力。

但是，过分倚重教会的做法很快引起非议。有人指责传教士控制保留地事务，片面注重宗教改造，而忽视文化征服的其他内容。另外，教派之间的矛盾也因政府垂青新教各派而有所加剧。天主教会对保留地的传教投入大量经费，但所获职位甚少，不满之心日甚一日。美国政府深受这些问题的烦扰，便在1876年以后改变政策，不再使用传教士担任管理官员。教会的积极性因此受到挫伤，遂把传教的重点转向海外。此后，各教派用于海外传教的经费每年不下百万美元，而对印第安人的传教支出却不足一万美元。② 保留地的传教士受经费短缺的困扰，感到工作难于开展，一直抱怨所获支持其微。由于教会投入减少，迟至1919年，在40个保留地仍有46,000名印第

① Axtell, *The Invasion Within*, p. 281.

② Gibson, *The American Indian*, p. 436.

安人完全处于教会的影响之外。①

当然，保留地时期传教士的工作条件获得了改善，因为保留地建有教堂，部落也不能自由迁徙，传教的环境变得比较和平安定。教堂成为保留地印第安人接受基督教影响的中心场所。有的保留地教堂之多令人惊叹，如派恩岭保留地，先后建有 137 座教堂，平均每 100 名苏族人便有一座教堂。②

在 19 世纪 80 年代的印第安人政策改革运动中，宗教热情再度迸发。改革派以"基督徒"自命，强调必须充分依靠"我们国家的宗教组织"，因为"政府不可能单独解决印第安人问题。我们美国的文明，是建立在基督教之上的。一群异教的人民，如果不学习和掌握基督教人民精神中的某些东西，就不能适合公民身份"。③ 不过，即便这些具有强烈宗教意识的改革派，也只把教会作为"文明开化"的工具，提醒不能"完全依赖"教会组织。总之，宗教问题不复具有从前那种重要性，教会也不再是同化运动的主力军。

二、不熄的火种

1. 印第安人与传教活动

印第安人作家小瓦因·德洛里亚，在其《卡斯特因汝之罪而死》一书里，对白人传教活动做了辛辣的讽刺：

> 关于传教士有一种说法，他们初来时手里仅有圣书，而我们拥有土地；现在，我们有了圣书，而他们却得到了土地。……尽管基督教传教的冲击旨在拯救个体的印第安人，但其结果却打碎了印第安人社会，摧毁了印第安人社区的凝聚性。抵制传教士方案的部落，看来都生存下来了，而改信基督教的部落，则再也没

---

① Christin Bolt, *American Indian Policy and American Reform: Case Study of the Campaign to Assimilate the American Indian* (London, 1987), p. 105.

② *Voices from Wounded Knee, 1973: in the Words of the Participants* (Roosevelttown, N.Y., 1979), p. 12.

③ Prucha, *The Great Father*, p. 625.

有听说过。①

这番话无疑触及了传教活动的实质：传教士不仅致力于毁灭土著文化，而且协助白人社会争夺资源。正是由于传教活动威胁到印第安人的文化命运和部落生存，因而遇到各式各样的抵制，所产生的效果不免打了很大的折扣。

历时数百年的传教活动，不可能对印第安人的宗教生活毫无影响。全体改奉基督教的部落有之，至死认为自己是基督徒的印第安人亦有之。在帕帕戈人中天主教徒竟占 95%。② 保留地教堂在举行宗教活动时，景象也颇为热闹。印第安人改宗的事例，经常为人所提及的有特拉华族首领特迪乌斯坎尼。在白人步步进逼和本族文化发生危机的双重压力下，他产生了强烈的不稳定感，于是决定改信白人的宗教，在白人文化中寻找安慰和寄托。他于 1750 年受洗，改名吉迪恩，携家离开原来的村落，开始了新的生活。③ 在各教派中，以耶稣会的传教纪录最为醒目。这或许是由于耶稣会拥有在众多不同文化中传教的经验，因而相信人类在本性上趋向于信仰上帝，只要加以恰当的引导，就不愁没有响应者。经过西班牙人的长期传教，西南部印第安人中的天主教徒比比皆是，据 19 世纪的一项估计，大约有 18,000 人。④ 也有一些接受白人宗教信仰的人，返回部落以后便致力于劝导族人改奉基督教。1830 年以后去俄勒冈的人惊异地发现，那里有一群印第安人已接受许多基督教的观念和习俗，与其说他们是"野蛮人"，毋宁说是"一群圣徒"。原来，这里有两名曾在白人学校学习 4 年的土著青年，回来后大力传播基督教信仰，取得了令传教士深为汗颜的成果。⑤

然而这些并不是普遍现象。改信基督教的印第安人毕竟属于少数，而那些常去教堂的人也并非全是基督教徒。有些印第安人把表面上皈依基督教作为一种策略，许多人并不符合白人基督徒的标准。1665 年，英国一个皇家委员会对马萨诸塞的传教活动进行评估，最后得出的结论是："那些他们所说的已经改宗的人，在生活、外表和习惯上，与那些没有改宗的人并无多

---

① Deloria, *Custer Died for Your Sins*, pp. 105-106.

② Stanley, *American Indian Economic Development*, p. 548.

③ Washburn, *The Indian in America*, pp. 114-115.

④ William C. Sturtevant and Alfonso Ontiz, eds., *Handbook of North American Indian, Vol. 9: Southwest* (Washington, 1979), p. 213.

⑤ Washburn, *The Indian in America*, p. 122.

大区别。"① 虽然传教士很早就来到欧塞奇人当中，但迄于 19 世纪 90 年代，持续 60 年之久的传教活动并没有留下多少痕迹，纯血统的欧塞奇人很少信奉基督教，而对土著宗教的热情依然十分强烈。② 传教的艰难和缺乏成效，也使不少传教士备感沮丧，悲叹从宗教上改造印第安人实在是"一桩毫无希望的事业"③。有个名叫约翰·韦斯利的牧师，在备受挫折后感叹道："我到美洲来是要改造印第安人，可是，天啊，谁又来改造我呢！"④ 在美国政府控制的保留地，尽管土著宗教仪式遭到严格禁止，但秘密教派仍然十分活跃。这又从另一个侧面证明，传教活动并没有实现预定的目标。这一结局的出现自有其深刻的原因，看起来几乎是不可避免的。

第一，传教活动负有种族压迫与文化征服的使命，必然招致印第安人的反对和抵制。1805 年，波士顿一个传教团体派人与塞尼卡族首领会谈，商讨在部落建立传教点。传教士信誓旦旦地表白说："我到这里来，不是要夺走你们的土地或你们的钱财，我是来开启照亮你们的心灵的，……世间只有一种宗教，只有一种服务于上帝的方式，如果你们不接受正确的方式，你们今后就不会幸福，……你们的生活就会处于巨大的谬误和黑暗当中。"未料塞尼卡族首领红夹克却答道：

> 你们已经得到了我们的家园，但还不满足；你们还想把你们的宗教强加给我们；……我们知道，你们的宗教是写在一本书上的。如果它不仅属于你们，而且也属于我们，为什么至上神没有把它给我们？……你们说只有一种方式来崇拜和服务于至上神。如果仅仅只有一种宗教，那你们白人为什么会对它产生那么多的分歧呢？既然他（至上神）使我们在其他事情上有很大的差别，那么我们为什么不能得出结论：他根据我们的理解赐予我们一种不同的宗教呢？我们不想摧毁你们的宗教，也不想去夺走它。我们只想享有我们自己的（宗教）。⑤

---

① Hoffer, *Indians and Europeans*, p. 45.

② Bailey, *Changes in Osage Social Organization*, p. 85.

③ Axtell, *The Invasion Within*, p. 282.

④ Connell-Szasz, *Indian Education in the American Colonies*, p. 169.

⑤ Washburn, *The Indian and the White Man*, p. 201; Moquin, *Great Documents in American Indian History*, pp. 32-33.

红夹克的回答不容辩驳，传教士无话可说，只得怅然而去。由于强烈的种族仇恨，易洛魁人不仅对白人的宗教深为反感，而且在他们自己设计的天国中也未给白人留出一席之地，连对印第安人相对友好的乔治·华盛顿，也只被允许居住在天国的门边。[①]

第二，文化的差异阻滞了基督教的传播。许多印第安人意识到，他们在文化上与白人有根本的不同，他们是印第安人，如果改信白人的宗教，就连自己是谁也不会知道了。1745年，一些易洛魁人对传教士表示："我们是印第安人，也不想被改造成为白人。……正如我们不想要求牧师变成印第安人一样，他也不能要求印第安人变成牧师。"[②] 而且，印第安人还发现改信基督教往往给他们的生活带来很多麻烦，因为既然信奉白人的宗教，就必须像白人那样生活，穿衬衫，住房屋，上教堂，种庄稼，只娶一个妻子，送孩子上学，放弃传统习俗，整个生活都变得面目全非，甚至失掉原来的部落和朋友，难以见容于未信基督教的同胞，处境窘迫，终年没有宁日。另外，基督教义也给他们造成了心理上的混乱和痛苦。最初，传教士发现印第安人缺乏原罪感，不知畏惧上帝，也不理解救赎的意义。但是，当他们了解"原罪"的概念以后，却又产生了更深的困惑："在我知道上帝之前，……我以为我很好，但自从我知道了上帝和原罪，我发现我心里充满了罪恶，比以前任何时候都更为罪恶累累。"有人甚至绝望地哀叹："我做不了善事，因为我跟魔鬼一样，只有邪恶的思想、邪恶的语言和邪恶和举动……我该死，我该受到谴责。"[③] 有时，印第安人信教不过是出于对教义的误解。据凯厄瓦-阿帕奇人吉姆·白狼回忆，他幼年时（19世纪80年代）曾和父母一起参加过基督教仪式，那时他的部落有很多人都送孩子去教堂，有的老人也去教堂，因为他们听说信教者的灵魂可以得到永生，他们把传教士当成善施法术的巫师，可以使死者复生。[④]

第三，白人文化的流弊以及白人的恶行，使印第安人对基督教产生怀疑和轻蔑。白人留给印第安人的印象是不讲信义、专事欺诈和残忍无情。他们觉得，基督教对白人的改造尚且无益，对印第安人又会有什么好处呢？1805年，红夹克在拒绝波士顿传教士的提议时，还留下了一段颇具挑战性

---

① Eggan, *The American Indian*, p. 150.

② Axtell, *The Invasion Within*, p. 282.

③ Axtell, *The Invasion Within*, p. 232.

④ Nabokov, *Native American Testimony*, p. 80.

的话：

> 我们听说你们一直在对这个地方的白人布道。……我们要略
> 等一段时间，看看你们的布道对他们会产生什么效果。如果我们
> 发现那对他们有好处，使得他们诚实起来，不再那么专门欺骗印
> 第安人，我们那时会重新考虑你刚才说过的话。①

印第安人从自己的切身经历不难看到，白人不过是把宗教作为一种工具，用
以剥夺印第安人。克罗人普兰提·库斯尖锐地评论说，白人对宗教的看法没
有两个人是相同的；他们并不把宗教真正当一回事，正像他们不把法律当真
一样；他们只有在与陌生人打交道时，才会利用宗教和法律这两样东西来为
自己服务；印第安人却不是这样，印第安人遵守自己制订的法律，也信奉自
己的宗教；白人想欺骗别人，结果只是自欺欺人。②苏族人在答复传教要求
时也有类似表示："你们说你们的人民拥有至上神的圣书，但却正是他们把
'火水'带给我们。正是你们白人玷污了我们的女儿们。去教他们做事正派
吧，然后再到我们这里来，我们才会相信你们。"③基督教内部的派别之
争，也加重了印第安人的不信任感。内兹珀斯族首领约瑟夫不准传教士到他
的部落活动，理由是他们会"教我们围绕上帝而争吵，……我们可能因为地
上的事物跟人发生争吵，但我们从不为上帝而争吵。我们不想学这些"④。
有人则从基督教义与现实的差距发现了问题，并由此产生疑惑。他们不能理
解，"为什么上帝要让好人生病？""为什么上帝不给所有人一颗好心，让他
们都去行善呢？""既然上帝拥有一切力量，为什么不杀死那个使所有人都
变得那么坏的魔鬼呢？"⑤传教士们究竟如何解答这些质难，现在已不得而
知。印第安人以他们质朴的心灵，从常识出发即已看出基督教的种种不能自
圆其说之处。

　　第四，印第安人的经历证明，改奉基督教对他们并无真正的补益，因
而失望乃至仇恨，终于鄙弃白人的宗教。那些改信基督教的部落，不仅没有
获得传教士许诺的幸福生活，反而陷入新的不幸，疾病流行，酗酒成风，而

① Moquin, *Great Documents in American Indian History*, p. 33.
② Weeks, *Farewell, My Nation*, p. 194.
③ Gibson, *The American Indian*, p. 436.
④ Gibson, *The American Indian*, p. 436.
⑤ Axtell, *The Invasion Within*, p. 234.

且同样不能避免被白人驱赶、杀戮和剥夺的厄运。1782 年，有两名印第安人打伤一个白人，结果戴维·威廉森上校带领 200 名武装白人，不问青红皂白，就杀死了 90 名改宗的印第安人。这一事件使附近部落深受触动，自然看清了白人传教的虚伪性。特拉华族一位首领就此事发表评论说：

> 然而这些白人总是告诉我们，上帝赐给他们那本伟大的圣书。他们要劝我们相信，谁不信奉它谁就是坏人。……但是，不！当他们一只手拿着这本大圣书时，另一只手却拿着谋杀的武器，拿着枪和剑，他们用这些东西来杀害可怜的印第安人。啊，他们确实这么做了！他们不仅杀害那些不信他们圣书的人，也杀害那些信仰圣书的人。他们没有做出任何区分。①

后来，印第安人日益深陷苦难，他们不禁沉痛地发现，上帝偏袒的是白人，印第安人则成了被所有神祇抛弃的孤儿。1855 年，华盛顿领地一位叫西雅图的部落首领，对领地总督艾萨克·史蒂文斯吐露他的悲愤绝望之情：

> 你们的上帝并不是我们的上帝！你们的上帝热爱你们的人民，他痛恨我的人民。他把他那强有力的保护之手，慈爱地伸向白人，牵着他们的手引导他们，如同一位父亲引导他年幼的儿子一样，但他却抛弃了他的红皮肤孩子——如果他们真是他的孩子的话。我们的上帝，那至上的神，看来也抛弃了我们。你们的上帝使你们的人民一天天强大起来，他们很快就会占满所有地方。我们的人民却像急速落去的海潮一样衰退下去，而且永不复返。白人的上帝不可能热爱我们的人民，也不可能保护他们。他们看起来像孤儿，无处寻求帮助。既然这样，我们怎么能成为兄弟呢？你们的上帝怎么能成为我们的上帝，并重新使我们繁荣和唤醒我们去恢复伟大的梦想呢？如果我们在天国有一个共同的父亲，那他一定是偏心的——因为他只向着他的白种孩子。②

这段演说言辞剀切，字里行间充满愤懑激昂的情绪，十分真切地传达出印第安人在生存竞争失败后对白人宗教的感触。

---

① Armstrong, *I Have Spoken*, p. 33.

② Moquin, *Great Documents in American Indian History*, p. 81.

　　总之，印第安人的宗教信仰扎根于其文化传统的土壤之中，不可能轻易即被拔除。传教活动更难免受到历史时空条件的制约，因而难以大功告成。20 世纪中叶，一群阿帕奇人聚会饮酒，有人在半醉半醒之际用英语模仿白人传教士取乐，玩笑既毕，改用土语大声喊道："我不是什么基督徒！那不是我！"① 其中饱含凄恻绝望与愤怒之情，无异于对传教活动的控诉。当年踯躅于莽原丛林的传教士若闻此言，想来一定感到惶怵和沮丧。

　　2. 保留地的秘密宗教活动

　　白人社会处心积虑地消除印第安人传统的宗教信仰，用基督教取而代之。在保留地时期，美国政府完全剥夺了印第安人的宗教自由和举行传统仪式的权利。但是，保留地印第安人非但没有放弃传统的宗教仪式，反而创立多种新的教义。一个在物质和精神上均受严重创伤的种族，自然需要从宗教中寻求慰藉和寄托希望，并保存他们作为一个种族继续生存的火种。这与历史上宗教充当苦难世界的情感和绝望时代的希望，实在是如出一辙。

　　保留地流传的秘密教派多种多样，较具声势的有俊湖教义、梦幻者教、太阳舞、佩奥特崇拜和鬼魂舞教。

　　俊湖（Handsome Lake）生活于 18 世纪下半叶和 19 世纪初，是塞尼卡族的先知。当时他的部落已被美国打败，被迫迁入保留地，人们生活在贫困颓丧之中，部落社会走到了崩溃的边缘。俊湖本人一度嗜酒如命，经常喝得酩酊大醉。有一次他生命垂危，族人都以为他必死无疑，结果他却奇迹般起死回生。苏醒过来以后，他宣称自己在冥冥中获得至上神的赐示，从此开始创立和传播教义的活动。

　　俊湖的教义实际上是印第安人传统宗教与基督教的混合物，体现了东部印第安人在白人社会进逼下寻求生存的努力和心态。教义带有鲜明的入世性。俊湖的主张所针对的都是塞尼卡族的社会问题，其宗旨在于振兴部落的道德、经济和社会，改善人们的生活处境。他以印第安人的耶稣自命，以拯救其人民为己任。其教义的要旨在于戒酒、和平、团结、保持土地、文化适应和恢复家庭道德。他以酗酒为万恶之首，要求人民力行禁酒。他倡导与白人保持和平关系，部落内部团结一致，以求得安定的生存环境。他呼吁广大族人开发利用土地，发展经济。他劝导人们正视现实，学习白人的技术和生

---

① Keith H. Basso, *Portraits of "the Whiteman": Linguistic Play and Cultural Symbols Among the Western Apache* (Cambridge, UK, 1979), p. 15.

活方式，否则无法生存。他主张开设白人式的学校，学习英文，因为"如此之多的白人在你们的周围，你们必须学习以了解他们的方式"。他鼓励定居和生产，放弃过去男子狩猎、女子种地的习惯，采纳白人那种男子种地、妇女持家的模式。他同时又反对私有制和商业化，更不主张全盘白人化，要求保存印第安人的传统价值和制度："他们可以搞点农业和建造房舍；但他们万万不能出卖他们在地上生长的东西，而应将它们相互赠送，特别是送给那些老人，一句话，他们的一切东西都必须共同所有。"在家庭道德方面，他倡导儿子服从父亲，母亲不干涉女儿的婚姻，夫妻间保持高尚的关系，妇女充当家庭主妇，男子为家庭提供衣食住行的保障，家人相亲相爱，父母疼爱子女。①

俊湖的教义切合实际，很快在美国和加拿大的易洛魁人中传播开来，形成一个影响很大的教派。易洛魁人按照俊湖的信条行事，力行禁酒，学习技术，从事生产，改革宗教，各个方面都取得明显的进展。1818 年，易洛魁人在托纳万达举行两天宗教会议。此后，俊湖的信徒四处宣讲其教义，俊湖的行迹、幻景和教义，都逐渐涂上了传奇色彩。到 19 世纪 40—50 年代，系统的教义、教规和教会制度均已形成。

俊湖教义的最大特点在于其积极的应变态度和主动的入世精神。它力图在印第安人传统和白人文化之间找出一个结合点，通过适应环境变动和借鉴白人文化因素以复兴部落社会和文化。这种通过宗教反映的文化心态，在当时各部落极为少见。易洛魁人的复兴和这种文化心态的作用有着密切关联。

不过，俊湖在最初的传教活动中，一度热衷于处置巫觋，表现出宗教上的偏执和狭隘。那些被他指斥为巫觋的人往往难逃一劫，其亲朋好友不满于此，便不肯支持俊湖的教义。后来，他的信徒又把教义中的传统成分加以发挥，用于抵制新的变动，以致俊湖教义竟然变成保守的同义语。

19 世纪 50 年代，沙哈普特先知史沫哈拉创立的梦幻者教，具有很强的乌托邦色彩。史沫哈拉在俄勒冈地区传教，号召印第安人抵御白人移民的洪流。他的教义宣称，印第安人无论死者还是生者，都将获得新生，重新步入黄金时代，形成巨大的力量，摧毁白人压迫者，恢复印第安人的世界。他要求信徒清洁身体，以涤除从白人那里沾染的腐败之物；倡导戒酒，恢复旧的习俗，尊重自然，采用传统食物。他特别反对白人社会为印第安人设计的自

① Anthony F. C. Wallace, *The Death and Rebirth of the Seneca* (New York, 1972), pp. 278-284; Armstrong, *I Have Spoken*, p. 40; Thomas S. Abler, ed., *Chainbreaker: The Revolutionary War Memoirs of Governor Blacksnake as Told to Benjamin Williams* (Lincoln, 1989), pp. 210-215.

耕农模式，呼吁人们抵制保留地制度和美国化计划。他和他的门徒在太平洋沿岸地区各保留地巡回传教，多次遭到美国当局的监禁，但每一次监禁反而进一步扩大了教义的影响。他安慰屡受挫折的信众，抵抗白人就是对至上神的奉献，至上神总有一天会伸出救援之手，白人终会遭到毁灭。[1] 19 世纪70 年代，苏族、波塔沃托米人和奥吉布瓦人中间还流行过梦幻舞教，教义要求印第安人禁酒和戒淫，消除暴力和赌博；预言有一天巨大的天鼓将在空中敲响，所有白人和改宗印第安人都会在鼓声中归于灭亡，印第安人将重新夺回自己的土地。[2]

太阳舞是一种传统的宗教性仪式，在保留地时期流传更广，因而获得了新的意义。从前，大平原各部落举行太阳舞仪式以庆祝狩猎或战争的胜利，但在保留地太阳舞失去了原有的意义，仅是印第安人重温旧梦、体味传统和强化部落认同的一种仪式。有时几个部落共同举行这种仪式，反映部落之间的认同意识和联合倾向趋于增强。美国政府担心滋生危险情绪，指示保留地官员与军队协同防守，禁止印第安人参与太阳舞仪式。违者轻则扣发配给，重或处以监禁。但这些措施未能完全阻止太阳舞在保留地的风行。

华盛顿领地的皮吉特湾诸部落，有一个名叫斯阔钦的先知创立一种教义，糅合基督教的若干成分，信奉上帝、耶稣、天国和地狱，但在精神上却有明显的反白人倾向。其信徒在进行崇拜仪式时身体颤抖，因有"印第安人震颤教"之称。他们的目标是摆脱保留地制度，保持土著生活方式，实现最终救赎。

在保留地时期流行的各种宗教仪式中，以鬼魂舞教影响最大。鬼魂舞教的先驱是派尤特族的塔维博。他最初以神示的名义发布教义，预言白人以及他们加之于印第安人的一切迫害，包括教育、传教、保留地贸易商和农场主的活动，均将在一场大地震中销声匿迹，只有印第安人得以幸存，并重享自然而古老的秩序和部落生活。稍后，他对教义略作修改，宣称所有人都要在地震中死去，但印第安人将在第三天复活，重新开始过去的生活。不过，他在世时门徒寥落，死后其子沃瓦卡（也叫约翰·威尔逊）继承其遗志，正式创立鬼魂舞教，并对教义作了补充和引申。他附会基督教的教义，称塔维博死后升入天国，至上神不满白人杀死自己的基督，因而改派印第安人为基

---

[1] Gibson, *The American Indian*, pp. 475-476.

[2] Olson, *Native Americans in the Twentieth Century*, p. 55.

督，塔维博便荣膺这一使命。他要求教徒不断洗浴净身，滴酒不沾，不参与任何形式的暴力和战争；强调印第安人之间应有兄弟之爱，大家和平相处；禁止吊丧活动，因为死者都将复活，白人注定灭亡，印第安人无分生死都会在重现的世界中相聚；"所有人都将生活幸福，没有不幸、死亡和疾病"。[1]其仪式以舞蹈为主，参加者如痴如狂，故得名"鬼魂舞"。19世纪70年代，这种宗教开始在加利福尼亚、太平洋北部沿岸地区、西南部和印第安人领地广泛流行。其他地区的部落还设法派人到沃瓦卡所在的内华达学习教义。沃瓦卡进一步解释说，上帝派白人来惩罚印第安人从前犯下的罪恶，现在罪恶已经清偿，1891年便是印第安人获得救赎的日子。对于挣扎于苦海的保留地印第安人来说，这个预言无疑是一个极大的诱惑，他们便更加狂热地信奉这一教义。

苏族人尤其热衷于此。当时苏族保留地土地日渐减少，干旱造成作物歉收，而政府的配给又未能及时发放，不满情绪于是迅速蔓延。苏族人去掉沃瓦卡教义中的和平说教和兄弟之爱，倡导反抗行动。他们借助鬼魂舞仪式组成秘密抵抗团体。他们相信只要穿上一种武士服装，即可抵挡白人的枪弹。1890年11月中旬，保留地官员下令禁止鬼魂舞教。苏族人置之不理。联邦官员遂请军队干预。在仍未奏效以后，便派警察逮捕部落首领。德高望重的首领坐牛因此惨遭横死。此事在苏族引起恐慌，人们纷纷逃出保留地。一位名叫大脚的首领带领数百名男女老幼逃入达科他的巴德兰兹，在翁迪德尼为联邦军队所围困。双方在冰天雪地中进行激战。印第安人战死153人，另有多人在冰雪中冻饿而死，前后约有300人丧生。美国士兵死25人，伤39人，且多为己方的枪弹所中。[2]这一震动全国的流血惨剧，也就为美国历史上传奇般的边疆战争演完最后一幕。

翁迪德尼事件带给鬼魂舞教的打击至为沉重，预言的复兴和新生没有出现，等到的竟是一场新的悲剧，其迅速衰落便不足为怪。但处境艰难、心境凄凉的印第安人，仍然需要精神的抚慰和信念的支撑，佩奥特崇拜于是悄然传播开来。佩奥特是一种类似仙人掌的植物，内含佩奥特碱，具有兴奋致幻功能。印第安人用以入茶饮用，可以产生快感和亢奋。由饮用佩奥特碱进而演化出一整套宗教性仪式，包括唱诗、祈祷、擂鼓和表演神秘活动。节

① Gibson, *The American Indian*, p. 477.

② Dee Brown, *Bury My Heart at Wounded Knee: An Indian History of the American West* (Toronto, 1970), pp. 417-418.

欲、诚实、忠于家庭、尊重自我和避免饮酒，则是其教义的基本要求。佩奥特崇拜起源于墨西哥，最初盛行于阿帕奇、科曼奇、凯厄瓦和卡多保留地，19 世纪 90 年代以后传入夏延、肖尼、阿拉珀霍、波尼、特拉华、欧塞奇、温纳贝戈、奥马哈、尤特、克罗、爱奥瓦、苏族、肖肖尼、派尤特、纳瓦霍、黑脚、克里克、切罗基、塞米诺尔、奇珀瓦等部落。1900 年前后，佩奥特崇拜与基督教相混合，形成"土著美国人教会"，一直流传至今。

美国政府和白人社会察觉到佩奥特崇拜带有危险倾向，不利于印第安人的同化，因而极力加以禁止。美国政府一面限制佩奥特碱的进口，一面立法取缔有关仪式。1898 年，俄克拉何马州率先制订这类法令，至 1923 年共有 14 个州竞相仿效。印第安人事务局试图推动国会制订法令，在全国范围内禁止佩奥特碱的使用。然而，这些努力看来都属徒劳，因为直到 1955 年仍有近 80 个部落奉行佩奥特崇拜仪式。[1]

总而言之，保留地的秘密宗教具有怀旧复兴和仇恨白人两大倾向。每一种教义都以复兴部落相号召，除俊湖教义倡导吸收白人文化外，多数教派都主张清除白人文化的影响乃至消灭全部白人。结果只有信奉俊湖教义的易洛魁人实现了某种意义上的复兴，那些梦想消灭白人和恢复过去生活的部落，则陷入更深的苦难当中，等待他们的是一次接一次的幻灭。

印第安人的秘密宗教活动，也对传教士长期而艰苦的努力做出了讽刺性的回答。他们竭尽全力宣讲基督教义，促使印第安人改变信仰，但实际的结果却是，印第安人不仅没有抛弃传统的宗教，反而更加仇恨白人及其文化。他们对传统的认同，对昔日生活方式的留恋，并未因上帝的"圣光"照耀而有所减弱。

3. 印第安人对宗教自由的追求

在文化撞击中处于劣势的一方，往往把宗教的绝续视为关系种族存亡的大事，"保教保种"对于许多受到西方文化冲击的国家和民族，都曾是一个迫切而现实的问题，印第安人自不例外。他们在白人文化的"轰炸式"围剿之下，处境至为艰困，但仍然执着地维护本部落的宗教信仰。他们反复向白人社会表示，他们并不想干预白人的信仰，而只是希望按照自己的方式事奉至上神。

当鬼魂舞教受到禁止时，苏族首领坐牛剀切陈词，为印第安人的宗教

---

① Olson, *Native Americans in the Twentieth Century*, p. 89.

自由权利辩护：

> 我们的宗教在你们看来是愚昧的；但你们的宗教对我们来说也是如此。洗礼派、监理派、长老派和天主教都有不同的上帝。为什么我们就不能有我们自己的上帝？为什么管理官员要极力夺走我们的宗教？我们的种族正在死亡。我们的上帝很快也会和我们一起死去。如果这个新的宗教（指鬼魂舞教——引者）不是真实的，那还有什么是具有意义的呢？①

坐牛的话于情于理都无可辩驳，他那一连串的诘问尤其撼人心魄。可是，美国政府根本不在乎一位被打败的部落首领所发出的抗议。既然整个印第安人文化都是白人社会所要摧毁的对象，一种以复兴土著传统为宗旨的宗教又如何能见容于当局呢？

可见，只要印第安人在文化关系中处于受支配的地位，其宗教自由的获得就有待于白人社会文化中包容精神的发育成长，有待于美国政府政策的调整。20 世纪中叶以后，随着强制同化运动走向终结，印第安人传统宗教信仰的合法性也得到承认。同时，基督教会为了争取信众，在保留地传教时亦不得不与土著传统相调和，将部落的习惯、装饰及象征物引入教堂，使基督教的仪式能够为印第安人所接受。在坐牛的呼声发出近一个世纪后，国会于 1978 年 8 月通过《美国印第安人宗教自由法》，宣布印第安人和爱斯基摩人、阿纽特人及土著夏威夷人拥有信仰、表达和奉行传统宗教的自由权利。②此时已经进入了多元文化主义时代，印白文化关系也终于实现了历史性的调整。

三、杂色的族群

1. 改造土著习俗

习俗的重要在于它能够体现一种文化的特征，白人斥责印第安人野蛮落后，主要所指也就是他们的传统习俗。所以"文明开化"的矛头所向，自

① Cadwalader, *The Aggressions of Civilization*, p. 52.
② Prucha, *Documents of United States Indian Policy*, pp. 288-289.

然包括改造土著习俗。所谓改造土著习俗，实际就是强迫印第安人放弃传统，采纳白人习俗。这个过程对印第安人无异于脱胎换骨，其痛苦和艰难当可想见。

由于语言构成文化系统的外在特征，白人社会既然追求文化上的同化，就必然力图使英语成为全体印第安人的共同语言。入学的青少年在学校必须说英语自不待言。在保留地，即便成年人被发现使用土著语言，也要受到处罚。白人对复杂多样的部落语言向来既蔑视厌恶又徒唤奈何，他们与部落交往不得不借助于翻译。他们认为，英语乃是文明的载体，只有在语言上与主流社会取得一致，印第安人方能获得"文明开化"。这也就是为什么白人对切罗基族发明自己的文字颇感头疼的缘故。传教士蒂莫西·皮克林指出："印第安语言乃是对印第安人文明开化的巨大障碍，把它消除得越快越好。"联邦官员托马斯·麦肯尼也认为，英语的采用，对改变印第安人的性格和命运有极大的作用，将使他们在智性和道德上都得到改善，因为掌握了英语，他们就可懂得白人的法律，了解一切以英语写成的知识；但如果教他们土著语言，就会受到翻译的限制。因此，"语言和道德，都必须改变"。①最初白人希望通过教育逐步解决语言的转换。可是，学生毕业后回到族人中间，如果不使用本族语言，非但不能实现交流，反而会被视为异类。白人强制推行"美国化"的时期，逼迫印第安人使用英语。那些与白人社会联系密切的部落，出于切身需要，逐渐以英语为主要语言。不少使用人数较少的部落语言，后来竟至失传。

白人文化的渗透，还触及两性关系和婚俗领域。白人指责土著女子淫荡和乱交，尤其痛诋多妻制，视之为文明的大敌。其实，印第安人在性方面仅是缺少神秘感而已。他们习惯于赤身露体，对于异性的身体以及性器官都没有羞耻的感觉，而且性交时也往往不回避他人。年轻女子的婚前性行为也是习以为常的现象。夫妻离异既容易也寻常。不过，婚后通奸为许多部落所严禁，犯禁的男女通常受到责打、断骨、割鼻、穿耳、剃发之类的惩罚。多妻制则渊源于部落社会的现实需要。众多成年男性死于战争和狩猎，导致男女比例失调，多妻制便是一种自然而然的弥补和调节的手段。白人秉承摩西十诫，视多妻制为洪水猛兽，不消除则无以言"文明"。在保留地时期，禁止多妻制乃是管理官员的基本职责之一。当局还要求印第安人穿衣蔽体，不

① Sheehan, *Seeds of Extinction*, pp. 136-137.

准女子敞胸露乳，并且引导他们在夫妻同房时避开孩子和其他人。

印第安人的服饰习惯，在与白人发生接触以后便出现了许多变化，布制衣服与兽皮衣服的混用早已成为定俗。但白人社会并不满足于此，进而要求印第安人穿着所谓"公民服"，即在服饰上与白人完全一样。美国政府发放的配给，包括成衣和布料。成衣当然是白人款式，而布料则要求妇女按白人式样加以缝制。印第安人一开始很不习惯白人服装，因为穿戴麻烦，而且不如传统服装实用。后来，白人把采用"文明"服装视为是否对白人友好和是否接受"开化"的象征，对于穿戴本族服饰的人还要克扣配给，这样就使穿着白人款式服装的人逐渐增多。青少年入学的第一件事，就是洗浴更衣，烧掉原来的衣服以示和传统决裂。白人也把土著男子的长发视为野蛮的标志。早期的传教士曾一度以促使男子剪发为传教的重要目标。印第安人未必有"身体发肤受之父母"的观念，只是以长发为男性骄傲的象征，其自我意识和神圣观念均与长发相关。但他们愈是珍视长发，白人就愈是非剪之不可，因为这是打垮印第安人自尊和使之屈从于白人控制的一个手段。印第安人事务局长琼斯曾发布"短发令"，指示保留地官员设法使所有男性印第安人剪去长发，并禁止男女涂面文身。在印第安人学校，剪发是儿童入学的第一课。于是，保留地印第安人男子均被迫剪去长发。梅斯卡莱罗-阿帕奇人是最后屈服的部落，他们在印第安人警察的监督下剪发，抗拒者即被罚作苦工。

改变印第安人的饮食习惯，也是"文明开化"的一项内容。白人不仅要改变印第安人的饮食结构和形式，并且要求他们做到按时有规则地进食。印第安人曾经嘲笑白人愚蠢之极，竟然不知道自己什么时候该吃饭，非用一只时钟提醒不可。白人则认为印第安人想吃便吃，实在是野蛮的表现。最终还是印第安人向白人的习俗做出让步。大平原各部落原有热饮牛血和生啖牛肝的嗜好。美国政府起初定期把活牛分给保留地各部落，由印第安人自己宰杀分配。那些昔日以猎取野牛为生的人们，便借机重温旧梦，将活牛赶至空旷处，以狩猎方式杀之，然后趁热饮血食肉。当局以此为野蛮遗风，可能滋长残忍本能和导致疾病，于是改分配活牛为发放牛肉，而且禁止喝牛血和生吃牛肝，有意把分配牛肉当作一堂实物教学课，以展现文明与野蛮的区别。①

---

① Francis P. Prucha, *American Indian Policy in Crisis: Christian Reformers and the Indian, 1865-1900* (Norman, 1976), p. 212.

美国政府还向保留地派去白人医生，指示他们不仅努力行医治病，而且尽量抵消部落巫医的影响，把治病作为"文明开化"的手段。印第安人事务局长阿特金斯曾下令在保留地设立医院，让印第安人接受先进的医疗，摆脱迷信和传统的束缚。托马斯·摩根也认为，保留地医生的工作条件虽然艰苦，但"他扮演着高尚的角色，帮助这些人们摆脱对'巫医'的古怪仪式的迷信或敬重"。①

2. 为印第安人重新取名

印第安人本无姓氏，也没有固定的名字。他们的名字通常取自身边熟悉的事物，如"Red Cloud"（红云）、"Sitting Bull"（坐牛）、"Standing Bear"（立熊），等等。有人好以得意之物为名，如"Many Horses"（众马）、"Red Jacket"（红夹克）之类。有的名字则反映了生理或个性的特点，如"Big Foot"（大脚）、"Big Nose"（巨鼻）、"Crazy Horse"（疯马）等。成年人还习惯于经常变换自己的名字。白人认为印第安人的名字有几个缺陷：一是没有姓氏，无法反映家族世袭，有碍于确立私有财产和遗产继承制度；二是名字一般很长，发音困难，白人使用时多有不便；三是名字经常变动，难以确认一个人的身份，不利于社会控制。由于姓名涉及白人所要求的个体化、财产私有以及司法保护，所以重新取名被作为"文明开化"运动的一项重要任务。

为印第安人取英语姓名的尝试，始于祈祷城。土著孩子出生后，传教士为之施洗，便取一个英文名字，常见的有"Mary"（玛丽）、"Abigail"（阿比盖尔）、"Cornelius"（科尼利厄斯）、"Gideon"（吉迪恩）、"Job"（乔布）、"Abraham"（阿伯拉罕）、"Aron"（阿伦）、"Hosea"（霍齐亚）、"Hannah"（汉纳）等，都是英语民族常用的名字。传教士还试图为印第安人确定姓氏。通常的办法是将父辈的名字译为英文，当作后代的姓氏。有时采用意译，如"Mercy Fish""Blacksnake"之类；有时则用音译，如"Wohquanhekomeek"。东部那些经常与白人交往的人，发现英语姓名简易上口，而且为白人所乐于接受，于是欣然采用。这对他们并非难事，因为他们早已习惯于一个人拥有几个名字。在部落他们沿袭旧名，对白人则用英文名字。这就是何以不少人都有两个以上的不同名字。

印第安人学校的教师负责为入学的土著儿童取名，一般有名无姓，而

---

① Prucha, *The Great Father*, p. 646.

且多为昵称，如"Tom""Jack""Bill""Tod"，等等。教师取名时漫不经心，事后又常常忘记，于是随口叫出一个新的名字，以致最后即使学生本人也弄不清自己的确切英文名字。因此，出自学校的印第安人并没有完全解决姓名的转换问题。

种族通婚则是白人姓氏进入部落社会的直接渠道。在一些通婚较为普遍的部落，法国人、西班牙人和英国人的姓氏同时并存。据估计，五大文明部落约有一半家庭采用的是白人姓氏。著名首领 John Ridge、John Ross 等人的姓名，显然都与英国人有一定的渊源。

土地私有化运动中，重新取名也成为大规模的行动。份地分配时首先须登记造册，然后确认产权，这些都离不开固定的姓名。有些白人浑水摸鱼，以马或狗的名字入册，保留地官员也全然不觉。鉴于这种情形，为印第安人重新取名就显得极有必要。作家哈姆林·加兰认为，土地私有化乃是不以印第安人意愿为转移的必然趋势，因而对印第安人来说，最急迫的事情是保护自己的财产权利，这就必须拥有固定姓名。因此，他大力支持重新取名的动议，而且积极参与其事。1890 年 3 月，印第安人事务局长托马斯·摩根向保留地官员发出通知，指示他们为印第安人取名。他反对把印第安人原来的名字译成英文，也不同意以绰号作为姓名，明确要求以英语姓名取代那些难念的土著名字，并且在姓氏前加上教名，对较长的姓氏加以简化。此议得到一些民族学家和同化派的支持，他们认为这有助于打破部落制和加速同化进程。

在分配份地的过程中，联邦官员对印第安人的姓氏做了调整和改动。例如，"American Horse"被简化成"Horse"，"Spotted Horse"被简化成"Spotted"，"Brave Bear"被缩合成"Braveber"，"Big Nose"被缩合成"Bignus"，凡此种种，不一而足。20 世纪初年，由于加兰的参与和西奥多·罗斯福总统的支持，重新取名活动得以更加广泛地开展起来。1902 年，印第安人事务局长琼斯发布新的通知，重申 1890 年通知的精神。他派人到印第安人领地为夏延人和阿拉珀霍人重新取名，把拟定的名字交给加兰审定。加兰提出两条原则，一是易于上口，二是能为印第安人所接受。苏族出身的医生查尔斯·伊斯门也在苏族保留地开展过类似的工作。

然而，重新取名的艰巨性远非发动者意料所及。印第安人虽然只有 25

万人，但到 1909 年，仅为 25,000 人改换了姓名。[①] 其工程之浩大，于此可见一斑。此后，人们对此兴趣日减，重新取名一事也就不了了之。

　　3. 种族通婚和混血人的地位

　　不同种族在血统上的混合，人类学家称作体质同化，较之文化同化，显然更为直接简便。印白通婚之议很早即有闻于白人社会。罗伯特·贝弗利在 1705 年的《弗吉尼亚的历史与现状》一书中，对印第安人的生理优点和身体魅力赞扬不已，极力倡导种族通婚，认为这样可以使印第安人进入文明社会。1709 年出版的《卡罗来纳的新旅程》一书的作者约翰·劳森指出，由于白人文化的恶劣影响，印第安人原有的许多优秀品质都已损失殆尽，他们的社会也被白人摧毁，如欲求得生存，唯有和白人通婚一途。[②] 1784年，帕特里克·亨利在弗吉尼亚议会提出议案，对白人与印第安人结婚所生子女实行免税、补助和免费教育。威廉·伯德也把通婚看成实现身体融合和达到开化目标的绝好方式。本杰明·拉什认为，通婚可以改变一个种族的智力水平。杰迪代亚·莫斯承认，通婚能使印第安人"与我们实际上属于一个血统，融汇到国民之中，以避免灭绝"[③]。威廉·克劳福德曾建议说，如果在印第安人当中培植私有财产观念的努力不能产生效果，政府便应当鼓励通婚，以达到保护和融合印第安种族的目的。[④] 人类学家摩尔根也赞成用通婚来解决种族问题，他认为通婚对两个种族均有益处，白人可以改善体质，印第安人则能接受白人的文化。[⑤] 可见，白人社会的通婚之议，目的不外有二：一是使印第安人免于灭绝，二是实现最终同化。然则在生存竞争异常激烈的时期，种族通婚有时也被白人当成夺占印第安人土地的手段。弗吉尼亚有人提出，白人如果和土著女子结婚，即可随之取得对土地的合法权利。威廉·伯德第二说得更加明白："如果英国人是通过与印第安人的女儿结婚而取得那部分土地，那么，可怜的印第安人就没有那么多的理由来抱怨英国人夺走了他们的土地。"彼得·方丹在数十年后提出了相近的见解：如果"我们首先得到印第安人妻子，就能从他们的土地获得补偿……我们应当成为他

---

① Hoover, *The Red and the Black*, p. 62.

② Hoover, *The Red and the Black*, p. 63.

③ Sheehan, *Seeds of Extinction*, pp. 175-177.

④ Prucha, *Documents of United States Indian Policy*, p. 28.

⑤ Eggan, *The American Indian*, p. 157.

们土地的正当继承人"①。

　　不过，白人中间极力反对与印第安人通婚的人亦非少数。新英格兰禁止清教徒和印第安人发生性关系，违者必受处分。1631 年，约翰·戴夫因诱奸一名土著女子而遭到鞭笞；1639 年，已婚白人妇女玛丽·门多姆与土著男子苟合，亦受鞭打之刑，并在衣服上绣出红"A"字作为通奸的标记。约翰·温思罗普对贸易商人与土著女子的通婚深感忧虑。1652 年，普利茅斯当局曾责令一名贸易商人返回白人社区居住。弗吉尼亚和北卡罗来纳都有过禁止印白通婚的法律。有些一度提倡种族通婚的人，发现通婚的后果并非美妙如当初所想象，也改变了看法。例如，霍金斯初到克里克人中间，非常鼓励种族通婚，并且以此为自己的主要工作；可是不久他便看到，与印第安人结婚的白人在部落社会地位很低，既无法控制土著妻子，也不能支配子女的教育，对土著社会文化几乎没有什么影响，因而他只得放弃从前支持通婚的立场。② 即便那些一向赞同种族通婚的人，也仅限于允许白人男子与土著女子结合，因为他们相信男子可把文明带入荒野，而女子则只会被野蛮状态所吞噬。③

　　实际上，印白通婚在美国并不普遍。主要原因仍在于文化的差异。白人男子大多不习惯部落的风俗和语言，难以在印第安人中间生活。而且，据说白人男子不太欣赏土著女子，以其不合审美理想和女性标准而不愿与之发生性接触。对于白人女子与土著男子的婚姻，白人社会更是力加阻止，甚或视为大逆不道。19 世纪 20 年代，在康沃尔寄宿学校上学的切罗基人伊莱亚斯·博迪诺特，与当地大业主之女哈丽雅特·戈尔德相识成恋，但女方父母坚决不准他们结婚。由于哈丽雅特因此一病不起，其父母只得改变主意。但哈丽雅特的兄弟仍然横加阻挠，扬言要杀掉伊莱亚斯，甚至打算放火烧死新郎和新娘。康沃尔学校的校董们也反对这桩婚事，自认此事是对"基督徒社会"的侮辱。当地白人还聚众声讨。然而，这对年轻人最终冲破重重阻力，终于在 1826 年 3 月结婚，然后回到切罗基部落。康沃尔学校经过这场风波，不久便关门倒闭了。

　　限制种族通婚的另一个因素，乃是白人社会缺乏迫切的通婚要求。殖

---

　　① James A. Clifton, ed., *The Invented Indian: Cultural Fictions & Government Policies* (New Brunswick, 1990), p. 51.

　　② Sheehan, *Seeds of Extinction*, p. 179.

　　③ Sheehan, *Seeds of Extinction*, p. 178.

民地初期，由于女性移民稀缺，移民公司曾利用土著女子的性感大做文章。各种移民广告把土著姑娘描绘得健壮美丽，身材匀称，胸部丰满，目的是吸引白人男子移居北美。但不久移民公司即把一批又一批白人女子移来殖民地，缓解了性别比例的失衡。而且，整户移民也逐渐增多。于是，北美殖民地一直没有出现严重的性别失衡危机，也就毋须以种族通婚作为弥补。愈到后来，通婚的必要性就愈益微乎其微。

拉美各国的种族通婚情形与美国形成鲜明的对照。在有的国家，印白混血的梅斯提佐人在总人口中甚至占到 25%。这种普遍通婚现象似与西班牙、葡萄牙的历史和文化传统有关，因为这两个民族历来习惯于和其他种族通婚，摩尔人在其社会相当活跃，而且天主教和罗马法均不禁止种族通婚。另外，拉美地区土著人口密度较大，多为定居部落，这也便于种族之间的通婚。①

在美国，印第安人对待通婚问题并没有白人那么多的种族偏见。有些部落把通婚作为与白人修睦的表示。被掳的白人女子在部落结婚生子，同样受到保护。与土著女子结合的白人男子，也可以参与部落社会的生活。诚然，有的部落也歧视白人丈夫，禁止他们继承家庭的财产，不过在其他方面则待如族人。部落还注意维护在部落安家的白人的利益。1876 年，黑脚-苏族人向美国政府提出："我们要求你们考虑到我们的混血人以及和我们的妇女结婚而成为我们人民的一部分的白人。"②把通婚的白人当成"我们人民的一部分"，这是许多部落共有的态度。

早期与印第安人通婚的白人可分成三类。第一类是移民领袖。通婚对他们有着与欧洲的政治联姻相似的意义，乃是谋求与当地部落友好相处的手段。第二类是贸易商人。他们因为长期在部落生活，娶一个土著女子是一件既容易又有利的事情。第三类是被掳的白人女子。她们被氏族收养后，便按部落习俗与本氏族外的男子成婚。约翰·罗尔夫与波哈坦之女波卡洪塔斯的婚姻，威廉·约翰逊与一位莫霍克族上层女子的结合，都是第一类通婚的典型例子。至于贸易商人，则通常不止娶一个印第安人女子，因为他们不断更换贸易地点，也就不断更换土著妻子。

印第安人与黑人之间也存在通婚现象。南部黑人中出现的诸如"Deer"

① Nash, *Red, White, and Black*, p. 274.
② Moquin, *Great Documents in American Indian History*, p. 234.

"Buffalo" "Mahaw" "Redskin Peter" 之类的姓名，显然来自印第安人。有趣的是，一些部落允许族人与白人结婚，但禁止与黑人通婚。或许他们是不屑于黑人的奴隶地位。

在保留地也存在印白通婚的现象。这主要是由于边疆地区男女比例失调。1860 年，内华达和科罗拉多的人口中，男性占 90%～95%；加利福尼亚女性所占人口比重，在 1860 年只有 30%，到 1870 年上升为 35%，及至1880 年仍然不过 40%。① 无偶可求的边疆白人男子，就近在保留地娶一个土著妇女，也就成为权宜之策。另外，大批白人涌入保留地寻找工作，五大文明部落所在的印第安人领地，白人与印第安人的比例一度达到 7:1。这些从事体力劳动的白人和保留地妇女通婚乃至乱交，也成了在所难免的事情。

娶土著女子为妻并在部落生活的白人被称作 "Squaw"，一般与其他部落成员享有同等权利。据 1877 年的数字，这类白人在切罗基部落有 700人，在克里克部落有 60 人，在乔克托族和奇克索族竟多达 1,500 人。在沃希托河谷，由他们经营的农场延绵达 50 英里之远。② 在苏族保留地，据立廉在与联邦代表会谈时所说，"有许多的白人和混血人讲我们的语言，与部落生活在一起" ③。留在东部的切罗基人，按血统把居民划分为 "纯血统"印第安人和 "白种印第安人"，这也反映了通婚的痕迹。20 世纪特别是二战以后，印白通婚现象有所扩大，尤其是土著男子与白人女子的婚姻日趋常见。据说，1970 年有三分之一以上的男性印第安人所娶妻子为白人，而黑人男子仅有 2.1%的人与白人女子结婚。④

种族通婚在土著社会造成了深刻的变动，对印白文化关系有着不容低估的作用。对印第安人而言，通婚带来异质文化因子，从姓氏、语言到生活习俗，都不免受到潜移默化的影响。而且，土著女子的白人丈夫，往往在印白交往中扮演重要角色。作为通婚后果而出现的混血人（half breeds, mixed blood），在印白关系和土著社会变迁中尤其扮演至关重要的角色。他们在两种文化之间架起沟通的桥梁，对部落吸收白人文化构成有力的推动。白人社会有意通过混血人传播 "文明" 的观念，树立 "文明开化" 的榜样，带动其他印第安人走上 "白人之路"。事实上，混血人又确有不同于纯血统

---

① Paul, *The Far West and the Great Plains in Transition*, p. 124.

② Gibson, *The American Indian*, p. 454.

③ Armstrong, *I Have Spoken*, p. 111.

④ Bolt, *American Indian Policy and American Reform*, pp. 277-278.

印第安人的地方，他们深受父辈的濡染，接受白人式教育，在吸收白人文化时表现出更大的开放性和主动性。克里克族的亚历山大·麦吉利夫雷，为白人贸易商和克里克女子所生，在部落生长到 14 岁，然后被送到查尔斯顿接受白人教育，兼通两种语言。后来，他回到部落充当翻译，最后出任部落首领，不仅善于和英、美两国周旋，而且使克里克族内部统一而成为一个紧密的联盟。[1] 切罗基族首领约翰·罗斯只有八分之一的切罗基血统，面目十分接近白人。他从小在寄宿学校上学，喜欢读书看报，懂得商业经营技巧，成为部落的首富之一。[2]

　　一般来说，混血人愿意吸收白人文化，而纯血统印第安人则倾向于维护传统。双方经常发生争执，并且形成派系和集团。蒂莫西·弗林特曾说："无论何处有混血人种，……那里一般就会有一个派系，一个党派；而这个种族也就会很顺利地对文明和基督教发生兴趣。纯血统的首领和印第安人，一般属于拥护旧时习俗和古老宗教的一派。"[3] 这种情形到 20 世纪中叶仍未发生根本变化。以教育而论，就读于种族混合的公立学校者多为混血人的子女，而纯血统印第安人的孩子大多进入联邦印第安人学校，1956 年其比重达到 83%。[4]

四、另一种美国公民

1. 部落的衰落

　　白人社会对印第安人实行文化征服的最终目标，是使他们成为美国公民，成为印第安裔美国人。进入强制同化时期，公民权问题便被提上议事日程。授予印第安人公民权须有一个基本前提，即打破部落制，用美国的政治控制取代部落主权，从政治上完成部落成员的个体化。随着印第安人在生存竞争中遭到失败，部落逐渐走向衰落，以至完全丧失主权。这就无疑为把印第安人变成美国公民铺平了道路。

---

[1] R. David Edmunds, ed., *American Indian Leaders: Studies in Diversity* (Lincoln, 1980), pp. 43-44.

[2] Edmunds, ed., *American Indian Leaders*, pp. 88-89.

[3] Sheehan, *Seeds of Extinction*, p. 163.

[4] Prucha, *The Great Father*, p. 1067.

白人社会实际上一直把摧毁部落作为关系到整个"文明开化"运动全局的大事。门罗总统说过，如果美国完全控制了印第安人，那么他们由狩猎状态向文明生活的转变就会容易而顺利；一旦维系土著社区的纽带被斩断，每个印第安人作为个体，就能获得新的品格。[1] 在白人看来，部落不仅是野蛮生活的象征，而且也是一切非基督教方式和习俗的保护伞，因而他们希望并且极力使印第安人摆脱部落的控制，取得个体的身份。这个过程称作"个体化"。白人社会向印第安人提出"个体化"的问题，固然与他们信奉的个人主义价值观相关联，但更多地反映了从政治上改造和控制印第安人的意图。他们认定，"只要印第安人居住在（公共的）村落里，他们就会保留许多旧式的有害习惯"；[2] 因此，"文明开化、教育和基督教如果要发挥作用，我们就必须抓住个体做文章。它们必须作用于一个一个的男女儿童。那种使人软弱无力的部落生活的控制必须被打破！个体必须获得培养。个性必须获得开发。……如果我们要公正对待印第安人，我们就必须使他们一个一个地接受美国的理想，受到美国的教育，遵循美国的法律，承担美国的权利和义务所具有的特权和压力"。[3] 这里就触及文化征服的终极目标，也就是使印第安人以个体身份完全融汇于美国主流生活。可见，打破部落制，印第安人个体化，授予公民权，这些问题都与整个文化征服的成败密切相关。

部落曾经是独立的主权实体。部落具有相对明确的活动界域，高度稳定的组成人员，共同拥戴的领导机构，约定俗成的律法规则，以及独立自主的决策和行动能力。在殖民过程中，英国政府一直把部落当成近于国家的主权实体对待。殖民当局以条约方式从部落获得土地和贸易特权，经常派出使节访问各部落，甚至把东部那些强大部落的首领视若君王，赠予他们的礼物中有时还包括铜制的王冠。美国独立以后，大体上沿袭英国的习惯，把与部落的关系当作外交问题处理。美国政府称较小的土著族群为部落，称较大者为"nation"。联邦宪法将印第安人贸易与对外国的贸易相提并论。华盛顿政府的官方文件明确宣布，"独立的印第安人族群（nation）和部落，应被视作外国（foreign nations），而不是任何一州的臣属"[4]。美国与各部落的

① James Richardson, ed., *A Compilation of the Messages and Papers of the Presidents* (Washington, D. C., 1897), Vol. II, p. 615.

② Weeks, *Farewell, My Nation*, p. 220.

③ Prucha, *The Great Father*, p. 621.

④ Abbot, *The Papers of George Washington*, Vol. 3, p. 138.

关系都有条约加以规定，这些条约从生效到修改，都必须经过国会参议院的批准。因此，这个阶段部落与美国的关系至少在名义上是平等的。

条约作为美国处理与部落关系的主要方式，对印第安人的历史命运产生过至为重要的影响。美国从 1778 年与特拉华族缔结共同抵抗英国的条约开始，迄于 1871 年，共与各部落签订条约 374 项。条约的内容大多与土地问题相关，美国政府通常以金钱、物质、提供保护作为条件，以换取部落的土地。美国政府为白人永无止境的土地欲望所驱使，往往轻诺寡信，践踏、撕毁、修改或重订条约乃为家常便饭。在 1778—1861 年间，仅特拉华族与美国签订的条约便达 45 项之多。① 这些条约所记录的是一部印第安人遭到逐渐剥夺的历史，是一部土著部落不断走向衰落的历史。在许多部落的记忆当中，条约实际是欺诈哄骗和背信弃义的代名词。印第安人没有文字，条约文本便以白人的文字拟定，然后再由翻译向印第安人宣读，而翻译通常歪曲乃至省略关键性的条款以骗取部落的同意。而且，印第安人并不熟悉条约方式，更不了解条约的性质和意义，签约时便受人摆布，签约后不免蒙受重大损失。美国政府以条约约束部落，而自己则经常无视条约，肆意侵害部落利益。

部落主权地位的急转直下始于 19 世纪 20 年代。其时美国人口已有极大增长，西进运动全面展开，部落领地和白人社区便呈交织混杂状态，由此产生激烈的主权、司法和土地纠纷。此时如果美国仍把部落当作主权实体，就等于承认部落为国中之国；如果否认部落的独立和主权，就必然要求印第安人服从美国的法律。前者自然不合美国的心愿，后者则更难于为印第安人所接受。面对这种两难情势，美国政府只能对部落地位做出重新解释。

切罗基部落和佐治亚州当局的争端，为美国政府提供了一个恰当的时机。根据条约，切罗基部落在佐治亚享有主权和独立。但佐治亚的白人及当局觊觎切罗基人的财富和土地，不顾条约的限制，屡屡侵害部落的主权和印第安人的利益。同情印第安人的人道主义者以及反杰克逊的政客，支持切罗基部落向美国最高法院提出诉讼。首席大法官约翰·马歇尔就"切罗基部族诉佐治亚州"和"伍斯特诉佐治亚州"两案做出判决，对部落的地位及与美国的关系做了影响深远的阐述。

马歇尔在判决中指出，印第安人与美国的关系属于一种世所罕见的独

---

① Wissler, *Indians of the United States*, p. 87.

特类型，一个部落虽然不是对等于美国的"外国"，却又是拥有特定地域和独立主权的"族群"（nation），因而不受某州法律的支配，处理与部落的关系乃是联邦政府的特权。他进而得出结论：部落既非独立国家又非从属国家，而是美国的"国内依附族群"，其所占有土地的所有权属于美国，一旦部落的占有状态终止，美国的权利就自动生效。总之，部落与美国的关系，类似被监护者与监护人的关系。马歇尔特意说明，所谓"nation"并没有"国家"的含义，仅指"与其他人相区别的人民"。不过，他同时又肯定美国与部落所签订的条约具有合法性，认为这些条约与美国和其他国家所缔结的条约并无二致。① 可见，马歇尔关于部落地位及其与美国关系的理论，仍旧未能妥善地协调各种矛盾。他既否认部落为"外国"，又承认条约在国际法上的合法性；他一面称部落为"国内依附族群"，一面又支持部落在政治上和司法上的自主权。

马歇尔判决的重要意义，在于对"被监护者与监护人的关系"模式做出了高度明确的概括。殖民地时期便有部落称白人为"父亲"，白人官员称部落首领为"孩子"。美国政府沿袭这种称呼，并极力使之凝聚成一种关系模式。印第安人称与他们打交道的美国官员为"父亲"，称美国总统为"伟大的父亲"。以此推论，印第安人便是美国的"依附子女"，需要加以监护和引导。实际上，这种理论否认部落自治的能力和权利，主张由美国来处理一切与印第安人有关的事务，因而有"父权主义"（paternalism）之称。马歇尔判决从法理上为"父权主义"制造依据，给此后美国与印第安人的关系奠定了理论基石。

19世纪中叶因缘际会，部落主权的瓦解以及印第安人和美国关系的历史性转折已是势所必然。内战以后，美国连续对西部印第安人用兵征伐，迫使土著武士相继屈服，到1886年最后一个阿帕奇部落放弃武力对抗，美国便已征服和控制了境内所有的部落。部落作为独立主权实体的时代也就一去不复返了。部落由原来表面上的平等地位沦落为名符其实的"被监护者"。与此相应，美国于1871年宣布，今后不再把部落视为"独立的族群（nation）、部落或国家（power）"，废止与之签订条约的做法。② 经过数百年的生存竞争和种族冲突，美国现在得以趾高气扬地宣告自己的最终胜利，

---

① Prucha, *Documents of United States Indian Policy*, pp. 58-62.

② Prucha, *Documents of United States Indian Policy*, p. 136.

而印第安人则由独立自由的人民完全落入白人社会的支配之下。部落作为政治上的主权实体已是徒具其名。这时白人社会对印第安人更加颐指气使，自以为垂恩降泽地说："你们是政府的孩子，政府必须照顾你们。"① 此后，美国与部落的关系便建立在"委托管理论"的基础上。

"委托管理论"实际是"监护关系论"的新发展。其大意是，印第安人缺乏自治能力，他们的内部事务和财产只得由美国政府代为管理。这种理论以否定部落主权和印第安人的自由为出发点，而实际运用的结果则是全面干预部落事务和控制印第安人。可是，从未有任何部落曾赋予美国政府这种权力，以往的条约至多只提及"保护"问题。所以，"委托管理"中的"委托方"实际并不存在，美国之取得"委托管理权"，不过是出于自我授予。已被彻底打败的部落当然无力对此提出异议，即便提出异议也无济于事。

美国政府自诩委托管理"是出于正义的考虑而行事的，而这种正义支配着一个基督教民族对待一个愚昧和依附的种族的态度"。② 然而事实表明，委托管理带给印第安人的只是连接不断的新的损害。按照费利克斯·科恩的说法，"监护制"是一个"魔术般的字眼"，各种对印第安人的不义之举，都借它的名义而施行。③

在监护和委托管理的名义下，美国政府完全按照自己的意志来处理印第安人事务。土地私有化，打破部落制，撤销保留地，强制授予公民权，这一切便是美国政府以受托人和监护者的身份施加于印第安人的所谓"正义"。白人自信这些政策有益于印第安人。他们宣称印第安人不能替自己选择适当的发展道路，只得"偏劳"白人来操心费神。显然，在监护和委托管理的原则之下，部落已毫无主权可言。

到 19 世纪即将结束之际，部落仅存的司法权也遭到剥夺。美国政府最初在保留地组建印第安人警察，使用穿制服的印第安人来维持保留地的秩序；继而宣布"一个印第安人乃是处于美国法律之下的人"④，以美国法律取代部落主权的意图可谓昭然若揭。1883 年，美国政府在保留地设立"印第安人犯罪法庭"。两年后，国会通过《七种主要罪行法》，将印第安人所犯

---

① Nabokov, *Native American Testimony*, pp. 175-176.

② Cadwalader, *The Aggressions of Civilization*, p. 200.

③ Cadwalader, *The Aggressions of Civilization*, p. 201.

④ Irvin M. Peithmann, *Broken Peace Pipes: A Four-Hundred Year History of the American Indian* (Springfield, 1964), pp. 167-168.

重罪的审判权，交给部落所在州或领地的司法机关。国会随后还制订若干类似法令，彻底剥夺了部落的司法权。

至此，部落政府的名存实亡已成无可改变的定局。1906 年国会的联合决议虽然仍提及部落政府，但却把部落官员的任免权正式授予美国总统（实际上，美国总统在 70 年前即已任命部落官员）。这时的部落政府仅具有象征意义。

2. 印第安人的公民权问题

美国宪法当中对印第安人的政治地位只字未提，更遑论公民权问题。有论者以为这是对印第安人"人权"的极大蔑视。实则不然。美国建国之时，把土著部落视为独立于美国以外的政治实体，已略如前述；倘若美国此时居然"慷慨"授予印第安人公民权，则不仅是对部落主权的侵犯，而且是对作为部落成员的印第安人权利的公然践踏。历史事实已经证明，印第安人成为美国公民的过程，其实不过是白人文化步步入侵和印第安人权利不断丧失的过程，与部落的衰落和部落成员的不幸紧密相联。因此，强迫印第安人变成美国公民，才是最严重的不公正行为。对于生活在部落的印第安人来说，最基本的"人权"并不是成为美国公民，而是维护部落的主权地位和保持做印第安人的自由。

事实上，赋予印第安人与其他美国人相同的权利和义务，使之具有美国公民身份，一直是白人同化派致力以求的事情。美国政府很早便开始零星授予印第安人公民权，如国会在 1855 年宣布怀恩多特人为公民，1861 年和 1867 年又分别承认波塔沃托米人和基卡普人的公民身份。然则公民权问题受到白人社会的普遍关注，乃是强制同化时期才出现的现象。事情的起因又与一个居住在内布拉斯加的苏族人约翰·伊尔克有关。伊尔克早已脱离原来的部落，多年在白人社区工作和生活，自认已是美国公民。可是，他于 1880 年参加选民登记却遭拒绝，当局不承认他的公民资格。他认为，根据宪法第 15 条修正案，自己应当享有公民权，于是向联邦最高法院提出起诉。最高法院在判决中指出，印第安人出生于美国主权所辖范围之外，首先是属于部落的；而部落则是非美国的实体，美国政府没有为其制定归化程序，因而一个印第安人不能自动成为美国公民。而且，印第安人是否已经获得开化，是否有资格拥有美国公民的特权和义务，其决定权不在印第安人自己，而在美国政府。① 这种判决看似头头是道，但拘泥于对部落与美国关系的传统理解，与同化派盼望迅速"美国化"的急迫心情相去甚远，因而不合时宜。这时，印第安人公民权已成为同化派关心的头等大事，印第安人事务局的报告，莫洪克湖会议的决议，以及改革派的演说，都不约而同地郑重论及这个问题。

《道斯法案》规定了印第安人获得公民权的程序。取得份地的印第安人，经过 25 年时间，确认已具有经济自立的能力和承受公民资格的条件，即可成为美国公民。在此之前，他们仍然是美国政府的监护对象。但《道斯法案》并未一劳永逸地解决问题，后来政策经常摇摆不定，有关的争议也一直持续不已。1905 年，联邦最高法院宣布，印第安人在获得份地之日起即已具备公民身份，而不必等待 25 年托管期满。国会不满于司法部门干预自己控制印第安人事务的权力，于次年制订《伯克法》，重申以 25 年为授予公民权的必要限制。1916 年，最高法院推翻了先前的判决，同意延缓授予公民权的进度。②

然而，在实际授予印第安人公民权时，却遇到了许多当初未为同化派所考虑的实际问题。最现实恰恰也是最严重的一点是，印第安人一旦成为美国公民，就不仅与其他美国人享有同样的权利，而且还须承担相同的义务，他们能否拥有足够的时间和充分的可能来进行能力和心理上的准备呢？同化派不顾现实的制约，一意孤行地推进强制同化，似乎法律上的条文便可保证印第安人真正成为美国公民。亨利·潘科斯特曾针对这种倾向发出警告说："未经提醒和准备，便马上宣布全体印第安人为公民，这种想法乃是鲁莽和不切实际的，像我们这样虔诚的人，可能并不希望如此。"他认为，在成为公民之前，印第安人至少应当具备适应公民责任的起码条件。③《道斯法案》中关于 25 年托管期的规定，实际上反映了这一顾虑。印第安人事务局长勒普在 1906 年也说："经验证明，公民身份对许多印第安人来说都是不利的。他们既不适合承担公民身份的义务，也无法享有其优越性的益处。"④ 他的这番议论，是有授予公民权所产生的不良后果作为依据的。

另外，公民权与监护制的关系也是一个十分棘手的问题。获得公民权

---

① Nichols, *The American Indian Past and Present* (1981), p. 195; Hoxie, *A Final Promise*, p. 75.

② Nichols, *The American Indian Past and Present* (1981), pp. 199-200.

③ Prucha, *The Great Father*, p. 682.

④ Prucha, *The Great Father*, p. 875.

的印第安人，是否不再受到联邦的监护，而与其他美国人在法律上处于完全相同的地位呢？如果解除监护，印第安人将不得不和具有明显优势的白人竞争；如果继续作为美国的被监护者，他们实际上又不能真正享有公民权利。最高法院在两项判决中对此做出了解答。1895年"美国诉马林"一案的判决断定，获得公民权的印第安人仍旧享有部落与美国所订条约中规定的权利，美国仍须按照条约对所有印第安人——不论是公民还是被监护者——承担保护的义务。1911年最高法院重申这一原则："没有能力的人，尽管是公民，或许也没有控制其人身与财产的完整权利"；"公民身份中并未包含任何与对印第安人的土地进行监护相矛盾的东西"①。应当说这种立场是较为明智与审慎的，因为印第安人虽为公民，但实际上无法与其他美国人展开竞争，必须得到美国政府的特别保护。不过，强制同化政策的矛盾和缺失也因此暴露无遗：印第安人实际上并不具备成为公民的条件，而同化派却急于求成，不惜揠苗助长。

与公民权相联系的另一问题，乃是印第安人对美国政治的参与。这个问题直接关系到公民权利对印第安人是否具有实际意义。印第安人本来缺乏现代政治的经验，也不具备主动参与美国政治活动的素质，而土著人口较为集中的各州，非但不为他们行使政治权利提供便利，反而施以种种限制。例如，科罗拉多、蒙大拿、俄勒冈、南达科他、怀俄明、内布拉斯加等州，只允许获得公民权的印第安人参加投票；明尼苏达、北达科他、加利福尼亚、俄克拉何马、威斯康星等州，则要求参加选举的印第安人必须已经采纳文明的生活习俗；爱达荷、新墨西哥、华盛顿等州的宪法规定，不纳税者不得参加投票；亚利桑那、内华达、犹他等州的规定更加严格，选民必须同时是纳税者和本州公民。这些人为的限制，再加上先天的政治缺陷，造成印第安人在获得公民权后仍然身处美国政治的大门之外。

总之，公民权利之于印第安人，并不是一件有益的事情。美国政府出于迅速完成同化的考虑，仓促授予印第安人公民权，不过是给他们种下了新的恶果。

3. 印第安人成为美国公民

授予公民权的活动，自《道斯法案》通过以后一直都在进行，一批接一批的印第安人忽然间变成了美国公民，与那些曾经剥夺和征服他们的白

---

① Hoxie, *A Final Promise*, pp. 214, 216.

人，在法律上取得了平等的地位。1924 年的《印第安人公民权法》，进而宣布美国全境的印第安人一体获得公民权。

1887 年以后，美国政府一面进行份地分配，一面向印第安人授予公民权。成为公民的印第安人在 1890 年有 5,307 人，1900 年达到 53,168 人。1901 年，仅在印第安人领地就有 101,506 名土著美国公民。到 1905 年，约半数以上的印第安人变为了美国公民。[①] 威尔逊政府的内政部长富兰克林·莱恩是一个激进的同化派，主张尽快结束部落与联邦的特殊关系，立即授予印第安人公民权，使他们实现自我管理，是祸是福由他们自己承受。[②] 他派出一个专门委员会，赴保留地调查印第安人的自立状况，可以随时决定是否授予公民权。1916 年大选前夕，他为了增加支持威尔逊的选民，在土著人口较多的南达科他、北达科他、怀俄明、蒙大拿、俄克拉何马、亚利桑那、新墨西哥等州突击授予公民权。他还于这年的春天亲自到苏族保留地主持首次授予公民权的仪式。这种仪式带有象征意味：主持人走到一名印第安人的跟前，询问他的土著名字，然后叫他射出一支箭，并告诉他，这是他作为野蛮人所射出的最后一支箭，标志着他已向传统的生活方式告别；接着要他将手放在一张犁上，说明他已选择了白人式的生活；最后把星条旗交给所有获得公民权的印第安人，称这是他们自己的旗帜，他们已经成为自由人民的一员。[③] 在这年的夏天，报纸上随处可见有关这类仪式的报道。

第一次世界大战中，有不少印第安人参加美军，在战时企业工作的印第安人也为数可观，因此，塞尔斯于 1919 年提交的印第安人事务局年度报告，即题为《作为开化者的战争》。其中指出，印第安人在战时与白人并肩作战或工作，促进了他们对主流生活的参与。[④] 同年 11 月，国会立法规定，凡在战时服役的土著退伍军人可以申请美国公民权，并且不会因此妨碍他们对部落财产的占有权。[⑤]

1924 年，来自纽约州的国会议员霍默·斯奈德提出一项议案，作为众议院第 6355 号决议获得通过，授权内政部长向那些提出申请并已确认具备资格的印第安人授予公民权。参议院印第安人事务委员会也提出一项类

① Olson, *Native Americans in the Twentieth Century*, p. 73.

② Prucha, *The Great Father*, p. 880.

③ Gibson, *The American Indian*, p. 514.

④ Prucha, *The Great Father*, p. 771.

⑤ Prucha, *Documents of United States Indian Policy*, p. 215.

似法案。国会就此展开辩论，经过折中综合，最后形成一项名为《印第安人公民权法》的法令。法令宣布："在美国境内出生的非公民印第安人，就此宣告为美国公民：兹规定，授予这种公民权，不得以任何形式损害或影响任何印第安人对部落或其他财产的权利。"① 至此，所有印第安人都获得了美国公民资格，强制同化运动所有的政策目标亦告全部实现。

但是，这并不意味着同化已然大功告成。仅就政治方面而言，公民权的获得并没有结束印第安人与联邦的监护关系，他们的财产仍处于联邦的托管之下，各种权力还掌握在印第安人事务局的手中。而且，美国政府在宣布印第安人成为公民的同时，又承认他们对部落财产拥有权利，这便等于置他们于双重地位：他们既是必须服从美国法律的公民，又是享有部落特权的部落成员。这种双重身份使印第安人处于十分窘迫的地位：他们实际上既不是真正的美国公民，也不是完整的部落成员。

更大的不幸还在等待印第安人。公民权不仅没有带给他们切实的利益，反而为白人夺取其财产制造了可乘之机。印第安人不懂得运用美国法律来维护自己的权利，更不通晓经营管理之道，私有财产的观念仍然比较淡薄。有些白人便利用这些弱点，对印第安人的土地和财产大肆巧取豪夺。鉴于这种情况，美国政府的继续监护反而成为必要的措施。伊丽莎白·萨金特撰文指出，在授予印第安人公民权的同时，必须附加对其财产的保护；赫伯特·斯平登更是忧心忡忡，他担心不加分别地授予公民权，只会使印第安人获得一些"含糊的权利"，而给其他一些人带来"更大的利益"。②

印第安人内部对于忽然变成美国公民所做出的反应，并不完全一致。混血人大抵上表示欢迎，而纯血统印第安人则怀疑这不过是美国政府摧毁其传统价值的新措施。易洛魁联盟一直不肯承认美国的监护权，向来自认属于与美国平等的主权实体，1917年他们就以自己的名义随美国之后对德国宣战。因此，他们拒不接受美国的公民权，向美国政府提出了强烈的抗议。

然则不论如何，印第安人终于在法律上获得了平等和自由，结束了长期被白人控制和压迫的地位。这本来应当成为他们走向新生活的一个起点。可是，这种逻辑上的推论能否见诸实际，还需要时间来回答。当1924年《印第安人公民权法》获得通过时，《纽约时报》载文评论道："如果印第安

① Prucha, *Documents of United States Indian Policy*, p. 218.
② Olson, *Native Americans in the Twentieth Century*, p. 85.

人中间存在犬儒精神的话，他们或许会带着苦笑接受有关他们新的公民身份的消息。白人在夺走他们的整个大陆之后，在剥夺他们的行动自由、社会习俗自由和信仰自由之后，现在终于赋予他们与其征服者同样的法律地位。"① 这番话真是别有意味。印第安人政治和法律地位的起落变化，何曾出于他们自己的愿望；生杀予夺的权柄早已为白人社会所操纵，不论是剥夺还是监护，都不过是殖民主义和帝国主义的产物。印第安人所应有的态度似乎不仅是苦笑，而且还包含悲愤和抗议。

---

① Gibson, *The American Indian*, p. 534.

第六章　不同的选择

面对白人社会的文化侵逼和由此产生的巨大生存压力，印第安人内部所做出的反应存在很大的差异。不同的分支自然有不同的反应，而同一部落往往也发生分歧和冲突，形成吸纳白人文化和固守传统的两派，彼此对立，相互较量，导致部落社会陷于分裂。白人社会称前者为"进步派""基督徒"或"顺应派"，称后者为"保守派""邪教徒"或"非顺应派"，在策略上则扶植前者而压制后者。一般来说，整个印第安人对待白人文化的态度，可以大致归纳出三种反应模式：一是见之于易洛魁人中的"吸纳-复兴型"，二是见之于五大文明部落的"吸纳-繁荣型"；三是见之于大平原诸部落的"抵制-贫困型"。当然，这些模式并不可能涵盖印第安人对白人文化所做的复杂多样且因时因地而异的反应。毕竟，任何模式的抽象都难免以偏概全之弊。

一、易洛魁人：绝处逢生

1. 深重的社会危机

在文化接触以前的时代，大西洋沿岸可以说是北美土著文化最为发达的地区之一。从圣劳伦斯河谷到切萨皮克湾这一狭长的海岸地带，生活着众多部落。这里自然条件优越，树木茂密，青草繁盛，小型动物到处出没，印第安人因而得享充足的衣食资源。而且，这里空气湿润，土地肥沃，适宜各种作物生长，故粗放的种植活动较为常见。青谷节是这里的农业部落所独有的仪式。北美最发达的土著政治文化也兴起于这一地区。1500 年左右形成的易洛魁联盟，是一个相对稳定的部落联合组织，英、法、荷等殖民者后来都把它看成一个牢固而实力强大的土著联盟。① 联盟拥有不成文宪法，代代相传，就联盟的领导机构、组织形式以及成员的权利和义务做出了详细的规定。②

欧洲人也较早在这个地区登岸立足。这里的部落因而很早便感受到来自欧洲文化的冲击，被卷入文化撞击的洪流。疾病的侵袭，战乱的创伤，致使许多部落人口锐减，土地丧失，势力衰微，部落社会濒临崩溃，有的部落竟至彻底解体消失。而且，白人所进行的"文明开化"活动也较早发端于此。在西部印第安人与白人发生频繁接触时，东部各部落经受劫难已达数百年之久。白人的到来对于东部印第安人可以说是一场普遍的灾难。康涅狄格的皮阔特人一度颇为强盛，但经过 1637 年白人的大肆驱杀，作为部落的皮阔特人一度消失，直至 1983 年才恢复部落的地位。南、北卡罗来纳的雅马西人，因为与殖民者发生冲突而遭到毁灭性打击。弗吉尼亚强盛一时的波哈坦联盟，在白人移民到来半个世纪后即告彻底崩溃。其他一些较为强大的部落，在 19 世纪 30 年代也被迫迁至西部。

后来发展到有 6 个部落参加的易洛魁联盟，曾是殖民者甚为畏惧和极力争取的对象。他们的高度组织性以及出色的战斗能力，在北美各部落中均首屈一指。他们曾控制内陆探险和毛皮贸易的主要路线。但在美国独立战争中，他们不幸而站在英国一方反对争取独立的美国人，结果与英国一起沦为战败者。获胜的美国人当战火甫熄时，便以征服权利的名义逼迫他们签署条约，割让土地，迁入保留地。这一局面使向来高傲自负的易洛魁人在物质和精神两方面都受到重创，其社会随之陷入混乱涣散，迅速滑向崩溃的边缘。

紧接独立战争以后进入易洛魁领地的人，到处都能看到各部落呈现的破败凄凉景象。他们传统的狩猎地被白人夺占，不能打猎以补充食物，人口大减，整个社会都失去了活力。人们生活贫困，精神颓丧，对自己的生活方式和部落的前途也丧失了信心。他们觉得至上神已为他们选择了灭亡的命运，所以他们似乎患上了"一种心灵的疾病"③。悲观绝望的人们通常借酒

---

① 据近年美国学者的研究，易洛魁联盟内部并不稳固，充满地方化的趋势，派别之争甚为激烈，所以白人向来所说的"易洛魁帝国"不过是一个神话。参见 Daniel K. Richter et al., eds., *Beyond the Covenant Chain: The Iroquois and Their Neighbors in Indian North America, 1600-1800* (New York, 1987), p. 6.

② Moquin, *Great Documents in American Indian History*, pp. 20-26.

③ Wallace, *The Death and Rebirth of the Seneca*, p. 197.

浇愁，酗酒遂成易洛魁社会的一大灾祸。1801 年，有个白人土地测量员记述他在托纳万达保留地的见闻："这里有些烂醉的印第安人；但这根本不值一提，因为只要有足够的威士忌来供他们享用，这些人就很少清醒。"① 一些著名的部落首领，如红夹克、青年大王洛根以及尚未得道的先知俊湖，都是嗜酒如命的人。有的妇女也成为酒徒，特别是老年女子，也经常烂醉如泥。酗酒之风极盛，造成田园荒芜，村野凋敝，人心涣散，犯罪事件时有发生，其中谋杀案件尤为常见。人们稍一清醒，顿感灰心绝望，不能承受这种心灵痛苦的人，便以自杀寻求解脱。

就在易洛魁人深为社会危机所苦的同时，白人正急速向西迁移，13 州的边疆地区很快遍布众多的移民村落，易洛魁人的保留地不久即陷于白人社区的包围之中。到 19 世纪 30 年代，密西西比河以东地区的部落大多被迫西迁，留下的易洛魁人真正成了白人海洋中的孤岛。

2. 自救之路

并非所有易洛魁人都自甘沉沦。为了应付白人文化的猛击冲击，不少人在寻求自救之路。然则究竟应当如何走出困境和振兴部落，却一直没有形成一致的意见，所谓"复旧派"和"开化派"的激烈斗争，始终伴随易洛魁人的复兴过程。

复旧派憎恶白人及其文化，把印第安人的种种灾难均归咎于白人的入侵及其文化的恶劣影响。他们相信，只有完全抛弃从白人那里传入的东西，重新采纳传统习俗，部落的复兴才有望实现。红夹克便是这一派的首领。他在易洛魁人中因其出色的演说才能而极富感召力。独立战争时期，他率部落支持英国，但在 1812 年战争中却抵制反美倾向，拒绝与英国结盟。他早年赞成"文明开化"，允许传教士到他的部落传教和开办学校，对白人的先进技术亦怀有兴趣。然而，后来他转变态度，对白人的一切发明均感到厌恶，拒不接纳白人传教士。他的理由是："至上神造就了我们大家。但他在他的白种和红种孩子之间，造成了很大的差别。他给了我们不同的皮肤和不同的习俗。……至上神做得对。他知道什么对他的孩子最合适。我们很满足。"② 越到晚年，他的复旧情绪就越强烈，把是否坚持传统视为关系部落存亡的要害。1830 年，他已行将就木，仍然蹒跚走访各户，对族人发出最

① Wallace, *The Death and Rebirth of the Seneca*, p. 199.

② Moquin, *Great Documents in American Indian History*, p. 33.

后的训诫："我就要离你们而去，一旦我走了，我的忠告就不再听得到，也不再被尊重，而白人的技艺和贪婪就会盛行。……我一想到我的人民，想到他们很快就会变成一盘散沙和被人遗忘，我的心就要碎了。"[1]

总体上说，开化派占据上风。这一派的代表人物有塞尼卡人科恩普兰特，奥奈达人亨得里克上尉和斯特金，以及莫霍克人约瑟夫·布兰特。他们都主张吸收白人文化的某些成分，使之与印第安人传统相结合，采取顺应环境变动的态度，通过"开化"而求得生存和发展。

开化派中又以约瑟夫·布兰特的立场最为激进。他生于1742年，其家族在易洛魁人中极有名望和地位。他的姐姐嫁与英国人威廉·约翰逊爵士为妻。全家人都受到白人文化的熏染。布兰特本人从小接受英式教育，粗通英文，并信奉基督教。[2]他向来致力于使自己的部落走上"文明开化"的道路。他看到保留地面积狭小，无法依靠传统的狩猎方式来维持生活，便力主转向发展农业以解决生计。他提出把土地分配给个人，按白人的方式进行农业生产；多余土地则出售给白人，其收入可用以购置农具和牲口，或建立磨坊；其他土地还可租与白人，保证部落每年都有固定收入。[3]他还号召禁绝酗酒现象，鼓励人们接受基督教信仰，并将基督教文献译成莫霍克文，于1786年出版《莫霍克祈祷书》。他是一个纯血统的印第安人，但却远远走在同胞的前面，他们显然不能跟上他的步伐。他身着白人服装，能说会写英语，还准备学习希腊文，试图直接将《圣经》从希腊文迻译为莫霍克文。与此同时，他也难免在文化上有痛苦难堪的体验，因为他成了一个典型的"边际人"：生为印第安人，却拥有白人的思想和习俗；白人把他当作土著，而同胞又认为他已经白人化。

科恩普兰特则是一个混血人，其父为荷兰贸易商人。他虽不信仰基督教，但提出的复兴方案却与布兰特异曲同工。他感到，"至上神派到我们家园让我们吃的猎物，已经从我们中间离去了。我们想，他是不是想让我们用犁耕地，像白人所做的那样"。于是，他向白人当局提出这样的要求：

> 我们请求你们教我们耕作和磨碎谷物；帮助我们建立锯木场，供给我们宽斧、锯子、钻子及其他工具，这样能使我们的房

---

[1] Armstrong, *I Have Spoken*, p. 58.
[2] Edmunds, *American Indian Leaders*, p. 36.
[3] Wallace, *The Death and Rebirth of the Seneca*, p. 203.

子建得更加舒适和牢固耐久；请你们派铁匠到我们这里来，最要紧的是，你们要教育我们的子女读书写字，教我们的妇女纺纱织布……①

他也赞成出租或出售土地以换取收入，并建议抛弃一切妨碍与白人交往的习俗和制度，其中包括部落大会须一致同意方能做出决议的规定，以及女性对战争事务的否决权等等。他本人带头走"白人之路"，送子女去费城求学，还经营一个锯木场。

开化派的一个基本观点是，印第安人传统在与白人文化的碰撞中相形见绌，证明不足以挽救部落社会的危机，因而必须加以补充和革新。在这种现实而明智的眼光中，闪动着印第安人在文化撞击中寻求生存的希望。不过，他们有时走得很远，对部落传统完全丧失信心。有一位塞尼卡族首领曾表示："当我回过头去看我的祖先时，我没有看到任何值得羡慕的东西，也没有发现任何我可以效法的东西，没有什么东西能够吸引我们像他们那样生活。相反，要享受生活，我发现我们必须改变我们的处境。"于是，他希望自己的子女受到教育和启蒙，只有这样，"他们的眼睛就会睁开，他们会看到光明"②。这也从一个侧面反映出印第安人在精神上的挫败感：他们对传统的方式发生了怀疑和动摇。

复旧派和开化派之间的斗争可谓至为尖锐。布兰特在去世前曾险遭部落弹劾；斯特金因主张向白人学习而被同族人谋杀。其实，两派在复兴部落这一点上有着根本的一致，分歧仅在于采用何种方式和手段。复旧派以不变应万变，力图通过恢复过去的生活方式来振兴部落，这在陷于白人包围而形同孤岛的情势下，显然缺乏可行性。开化派意识到环境的变动已成不可逆转之势，白人文化汹涌而至，如果不思变通，拘泥于传统，对白人的工具、技术及习俗完全拒而不纳，部落社会岌岌可危的局面便无从改观。可见，开化派所倡导的并非全盘白人化，他们吸收白人文化的宗旨也在于复兴部落。

如前文所述，俊湖的教义最能反映易洛魁人复兴之路的特点。俊湖一面倡导复兴昔日的美德和维护部落传统，一面呼吁采纳白人先进的技术和生产方式，化他人之长为己所用。俊湖教义对复旧和开化两派的观点作了中和，因而能为两派所勉强接受，终成易洛魁人走出困境的精神向导。

---

① Wallace, *The Death and Rebirth of the Seneca*, pp. 203-304.

② Sheehan, *Seeds of Extinction*, p. 164.

易洛魁人主动吸纳白人文化的积极姿态，得到美国政府和宗教团体的欢迎与支持。当科恩普兰特请求美国给予技术和工具的支援时，华盛顿总统当即表示，美国愿意帮助他们学会饲养家畜，并派人到部落建立示范农场，担任学校教师。美国政府还制订计划，为印第安人购买牲口和农具。杰斐逊总统在1802年致函俊湖，向他解释开发土地进行生产的好处，鼓励他变革塞尼卡人的生活方式。杰斐逊用包含热情的笔调写道："兄弟，继续进行你已着手的伟大改革吧！规劝我们的红种兄弟们戒酒，耕种他们的土地，他们的女人为其家庭而纺纱织布。你很快就会看到，你们的妇女儿童丰衣足食，你们的男子在和平与富足中愉快地生活，你们的人数会逐年增加。"他还保证，美国政府和他本人对这种有利于印第安人的事业，将给予全力支持和保护。① 宾夕法尼亚的教友派一如既往，坚持在易洛魁人中间进行"文明开化"工作。1798年，5名教友会传教士来到塞尼卡部落，与科恩普兰特一起商讨推广农业的方案。他们提议用现金奖励的办法，刺激人们从事农耕的兴趣：任何人只要每年自己生产25蒲式耳小麦或裸麦，或生产50蒲式耳玉米，或生产50蒲式耳土豆，或生产2吨牧草，或纺织12码亚麻布或毛呢，均可获得2美元的奖励。塞尼卡人经过讨论，决定"我们会尝试着学习你们的方式"。传教士尤其鼓励男子种地，劝告人们不要让妇女整天在外劳动，而应以家务为主。不久，传教士从匹兹堡运来面粉、腌肉及各种工具，开始建立示范农场。不少人前来参观，妇女们尤其感到新奇有趣。一座两层的小楼很快拔地而起，印第安人顿生羡慕之情。传教士把工具发给印第安人，并向他们传授使用耕犁的技术。学校也开始上课，一些土著儿童来此学习英文和算术。科恩普兰特对传教士的工作给予有力支持。据说，印第安人经常向传教士提出各种问题，比如，世界是如何被创造出来的，印第安人是否应当和白人通婚，印第安人死后是否与白人同去一个地方，他们是否会讲同一种语言，等等。② 这表明他们对白人文化怀有一定的兴趣。

3. 部落的复兴

大致从19世纪初开始，易洛魁社会初露复兴曙光。酗酒现象得到控制，醉汉明显减少。学校教育有所进展，虽然入学率并不巩固，但人们学习知识和技术的热情逐渐高涨。农业的进步尤其引人注目。塞尼卡人于1801

---

① Jefferson, *Writings*, pp. 556-557.
② Wallace, *The Death and Rebirth of the Seneca*, pp. 219-232.

年开始用犁耕地。为了证实这种工具的确优于传统方式，他们做过对比实验：一块地用犁耕种，另一块地则仍用传统的锄头种植，结果前一块地收获了更多更好的庄稼。私人圈地的围栏时有所见，这是土地私有的标志。1803 年，共有 17 所新房竣工，白人式的居住方式渐次推广。室内比较干净整洁，摆设着新的家具。父系家庭和财产继承制度也可见于某些村落。英文姓名不断增多，有人直接采用英国姓氏，有人则将原来的姓名转译为英文。

　　生产的发展构成易洛魁人社会复兴的基础。在文化撞击的潮流中，印第安人生存和复兴的希望，首先在于放弃直接占用资源的传统方式，采纳生产作为谋生之道。19 世纪初以降，易洛魁人在生产方面取得了突出的进步。1801 年，塞尼卡人生产的玉米比过去增长 10 倍。作物品种则在传统的玉米、瓜类、豆类和烟草之外，又引进了亚麻、燕麦、荞麦、土豆、萝卜等新作物。妇女在家从事纺织，织成毯子和家用布匹，剩余产品还售与邻近的白人居民。1805 年，部分妇女还学会了制造肥皂，家庭卫生状况也趋于改善。牛、马之类大型家畜的数目大有增加。劳动分工也走向细致和专门化，铁匠、木匠、织工和鞋匠等始得见于部落社区。1826 年，塞尼卡族的阿勒格尼保留地有 80 户居民，共种植 699 英亩土地，其中玉米 239 英亩，燕麦 116 英亩，牧草 70 英亩，小麦 38 英亩，土豆 42 英亩；此外还种有荞麦和蔬菜。他们还饲养不少牲口，其中牛 479 头，马 58 匹，猪 350 头。[1] 此时，农牧业已成为人们基本的经济活动。其他保留地均在朝着这个方向迈进，阿勒格尼仅是一个先锋而已。

　　1812 年战争再次使易洛魁人社会陷于分歧和动乱。有人主张倒向英国，有人则愿意支持美国。俊湖借助他的特殊影响，劝诫人们不必为白人之间的战争做出无谓的牺牲。其他部落首领大多也采取明智的立场，制止人们卷入白人的冲突，使易洛魁人幸免于一场无妄之灾。[2] 但战后易洛魁人仍然面临新的压力。向西拓殖的白人要求开放保留地的土地；传教士也得陇望蜀，步步进逼，试图彻底打碎部落制。部落社会出现了新的动荡，产生所谓"基督教派"和"邪教派"。前者主张完全同化，后者则仍坚持部落传统。由于部落在此前已呈复兴之势，加以俊湖教义产生了强大的凝聚力，易洛魁人得以再次渡过难关。民族学家摩尔根在 1851 年出版的《易洛魁联盟》中

---

① Wallace, *The Death and Rebirth of the Seneca*, p. 314.
② Abler, *Chainbreaker*, p. 219.

写道：

> 现在仍有约 4,000 名易洛魁人居住在纽约州境内。……自从
> 他们采用农业生产作为他们唯一的生活来源，他们的进一步衰落
> 得以阻止，他们的人数正在增加。在许多方面，他们已变成我们
> 人民中间有趣的一部分，显露出他们未来改善的许多希望。①

当其他许多部落日益接近毁灭的悬崖时，东部的易洛魁人却处于悄然
的复兴当中。他们既主动借鉴白人文化，又执意维护部落传统，所以在复兴
中仍然保持印第安人文化的基本特征。进入 20 世纪，易洛魁联盟作为一个
政治实体，仍在顽强地抵御美国的彻底同化。他们愿意学习白人的生活方
式，却不肯成为美国的公民。1917 年联盟以自己的名义对德国宣战，显示
了维护独立的决心。

第二次世界大战以后，易洛魁人社会发生了更加深刻的变化。白人文
化的长期渗透和持续冲击，使得部落传统愈加难以维持。大部分人走出保留
地，依靠工资生活。男子在铁路、矿区、布法罗的工厂以及钢铁行业工作，
妇女则充当教师、秘书、操作工或家务帮工。他们的住房已经相当现代化，
子女都去学校上学。他们全都采用英式姓名，父系家庭已完全取代母系制，
传统的血缘关系也显得无足轻重。现今易洛魁人总人口在 60,000 左右，一
部分生活在加拿大境内。他们的生活与白人没有多大差别，有些人一直在白
人社区谋职，拥有最新式的住房和汽车。② 从表面来看，他们似乎已然完全
同化。但在易洛魁人社区的丛林深处，作为传统象征的长屋（long house）
仍然隐约可见。每当传统节日或纪念日来临之际，来自各地的易洛魁人聚集
于斯，追思先辈，感悟传统。这说明文化传统的力量，仍然在无形中维系着
易洛魁人的族群认同。因此，"完全同化"至多只是一种表象。

易洛魁人吸收白人文化而为己所用，较早实现了部落的复兴，在维持
传统的连续性之外，还获得一定的发展。这对那些处于白人社区包围当中的
部落来说，自然是少见的成功例证。因此，这种"吸纳-复兴"模式，似乎
并不具有普遍意义。

---

① Lewis Henry Morgan, *League of the Ho-De'-No-Sau-Nee or Iroquois* (New York, 1901), I, p.
33.

② Ronald Wright, *Stolen Continents: The Americas Through Indian Eyes Since 1492* (Boston,
1992), pp. 313, 316.

二、五大文明部落：从中兴到衰落

1. 迁移前部落社会的发展与繁荣

19世纪30年代以前，生活在佐治亚、密西西比、田纳西和佛罗里达一带的切罗基人、乔克托人、奇克索人、克里克人和塞米诺尔人，积极吸收白人文化，采纳"文明"的生活方式，部落社会获得飞跃发展，故有"五大文明部落"之称。

其实，五大文明部落的印第安人，原来文化并不发达，欧洲人到来以后他们同样饱受战争、疾病和白人侵夺的交相袭扰，同样经历了人口减少、土地缩小和社会衰落的不幸遭遇。所不同的是，他们在与白人文化的接触中采取较为主动的策略，在适应中寻求生存和发展。他们在政治上与美国保持合作关系，支持美国的国家利益，赢得了较长时期的和平与稳定；在文化上则持开放心态，只要不危及部落的根本，就对白人文化实行兼收并蓄，有意通过"文明开化"来保障部落的生存。他们的这种选择较其他部落确有略胜一筹之处。同时，他们还得天时地利之助，因为他们生活的地区一时尚未遭到白人扩张的冲击，得享近半个世纪的相对和平。

这些部落的首领面对"不是文明便是死亡"的选择，① 发现传统生活已成无源之水，因之发起变革生活方式的运动，要求部落成员在服装、生产方面采纳白人习惯，建立学校，允许白人传教，鼓励与白人通婚。学习白人生活方式很快形成一种风气。不少人成功地建立了农场、种植园以及其他形式的产业。受过教育的青年和混血人充当了"文明开化"的急先锋。他们中有些人担任部落首领后，尤其着力推动吸收白人文化的进程。经济生活的初步兴旺，使人们感受到新的生活方式的确具有优越性，于是进一步追求更加美好的生活。在政治方面，五个部落先后改组部落政府，有的部落还制订成文宪法，实行官员选举，并设立法庭。学校教育尤其发达，不少人受教育的水平高出其白人邻居之上。

当然，五个部落的发展水平也是参差不齐的。其中切罗基人和乔克托人迈出了较大的步伐，而塞米诺尔人吸收白人文化的进程则相对迟缓。而

---

① Tocqueville, *Democracy in America*, p. 329.

且，各部落内部家业兴旺者多为混血人种，而纯血统印第安人中反对变革的势力十分强大。

总的来说，五大文明部落所采取的和平开化策略取得了很大成功。在被迫西迁以前，他们在北美印第安人中乃是文化最发达、社会最繁荣的族群，其经济水平和教育程度已经超过了白人边疆社区。1821 年，切罗基族有 20,000 人，乔克托族有 22,000 人，塞米诺尔族有 4,000 人，克里克族有 22,000 人，奇克索族有 5,000 人。① 当其他部落的人口日趋减少之际，五大文明部落却人丁兴旺，接近于 1500 年左右的人口数量。仅此一点便体现了主动吸收白人文化的明智和优势。

切罗基人所取得的文化成就尤为令人瞩目。其缘故或许在于，切罗基人在文化接触中一贯持有开放的心态。虽然他们不以战争热情高昂而闻名，但与之交往的白人也不得不承认他们是一支品质出众的人民。他们很早就看到了白人文化的长处，主动邀请白人来部落传教和兴办教育。白人指责他们文化落后，他们也能抱冷静的态度，相信只要学会读书写字，他们就会跟白人一样聪明，跟白人一样做成很多的事情。② 他们特别热衷于与白人通婚。1825 年，东切罗基人中已有 147 名白人男子和 73 名白人妇女成为部落成员。③ 通婚所产生的混血后代，又大多成为"文明开化"的推动者。这样就形成了吸收白人文化的良性循环。19 世纪初，有个混血学生在作文中写道："但我了解到，白人过去曾经和这个民族（指切罗基人——引者）一样落后；这使我受到鼓舞，想到这个民族很快就会得到启蒙。"④ 这在切罗基人中是一种常见的文化心态。一些担任部落首领的混血人，如约翰·罗斯、约翰·里奇等，对白人文化抱有尤为开放豁达的态度。

切罗基人经济生活的基础是奴隶制。奴隶的来源通常不是部落战争中掳掠的战俘，而是从白人那里传入的黑奴。与切罗基妇女结婚的白人贸易商人，把大量财产和成批黑奴作为遗产传给其混血子女。英、法殖民者为了争取部落的支持，也以黑奴为礼物赠予部落首领。逃亡奴隶中有不少躲避在切罗基部落，因为在这里他们能得到较为人道的待遇。美国独立后，切罗基人继续购买奴隶和收留逃奴，奴隶数目于是不断扩大。切罗基人拥有的奴隶数

① Gibson, *The American Indian*, p. 299.
② Axtell, *After Columbus*, p. 45.
③ Wissler, *Indians of the United States*, p. 147.
④ John Ehle, *Trail of Tears: The Rise and Fall of the Cherokee Nation* (New York, 1988), p. 135.

量，据 1810 年的《基督教观察者报》称有 538 名，另据 1824 年的《切罗基凤凰》报道有 1,038 名，其中男性 513 名，女性 525 名。[1] 占有众多奴隶、经营大面积种植园的大奴隶主也不乏其人。约翰·罗斯拥有 20 名黑奴，雇佣一名监工，农场面积为 170 英亩，家里建有两层住宅楼，役使黑人仆人。据说，切罗基最高法院的首席法官的黑奴多达 100 名。[2] 即使在南部白人社会，这也可以跻身大奴隶主之列。

部落土地为共有制，任何部落成员均可利用公地建立农场或种植园，这有利于大种植园的兴起。许多切罗基人都经营多处农场。1835 年，拥有 2 处农场者有 224 户，3 处农场者有 77 户，4 处农场者有 33 户，5 处农场者有 17 户，6 处农场者有 8 户，7 处农场和 9 处农场者各有 1 户。93%的家庭至少拥有一个农场。在里奇家族的种植园，种有 1,141 株桃树，418 株苹果树，21 株樱桃树；耕地面积为 300 英亩，种植玉米、棉花、烟草、小麦、燕麦、靛蓝、土豆等作物；此外还有一个葡萄园，一个育婴室和一座花园，饲养着成群的牛和猪。[3] 主人里奇"少校"把孩子送到康涅狄格的康沃尔学校念书。他曾亲自去学校看望儿子，因穿着华贵和马车时髦而在当地引起轰动。

关于切罗基人的生活情形，1819 年访问过阿肯色切罗基人村落的托马斯·纳托尔写道：

> 昨天，在经过河岸的时候，我很高兴地看到印第安人的漂亮农场和舒适的小屋。……当我们往前走时，看见河的两岸排列着切罗基人的房屋和农场，虽然他们的衣着不过是当地和欧洲调子的混合，但他们的房子里摆着体面的家具，他们的农场打着很好的围栏，放牧着成群的牛。我们由此感到，他们正愉快地走向文明。……他们对于贪欲，对于由财富产生的各种本能，都不再陌生；他们中有的人拥有多达数千美元的财产，还有房子，家具设施既美观又方便，他们的桌子上，摆着我们的美味和奢侈品。[4]

---

[1] R. Halliburton, Jr., *Red Over Black: Black Slavery Among the Cherokee Indians* (Westport, Conn., 1977), p. 39.

[2] Halliburton, Jr., *Red Over Black*, pp. 26-27.

[3] Halliburton, Jr., *Red Over Black*, pp. 20, 21.

[4] Halliburton, Jr., *Red Over Black*, p. 41.

切罗基人最值得称道的文化成就，应当说是他们所发明的本族文字。切罗基文字的创造者名叫塞阔雅，原名乔治·格斯特，父亲是白人，但从小被当成印第安人教养。他经过长期研究和实验，于 1821 年正式创立切罗基字母文字（Syllabary）。过去，传教士曾尝试用罗马字母来拼写部落语言或制造新的文字，但均难以通行。切罗基文字系由印第安人自己所创，由 86 个书写符号组成，具有很强的实用性，至今仍为切罗基人所使用。塞阔雅还想为全体印第安人创造一种通用文字，只是没有成功。切罗基部落于 1828 年开始用本族文字出版报纸《切罗基凤凰》。该报同时也用英文印刷，并向国外发行。

切罗基人的教育水平较一般白人社区并不逊色。他们的子女大都入学念书，既学习本族语文，也掌握英语，文化修养之高已在其白人邻居之上。他们还直接将《圣经》从希腊文转译为本族文字。

在政治领域，切罗基人率先制订成文宪法，实行官员选举制度。1822 年 7 月 26 日，切罗基部落代表在新埃科塔举行制宪会议，仿照美国宪法，制定并批准一部宪法。宪法规定：部族大会（National Council）为立法机关，分设上、下两院；行政首脑为大首领（Principal Chief），与其他首领一样，由族人选举产生。宪法中还包含否认黑奴政治权利的条文。

总之，及至被迫西迁的前夕，切罗基社会已经相当繁荣，与东部发达的白人村镇没有两样。有人看到，"农业乃是主要的产业和人们生活的主要来源，它几乎是每一户的生活依托"；"种植园的形势较好，各种行业及织机、磨坊等都在增加"。[①]据 1825 年切罗基人自己所进行的一次社会调查，全部落共有牛 22,531 头，马 7,683 匹，猪 46,732 头，绵羊 2,566 只，山羊 330 只，马车 172 辆，犁 2,843 架，织机 762 台，纺轮 2,468 个，锯木场 10 座，磨坊 31 座，火药作坊 1 座，铁匠铺 62 个，制革坊 2 座，轧棉机 8 架。[②]这些数字所展示的无疑是切罗基人生活的兴旺景象。

2. 西迁后的重建与复兴

白人向来指责印第安人抗拒"文明"，可是五大文明部落凭借自己的努力，在文化上取得了十分接近白人社区的水平，却依然不能见容于美国人。相反，南方白人把印第安人在文化转换上的成功，看作是对"文明"的挑

---

① Halliburton, Jr., *Red Over Black*, p. 36.

② Halliburton, Jr., *Red Over Black*, p. 39.

战。他们还处心积虑地夺占五大文明部落的财产和土地，由此引发激烈的种族冲突。美国政府迫于白人社会的压力，决定强迫五大文明部落迁移到密西西比河以西白人尚未涉足的地区。国会于 1830 年通过《印第安人迁移法》，规定印第安人如不成为美国公民，就必须迁往西部。

五大文明部落顿时陷入两难之境。他们既不愿成为美国公民，也不肯背井离乡远徙陌生的地区。切罗基人表示："我们还没有开化到可以成为美国公民的程度；我们也不希望被迫迁移到如此不合我们心意和愿望的地方去，我们在那里经过不多几年之后，又会回到我们在美国成立以前所处的野蛮状态。我们的白人兄弟伸出爱抚关照之手，把我们从野蛮状态带入了与他们相同的状态。"① 可是，"白人兄弟"及其政府却从无倾听印第安人声音的习惯，仅以一己私利便决意推行迁移政策。五大文明部落最终难逃一劫。切罗基人受害尤深，他们在东部的繁荣家园化为废墟，因冻馁疾疫而死于途中者多达 4,000 人。② 迁移的后果极为严重，部落社会再次面临瓦解的危险。

然而，五大文明部落却奇迹般地从这次残酷劫难中获得了新生。他们到达西部的印第安人领地后，不仅没有退回从前的"野蛮状态"，而且白手创业，重建社会，再度步入繁荣兴旺的生活。

在印第安人领地，五大文明部落的经济仍以使用奴隶劳动的农业和畜牧业为主干。不少人在迁移时带着奴隶随行，抵达新的家园后，便很快重建了奴隶制经济。到 1860 年，384 个切罗基族奴隶主一共拥有 2,504 个黑奴。除塞米诺尔人以外的四个部落共有 1,154 名奴隶主，总计占有奴隶 7,369 名。有个乔克托族奴隶主一人即有 227 名奴隶。在整个印第安人领地，黑人在人口中占 12.5%。③ 这里出产的玉米、棉花、牲猪和羊，均在附近市场出售。有的切罗基农场主还与吉布森要塞的联邦驻军订立供销合同，年收入可达 60,000 美元。他们因而得享密西西比河以西最佳农场主的美誉。④ 不过，五个部落在恢复生产的过程中并非齐头并进。克里克人和切罗基人较快走上了复兴之路，而乔克托人则因缺少资金购买工具和种子，经济的复苏来得稍晚。

---

① Sheehan, *Seeds of Extinction*, p. 273.

② Prucha, *The Indian in American History*, p. 33.

③ Halliburton, Jr., *Red Over Black*, p. 117.

④ R. Douglas Hurt, *Indian Agriculture in America: Prehistory to the Present* (Lawrence, 1987), p. 103.

教育也得到了惊人的恢复和发展。乔克托人尤为重视重建学校教育体系。他们刚在西部驻足，便建设学校，让少年儿童入学读书。1836年，全部落共有学校8所，在校学生228人。此外还有3所地区学校。到1842年，乔克托部落已具备系统的教育体系。①

总之，五大文明部落在印第安人领地迅速医治迁移的创伤，全面恢复了社会的发展。农场、种植园、牧场、城镇、报纸、学校、立宪政府等，均得到了重建，此外新建了剧场和政府大厦，有人还拥有汽船和马车。他们不仅恢复到迁移前的社会发展水平，甚至略有进步。有位美国学者据此指出，五大文明部落与白人同样是边疆的开拓者，他们也把文明传播于西部的蛮荒之境。② 西迁后的五个部落，仍以切罗基人和乔克托人的文化最为发达，克里克人居次，而奇克索人则相对保留了更多的传统因素。

共同的命运和处境，还推动了五个部落之间的认同和联合。他们不顾美国政府的反对，于1843年召开跨部落会议，商讨处理共同面临的问题，决定采取联合行动，以维护五个部落的共同利益。这无疑是西迁后出现的一个新的动向。

在美国内战期间，印第安人领地也陷入了混乱状态，五大文明部落又一次坠入危机的深谷。部落内部出现分裂，一派拥护联邦，另一派支持南部，相互攻击交战，闹得鸡犬不宁。后来，联邦军队攻入印第安人领地，居民纷纷逃难，以致政府瘫痪，田园荒废，建筑毁坏，到处一派萧索凄凉。战乱、饥馑和疾病一齐袭向印第安人，五个部落的人口骤然减少了25%。③ 西迁后艰辛创造的社会繁荣再度付诸东流。内战以后，五大文明部落不得不再次进行社会重建。

重建初期，各部落内部派系林立，相互间争夺部落政府的控制权，一度陷于无政府状态。联邦政府对五大文明部落实行军事管制，由军人充当联邦代表行使管理职权。直到1870年才组成文职管理处，各部落也恢复了立宪政府和选举制度。只有塞米诺尔人迟至1877年仍处于政治分裂状态。切罗基人仍以部族大会为立法机关，上院由每个选区指派两名代表组成，下院成员按人口比例选举产生，十分近似美国国会。大首领相当于美国总统，执掌行政大权。司法系统由最高法院和地区法院构成，援引的也是美国的模

---

① Prucha, *The Great Father*, p. 290.

② Gibson, *The American Indian*, p. 339.

③ Gibson, *The American Indian*, p. 398.

式。奇克索部落分为三个县，中央政府由参议院、众议院和总督组成。乔克托部落在县以下再划分若干选区，每区都设有首领和法院；中央政府则与切罗基部落大致相同。克里克人仍以传统的镇为基本选举和管理单位，居民按出生地而不依居处而定；每镇推举一人组成立法机关的上院（王族院），下院（武士院）成员则按人口比例选出；行政首脑也称大首领；另设有地区法院、检察官和警察机关。塞米诺尔人的政治制度较富传统色彩，每个镇都选出一名首领，与大首领一起组成部落大会，负责执行法律。

五大文明部落的政治生活，也打上美国政治的烙印。部落首领竞选时通常发表竞选演说；不同候选人之间相互攻讦，竞相许诺以争取选票。有的切罗基人甚至远赴华盛顿游说，有时还请求美国总统帮助竞选。竞选演说多用英语发表。投票方式则带有部落特色。例如，切罗基人投票时，通常是支持某一候选人的选民排成一队，由负责选举的官员清点人数，然后将姓名及其支持的对象登记在册。选举逐级进行，最后选出大首领和下院议员。21岁以上的部落成员均可参加选举。选举并非总是井然有序地进行，有时也会伴以流血冲突，因而须有外科医生在场，以便救治斗殴受伤的选民。1882年，乔克托部落举行选举时，敌对两派就选举结果发生争议，竟至刀枪相见，经联邦政府干预始告平息，史称"绿桃战争"。[1]

五个部落都有自己的法律制度，执法机构包括法院、检察官和警察。切罗基部落分成 9 个区，每个区都设有法庭和鞭笞站，负责判案和处罚罪犯。处罚的主要方式是鞭打，不同的罪处以不同的鞭笞之刑，轻者 25 次，重达 100 次，最重的刑罚便是绞刑。克里克族的司法体制与此大致相同。

五大文明部落的生产和商业均以很快的速度发展。内战后的印第安人领地，各个产业部门都逐渐出现了繁荣气象。畜牧业以养牛为主。印第安人领地草场茂盛，适宜饲养牲畜。印第安人牧场主雇用白人牛仔，还将自己的牛群赶到堪萨斯的市场出售。农业称不上发达，生产方式比较陈旧，产量也不高，种植的玉米和小麦仅够本族食用。切罗基人的情况略好，1872 年，他们共收获 290 万蒲式耳玉米，97,560 蒲式耳燕麦和小麦，外加 80,000 蒲式耳土豆。[2] 兴起于丰富资源基础之上的采矿业和木材业也颇有进展，为部落换得可观的收入。商业的繁荣尤其引人注目。众多的商号店铺经营繁

① Theda Predue, *Nations Remembered: An Oral History of the Five Civilized Tribes, 1865-1907* (Westport, Conn., 1980), pp. 35-38.

② Hurt, *Indian Agriculture in America*, p. 123.

忙，生意兴隆。乔克托族的混血大商人罗伯特·琼斯，拥有数处几千英亩的大农场，在全国各地开办 28 家商店，雇用白人经营，据说是美国联锁商店的先驱之一。商人们乐于把自己的子女送到正规学校接受教育，特别看重商业学院，希望他们学成后返回部落，以经商致富。土著商人还举办国际博览会，吸引白人前来旅游和投资。博览会期间开办多种游乐活动，诸如赛马之类，也深得印第安人欢迎。1875 年成立的印第安人国际博览会协会，以商人乔舒亚·罗斯为秘书长，负责博览会的筹划。同年举办了第一届国际博览会，展示农场和牧场的生产用具及产品。在妇女展览部，还陈列着蜜饯、果酱、糕点、泡菜、面包及针线制品。当时仍被视为野蛮部落的索克-福克斯人、科曼奇人、阿拉珀霍人、夏延人、肖尼人、欧塞奇人、特拉华人等，也自带帐篷用具前来与会。大致一年以后，一座专门用于举行博览会的大楼平地而起，楼顶飘扬着美国国旗。三家漂亮的旅馆也开业纳客。华盛顿的官员和印第安人事务局的人也亲临盛会。此后，每年九月举行一届博览会。

印第安人的生活条件也得到改善，生活习俗渐与白人接近。住房多为自己修造的圆木小屋，比较典型的式样是两间住房，地面铺上劈开的木材所做的地板。家具多为自制，做饭则用火炉。许多房子有门无窗，到夏天只得去掉墙上的封泥以便于通风；有的房子虽有窗，但未装上玻璃，晚上或冬天只得用毛毡堵上；有的则在窗上蒙以薄皮，既有微光透过，又能遮风挡雨。燃料以木柴为主。生活用水取自附近的溪流，有的地方还凿有水井。衣服多用自纺棉布缝制，染以不同的植物颜色。鞋子或用皮革制成。男子常见的装束是，身着牛仔上衣，头戴宽檐帽，脚蹬牛仔靴，裤子扎在靴子里。食物多为自己生产，以烤制的玉米面包为主食，辅以泥土豆及其他根块植物。杂货店里有面粉、糖和咖啡出售。在环境较好的地区，采集和打猎仍是丰富食谱的手段。多数人家种有小块菜地，出产的豆类、蔬菜和玉米均可供自己食用。富裕人家餐桌上的食物跟白人没有两样。出行则多乘马车或船只。后来铁路开通，印第安人称作"铁马"的火车呼啸穿越印第安人领地，纯血统的印第安人感到难以习惯。常见的娱乐活动有赛马、赌马、射箭和球类比赛等。这些节目均与赌博有关，故颇得守旧者的青睐。"开化"的印第安人则与白人有相同的娱乐爱好。虽然多数人的生活条件比较粗糙和简陋，住着洋楼和雇佣仆人的富户为数不多，但当时边疆白人社区的生活水平也大致如此。

价值观念和血亲制度也有细微的变化。虽然许多人仍坚持传统信念，强调人与自然的和谐，反对超过生存需要而聚敛财富，但是也有不少人接受了白人的观念，热爱钱财，以追求财富为人生目标。这些人大多具有精明的商业头脑和出色的致富能力，早年大量使用黑奴劳动，奴隶制废除以后又将兴趣转向铁路、采矿、商业和牧业的投资。他们当中终成巨富的人也不乏其例。大致从内战时期开始，白人式的双亲制出现于五大文明部落，渐有取代传统的母系血亲制的趋势。氏族外婚制仍得以奉守，作为父系标志的家族姓氏也渐趋流行。

不过，各部落内部的分歧和差异并未消失。不论对待白人文化的态度，还是日常的生活情形，在混血人和纯血统人之间均判然有别。混血人向来热衷于学习白人的生活方式，已经占有捷足先登的优势，生活状况略好；纯血统人则坚持部落传统，依然采用旧式谋生方法，处境较为艰难。这两股势力之间存在激烈的矛盾，经常爆发冲突。乔克托人中就有守旧的"全民党"和主张"开化"的"进步党"之分，双方一直争斗不息。

由此可见，五大文明部落已基本上达到了白人社会所制订的"文明开化"的标准。他们采用白人的方式，实现了生产自立，拥有发达的教育，政治和司法制度也仿效美国。印第安人事务局长纳撒尼尔·泰勒在1868年的年度报告中评价说，五大文明部落"今天已经获得开化，成了基督教民族"；尽管异教观念和迷信色彩并未绝迹，但其普遍的智性水平已与白人社会十分接近。[1]

3. 1907年以后的迅速衰落

可是，对五大文明部落在"文明"之路上取得的进步，白人社会非但没有感到欣悦和满意，反而耿耿于怀，心存敌意。因为所有成就都来自部落的领导，而部落制一直为白人社会所深恶痛绝，极力加以废除。五大文明部落主动走"文明开化"道路，也的确不是为了同化于美国主流社会，而是旨在寻求部落的生存，维护印第安人传统。对于他们来说，"文明开化"不是目的，而始终具有工具性，仅是他们应答环境挑战和满足生存需要而采取的策略。这与白人推行"文明开化"的意图无疑是大相径庭的。白人社会所期望的"文明开化"，其结局在于打破部落制，完成印第安人的"美国化"。职是之故，五大文明部落虽然获得"开化"，却不为白人社会所容许，仍然难免受到新的打击。

---

[1] Prucha, *Documents of United States Indian Policy*, p. 124.

正当强制同化运动走向高潮的 1886 年，印第安人事务局长阿特金斯提议改变五大文明部落的自治地位。1887 年制订《道斯法案》时，五大文明部落据理力争，并得到有关人士的支持，方能暂时免于实行土地私有化。然而，美国政府并未允许他们成为永久的例外，全面剥夺五大文明部落主权的措施也在紧锣密鼓地筹划当中。1889 年，美国在政府印第安人领地设立民事法庭，审理白人与印第安人之间的纠纷。这是向部落主权发起进攻的一个信号。随后，以道斯本人为首的份地制委员会于 1893 年进驻印第安人领地，与五大文明部落商订土地私有化的协议。次年，委员会提出报告，极力渲染五个部落的恶劣状况，认为部落政府及其制度已经无法管理和保护印第安人，依据条约而赋予部落的自治已遭到失败。因此，报告建议解散部落，实行份地分配。①

顷刻之间，五大文明部落的处境变得十分艰难。纯血统的印第安人坚决反对份地制，但任何抵制都无济于事。各部落相继被迫接受份地制协议。1897 年，乔克托人和奇克索人同意每人分配 320 英亩份地；次年，塞米诺尔人同意每人分配土地 120 英亩；1901 年，克里克人同意每人分配土地 160 英亩；1902 年，切罗基人最后也不得不接受人均分配土地 110 英亩的协议。经过登记和核查，五个部落具有参加份地分配资格者共 101,506 人，其中纯血统人占 26.5%，混血人占 48%，前黑奴占 23%，通婚白人占 2.5%。② 五个部落共占有 19,525,966 英亩土地，分配份地所需的土地为 15,794,351.8 英亩，另有 150,000 英亩留作公共事业之用。到 1914 年，分配后的剩余土地已出售 306,286 英亩，余下的 1,500,000 英亩尚待处理。③ 1904 年和 1908 年，国会先后解除了通婚白人、自由黑人和不足一半血统的混血人的土地转让限制，分配到个人名下的土地便逐步走向市场，很大一部分落入了白人之手。可见，份地制对五大文明部落不啻釜底抽薪的沉重一击。

与此同时，剥夺部落主权的行动也在迅速推进之中。1897 年，国会规定从次年元旦开始，印第安人领地的所有民事和刑事案件均由美国法院审理。1898 年的《柯蒂斯法》宣布废除部落法和法院系统。1901 年的《道斯法案》修正案授予印第安人领地所有土著居民公民权。1906 年，国会废止

---

① Prucha, *Documents of United States Indian Policy*, pp. 190-195.

② Angie Debo, *A History of the Indians of the United States* (Norman, 1970), p. 324.

③ Prucha, *The Great Father*, pp. 900-901.

部落的一切主权，部落政府便形同虚设：其决议须经美国政府批准方可生效，官员的任免权则收归美国总统行使。一年以后，印第安人领地与俄克拉何马领地合并，成立俄克拉何马州，印第安人自动成为该州公民。1914年，五大文明部落的事务全部由联邦接管。至此，五大文明部落在文化撞击的夹缝中苦心孤诣取得的文化成果，被以"文明发达"自居的白人社会所彻底摧毁。

此后，五大文明部落先前的成员逐步沦入贫困。由于失去部落的保护，土地和财产不断从他们手中流失，他们对于所谓"文明生活"也失去了信心。他们仍然聚居于从前的村落，与白人社会不相往来。他们原来享有的免税特权已不复有效，而他们在经济和技术上缺乏素质与实力，无法与白人进行正常的竞争，许多人变得一贫如洗。原来生气勃勃的村庄陷入萧索破败。到20世纪30至40年代，前来原印第安人领地旅行的人简直无法相信，这里曾经兴起过欣欣向荣的土著文明。此时的五大文明部落，已进入美国最为贫困不幸的印第安人之列。

第二次世界大战以后，五大文明部落走上缓慢的复兴道路。他们重建部落政府，开发本地资源，处理失业问题，人们的生活境况略有好转。但是，当年的繁盛景象仍然无迹可寻。

三、大平原诸部落：走向深渊

1. 无望的"文明开化"

位于现今美国中部的大平原，过去曾是野草茂盛的地方，各种食草动物到处可见，野牛更是成群出没其间。生息于斯的印第安人主要有苏族①、夏延族②、阿帕奇族③和科曼奇族④。他们依靠狩猎和侵掠邻近部落为生。16世纪西班牙人把马传入大平原，这里的印第安人逐渐成为出色的骑猎者和盗

---

① 苏族亦称达科他族，内部分成 Teton、Sisseton、Wahpeton、Wahpekute、Mdewkanton、Yanktonai、Yankton 等 7 个分支，其中以 Teton 一支最强大，又分 Brule、Oglala、Blackfoot 等部落。另有一种划分法把苏族分成东苏族（Dakota）和西苏族（Teton）两支。

② 夏延族分南、北两支，原来生活在明尼苏达，后被苏族驱赶到大平原北部。

③ 阿帕奇族包括 Mescalero、Jicarilla、Lipan、Chiricahua、Kiowa、Navajo 等 6 个部落，而后两个部落往往单独称呼。

④ 科曼奇人在 19 世纪下半叶被迫迁入印第安人领地，故不列入讨论范围。

马贼。他们行踪飘忽，出没无常，骁勇善战，周边部落深为惧怕，饱受袭扰。他们中只有纳瓦霍人稍事种植，其余几乎是清一色的游猎部落。大平原纵横千里，为这些部落提供了极为广阔而自由的活动空间。

在这些部落当中，只有大平原南端的阿帕奇各部落在17、18世纪与西班牙人有过接触，而多数印第安人直到19世纪中叶才感到来自白人社会的巨大压力。他们以尚武好战的习性，对于闯入其活动地域的白人通常加以武力攻击。移民队伍、联邦邮车以及土地测量人员，都是他们袭击的对象。西进运动中最惨烈血腥的一章，就是在白人移民进入大平原地区以后揭开的。由于大平原地区频繁发生种族流血冲突，白人社会找到了更加充分的依据，把印第安人描绘成嗜血好战的野蛮人。

美国政府为了保障移民路线的畅通，维护边疆居民的安全，派出大批正规军在大平原上游弋巡逻，并多次对印第安人进行征讨。有关土地问题的谈判也时断时续地进行。从19世纪50年代开始，美国政府相继为这些部落划出保留地。印第安人起初对保留地制度满不在乎，时常越出边界，继续其狩猎与抢劫的生涯，边疆居民为此惊恐不安。1867年10月，美国政府与科曼奇族、凯厄瓦族等部落签订条约，要求他们不再越出保留地边界。苏族和夏延族经过19世纪70年代的战争，势力大损，最终只得定居于保留地。西阿帕奇人是大平原上最后一支抵御白人扩张的力量，边疆居民对他们既恨且惧，称之为"沙漠红魔"。[①] 直到1886年美国军队逮捕其首领杰罗尼莫以后，大平原南端才终于"安宁"下来。

美国政府对大平原各部落双管齐下，在进行武力围剿的同时，也着手推行"文明开化"。他们指望"文明"生活能够消除印第安人的"野性"，使他们与白人和平相处。较之其他部落，这种"开化"工作更加艰难，而且希望更为渺茫。

改造大平原印第安人的第一步，是迫使他们放弃游猎流动的生活，定居并从事农业生产。仅定居一项便使美国政府花费了近30年时间。传教士照例是"文明开化"的先遣队。在部落尚未为美国所征服以前，他们便来到大平原上的印第安人中间，一面传教办学，一面协助美国政府查禁酒类贸易，阻止部落战争。1851年，美国政府与东苏族签订条约，迫使他们定居

---

① Ralph Hedrick Ogle, *Federal Control of the Western Apaches, 1848-1886* (Albuquerque, 1940), p. vii.

在保留地，按照白人的方式生活。亲与其事的传教士斯蒂芬·R.里格斯在《独立》杂志发表文章，称这一条约将使苏族人成为"人"。他还断言，苏族人如不能被改造成为"文明的基督徒"，"他们必将消亡"。① 然而，这类条约实际上仅使贸易商人获致厚利，因为苏族出售土地的金钱大多通过贸易落入他们囊中，而部落所得仅合每英亩 7 美分的价格。至于"开化"一事，进展尤为缓慢，成效也不甚明显。保留地管理处推行农业计划，促使苏族以农业生产取代游猎和抢劫。可是，苏族人向来没有农业种植的经验，虽经管理处威逼利诱，愿意以农为生的人仍然寥寥无几。雷德伍德管理处附近的印第安人，1855 年"种植的东西几乎可以满足他们冬天的供应"，竟被管理处官员视为了不起的成绩。②

19 世纪 50 年代，苏族人刚刚进入保留地，而生活贫困化的迹象就已清晰可辨。他们大多不肯从事生产，依赖美国发放的物质配给和年金维持生活。如遇食物短缺，他们只得外出打猎，甚或抢劫保留地的货栈和邻近的白人社区。保留地的联邦官员鉴于配给和年金业已成为苏族的生活支柱，决定以此作为鼓励"文明开化"的杠杆。1858 年出任东苏族保留地管理官员的约瑟夫·布朗提出，将联邦拨下的农业和教育基金当作部落共有财产是甚为不妥的，政府资金只能用于支持那些愿意采纳文明方式的人。苏族武士身处饥寒交迫之中，不得不为衣食而折腰，答应采纳白人习俗，以换取糊口之物。布朗的措施可谓收到了立竿见影之效：1859 年发放年金以后，约有200 名苏族人来到管理处，请求剪发，改穿白人服装。人数之多，不免出乎布朗的预料。稍后，苏族人开始建造砖房以代替木屋作为住所，大批牲口和农具下发到户，定居生产的进程看来有所加速。据说，到 1860 年布朗离任时，东苏族共建成 125 座农场，年产 60,000 蒲式耳玉米和 20,000蒲式耳土豆。③

然则苏族各部落的经济状况普遍恶化，唯有派恩岭保留地的奥格拉拉-苏族处境略好。派恩岭一带适合放牧，保留地官员便鼓励人们在共有土地上发展畜牧业。据保留地官员的年度报告称，1901 年，这里每月两次宰杀活牛，在保留地居民中间进行分配，出售牛皮的收入也分发到人。是年，保留

---

① Anderson, *Kinsmen of Another Kind*, p. 190.

② Anderson, *Kinsmen of Another Kind*, p. 212.

③ Anderson, *Kinsmen of Another Kind*, pp. 232-233.

地共有 19,000 头牛，第二年增至 31,000 头。① 不过，这些进步相对于苏族的普遍贫困，未免微不足道。

纳瓦霍人在 1863—1864 年间屈服于美国的压力。那时全族约有 8,500 人，居住在一个十分贫瘠干旱的地区。美国政府试图把他们改造成"爱好和平"和定居生产的农民。可是，这一尝试刚开始便遇到挫折，干旱、虫灾和冰雹接踵而至，作物被毁；加以科曼奇人入侵掠劫，羊只也大受损失。"文明"生产的实验如同竹篮打水，而国会又拒绝拨款支付每年 750,000 美元的配给，纳瓦霍人随即困于饥寒。他们在 1868 年全部迁入保留地。美国政府在保留地推行农牧业计划，允诺向任何愿意从事生产的纳瓦霍人分配 160 英亩土地，并提供 15,000 只绵羊和山羊，约合人均 2 只。1872 年又送来了 10,000 只羊。于是，纳瓦霍人放弃了游猎和抢劫的生活。② 但是，纳瓦霍人既不具备财产私有的观念，又没有掌握开发土地资源的知识和技能，生活条件逐步恶化，不久也陷入贫困状态。

西阿帕奇人在迁入亚利桑那的保留地以后，等待他们的也是贫困和不幸。美国政府从生产、教育和宗教各方面着手对他们进行改造，但均未奏效。后来又引导他们开发保留地资源，但他们既无兴趣，又缺技术，也没有多少收获。成年人不愿送子女上学，阻止他们学习白人的生活方式，不准他们在家里讲英语。③

美国政府对于大平原各部落始终颇为戒惧，担心他们越出保留地边界，袭击边疆白人定居点，因而在政治上和军事上都施以严密的控制。保留地周围建有许多军事据点，正规军队时刻在大平原上警戒巡察，并协助维持保留地的秩序，对于任何擅离保留地的印第安人力加追剿弹压。武力抗击白人的阿帕奇人被作为战俘关押在军事保留地。各保留地还设置土著警察，用印第安人管制监督印第安人。美国政府还对苏族、纳瓦霍等部落实行政治改组，划分新的政治与社会单位，要求印第安人在固定的地区居住。

一般来说，大平原上的"文明开化"并不连续一贯。每当部落与美国交恶以至演成武装冲突时，这一工作便受到很大的冲击，有时竟至完全中断。而且，大平原印第安人对于白人的文化征服进行了长期抵抗，在武力对抗遭到失败以后，他们便采取主动或消极的策略来抵制文化改造。

---

① Stanley, *American Indian Economic Development*, p. 256.

② Stanley, *American Indian Economic Development*, p. 16.

③ Basso, *Portraits of "the Whiteman"*, p. 28.

2. 对强制同化的长期抵制

大平原印第安人对于"文明开化"的态度，虽然也存在"顺应派"与"守旧派"的分歧，但抵制的倾向则是普遍而强烈的。他们奉守传统，留恋过去，痛恨白人夺取他们的土地，赶走他们的野牛，使昔日的美好生活烟消云散。他们盼望有朝一日消灭白人以恢复失去的世界。受这种心理的支配，他们自然无从适应白人的生活方式，难以按照美国的意愿走上"文明之路"。

起初，大平原各部落坚决抵制保留地制度。1867 年，凯厄瓦族首领萨坦塔（白熊）告诉美国派来谈判签约的代表：

> 我热爱这片土地和野牛，我不会与其中任何一样分开。……我不喜欢在那里定居下来，我喜爱在广阔的草原上漫游，当我这样做时，我感到自由和快乐；可是一旦我们定居下来，我们就会变得苍白，就会死去。①

在不得不迁入保留地以后，大平原印第安人仍未放弃抵制。他们或逃出保留地，或继续打猎和抢劫，或远走异国他乡。1878 年，北夏延人在首领钝刀的带领下逃离保留地，一路躲避联邦军队的围追堵截，直奔故地而去。后来，他们终于获准在故地建立新的保留地。坐牛率一群苏族人和北夏延人逃入加拿大，以摆脱美国的压迫，但不久被迫重返保留地。苏族首领疯马在1876 年大败乔治·卡斯特所部，成为西部印第安人的英雄。他一直不满于保留地生活，对一些苏族人学习白人方式更感愤慨。他在被捕后因反抗而受伤，临死前说："我敌视白人……我们愿意狩猎，不要在我们的保留地过那种无所事事的生活。……我们经常没有充足的食物，又不准我们去打猎。我们所要得到的一切，不过是和平和不受管束。"② 可是，正如疯马的反抗导致死亡一样，不论大平原印第安人如何抗拒，他们梦寐以求的"不受管束"地漫游在"广阔的草原上"的那种生活，终归是一去不复返了。

大平原印第安人对保留地生活尚且难以适应，抗拒"文明开化"的心理之强烈也就可想而知了。1867 年，美国与凯厄瓦族签订条约，其中涉及传教和教育之类的问题，萨坦塔当即表示，他不希望白人在这个地区从事这

---

① Armstrong, *I Have Spoken*, p. 86.

② Armstrong, *I Have Spoken*, p. 116.

类活动，"我要孩子们跟我过去一样受到教养"。① 保留地印第安人对白人生活方式毫无兴趣，也不愿尝试。1869 年，美国印第安人事务委员会派人到凯厄瓦保留地调查管理处的工作，印第安人对他们的态度异常冷淡。萨坦塔告诉他们："我们试过走白人的路，发现那很难；我们除了一点点玉米之外，什么也没有得到，……没有糖，也没有咖啡。"② 委员会向政府建议增加凯厄瓦人的配给和食物供应，以便他们维持平静的生活。但他们仍旧不时外出，远袭得克萨斯一带的白人社区，偷回成群的马匹。

在"文明开化"问题上，苏族内部发生了所谓"白人党"和"印第安人党"之争。这类似于易洛魁人和五大文明部落的情况，不同之处在于"白人党"为数甚少。"白人党"得到美国政府的支持和照顾，生活条件较为优裕。"印第安人党"则经常忍饥挨饿，因为他们不事生产，而传统的谋生方式又失去了"用武之地"。守旧的苏族首领反对农业计划，因为武士们一旦把精力倾注于农业生产，就不再热衷于战争，不仅削弱了部落的凝聚力，而且损害首领的权威。另外，成为农民的人往往会离开原来的村落，抛弃血亲义务，也使部落团结的纽带趋于松懈。有个名叫小乌鸦的首领对联邦官员表示，他决不放弃过去的生活方式，他要在父辈们曾经生活的地方死去，他也不会让自己的亲人去上学。不少人还把剪去长发和改换白人服饰看成部落社会衰败的标志，极意加以阻止。他们对于传教活动向来反应冷漠，有人把教育看作白人的魔术，不准子女学习那些古怪奇异的东西。有的部落政府公开禁止儿童上学，对违者施以惩戒。因此，苏族"白人党"往往十分孤立，处境至为险恶。

1859 年，苏族出现守旧派仇杀"白人党"的内争。起初，有武士袭击务农的同胞，农业区的居民常为毒箭射杀。一些苏族农民惊恐万状，不惜弃家而逃；也有人惴惴不安地呼吁白人当局予以保护。传统村落里的秘密团体异常活跃，譬如"熊舞社""野牛舞社"之类的组织，均以反对白人化相号召，吸引守旧人士参加。联邦官员未对两派的矛盾做出仔细分析，便轻率地决定惩罚守旧派。他们扣发守旧派的配给，作为奖励转发给从事农业的人。"白人党"的生活境况原本较好，兼有联邦官员的大力扶植，愈加成为守旧派妒恨的对象。于是，两派矛盾益趋激化，枪杀或毒害"白人党"的事件更

---

① Armstrong, *I Have Spoken*, p. 86.
② Edmunds, *American Indian Leaders*, p. 119.

为频繁。守旧者虽然生活困苦不堪，但十分鄙视那些仿效白人而境遇优越的人，称他们为"农夫"或"剪发者"。他们不满联邦官员施惠左袒于"白人党"，立誓要赶走白人，杀掉那些可恨的"剪发者"，夺回失地，恢复从前的生活。苏族人大鹰后来回忆说，当时武士们十分痛恨"农夫"，因为他们违背传统习俗，又受到白人的关照。① 这种由生存危机和文化压力所引起的社会紧张，在1862年达到极点，因而演化成苏族大起义。武士们聚众抢劫保留地仓库，袭击邻近的白人和"开化"的印第安人，流血惨祸蔓延于许多地区。

此后，苏族内部守旧与顺应两派的分裂仍然泾渭分明。据赫伯特·韦尔什1891年所述，苏族有一批人对一切属于白人的东西痛恨之至，他们留恋过去，幻想重返旧日的生活，等待着野牛和鹿群重新漫游于大平原上。这些人完全依赖美国的配给度日，平日里不是走亲访友，就是沉湎于各种传统的舞蹈和仪式。另一些人则接受白人文明，表现出觉醒，开发了智慧，生活较有保障，可以称作"基督徒党"。②

夏延人保留地的情形也大致如此。生活在印第安人领地的南夏延人中，有一支反对白人生活方式的势力，号称"狗斗士"，专门以毁坏庄稼和杀死牲畜来威胁那些从事农业的人。③ 更多的人则十分厌恶保留地的生活，既不事生产，又无猎可狩，因之在饱受冻馁之苦以外，便只有回忆过去以寻找心灵的慰藉。一个名叫老乌鸦的夏延人说：

> 我感到什么事情都不想做，因为我没有心情。我不想待在这个地方。我一直都想回到我出生的那个较好的地方，……因此，我大部分时间躺在我的屋子里，除了这个什么也不去想，……但是，现在我感到，如果我有一辆车和一两匹马，还有一点土地，我或许还是要试着去工作的。如果我有这些东西，那我就可以做点什么，我或许就不会想那么多其他的事情。④

可是，由于长期不能适应变动，许多夏延人近乎一无所有，陷入贫困的恶性循环。

---

① Anderson, *Kinsmen of Another Kind*, p. 257.

② Prucha, *American Indian Policy in Crisis*, pp. 194-195.

③ Hurt, *Indian Agriculture in America*, p. 134.

④ Jackson, *A Century of Dishonor*, p. 100.

纳瓦霍人在白人文化的侵袭面前，也表现出两种不同的反应，传统派和开化派的冲突一直延续到 20 世纪。直至 1980 年和 1981 年，两股势力之间还两度发生暴力冲突。

大平原诸部落抵制"文明开化"的另一种方式，就是举行传统仪式，从事秘密宗教活动。19 世纪中晚期极富影响的土著宗教，如太阳舞教、梦幻者教、鬼魂舞教、佩奥特崇拜等，大多盛行于大平原各部落的保留地。这些宗教多以消灭白人、复兴传统和重建失去的世界为旨趣，大平原印第安人从者如云。这无疑反映了他们不能适应生存环境的巨变和坚决抗拒白人文化的心态。

3. 极度的贫困化

19 世纪中叶以后，美国印第安人保留地的经济状况和生活条件大都降入谷底，大平原各部落的处境尤为悲惨。

野牛几乎绝迹，美国的控制渐次强化，大平原各部落的生存危机越来越严峻。他们的传统生活方式早已难以为继，而对白人所设计的生活道路又举步维艰，生活的依凭又在于美国所提供的有限配给和年金，饥寒交迫便成了他们难以摆脱的厄运。在 19 世纪 70 年代的夏延族保地，一度饿殍遍地，情状至为悲惨。美国政府派员调查事情原委，有一位首领凄然答道："我们总在挨饿；我们从未够吃。当那些生病的人觉得想要吃点什么时，我们却什么也没有给他们的。"① 颓丧绝望的武士酗酒成风，酒后滋事犯罪的现象也极为普遍。有的妇女则以卖淫换取衣食。各个保留地都是一片死气沉沉，到处给人以荒凉衰败之感。

20 世纪中叶以后，大平原各部落的状况有所好转。原因在于保留地蕴藏的丰富地下资源开始得到开发，印第安人由此获得了可观的财富。但总体经济水平依然相当落后，失业和贫困仍是困扰部落的严峻问题。

四、顺应与抗拒：殊途同归

1. 三种不同的反应模式

1500 年以来，特别是经过 19 世纪 30 年代的迁移运动及稍后的保留地

① Jackson, *A Century of Dishonor*, p. 99.

制度，美国印第安人的文化地理发生了显著的变化。原来特色鲜明的文化区域多已不复存在，或是呈现支离破碎的局面。经过迁移和重新组合的印第安人，无分部落和地区，都不同程度地受到白人文化的冲击和影响。从美国政府的角度来看，"文明开化"的重点乃是那些人口较多、地域较大的部族；而那些偏僻狭小的保留地则往往受到忽视，比如加利福尼亚的克拉马斯河谷保留地，迟至 20 世纪初仍看不到白人文化的痕迹。①与此相应，考察印第安人对白人文化的反应，也只能以较大的部落为对象。然则这种考察并无可能将印第安人的反应巨细无遗一概收揽，而只是一种模式的抽象。印第安人对白人文化的态度实在是千差万别。不同部落的反应不尽相同已不待言，同而一部落的不同人群也有不同的立场，即便同一部落在不同时期也会产生不同的反应。因此，从易洛魁人、五大文明部落和大平原诸部落与白人的文化关系中梳理出三种反应模式，究竟具有何种代表性，实际上是大可存疑的。

易洛魁人对白人文化冲击的反应，可以概括为"吸纳-复兴"的模式，体现了那些社会文化濒于崩溃的部落所作的自救努力。这种模式具有四个突出的特点：其一，对白人文化的吸纳只是处于生死存亡关头而不得不为之的权宜之举；其二，白人社会的"文明开化"产生了十分重要的推动；其三，只有那些能与部落传统互补的白人文化成分才被吸收和采纳；其四，吸纳白人文化的指向在于复兴部落，而不是与主流社会融合。

五大文明部落在文化撞击中表现出罕见的主动和明智。他们发现白人文化的优势后，便积极地加以学习和采纳，大胆地化为己用，创造出具有部落特色的文化成就，使部落走向繁荣兴盛。这是一种"吸纳-繁荣"的反应模式。五大文明部落在文化接触中的全面开放心态，以及通过变革以求发展的自觉意识，很少见于其他部落。经受美国猛烈扩张的冲击，五大文明部落仍得以一度保护高度的社会繁荣，并且屡次崛起于困境之中，这在印白文化关系史上不能不说是一个奇迹。

相对而言，多数部落长期不能适应变动，顽强抵制白人文化，因而完全跌入贫困的深谷。大平原各部落便是其中的代表。大平原印第安人长久不能忘怀于往昔的狩猎生活，觉得世界上最美好的食物莫过于野牛肉。他们对白人毁灭他们的幸福生活愤恨不已，极端仇视并坚决拒斥与白人有关的种种

---

① Mary E. Arnold et al., *In the Land of the Grasshopper Song: Two Women in the Klamath River Country in 1908-09* (Lincoln, 1980), Preface.

事物。他们在思维定式和价值取向上带有强烈的逆向性，对一切均绳之以先辈的标准，认为过去的一切既美好且神圣，只有崇奉往日的价值和习俗才能重返逝去的黄金时代。他们根本无法适应文化接触所导致的各种变化，仍然以传统的价值和怀旧的心态来面对一个日新月异的世界。他们深陷贫困，备受屈辱和磨难，白人的征服和剥夺固然难辞其咎，但与他们在文化接触中的消极僵滞的心态也有关联。可见，大平原诸部落的反应模式属于"抵制-贫困"的类型。

2. 反应差异的根源

美国所有印第安人在文化接触中的遭际实际上是大同小异的。故土易主，人口锐减，不断被迫迁移，传统文化饱受攻击和围剿，这几乎是所有部落的共同经历。但是，他们对白人文化的态度以及所作的文化选择，何以会如此迥然不同呢？

第一个显而易见而又意义重大的因素，乃是各部落在社会结构、经济状况和生活方式上均有程度不同的差别，而这些差别对他们的文化反应产生了制约作用。

易洛魁人在 1500 年左右即具有一定的农业经验，约有一半食物来自种植，狩猎、采集和捕鱼等直接占用资源的活动，在他们的生活方式中所占的地位相对不甚紧要。这种初级的生产系统缩短了他们与白人文化的距离，当直接占用资源的活动无法维持时，他们便能较顺利地转向定居生产。他们所要做的只是在原有种植活动的基础上，调整劳动分工，采用新的工具和技术，引进新的作物品种。较之那些必须一切从头做起的部落，这显然要容易得多。易洛魁人的社会政治系统也比较发达，部落具有较强的中心控制能力，一旦部落首领决定学习白人生活方式，便易于把这种意志贯彻到整个部落。同时，易洛魁人又是尚武善战的部族，他们以强大的实力长期周旋于英、法等殖民势力之间，部落的地位相当稳固，因而在白人到来后的近 200年里，他们一直以为自己十分强大，全然没有觉察到吸收外来文化以图自强的必要性；他们所有求于白人者，不过酒和枪支而已。只有当实力被摧毁和社会安全感完全丧失以后，他们才不得不借助白人的"文明开化"之举，吸收白人方式以复兴部落。

五大文明部落虽然与易洛魁人一样从事农业种植，但他们多不以善战而闻名（塞米诺尔人和克里克人除外），因而既无实力足以得到白人的垂青，也不能指望以武功来捍卫部落的安全。他们和白人交往主要借助贸易方式。白人贸易商人来到部落，与土著女子结合生子，不仅带来了白人文化的因子，而且留下可以传承这种文化因子的混血人。于是，异质文化便在和平渐进之中悄然渗透于部落社会。而且，部落领袖缺乏尚武精神，面临危机时便很自然地以吸取白人所长来寻求生存。这就使得他们在文化撞击中能够采取主动的策略，以开放的姿态对待白人文化。

然则富于历史意味的是，曾经创造灿烂文化的五大文明部落，却鲜有彪炳史册的英雄人物。美国印第安人中声名显赫的勇士大多出自西部，尤其是大平原诸部落。这些印第安人能骑善射，在极力抵抗白人移民向西部拓殖扩张的同时，还对白人的生活方式深闭固拒。他们的游猎传统与白人文化的要求无异于方枘圆凿，这种极大的差距使他们难以适应环境的变化。而且，与游猎和战争的生活方式相适应，猎手和武士及其所推举的战争首领，在部落社会享有崇高的地位；他们以善于狩猎和勇敢杀敌为最高价值，十分鄙弃和平定居和生产劳动。在保留地，狩猎和战争都只剩下记忆中的辉煌，他们宁可无所事事而甘受穷困，也不屑于触及他们认为属于女人专长的生产劳动。也因此，他们根本无法适应白人所设计的生活模式。

时空因素也对各部落的文化态度和文化选择发挥影响。易洛魁人与白人的交往开始甚早，他们长期在相对平等中与白人往来，并同殖民当局结盟，在贸易与战争方面形成了合作和依赖关系。频繁密切的交往，赋予他们机会来了解白人文化的真正优势，为日后的借鉴和吸纳做了一定的铺垫。另一方面，易洛魁人所处的纽约和宾夕法尼亚西部地区，资源丰富，土地肥沃，便于发展农业生产。而且，这里的教友派和荷兰归正会具有友好对待印第安人的传统，向来致力和平改造印第安人，不主张用暴力手段解决"印第安人问题"。①对于易洛魁人在白人社区的包围中寻求复兴的努力，这也可以说是一种天时地利。

五大文明部落居留于南部时，所面对的是种族主义情绪极端强烈的南部白人的敌视和侵逼，处境按说至为凶险不利。但各部落奉行和平与合作的策略，以换取美国政府对其条约义务的承诺，仍然获得了相对稳定的发展时间与空间。被迫迁入印第安人领地本来是一场浩劫，但结果他们却因祸得福，因为根据迁移条约，五个部落在印第安人领地享有自治权利，当其他部

---

① 威廉·佩恩自1681年创建宾夕法尼亚以后，一直要求白人和平善待印第安人。但在1756年以后，由于对土地的争夺日益激烈，宾夕法尼亚边疆的种族冲突也变得尖锐起来。

落为白人扩张所逼而不断迁徙时，他们却拥有相对和平与稳定的发展时机，得以重建和复兴部落社会。

大平原诸部落与美国的关系以对抗发端，其后也一直困于冲突。他们的游猎生活对环境有着极强的依赖性，需要广阔的空间来加以维持，因而他们对白人的扩张尤为敏感，也深为仇恨。边疆居民和美国政府因利害所关，只得把主要精力用于武力征服，双方频繁接火交战。这种浸润着种族仇恨的经历，使得大平原印第安人对白人及其文化产生了深刻的厌恶和痛恨，顽强抵制文化改造也就是情理中的事。此外，大平原地区的农业条件也不理想，各部落的保留地尤其干旱贫瘠，不宜于种植作物。可见，自然条件同样限制了大平原印第安人生活方式的转换。

最后，白人文化冲击的烈度因部落不同而略有差别，这对文化心态的形成也有作用。易洛魁人接触的主要是教友派和荷兰归正会，这些教派对印第安人较为友善，其传教策略亦能为部落所容忍。五大文明部落与白人通婚，部落内部因而形成混血人种，他们在两种文化之间充当桥梁，从而缓解了文化的冲突。大平原印第安人则一直与白人处于势同水火的对立之中，文化的沟通与交流便无可能。保留地时期美国政府实行强制"开化"，对于不合作者动辄施以处罚，更加强化了文化上的对抗。

3. 相同的结局

然而，无论印第安人对白人文化采取何种态度，并没有给他们的整体命运带来根本性的改变。主动吸纳白人文化的易洛魁人，热情拥抱"文明"的五大文明部落，与对白人文化深闭固拒的大平原印第安人一样，最终都未能摆脱被剥夺的厄运。易洛魁人在 1924 年被迫变成美国公民，五大文明部落的社会繁荣在 1907 年以后被美国政府葬送。反应模式各不相同的诸部落，终不免殊途同归。他们共同的不幸结局显然是白人社会和美国政府所强加的，并不是他们自主选择的结果。美国政府一意推行文化征服的政策，极力摧毁土著文化，绝不可能容忍印第安人通过吸收消化白人文化来维护部落传统。这种出于种族主义和文化偏见的抉择，实际上断送了印第安人从初民社会走向现代文明的机会，使各部落在遭到残酷的物质剥夺以后，继而经受深重的文化劫难。

第七章　文化征服的失败

于今可以十分清楚地看到，文化征服这场没有硝烟也不见血迹的战争，其过程的残暴和后果的有害，较之疆场厮杀的确是有过之而无不及。这场战争旨在毁灭土著文化，改换印第安人的心灵和习性，故有"文化上的种族灭绝"之称。[1] 尽管白人得手于暴力剥夺，但是文化征服却以失败而告终。经过数百年的"文明开化"和文化同化，印第安人仍然是印第安人，他们在生活水平、社会地位、价值观念、宗教信仰、生活习俗等各个方面，依然与主流社会判然有别，并未同化于美国社会。这一沉重的失败促使美国政府改弦易辙，逐渐从"文化帝国主义"转向多元文化主义立场。

一、土著社会文化的变迁

1. 社会结构的演变

白人社会一直力图打碎土著社会结构，使印第安人以个体进入美国社会。部落社会因此饱受摧残，几乎濒临崩溃，虽然一脉相传而未致毁灭，但也难免发生变形，出现了新的特点。

人口结构的变化可谓至为明显。变化首先表现在数量方面。据估计，1500 年左右美国境内的印第安人在 100 万到 200 万之间，白人入主美洲后急剧减少，1800 年降至 60 万，到 1900 年仅余 25 万左右。[2] 然而，白人人口在 1800—1900 年间则每 25 年翻一番，从 500 万剧增至近 1 亿。这是何等鲜明的对照。1900 年以后，美国的印第安人政策多次调整，保留地境

---

① Meyer, *Native Americans*, p. 76.
② Hoxie, "Exploring a Cultural Borderland," p. 970.

况有所改善，土著人口开始逐渐回升，1900 年为 27.6 万，1930 年 34.3 万，1970 年增至 79.2 万，1980 年达到 136.6 万。[①] 这大体上接近 1500 年的数字。土著人口地理也大为改观。白人到来之际，土著人口较为密集的地区为东部林地、南部、西南部、大平原和加利福尼亚。经过长期的战争、疾病、驱赶、迁移和重新安置，现今印第安人集中在西部和西南部地区。根据 1980 年的统计，土著人口在亚利桑那为 152,745 人，在加利福尼亚为 201,269 人，在新墨西哥为 106,119 人，在俄克拉何马为 169,459 人。[②] 印第安人的活动领域不再限于以氏族或胞族为单位的传统村落，越来越多的人离开氏族和部落，居住和生活在白人社区。生活于城市的印第安人也不断增多，他们在土著人口中的比重，1900 年只有 1%，1940 年为 7%；此后每 10 年翻一番，到 1980 年达到 74 万，超过印第安人总人口的半数。[③]

随着人口结构的变化，社区结构也发生了相应的变化。氏族和胞族不再是土著社区的核心，血缘纽带至少在空间上已趋于松弛。各地区和各部落的情况当然不尽相同。城市印第安人虽仍以种族聚居，但与原来部落的关系已经甚为疏远，血缘的纽带只对维系人们的感情具有意义。苏族派恩岭保留地的社区形式也是今非昔比，仅有 50%的人居住在原来的村落，其余一半人口中有 15%的人集中居住而形成新的乡村群落，35%的人则已单独分散居住。[④] 切罗基人在部落解散以后，成员散布各地，形成众多的居民区（Settlement）。每个居民区仍然是以血缘为纽带的小社会，不同于原先氏族的是，他们相互通婚，参与共同的仪式，在文化上保持某种认同感。一个居民区一般有 20～50 户人家，人口在 100～250 人之间。他们彼此以兄弟相待，共有协作的风气十分浓厚。血缘村落形式，在西南部的普韦布洛人中得以较为完整地保留，氏族外婚制仍得到严格的实行。

家庭结构也发生了引人注目的变化。母系制日渐让位于父系家庭，[⑤] 绝大部分人已采用姓氏，可以确认家族的谱系。他们的姓氏或因通婚而得自白人，或在重新命名运动中由联邦官员所取，或为原来名字的英文转译。姓名顺序也与白人相同，一般是名前而姓后，而且名字不再经常变动，也不再以

---

① Thornton, *American Indian Holocaust and Survival,* p. 160.

② Theodore W. Taylor, *American Indian Policy* (Mt. Airy, Maryland, 1983), pp. 6-7.

③ Olson, *Native Americans in the Twentieth Century,* pp.163-164.

④ Stanley, *American Indian Economic Development,* p. 268.

⑤ 祖尼人中母系家庭仍占主流，妻子仍是一家之主。

绰号为名。家庭的规模趋于缩减，核心家庭不断增多。据 1960 年的一次调查，加利福尼亚的印第安人中，2 人家庭占 17.5%，3 人家庭占 16.2%，4 人家庭占 15.4%，5 人家庭占 14%；家庭人口为 6～7 人者，占 36.9%。[①] 家庭内部的分工也与新的生活要求相适应，一般是男子挣钱养家，女子操持家务；过去那种男子打猎、女子种地的现象，早已不复存在。

经济结构的变动既深且巨，留待下文专门讨论。

政治制度所经历的变化同样不容忽视。首先是部落主权失而复得，部落政府衰而再兴。在强制同化运动中，特别是《道斯法案》生效后，部落主权丧失殆尽，部落政府名存实亡。1934 年，美国政府制订《印第安人重组法》，[②] 恢复部落制，部落政府逐步索回部分权力。但此时的部落政府从组织形式到运转方式，均与从前大不相同。美国政府在恢复部落制的同时，实际上对部落政府进行了重大的改革。部落必须制订宪法，对政府的结构、权力的来源、选举的方式以及职能的发挥做出明确规定；部落政府的官员须经选举产生；官员必须依法行事。部落政府大致以美国政府为模式，其运转也借助于美国政治的经验。其实，这不过是重复当年五大文明部落所自主进行过的政治尝试而已。以奥格拉拉-苏族的政治重建为例，根据《印第安人重组法》，该部落制订宪法，划分 8 个选区，每 300 名居民选出一名部落大会成员组成立法机关；行政首脑为总统和副总统，由 21 岁以上的部落成员选举产生；司法系统由法院和警察组成。后来，该部落的政府形式略有调整，部落大会成为最高权力机构，法院从属于部落大会；总统、副总统、秘书长、司库和另一名"第五成员"一起构成部落大会的五人执行委员会。在获得自治以前，部落大会受制于印第安人事务局，其决议须经印第安人事务局复议方能生效，联邦内政部长也可以否决部落大会的立法，而联邦派驻保留地的监督员在执行委员会占有一个席位。纳瓦霍人重建后的部落政府，也分为立法、行政和司法三个部门，部落大会为立法机关，有 74 名成员，由 102 个称作"chapter"的基层选区选举产生；行政首脑称主席、副主席，下辖若干部门；司法机关包括法院和警察。不过，纳瓦霍人的部落大会作用不大，其成员主要关心本选区的事务，因而决策的主动权掌握在行政部门。

部落政府结构之复杂、机构之众多和功能之齐备，都非过去所能比

---

① R. F. Heizer et al., *The California Indians* (Berkeley, 1971), p. 580.

② 详见本章第四节。

拟。为了适应保留地经济发展和社会改善的需要，部落政府的下层机构经常变动，而且分工日趋具体化和专业化。例如，帕帕戈部落的机构设置相当庞大而复杂，各个部门专司一职，俨然一国政府的架势（见图 7.1）。[1]

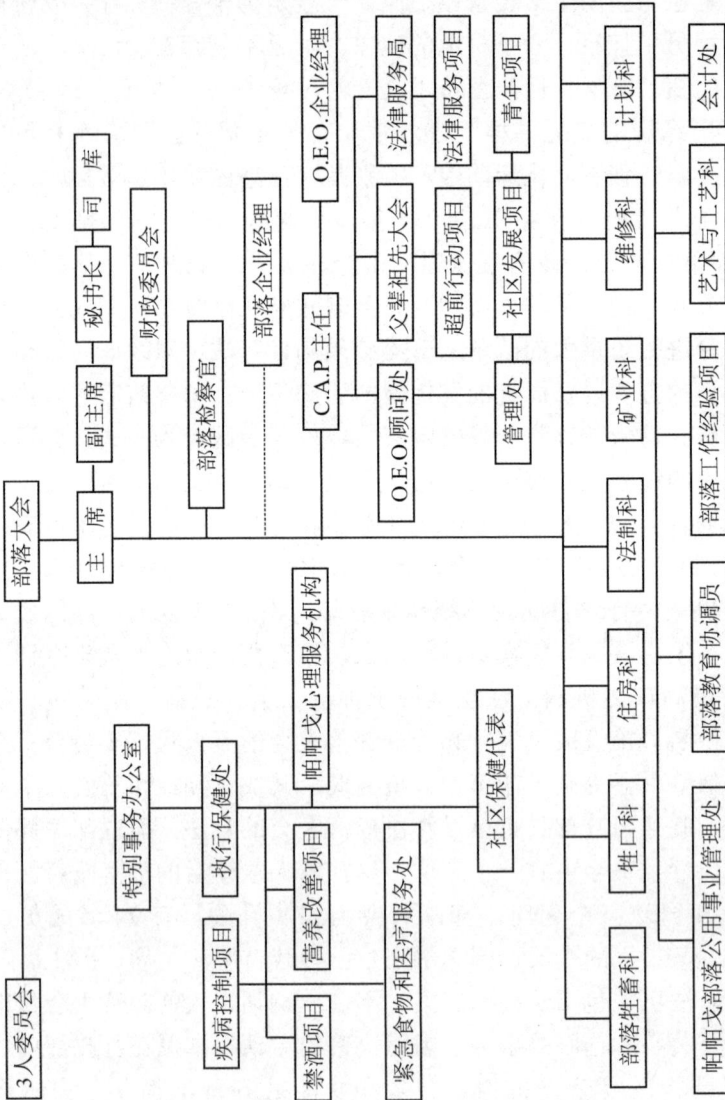

图 7.1　帕帕戈部落政府结构示意图

---

① Stanley, *American Indian Economic Development*, pp. 544-545.

文化接触以前那些分散流动的族群，受到环境的影响，或经过美国的改组，也已形成较为紧密的部落，中心控制权力得到强化。大平原上的一些部落和五大文明部落中的克里克族，都经历过这样的过程。

现今部落政府除管理保留地事务外，还经常与美国政府交涉。多数部落每年派代表访问华盛顿，游说国会议员，造访有关部门，争取开发保留地的新项目。部落政府在政治上与美国政府保持联系，大多订有《国会记录》《华尔街日报》《时代周刊》《生活周刊》及《新闻周刊》等报刊，以便了解外界的消息和事态。

但是，普通印第安人仍然缺少政治经验，对那些现代型的部落领袖尤其心存疑虑，视之为白人的附庸，因而并不十分热心于政治事务。在派恩岭保留地，参加选举的人通常仅占合法选民的30%。[①] 部落政府虽然具有完备的机构，但在效率上反而不及从前的首领和部落大会。美国政治中盛行的结党立派、明争暗斗之风也传入部落政治生活，削弱了部落的凝聚性，并损及政治的稳定。

2. 经济生活的变动

印第安人传统的狩猎和采集活动，向来被白人社会指斥为野蛮落后的生活方式。在白人文化的冲击下，加之环境的急剧变动，这种经济形态再也难以维持。生存条件发生了巨大的改变，白人社会又长期进行渗透和诱导，于是，印第安人的经济生活也出现了历史性的变化。

财产占有从共有制向私有制的转化，在土著社会具有尤为深远的意义。在与白人接触之初，印第安人中间缺乏财产私有的观念和制度。后来，在白人文化的影响下，有些部落出现私有化的迹象。在共有土地上打围栏以标明排他性的使用权，这在19世纪上半期的易洛魁人保留地和五大文明部落即已初见端倪。有的部落法令涉及私人随身所有物的保护和继承问题，例如，1866年特拉华族的一项法令，使用了"财产"的概念，把偷盗他人财物定为犯罪，而财产则可通过遗嘱而继承，或在子女中进行分配。[②] 如前文所述，正式的土地私有制，经美国政府的推动，以份地制的形式出现于许多部落。在19世纪上半叶，东部若干部落便开始采纳份地制。1887年的《道斯法案》，使土地私有化在多数部落强行开展。1934年以后不再分配份地，

---

① Stanley, *American Indian Economic Development*, p. 276.

② Jackson, *A Century of Dishonor*, pp. 397, 402.

大面积的土地又恢复了部落共有形态。然则私人持有土地则早已成为定制，于是，私有制和共有制得以并存于部落社会。以户为单位的独立生产活动甚为普遍。有人从事工商业经营，逐渐积累财富，并传之后人，遂成巨富。这也离不开部落法律对私有财产的保护。不过，相较于白人社会，印第安人的私有制从观念到形式都显得单薄而脆弱。印第安人在这方面的缺陷，经常为他人所利用，屡屡导致经济上的严重损失。

印第安人的经济生活更是给人不胜今昔之感。狩猎、捕鱼之类的活动仍可见于某些部落，但已非过去那种直接占用资源的谋生行为，而是卷入市场，其产品用于换取其他生活物资，或纯粹服务于获取利润的目的。更多的部落则从事农业、畜牧业、采矿业、石油业或旅游业，各种类型的工厂兴起于保留地，印第安人生产的产品销往各地，保留地的经济在某种意义上已是整个美国市场的一部分。生产技术的进步也是显而易见的。石制工具当然早已绝迹，印第安人所使用的工具和技术均由白人社会传来。在资源丰富而经济境况较好的保留地，原来的生存型经济已为谋利型经济所取代。

西南部的阿帕奇人在进入保留地以后，仍以掠劫为生，形成了所谓"掠劫经济"。他们对于白人传授的农业和手工业生产长期缺乏兴趣，因而经济发展程度很低，一直属于贫困的部落之列。

在加利福尼亚淘金热时期，皮马人的经济一度颇为兴旺。他们向过往的淘金客出售食品，并通过护送他们穿越阿帕奇人领地而获取报酬。后来，受白人文化的冲击，他们大力发展灌溉农业，修建人工灌溉工程，导引江河之水以浇灌农田。以往他们种植玉米、豆类和瓜类作物，20 世纪以来的主要作物则是小麦和紫花苜蓿。

生活在新墨西哥州的祖尼人，其传统文化保存较为完整，这在普韦布洛所有部落中可谓首屈一指。然而，他们的经济生活也是今昔有所不同。西班牙人到来之际，他们就有较为发达的旱地农业，后来美国政府在保留地修建水坝，灌溉农业因而获得发展。牧羊业的重要性也日益上升，最终取代农业而成为支柱产业。祖尼人出售羔羊和羊毛，买回各种生活用品，其中包括汽车、电视之类的高档消费品。羊肉则是他们的主食。不过，由于受保留地牧场面积的限制，20 世纪 70 年代从事牧羊业的人已为数不多，失业者随之剧增。

太平洋西北沿岸的拉米族人口不多，过去以捕鱼为生。进入保留地时期，联邦官员逼迫他们弃渔务农，使他们在此后百余年里深为贫困所苦。

20 世纪 60 年代，他们恢复捕鱼业，采用先进的捕捞工具和加工技术，经济状况得到根本扭转。他们的水产食品销路颇好，而且开始走向国际市场。他们与日本的市场建立联系，向那里输出水产食品，其潜力甚为可观。他们在部落政府设立拉米企业参事会，下设拉米印第安人部落企业，管理部落经济活动。部落还派出大批年轻人赴大学深造，学习水产技术和管理知识。于是，拉米人便成为世界闻名的现代渔民。

缅因州的帕萨马阔迪族也是一个很小的部落。他们擅长编织，第二次世界大战以后，编织业更成了主要的家庭手工业。他们编织的篮篓一类的产品，因为结实耐用而深得当地渔民的喜爱，用以养殖和装鱼。他们还编织各种家用的小型藤制器物，可盛放珠宝和食品，大多售与前来观光的旅游者。此外，他们还生产皮革和贝类制品。所有这些生产活动都以家庭为单位进行，没有形成由部落管理的企业。传统技术与现代市场的结合，也使他们的经济生活略微显出一点生气。

帕帕戈人原本是一个采集狩猎的部落，与白人交往后转而从事畜牧业，经美国政府的鼓励和扶持，生产规模逐步扩大。1959 年，50%的家庭饲养牲口；存栏数在 1000 头以上者有 2 户，在 500～999 头之间者有 5 户，在 100～499 头之间者有 9 户，在 50～99 头之间者有 10 户，在 10～49 头之间者有 29 户，而只有 1～9 头者多达 400 户。[1] 大牧场主的经营属于产业型，而小户人家则以放牧糊口。在畜牧业之外，帕帕戈人还与切罗基人商议合作开发石油资源。1971 年，部落出资 5,000 美元，与菲利普石油公司联合成立帕帕戈勘探公司，70%的股份属于部落。经营农业出租、商业化农业、旅游开发和工业制造的企业也有数家。部落经济朝着工业、牧业和服务业相结合的方向发展。不过，保留地的经济压力仍然很大，失业问题长期得不到解决；越来越多的人离开保留地，到亚利桑那以及其他地方去求职谋生。[2]

派恩岭保留地的奥格拉拉-苏族，在苏族各分支中经济状况向来略胜一筹。畜牧业在 19 世纪中后期就已成为主导的经济形式。第一次世界大战期间牛价飞涨，急功近利的苏族人便把牛群出售一空。1917 年以后，他们只得以低廉的价格把空荡荡的牧场租给白人牧场主。当时他们手里握有大笔现

---

① Stanley, *American Indian Economic Development*, p. 527.
② Jack O. Waddell, *Papago Indians at Work* (Tucson, 1969), pp. 17-33.

金，急不可待地购买汽车等白人的奢侈品。1922 年，美国农业市场回升，白人大量购买苏族的土地，保留地土地严重流失。1929 年大危机爆发后，人祸更兼天灾，派恩岭几乎变成废墟，人们再度陷入贫困。新政及以后时期，派恩岭的经济得到一定的恢复。牧业和农业出现转机，制造业和商业也渐次起步。但出租仍是苏族人收入的主要来源。印第安人拥有土地的 51%由非印第安人所租赁，部落开办的企业和商店也有一部分租与白人经营。联邦政府设在保留地的机构乃是最大的雇主之一，与服务业一起为 40%的家庭带来收入。保留地的经济形势一直不容乐观，企业效率不佳，旅游资源又未占优势，加上苏族人不善理财，因之大部分人仍在贫困中挣扎于生存的边缘。

纳瓦霍族是现今美国境内最大的印第安人族群，20 世纪 70 年代其人口达到 14 万，所在的保留地面积为 25,000 平方英里，位于亚利桑那和新墨西哥两州境内。不过，保留地内有 100 万英亩以上的土地极为贫瘠，以至草木不生，全部资源只能供 35,000 人维持生活。可是，大部分纳瓦霍人不愿外出谋生，因而生活十分贫困。1947 年，保留地发生饥荒，全国各地纷纷捐赠物资和食品。保留地的面积经过几次扩充，依然不能满足激增人口的生活需求。1950 年，国会拨款 8,800 万美元，用于改善纳瓦霍人和霍皮人的处境，但仍是杯水车薪。纳瓦霍人的传统产业是畜牧业和农业。在白人到来之前，他们便有较为普遍的种植活动，畜牧业则由西班牙人传入。据 1969 年的农业调查，纳瓦霍人共有近 700,000 只绵羊，125,000 只山羊，20,000 匹马和 30,000 头牛。据推测，约有 40,000 人从事畜牧业，大致占总人口的三分之一到四分之一。[1] 畜牧业取得了一定的进展，改善了保留地的经济条件。给纳瓦霍人生活面带来更大改观的，是保留地地下资源的发现和开发。经探查，纳瓦霍保留地的石油储量为 1 亿桶，天然气的储量为 250,000 亿立方英尺，铀的储量为 8,000 万磅，煤的储量为 500 亿吨。[2] 随着美国工业的发展和生活需求的扩大，这些资源的价值日益提高。开发和出售地下资源便成了部落基本的收入来源。及至 1975 年，这项收入总计已达 3.05 亿美元之多。[3] 与此相应，从事牧羊业的人则有所减少。

① James M. Goodman, *The Navajo Atlas: Environments, Resources, People, and History of the Diné Bikeyah* (Norman, 1982), p. 69.

② Olson, *Native Americans in the Twentieth Century*, p. 181.

③ Stanley, *American Indian Economic Development*, p. 19.

虽然各保留地的经济状况不尽相同，发展水平更是参差不齐，但是总的特点却大同小异，大体都经历了由传统经济向现代经济的转变。首先是由渔猎采集过渡到农牧业，接着是从农牧业走向工业和服务业。后一转变在20世纪70年代以来进展尤为明显。这时，保留地农业衰落到极点，农业人口仅占印第安人总数的11.2%。[①] 农业的衰落与多种因素有关，诸如继承权、信贷、农业教育以及科学技术等问题，长期困扰印第安人，严重制约农业的发展。在农业滑坡的同时，许多保留地的工业却有长足的进步。部落自己创办的企业并不多见，引进白人资本在保留地开设工厂，乃是保留地工业发展的一个突出特点。白人投资者看中的是保留地土地廉价，资源便利，劳动力充足；而保留地则因此而缓解了失业和贫困问题。不过，交通不便，配套设施不足，市场狭小，又往往抵消保留地对白人投资者的吸引力。因此，实际建成工厂的外来公司仍为数不多。由部落开办或在掌控的企业，则受到经营管理、市场竞争等多方面的制约，一般效益不甚稳定。近来，不少保留地忽然变得富足，而致富的途径除了输出资源之外，主要是开设赌场，因为保留地不受禁赌法的约束，吸引许多人前去一试运气。但是，保留地的整体经济水平仍然落后，而且畸形发展，综合而合理的经济体系在许多保留地尚未形成。

3. 生活习俗的更新

印第安人在日常生活中采用白人的器物和工具，这是由来已久而且极为普遍的事情。他们的生活习俗也因白人文化的渗透和影响而略有变化。虽然他们从整体上抵制白人的生活方式，但文化接触在细节上具有潜移默化的作用，这几乎是难以抗拒的。

印第安人在服饰上受白人的影响最为直观。自文化接触开始以来，所有美国印第安人最终都放弃了赤身露体的习惯，衬衣、外套、裤子、鞋袜之类的穿戴用品，都已成为他们的日常所需。特别是部落上层人士和城市印第安人，在穿着打扮上已经看不到多少传统特色。17世纪，福克斯人与法国人交往时一般赤身无衣；后来，他们仿效白人习俗，到1940年男男女女的衣着已和白人没有分别。[②] 祖尼男子过去只穿一条棉裙，后来接受白人的习惯，改穿肥大的白色棉布裤子和白色棉料衬衣，脚穿鹿皮靴。祖尼女子的传

---

① Hurt, *Indian Agriculture in America*, p. 212.
② Natalie F. Joffe, *The Fox of Iowa* (New York, 1940), pp. 291-292.

统装束是一块从右肩披至膝下的长布，称作"manta"；现在，她们都改穿白色棉布裙或宽大的罩衫。头插翎毛、身裹兽皮、手执弓箭的大平原印第安人形象，只有在电影里或节日庆典才能看到，于今大平原各部落也大多采用了白人的服饰。例如阿帕奇人，男子多穿牛仔外衣，女子则穿长裙和宽松的罩衫。

印第安人的饮食结构和习惯也随时代而发生改变。由于生存环境和经济生活的变动，加上白人文化的长期影响，他们的食谱跟 1500 年相比已有明显的不同。驯养的牲畜肉食代替了兽肉；种植的粮食果蔬代替了野生的植物根茎和果实；牛奶、咖啡、酒水、面包等纯粹来自白人的食品，也常见于他们的餐桌之上。以往农业部落的传统食物，如玉米面包、玉米薄饼之类，仍颇受欢迎，只不过制作方法与工艺也有所变化。传统的石头烹饪法早已绝迹，茹毛饮血的习俗更是为人所不取。

从前，印第安人大多游移不定，即便以村落聚居的部落，住房和家具也粗糙简单之至。他们不知有床，习惯于席地而眠，因而白人的毛毯一度极受欢迎。大平原流行的"tipi"，实际上是一种简陋的兽皮帐篷，以几根木柱交叉支撑，卷起来即可置于马背迁徙。迁入保留地以后，美国政府强迫印第安人定居，帮助他们盖起固定的小屋，引导他们上床睡觉。现今多数印第安人住在有墙有顶的房舍里。纳瓦霍人的房屋称"hogan"，为木构泥墙，无窗，以毛毯为门，卧榻仍是铺于地面的羊皮。每个家庭通常有几处"hogan"，适合不同季节居住。普韦布洛人采用新的建筑材料和工具，建筑技术和式样也大有改进，房屋装有木门和玻璃窗。其中祖尼人善用石块建房，虽为平房，但面积不小，房间可多至四五个，大多装有玻璃窗户，屋内家具齐全，包括缝纫机和电视机，汽车也不罕见。苏族人搭造"tipi"的野牛皮已无处可觅，他们只得改住圆木小屋。在一些更为贫困的保留地，依坡而建的泥屋仍是常见的栖身之所。

在婚姻制度方面，原来的多妻制业已因美国政府的禁止而绝迹。二战以后出生的年轻一代，在恋爱和婚姻上带有主流社会的风气。妇女分娩有时也在医院进行，还有人改用听装奶粉代替母乳喂养婴儿。

印第安人的娱乐活动和节庆仪式，仍带有较浓厚的传统色彩。虽然收音机、电视和电影在保留地早已不是新奇之物，但赛马、赌博、球戏和抽烟谈古等传统娱乐活动，仍然拥有广泛的参加者。传统的节日和宗教仪式，如青谷节和太阳舞，也是人们十分热衷的事情。在比较守旧的普韦布洛各部落，大部分仪式都具有宗教性质。

出门旅行的印第安人，自然可以利用现代的交通工具。有的保留地位于铁路沿线，贯穿全国的公路网则把众多保留地连接起来。二战以来，美国政府拨款改善一些面积广袤的保留地的交通状况，也取得可观的成绩。自己拥有汽车的家庭日益增多。在流动性很强的阿拉珀霍人那里，汽车更是不可或缺之物，人们只要手里有钱，首先要买的就是汽车。他们所购的多为转手的旧汽车，维修和汽油的费用，往往耗尽他们手里的余钱。[①]

语言的巨大变化更加明显地反映了文化冲击的后果。如前所述，印第安人内部原本语言复杂多样，部落间的交往也受到语言不通的阻碍。白人教育的作用以及与外界交往的需要，使得越来越多的印第安人掌握了英语或其他白人的语言。普韦布洛各部落原以西班牙语最为通行，1950 年后说英语的人逐渐增多，已有取代西班牙语之势。这种情况同样出现于亚利桑那和新墨西哥的其他部落中间。1930 年，纳瓦霍人中能说英语者不到 20%，帕帕戈人中亦仅 40%。在当时的西南部，仅有这两个部落使用英语的人不到 50%。1952 年，在亚利桑那的 100,337 名保留地印第安人中，有 50,081 人不会英语，占 49%，主要是纳瓦霍人。阿帕奇人中会说英语者则多达 80%。[②] 1978 年，全体美国印第安人以英语为主要语言者占 65%，讲西班牙语者占 4%，仍使用本部落语言者占 30%。英语在部落的传播，也带有文化征服的阴影；不少印第安人本来会说英语，但出于对白人及其文化的仇视和轻蔑而不愿开口。例如，西阿帕奇人经常用英语模仿白人以取乐，但平日却不屑于讲英语。在英语得以传播的同时，约有上百种土著语言逐渐失传。使用者在千人以上的语言，仅余 40 种左右。流行于纳瓦霍和阿帕奇人中的阿萨帕斯坎语，使用者有 125,000 人。[③]

综上所述，印第安人在衣、食、住、行、娱乐和语言多方面都留有白人文化的印迹，表明他们已经告别了 1500 年时的那种生活。但是，这并不等于说印第安人在生活方式上已经完全白人化。相反，传统习俗仍大量存在，印第安人所吸收的白人习俗，并未从根本上改变其文化的性质。传统习俗和白人习俗混杂并存，在许多部落都是普遍的现象。

① Elkin, *The Northern Arapaho of Wyoming*, pp. 238-239.

② Edward H. Spicer, *Cycles of Conquest: The Impact of Spain, Mexico, and the United States on the Indians of the Southwest, 1533-1960* (Tucson, 1962), pp. 441, 443.

③ Olson, *Native Americans in the Twentieth Century*, p. 210.

二、印第安人在美国社会的地位

1. 印第安人的生活水平

印第安人的社会文化已经发生种种变化，他们采用许多现代技术、器物和工具，吸收白人的生活习俗和语言，还已获得了美国的公民权。按理说，这些应当意味着印第安人完成了从初民社会向现代文明的过渡，而成为美国社会的组成部分。但实际上，他们与现代文明和主流社会之间还存在很大的距离，因为他们的生活质量远远低于全国一般水平，他们对主流生活的参与还相当有限，并且在许多方面受到其他美国人的歧视。从整体上说，印第安人属于"另一种美国人"之列。

在生活水平上，印第安人与主流社会有着显而易见的差距。保留地的生活一直以贫困和不幸而闻名于世。19世纪末的情形之恶劣，已如前文所述；进入20世纪也没有出现根本的改观。20年代，美国内政部委托政府研究所（布鲁金斯研究所的前身）对印第安人事务进行一次综合调查，由社会学家刘易斯·梅里亚姆主持其事。1928年，调查报告正式出版，题为《印第安人管理问题》，通称《梅里亚姆报告》。这份长达872页的报告，披露了大量有关印第安人生活状况的材料。据称，印第安人人均年收入仅200美元，不及全国平均水平的六分之一；教育与实际生活相脱节，不能适应印第安人的需要；食物单调，缺少水果、蔬菜和牛奶；医疗条件落后，疾病流行，特别是眼疾肆虐成灾；死亡率居高不下，婴儿死亡率高达190.7‰，而白人则仅为70.8‰。[①] 显然，报告所描绘的保留地生活乃是一幅阴惨凄凉的画面。报告虽然触动了美国政府及社会的神经，但带来的实际改善却至为微小。苏族的埃拉·德洛里亚在1944年谈到，保留地的生活缺少生气，与白人社区相比，许多家庭光景惨淡，生活无精打采，不少人被白人指责为乞丐。[②] 第二次世界大战以后，情势依然严峻。1964年，正值约翰逊政府发起"向贫困开战"之际，印第安人事务局长菲勒欧·纳什公布一批数据：保留地印第安人的失业率在40%～50%之间，其家庭收入仅为全国平均水平

---

① Olson, *Native Americans in the Twentieth Century*, pp. 100-101.
② Moquin, *Great Documents in American Indian History*, p. 314.

的三分之一到四分之一，90%的家庭住房不合标准，入学年限仅为全国平均数的三分之二，平均寿命只有 42 岁。[1] 这说明，印第安人的生活水平仍然处于全国的最低层次。

收入状况是考察人的社会地位和生活质量的基本指标。1964 年以来，印第安人的人均收入依然远远落后于全国平均水平。1968 年，白人家庭平均收入为 5,893 美元，非白人为 3,161 美元，而印第安人仅 1,500 美元。[2] 1970 年，欧裔美国人收入的中位数（median income）为 9,000 美元，非洲裔美国人为 5,400 美元，印第安人则只有 3,500 美元。到 1983 年，保留地印第安人仍只有 25% 的人年收入在 1,000 美元以上。[3] 几个较大部落的收入情况，同样明显地反映了收入的差距。1968 年，帕帕戈人家庭平均收入为 2,377 美元，人均收入为 554 美元，仅相当于亚利桑那一般家庭的五分之一；[4] 如果考虑到亚利桑那居民收入水平在全国偏低这一情况，更可见帕帕戈人收入的低下。1970 年，纳瓦霍人人均收入 900 美元，不足全国平均数的四分之一。1971 年官方确定的乡村个人贫困线为 1,727 美元，而纳瓦霍保留地偏僻地区的居民年收入只有 725 美元；在这有限的收入中，各种福利补助竟占 26.6%。[5] 一度十分富足的切罗基人，1963 年有些人的年收入竟仅在 450 美元～650 美元之间，而且福利、社会保障和养老金在其中占 31%。[6] 加利福尼亚的经济在二战后发展极快，但印第安人与其他人口在收入上的悬殊也是一目了然的。1959 年，该州 14 岁以上男性的年收入，白人为 5,109 美元，日本裔为 4,388 美元，华裔为 3,803 美元，而印第安人则只有 2,694 美元。[7]

与低收入紧密联系的是高失业率。印第安人的失业率之高，一直居全美之冠。保留地的工作机会甚少，而许多人又不愿外出谋生，导致大量人口失业。1960 年，美国印第安人失业率为 40%。在派恩岭保留地，经常有 75% 的人没有工作，到冬天更高达 95%。[8] 1980 年，经联邦承认的 16 岁以

[1] Stuart Levine et al., eds., *The American Indian Today* (Baltimore, 1968), pp. 116-117.

[2] Gibson, *The American Indian*, p. 558.

[3] Olson, *Native Americans in the Twentieth Century*, p. 186.

[4] Stanley, *American Indian Economic Development*, p. 538.

[5] Stanley, *American Indian Economic Development*, p. 21.

[6] Stanley, *American Indian Economic Development*, pp. 413-414.

[7] Heizer, *The California Indians*, p. 579.

[8] Gibson, *The American Indian*, p. 559.

上的印第安人中，51%的人处于失业状态。①

　教育状况在一定程度上决定人的就业机会，也影响其收入水平。经国
会参议院 1960 年的调查发现，印第安人教育仍然弊病丛生：入学率不足，
辍学率极高，人均受教育年限远低于其他族裔。1960 年，加利福尼亚印第
安人上学年限低于 8 年者达 43%，还有 5%的人从未入学。② 部落时代曾以
教育发达著称的切罗基人，到 20 世纪 60 年代竟以文盲众多而闻名；据
1963 年的资料，全族平均入学年限仅 5.5 年，在美国属于最低者之列。③
纳瓦霍人的情况大致相同，1970 年全族平均受教育年限仅为 5 年，而全国
平均水平为 12 年。在全族 25 岁以上的成年人中，目不识丁者达到 17%。④

　印第安人的住房条件也相当恶劣。20 世纪 60 年代，保留地缺乏上下水
设施的住房有 63,000 户，70%的家庭须从 1 英里以外取水。城市印第安人
则居住在拥挤破败的种族聚居区里。⑤ 1971 年的一次调查发现，90%的纳
瓦霍人居住在不合标准的房屋里；到 1975 年，这个比例仍高达 80%。他们
住宅的通风、排水和供电情况都达不到基本的要求，而且坏损程度也十分严
重。⑥

　医疗条件恶劣，健康状况不佳，在印第安人中也达到了怵心刿目的地
步。1971 年，纳瓦霍人平均每 1,195 人才有一名医生，而全国每 613 人就
有一名。⑦ 印第安人感染肝炎的可能性比其他美国人高出 8 倍。⑧ 1970
年，印第安人平均死亡年龄为 44 岁；婴儿死亡率比全国一般水平高出
50%。⑨ 酗酒和自杀的情况在全国也最为突出，80 年代的自杀率高出其
他族裔6倍。⑩

　当然，从历史的纵向角度来看，印第安人的生活水平较 19 世纪已有十
分明显的提高。这是由于美国政府调整了印第安人政策，增大了对印第安人

① Taylor, *American Indian Policy*, pp. 6-7.
② Heizer, *The California Indians*, p. 578.
③ Stanley, *American Indian Economic Development*, pp. 415-416.
④ Stanley, *American Indian Economic Development*, pp. 21-22.
⑤ Gibson, *The American Indian*, p. 559.
⑥ Stanley, *American Indian Economic Development*, p. 24.
⑦ Stanley, *American Indian Economic Development*, p. 23.
⑧ Gibson, *The American Indian*, p. 589.
⑨ Spencer, *The Native Americans*, p. 517.
⑩ Olson, *Native Americans in the Twentieth Century*, p. 187.

经济发展、社会福利和教育卫生的投入。但若与其他美国人作横向比较，印第安人仍然是美国生活最为不幸的族群。用"美国印第安人事务协会"执行主席威廉·拜勒的话说，"今天美国印第安人不仅将要走到贫困和歧视的边缘，而且濒临道德的崩溃"。① 1970 年 7 月，尼克松总统在关于印第安人事务的特别咨文中也承认："最早的美国人，也即印第安人，是我国最受剥夺和最为隔绝的少数民族群体。从就业、收入、教育、健康等几乎每一项衡量标准来看，印第安人的情况都处于最底层。"②

2. 印第安人与主流生活

生活水平的差距，文化传统的制约，加上种族主义的阻碍，使得印第安人在整体上仍然处于美国生活主流之外。保留地印第安人与美国社会相隔绝自不待言，即使那些离开部落而生活在白人中间的印第安人，大多也没有认同和融合于主流社会。

绝大多数离开保留地的印第安人进入了城市。城市生活对他们充满诱惑，因为这里的工作和教育机会较多，物质生活和娱乐设施更加优越，在这里可以大开眼界，增长见识。但是，并不是所有移居城市的印第安人都能适应这里的生活。鳞次栉比的高楼大厦，拥挤喧闹的街道，川流不息的人群，五花八门的限制，纷至沓来的票据，紧张激烈的生活节奏，动荡不宁的工作竞争，疏淡冷漠的人际关系，这一切构成一种与保留地异若霄壤的生活环境。难以适应的人只得重返保留地。③ 据印第安人事务局估计，早期迁居城市的人有 75% 返回了保留地，稍后进城者中返回的比重也高达 35%。④ 为了缓解保留地的人口和经济压力，联邦政府曾有计划地在一些大、中城市建立印第安人中心，把数以万计的土著青年安置于城市。对许多人来说，这种生活的转变来得过于突然。在保留地有联邦的援助可以依赖，现在一切都要进入市场竞争，不少人因此感到无所适从，返回保留地就成了最后的选择。

继续留在城市生活的印第安人，也并没有融汇于主流社会。他们按族群聚居，不仅与保留地维持某种联系，而且形成一套应付城市生活的特有方

---

① Steinfield, *Cracks in the Melting Pot*, p. 68.

② Prucha, *Documents of United States Indian Policy*, p. 256.

③ 移居城市的印第安人琼·阿布隆写道："大部分印第安人虽然也欣赏城市生活的许多便利，但不太喜欢城市。他们不喜欢人群拥挤，高楼大厦鳞次栉比，经常受到各种限制，各种票据，以及缺少隐私权。" Quoted in Spencer, *The Native Americans*, p. 529.

④ Nichols, *The American India: Past and Present* (1971), p. 274.

式。在聚居区，酒馆乃是一个文化中心，印第安人来此寻找娱乐消遣，同来自保留地的老友故人聚首叙旧。借助酒馆的媒介作用，人们相互帮助，共同寻找工作、住房和就医的渠道。这种酒馆文化，有助于缓解印第安人初来城市及以后生活中的心理紧张和精神压力。美国政府在城市建立的印第安人中心，也是一个减轻文化适应压力的机构。这种中心通常备有娱乐设施，帮助人们寻找工作和住房，提供财务上的咨询以及家教、司法方面的建议，设有体育项目、日托站和精神康复中心，还提供戒酒和保健服务。1974 年，国会通过土著美国人项目法，规定永久资助这类中心。

城市印第安人女性与非印第安人通婚者比较常见，而男性则较少与其他族裔通婚。不过，城市种族融合的程度仍要高出保留地。以加利福尼亚为例，20 世纪上半期，保留地居民的印第安人血统为 68.3%，而城市印第安人仅为 36.9%。①

城市印第安人参与主流生活受到多种因素的制约，其一是文化传统，其二是教育程度，其三是工作技能。印第安人从部落来到城市，对紧张的生活以及城市环境均难以适应。他们不善理财，不能合理安排和使用经济收入，钱财不是花费于酒馆，就是被人骗去，而且还有不少用作支付各种罚款，因之家庭生活难免贫困拮据。他们所受的教育不及其他人，寻找工作时往往受到歧视。他们不习惯于长久固定于一个职位或一种工作，经常不辞而别，这又成为雇主不肯录用印第安人的口实。他们尤其讨厌城市工作的单调和紧张，缺乏通过勤奋工作而提高自己的社会地位的冲动。不少雇主不愿雇用印第安人，认为他们英语不好，欠缺工作的主动性和积极性，而且生活和卫生习惯也不符合工作的要求。这就使得印第安人寻找工作更加困难，失业率居高不下。于是，贫困、疾病、住房条件恶化便随失业而相继到来。

然则无论如何，城市的生活质量总要优于乡村。1970 年，印第安人成年男子收入的中位数，在城市为 4,700 美元，在乡村则只有 2,800 美元；受教育的年限在城市为 11.2 年，在乡村只有 8.7 年；1975 年城市印第安人的失业率为 11%，而保留地则高达 40%。② 也许正是出于这个缘故，从保留地迁往城市的人仍源源不断。

虽然印第安人在整体上尚未同化于美国社会，但他们中的少数精英则

---

① Heizer, *The California Indians*, p. 559.
② Olson, *Native Americans in the Twentieth Century*, p. 164.

已在主流社会赢得了一席之地。早在 20 世纪初年，便有 10%的印第安人在经济和社会方面获得成功，有些人还跻身于美国社会的中等阶层。其中有不少属于混血人，他们在白人社会接受良好教育，在事业上做出引人注目的成绩。查尔斯·伊斯门（苏族医生和作家）、卡洛斯·蒙特祖马（阿帕奇族医生）、亨利·克劳德（温纳贝戈族教师）、托马斯·斯隆（奥马哈族律师）、阿瑟·帕克（塞尼卡族人类学家）和劳拉·科尼利厄斯（奥奈达族社会改革家）等，只是其中的代表人物。1929—1933 年担任美国副总统的查尔斯·柯蒂斯，其母亲有一半印第安人血统。这些人尽管已在主流社会立足，但仍是印第安人的领袖，有人还领导发动了泛印第安人运动。二战以后迁居城市的印第安人中，有 48%的人成了专业人员、工程师、企业经理、工头和白领工人，[1] 其社会地位接近中等美国白人。1966 年以后的印第安人事务局长，大多拥有土著血统。还有人进入美国政府部门任职。苏族人本·赖费尔由南达科他州选入国会众议院，任职达 12 年。小瓦因·德洛里亚和 N. 斯科特·莫马迪都是知名作家，后者所著《曙光造的房子》曾获得普利策奖。这些人都是印第安人中的佼佼者，而在美国社会则处于某种双重地位：他们既与主流社会保持某种认同，又充当印第安人的代言人。1961年，一批印第安人领袖人物发布《印第安人目标宣言》，在涉及印第安人与主流社会的关系时说："我们和其他真正的美国人一样，坚定不移地绝对信仰我们美国政府体制的明智和正义性。"[2] 这种表白或许有策略上的考虑，但也未尝不能说明，印第安人精英在很大程度上已认同于主流社会的标准。

可是，更多普通的印第安人却对自己的社会地位感到茫然和迷惘。1968 年，"全国印第安人青年理事会"的主席克莱德·沃里尔发表文章，分析了印第安人的五种类型：其一，接受主流社会对印第安人的定义，玩世不恭，不求上进，为恶不端；其二，对自己的文化传统彻底丧失信念，自弃自暴，妄自菲薄，觉得印第安人的一切均属愚蠢可笑；其三，完全认同于主流社会的价值标准和生活方式，一切向白人看齐，有"小小的棕色美国人"之称；其四，以印第安人的传统和文化自豪，但不知如何采取行动以争取权益和改善自己的处境；其五，怀有强烈的民族主义情绪，与主流社会保持对立，人称"愤怒的民族主义者"。但沃里尔认为，这五种类型都不是理想的

---

① Olson, *Native Americans in the Twentieth Century*, p. 164.

② Moquin, *Great Documents in American Indian History*, p. 338.

印第安人形象。① 不过，这五种类型的印第安人倒是具有一个共同点，即他们都未在美国社会找到适合自己的位置。可见，几百年不平等的种族关系所造成的严重后果，仍然是一种历史的负担，压得很多印第安人喘不过气来。

3. 主流社会对印第安人的评价

印第安人与主流生活存在距离和隔膜，而主流社会则向来对印第安人怀有或深或浅的偏见，并实行各色各样的歧视。

以盎格鲁-撒克逊裔为主体的美国社会，对其他族裔的美国人持种族主义的态度，这可以说是源远流长和根深蒂固的。对印第安人的歧视更是由来已久。殖民地时期多数白人把印第安人视为野蛮人，称只有用"火药和子弹"才能解决问题。这种倾向让那些主张"开化"的人感到不安，他们觉得，白人对印第安人的蔑视已成了"文明开化"的重大障碍。② 自 19 世纪中期开始，歧视态度涂上了科学色彩，当时的生物学和民族学皇而堂之地论证印第安人确属劣等种族。保留地印第安人日益消沉，酗酒成风，这也为白人社会的歧视提供口实，他们被看成"醉印第安人"，是一个"正在消失的种族"。在 1915 年旧金山世界博览会上，詹姆斯·E.弗雷泽的雕塑"路尽头"获得金奖，吸引大批观众。雕塑表现一个无名印第安人陷在一匹累垮的战马的脚蹬里，象征印第安人被白人逼到无路可走而濒临绝境。这个作品从一个侧面反映了美国社会对印第安人的评价。不仅一般民众对印第安人满怀轻蔑，像西奥多·罗斯福总统这样的政界要人，也曾公开宣扬种族主义的论调：

> 要说我持有西部人对印第安人的看法，我想我应当感到羞耻。我还不至于走得那么远，认为只有死了的印第安人才是好印第安人，但我想十中有九是如此的，而我则不必对那第十个的情况做出过细的调查。就是最为堕落的牛仔，也比一般印第安人拥有更多的道德准则。③

印第安人一直挣扎于贫困当中，而白人则把贫困的原因归之于印第安人自身，指责他们缺少主动性，像乞丐一样完全指望政府的救济和慈善援助

---

① Jacobs, *To Save the Devil*, pp. 80-81.
② Axtell, *The Invasion Within*, p. 211.
③ Gossett, *Race: The History of an Idea in America*, p. 238.

度日。①

对印第安人的歧视并未随时间推移而完全消失。第二次世界大战以后，印第安人在美国社会仍然得不到公正的待遇。

司法不公使印第安人蒙受极大伤害。按照美国宪法，印第安人在成为美国公民之后，应当受到法律的平等保护。然而这往往沦为一纸空文。白人警察任意拘捕和殴打印第安人，在保留地附近的城镇中，印第安人被捕的比例高于白人 30 倍，甚至高于黑人 6 倍。白人犯罪如果涉及印第安人，通常可以逃脱法律的制裁。内布拉斯加有个印第安人被白人打死，但司法机关却判定为自杀身亡，引起派恩岭 1,000 余人加以抗议。据俄克拉何马人权委员会 1977 年的调查，一些在白人根本不被追究的事情，比如酗酒，如果发生在印第安人身上，则必遭警察的拘禁。印第安人还经常遭到白人无故羞辱、殴打乃至杀害，很少有人为此承担法律责任。费城有个奥农多加族退伍军人遭警察毒打后被杀，而警察却谎称其为自杀。有个白人杀死一个苏族人，法庭只判他 10 年监禁；而据死者的母亲称，这种罪如换成印第安人至少要蹲 30 年监狱。到 1972 年秋季，备受伤害的印第安人更强烈地抗议同胞被任意杀害。他们向有关部门请愿，但无人理睬。

在就业和社会服务方面，印第安人也备尝辛酸。公共机关和私人企业都不以平等条件雇用印第安人。迟至 20 世纪 60 年代，俄克拉何马的白人仍然普遍把印第安人作为懒惰和酗酒的代名词。有个大公司负责印第安裔雇员人事工作的管理人员宣称："我不会雇用印第安人，因为你指望不上他们。"②在那里生活的切罗基人，大多只能找到一些粗笨危险的工作。他们在建筑工地背石头，从事修路、除草、收割等工作，或者在餐馆当招待。他们所得报酬甚低，工伤事故往往得不到赔偿。1972 年，一个为人扫地、做饭和看孩子的切罗基妇女，劳累一天的收入只有三四美元。白人指责切罗基人酗酒和不可靠，经常无故旷工，而且喜欢暴力。印第安人在社会服务中也是受歧视的对象。他们很难在白人社区租到住房，许多商店也不为他们提供正常的服务。20 世纪 60 年代，派恩岭保留地附近有商店贴着这样的告示："狗和印第安人不得入内。"有时，缅因州的帕萨马阔迪人走进保留地外的理发店，但白人店主宁愿关门也不肯接待他们。白人还嘲笑他们能从管理处得

① Moquin, *Great Documents in American Indian History*, p. 315.

② Levine, *The American Indian Today*, p. 171.

到援助，不去工作便有吃有喝。

在大众传播媒介中，印第安人的形象一直遭到歪曲，这对加深大众对印第安人的误解和蔑视负有重大责任。19世纪中期大平原上骑马射猎和袭击白人移民的土著武士，长期被公众当成印第安人的典型形象。一般民众大抵相信，他们在电视、电影和小说中看到的印第安人，就是唯一存在的印第安人。① 可见，大众传媒造成的负面影响，难以在短期内加以肃清。而且，学校课程一般都不包括印第安人的历史与文化，即便以印第安人学生为主的学校也是如此，其结果是导致年轻一代对土著美国人的传统和现状一无所知，误解和歪曲因而得以代代相传。

20世纪70年代，美国社会的反印第安人情绪重新抬头。一些地方当局对印第安人在税收、宗教和司法上享有的特权甚感眼红和不满，极力加以干预，意欲取消而后快。有的报刊刊登反印第安人的社论。一些以反部落利益为宗旨的民间团体也登场亮相。一个名为"平等权利与责任州际大会"的全国性组织，主张解除联邦与部落的特殊关系，放弃对印第安人的特惠政策。② 这时的反印第安人倾向往往打着平等的旗号，要求印第安人和其他美国人享受同样的权利，承担同样的义务。这种名义的平等，由于抽掉了印第安人与美国关系的历史内涵，其后果只会导致对印第安人的新的伤害，因而说到底仍是种族主义的翻版。

三、不散的阴云

1.惨痛的心灵创伤

印第安人在与白人的生存竞争中遭到惨败，土地被夺占殆尽，长期处于酷烈的种族压迫之下，其文化传统饱受猛烈攻击，物质生活则极其贫困和不幸。这一切给他们精神世界带来的打击更是难于描述。对传统丧失信心，对种族的前途悲观失望，这在许多保留地都是一种拂之不去的浓重阴影，可以说是印第安人在文化接触开始以来不幸遭遇的凝结。他们传统的社会文化在白人的侵逼中陷入深刻危机，而近现代世界历史的急速变化又不可能赋予

---

① Peithmann, *Broken Peace Pipes*, p. 174.

② The United States Commission on Civil Rights, *Indian Tribes: A Continuing Quest for Survival* (A Report, 1981), p. 1.

他们摆脱危机的机遇和时间。因此，他们不知何去何从，在社会方向感上陷于迷惘。坚守传统抑或顺应现实，融汇于主流社会抑或重建部落社会，这些重大的社会抉择在印第安人中引发意见纷纭的争议，而主流社会则根本没有给他们留下多少选择的余地。

屡遭失败，前景黯淡，这一切所带来的悲观绝望情绪，自 19 世纪中期以来一直萦绕于印第安人的心头。1855 年，华盛顿领地有个部落首领说：

> 印第安人的夜晚注定会是黑暗的。一颗希望之星也没悬挂在他们的地平线上。声音凄厉的风在远处悲号。……无论他们走到哪里，他们都听到其毁灭者的脚步正在不断逼近，准备麻木不仁地迎接自己的末日，……部落之后有部落，民族之后有民族，一个个紧紧相随，有如大海的波浪。这是自然的秩序，遗憾是没有用的。[1]

这席话字里行间透出苍凉的历史悲剧气息，包含深邃的挫败感、无力感和绝望之情。那时，白人扩张正呈洪水决堤之势，无力抵挡的印第安人因而坠入苦难的深谷。悲观绝望的心境以各种方式得以展露。保留地的人们沉湎于酗酒、赌博、游玩和回忆过去，或者为复兴的乌托邦所吸引，参与反白人和恢复黄金时代的秘密宗教活动，在宗教仪式中寻找心灵的寄托。

进入 20 世纪，印第安人的精神世界依然布满阴云。派恩岭在苏族保留地中情况稍好，但给人的强烈印象仍然是破败萧索，死气沉沉。美国政府在那里投入大量资金，然而人们仍是贫困不堪。多数苏族人鄙弃生产活动，坐等野牛重现于辽阔大平原上的美好时刻。领取美国政府发放的配给和补助时，他们也颇感心安理得，因为他们觉得白人夺走了他们的土地，赶走了野牛，由此欠下的债要"七代"才能还清。在苏族人的时间观念中，"七代"就是永远。这种等着白人还债的心理，在红云时代即有苗头可寻。红云曾对保留地官员说："白人如果要工作，他就能工作；但至上神没有让我们工作。白人应当赡养我们，因为他们夺走了我们的土地。"[2] 痛恨白人，怀念过去，消沉颓丧，这是历史留给苏族人的难以摆脱的情结，也是长期制约保留地发展的心理障碍。苏族人所面对的严峻问题，显然是不能正视生存环境

---

① Moquin, *Great Documents in American Indian History*, p. 82.

② Stanley, *American Indian Economic Development*, p. 255.

的深刻变动，不能在适应中寻求自救和自强。他们困于历史的噩梦而难以自拔。部落政府也未能充分发挥领导作用，内部陷于严重分歧，首领相互争权夺利。保留地的种种问题时常见诸报端和电视，于是给外界造成一种印象，似乎苏族人不爱工作，专门沉溺于酗酒怀旧，坐吃联邦援助而不思奋发进取。

部落解体后的切罗基人，也完全失去了往日那种发愤图强的精神。1907 年以后急剧降临的贫困和衰败，打消了他们对"文明方式"所抱有的信心，对于主流文化逐渐产生强烈的抵触情绪。他们把自己的不幸归咎于白人，感到自己的财富被白人盗取，而俄克拉何马的各种制度都沦为强盗手里的工具，帮助白人掠夺印第安人，俄克拉何马的许多头面人物就是因此而发迹的。[①] 这种想法诚然有其依据，但长久纠缠于此，则难免销蚀切罗基人改变现状的愿望。及至 20 世纪 30 年代，他们过去引为骄傲的经济自足已告彻底丧失，那种追求美好生活的向上精神也就随之烟消云散。后一点尤其是切罗基人的巨大的不幸。直到 60 年代，他们仍然生活在贫苦冷漠当中，社区萧索，到处了无生气，与 1907 年以前的景象有着天壤之别。

其他许多部落也有沉重的精神创伤，失落悲观的情绪同样困扰着人们。加利福尼亚的莫龙戈人中就存在两种倾向，一种是自尊自傲，一种是自轻自贱。他们亦庄亦谐地说："我们不过是些可怜的印第安人，……我们的年轻人不过是些酒鬼……我们丑陋肥胖，吃不到好东西。"许多人对保留地生活毫无信心，鼓励子女外出闯荡，并劝告他们永远不要回来，因为"保留地是失败者生活（的地方）"。[②]

印第安人还因社会角色的变化而产生苦恼。昔日的武士和猎人早已不复拥有用武之地，但他们在主流社会又找不到适合自己的位置，于是总有前途渺茫之感，觉得任何努力都无补于事。妇女们希望自己的孩子离开保留地，到白人社会安身立命。男子则借酒浇愁，在传统色彩较浓的保留地，酗酒盛行的景象尤为触目惊心。

印第安人并非完全丧失了改变自己处境的愿望。四处奔走以争取自己种族利益的土著团体，自 20 世纪初以来就一直在开展活动。可是，这些团

---

① Stanley, *American Indian Economic Development*, p. 422.

② Stanley, *American Indian Economic Development*, pp. 195-196.

体经常遇到不能两全的难题：他们既向往主流生活的优裕和多样性，又害怕置身于动荡不宁、竞争激烈、节奏紧张的生活环境；他们一面渴望与其他美国人一样享有平等的机遇，一面又总是与主流社会保持距离；他们若致力于在保留地范围内寻找改善良方，却又无法克服人口和资源的巨大压力。当条条道路都不通畅之际，便在社会抉择方面发生混乱。二战以后，印第安人民族主义情绪趋于强烈，越来越多的人以自己身为印第安人而感到骄傲。这固然是他们的自尊和自信得到恢复的征象，但同样也包含因对抗白人文化征服而产生的愤世嫉俗的情绪。所以，在现今印第安人中间，无论是消沉绝望，还是自强奋发，都难免蒙上种族剥夺和文化征服所留下的凝滞阴影。

归根结蒂，问题的根源仍在于白人社会在历史上实行的种族压迫和文化征服。长期的种族压迫和文化征服，在摧毁印第安人传统的生活方式和生存能力的同时，也挫伤了他们的自尊与自信。他们被突然推到一个陌生而急剧变动的环境，以他们所固有的价值、伦理、风习、技术和制度，显然难以顺利完成社会文化的转型。于是，愤懑怅惘、失落迷乱的心绪，就始终纠缠于许多印第安人的生活之中。

2. 特殊的种族群体

1961 年，美国民权委员的一份报告指出："印第安人拥有三重法律人格：第一，他是一个部落成员，与部落生活保持着文化上、社会上、经济上、宗教上和政治上的联系；第二，他是联邦政府的'被监护人'；第三，他是公民，享有其他公民所拥有的大部分权利和特权。"[①] 这就是说，印第安人在美国是一个极为特殊的人群，他们与主流社会之间存在许多差别，尚未同化于美国社会。

印第安人的特殊之处，首先在于他们分属不同的部落。部落仍旧是他们存在的社会形式。在以往的种族冲突和美国的武力围剿中，不少部落被打散和消灭，而文化改造的结果又使更多的部落政府解体。然则 1934 年以后，美国政府实行《印第安人重组法》，多数部落相继恢复合法的地位，而许多已经消失多年、其成员早已变成美国公民的土著人群，也陆续提出了恢复部落地位的要求。自那时以来，共有 70 个土著人群得到美国政府的承认。1978 年，联邦政府公布确认印第安人身份的条例以后，又有近百个土

① Gibson, *The American Indian*, p. 565.

著人群提出了恢复部落的申请。在密西西比河以东地区，经过19世纪30年代的迁移运动，似乎早已很少有形态完整的土著部落，这个地区的印第安人大多已为主流社会所吸收。可是，近百年来东部印第安人却奇迹般复兴，重新取得部落资格和收回失地的部落日渐增多。许多长期从历史中消失的部落，比如东切罗基人、卡托巴人、帕萨马阔迪人、皮阔特人、纳拉甘西特人、马什皮人、塞米诺尔人（佛罗里达）、帕芒基人等，都重新获得了部落地位。与此同时，那些离开保留地到城市定居的人，受印第安人民族主义运动的影响，也注意与保留地保持密切的联系，城市印第安人的寻根活动一时甚为热烈。

许多印第安人，尤其是部落首领，对他们在美国社会的独特地位至为敏感。他们一面捍卫部落权利不受新的侵害，一面则奋力争取自治和自决。1968年，美国政府受到民权运动推动，制定《印第安人民权法》，[①] 宣布印第安人与其他美国人一样享有美国宪法前十条修正案所规定的各项权利，其宗教、言论、出版、集会、请愿的自由，均受到宪法的保护；各州只有得到部落同意，方可在印第安人地区行使民法和刑法权力。[②] 这个法令把美国宪法的权利法案推及印第安人，使他们与所有美国人享有同等的自由和权利，似乎是一件合乎情理的大好事。但是，这个法令实际上等于把美国宪法凌驾于部落主权之上，而此时印第安人对于平等和自由有自己的理解和要求，对此的反响十分强烈，而且态度不一。有些部落领导人认为，法令的实际目的在于禁止部落政府剥夺印第安人的自由和权利，不啻以宪法名义干预部落事务，陷部落政府于政治上的窘境。美国社会支持印第安人自决的人，也批评法令带有强化对部落控制的倾向。新墨西哥的普韦布洛各部落表示尤为激烈的抗议，指责法令"将会阻碍部落政府的有效管理"，而且部落政府没有财力来承担法令所要求的程序，达不到法令所要求的司法标准。他们请求新墨西哥州的参议员在国会活动，使他们得免于实行该法。[③] 对法令表示欢迎的部落和印第安人也为数甚多。经过近10年的时间，最高法院在一次判决中明确支持部落的立场，主张用部落习俗和传统来解释民权法，使之与自决趋势相调和。这个结局再清楚不过地显示，印第安人虽然在名义上是美国公民，但首先还是部落的成员。

---

① 正式名称为《第90—284号公法》，亦称《印第安人宪法权利法案》。

② Prucha, *Documents of United States Indian Policy*, pp. 249-252.

③ Prucha, *The Great Father*, p. 1108.

印第安人与主流社会的离心趋势，在索赔和收复失地的运动中得到了更加鲜明的体现。许多部落坚持其传统与利益的连续性，要求美国对历史上给部落造成的损失做出赔偿。美国政府既有强大的财力作为支撑，又需要调整种族关系的格局，所以决定对印第安人过去所遭受的剥夺做出适当补偿。1946年，国会设立印第安人索赔委员会，处理部落向美国提出的司法诉讼和索赔要求。委员会对部落提出的索赔要求进行调查取证，然后确定赔偿的方式和数额。赔偿所得资金，一小部分在印第安人中进行分配，大部分则留作推动保留地社会发展的基金，用于兴办企业以解决就业问题，改善住房、卫生设施和教育，以及兴建部落文化中心。赔偿有时采取退还失地的方式。印第安人所获赔偿的数目，少则数十万美元，多时可达几千万美元之巨。佛罗里达的塞米诺尔人，一次从联邦得到赔款1,600万美元。世所瞩目的"布莱克山案"，经最高法院1980年裁决，美国对1877年所没收的布莱克山地区730万英亩土地赔偿现金1.17亿美元。但奥格拉拉-苏族等部落则反对以钱代地，坚持收回失地。案件一时悬而不决，引起联合国人权委员会的关注。1971年，陶斯-普韦布洛族收回宗教圣地布卢莱克地区，也是当日甚为轰动的事件。部落向美国索赔和收回失地，说明印第安人对自己的历史和传统保持着深刻认同，也证明他们确实是与美国社会有着鲜明距离和区别的利益-文化群体。

迄于1981年，经美国政府承认的部落共有283个，另有175个土著人群仍在争取部落资格。[1]这两个数字都很能说明问题：印第安人首先仍是属于部落的，他们是不同于其他美国人的族裔集团。恰如1981年美国民权委员会的报告所称，"印第安人是一个与其他美国人隔开和分离的种族"[2]。

3. 支离驳杂的文化

20世纪50年代，胡佛委员会的印第安人事务小组在经过调查以后，对印第安人的社会文化状况做出如下估计：

历史上的印第安人文化基础已被消除。传统的部落组织在一个世代以前即已被打碎。印第安族裔的美国人中，仍把自己当成印第安人者仅是一小部分人，不到总人口的0.3%。现在唯一的问

[1] Olson, *Native Americans in the Twentieth Century*, p. 180.
[2] *Indian Tribes*, p. v.

题是，应当实行哪一种同化，以及速度多快？①

事实早已证明，这个结论是难以成立的。经历数百年的文化接触和种族交往，美国印第安人并没有在文化上与美国社会取得一致。不仅如此，现今的印第安人甚至不再拥有纯粹和完整的文化体系，他们的文化如同他们中间常见的"Jenny Lone Wolf"或"Thomas Big Nose"之类的姓名一样，是一种多种成分掺杂的混合体，而且还是一种很不和谐的混合体，呈现斑驳陆离和支离破碎的样态。

文化交流和白人社会的强制改造，使许多白人文化因素进入土著社会，这是前文已详加探讨的问题。然则文化接触强加于印第安人的更为长远的历史后果，在于其文化体系解体，生存环境遭到永久性破坏。这也就是说，白人文化的侵逼扩张不仅打碎了土著文化，而且摧毁了这种文化生长延续的外部条件。但与此同时，印第安人既没有发展出一种独立的新文化体系，也未能与白人文化完全融合，而是仅只在破碎残存的传统枝干上，植入一些白人文化的基因，生长出来的文化之果便难免畸变而扭曲。一种正常状态下的文化系统，在结构上应当和谐完整，其技术、制度和观念各种构件应当相互适应和协调。然而文化碰撞和强制同化的结果，却使印第安人文化系统内部失去基本的和谐与完整，现代的物质技术与传统的价值习俗之间形成强烈反差。正是这种反差衬托出现今印第安人文化的支离驳杂。

文化的支离驳杂，使身处其中的印第安人备受煎熬，蒙羞含垢。文化不整合往往导致文化个体的人格分裂。正如有个受过高等教育的霍皮人在1975年所说：

> 你知道，印第安人过的是一种心理学书上所说的"精神分裂"的生活，一种印第安人和白人（的混合物）。他不得不在传统仪式和与白人世界相处之间走钢丝。这真的是很难。他不能总是把两者结合在一起。于是，他就开始饮酒，以逃避这些问题。②

这才是历史留给印第安人的最深创痛。

① Prucha, *The Great Father*, p. 1029.
② Kenneth Lincoln et al., *The Good Red Road: Passages into Native America* (San Francisco, 1987), p. 11.

四、走向文化关系的新格局

1. 文化关系转变的由来

美国印第安人和白人的文化关系史，可以大致划分成相互联系的若干历时性阶段。第一个阶段乃是文化接触的开端时期，时间上从 1492 年以后欧洲人到北美进行探查和贸易开始，止于 1607 年英属北美殖民地的建立。这个时期两种文化的相遇仅限于大西洋沿岸和西班牙殖民地区。第二个阶段始于 1607 年，止于 1871 年美国宣布不再与土著部落签订条约，这期间文化冲突愈演愈烈，白人社会在印第安人中推行渐进"开化"。1871 年以后进入第三个阶段，随着土著部落均被美国征服，强制同化成为美国的主导政策，直至 1934 年《印第安人重组法》的出台，这一运动方告中止。此后同化倾向时有抬头，但总的趋势则是逐步走向一种相对合理的文化关系格局。可见，在 20 世纪 30 年代，美国社会对待印第安人及其文化的态度，美国政府的印第安人政策，都发生了一次重大转折。这次转折乃是印白文化关系一个新阶段的起点。

转折的出现固然离不开印第安人的抗争和积极行动，但主要成因则在于，文化征服的根本失败和此前印第安人政策的严重后果，在美国社会和联邦政府产生震动，反思以往印白关系的历史渐成一种风气。而且，1929 年大危机发生后，美国进入社会改革的时代，在印白关系中居于支配地位的美国政府和白人社会，便因时顺势对种族关系进行调整。

一般认为，1887 年《道斯法案》制定以后到 20 世纪初年，"印第安人问题"的重要性显著下降，因为被打败的印第安人不再"威胁"边疆社区安全，而改革派则以土地私有化标志着文化改造最终完成而偃旗息鼓。在许多人看来，印第安人即将被同化，注定成为一个"正在消失的种族"，而令人困扰的"印第安人问题"终将化解于无形。可是，这种忽视状态并没有持续多久。1919 年，一本题为《红种人在美国》的小册子，重新把"印第安人问题"推到美国社会的显著位置，因为它提醒人们，这个"问题"还远远没有获得最终解决。此后，美国政府和民间机构纷纷对印第安人的状况进行调查，提出了连篇累牍的调查报告。1922 年，美国红十字会对保留地健康问题进行了调查；1927 年，政府研究所对印第安人状况做了全面调查。这些调查都曾产生广泛反响。特别是 1928 年出版的《梅里亚姆报告》，具体而深入地揭示了"印第安人问题"的严重性，激起社会对印第安人状况的关注。这个报告发出了调整印第安人政策的信号。报告在列举印第安人生活、教育、健康各方面存在的严重问题之后，得出一个虽属常识但仍然振聋发聩的结论：份地制和"美国化"计划是一次巨大的失败，因而必须停止执行《道斯法案》，把政策的重点转向改善印第安人的生活处境和教育状况。①

与此同时，美国政府也开始重新审视其印第安人政策。20 世纪初期的几位印第安人事务局长即已朦胧意识到，彻底抹杀土著文化的价值，并无助于印第安人与主流社会的融合，因而应当对土著文化中的某些成分加以开发，使之服务于对印第安人的改造。威尔逊政府的有关官员力主迅速同化，而随后执政的共和党人则开始改弦更张。1923 年，内政部长哈伯特·沃克组织一个"百人委员会"，负责对印第安人政策进行评议并提出建议。委员会成员包括各界名流和印第安人问题专家，还有一些知名的印第安人。伯纳德·巴鲁克、威廉·布赖恩、约翰·珀欣、马克·沙利文、威廉·阿伦·怀特、约翰·科利尔、克拉克·威斯勒、亨利·克劳德、谢尔曼·库立奇、阿瑟·帕克（印第安裔学者）等人都在其列。百人委员会成立后，随即在华盛顿举行两天会议。会上观点杂陈，分歧甚大。以布赖恩为首的一方，认为印第安人乃是原始落后的部民，指责他们拒斥"美国化"计划。约翰·科利尔等改革派则同情印第安人的不幸处境，呼吁内政部长采取措施，改善保留地的卫生和教育条件，并设立特别法庭以受理部落起诉美国的案件。

约翰·科利尔在推动美国印第安人政策的转变中所起的作用，可谓特殊而至关重要。他原在纽约市从事社区改善活动，1920 年赴新墨西哥的陶斯-普韦布洛人中生活，开始接触印第安人问题。他曾获益于哈姆林·加兰有关印第安人的著作。1923 年，他加入"全国保卫印第安人协会"，创办《美国印第安人生活》杂志，宣传改革主张。他提出废止份地法，重建部落政府，承认印第安人传统文化的价值和合法地位。科利尔极力坚持平等公正地对待土著文化，他认为，"印第安人的文化史在任何方面都应与所有非印第安人群体一样平等看待。应当争取使印第安人采取双语制。……印第安人艺术应当受到珍视、得到培育和授予荣誉"。② 他的政策主张有以下几个要

---

① Gibson, *The American Indian*, p. 536.

② Gibson, *The American Indian*, p. 538.

点：支持以集体和合作的方式利用印第安人的财富；实行联邦信贷计划；用全日制学校取代寄宿学校；通过农业部对印第安人的农业和畜牧业进行援助；结束份地分配制度；废除一切有害于印第安人公民自由的法律。①

科利尔的观点和主张，不仅导源于他个人的经历和思考，而且反映了当时舆论气候的变化。自20世纪初以来，美国学术界开始对白人文化优越论和种族主义加以检讨和批判。1911年，人类学家弗兰茨·博厄斯出版题为《原始人们的心灵》的论文集，对不同人种的脑容量及其体质差异做了分析，称这种差异并没有人们通常认为的那样明显，而且随着文明的发展，人的理性更具有逻辑性。他强调要对不同的文化抱有更大的宽容。在1938年为该书重版所作序言中，他更加明确地提出，原始人与文明人在思维方式上并没有根本差异，种族和人格之间也不存在多么密切的联系；所谓种族类型的概念，即使在科学文献中也引起了误解，因而有必要加以逻辑和生物学上的界定。他尤为强调文化的相对性和多元性，反对用绝对标准来评判各种文化。他认为，用白人的标准去评价其他文化至为不妥，白人文化固然有其优越性，但这只不过是偶然的和历史的现象。他还特别提到，印第安人在能力上与白人是相等的，但愿印第安人能以通婚的方式而获得生存。②博厄斯的观点体现了他那个时代人类学和民族学中兴起的一股新思潮。后来，他的学生们把文化相对性、多元性和平等性的思想加以完善和发展，使学术化的种族主义市场日益缩小。类似的思潮也出现于其他领域。心理学家托马斯·加思30年代的著作提出，种族乃是变易无常的，所谓种族的概念只是人为的东西。他不赞成用智商测试法来说明种族差异，因为这种差异纯系环境所致，而非种族所固有。奥托·克兰伯格也著书撰文抨击种族主义思想。他认为，种族与文化之间没有直接的联系，但凡人类在心灵上都是相近的；宣扬种族差异，不过是为了使种族虐待行为合理化而已。他的这些观点，在当日产生深远的影响，为心理学、社会学和人类学的教科书所采纳，得以广泛传播。1937年，安妮·阿纳斯塔西编写的教科书《差异心理学：个体和群体在行为上的差异》，就吸收了克兰伯格的观点，强调决定差异的是文化，而不是种族。③

学术界对种族主义所作理论上的批判，与社会舆论相互呼应。《纽约时

---

① Cadwalader, *The Aggressions of Civilization*, p. 72.

② Hoover, *The Red and the Black*, p. 215.

③ Hoover, *The Red and the Black*, pp. 288, 292, 293.

报》《论坛报》《民族周刊》等报刊，都发表文章批评联邦的印第安人政策，倡导改革。可见，重新评价印第安人文化，调整印白文化关系，已蔚然形成一种舆论气候。

2. "印第安人新政"

1929 年爆发的大危机，既把整个美国社会推向灾难的深渊，也使印第安人的处境更加恶化。富兰克林·罗斯福于 1933 年就任总统以后，采取多种措施以复兴经济、革除流弊和重建社会。他任命改革派领袖科利尔为印第安人事务局长，支持他在印第安人政策领域实行改革。因此，所谓"印第安人新政"，实际上是罗斯福新政的一个小小侧面。

"印第安人新政"所取得的重大历史性成果，就是开始清除美国印第安人政策中的种族主义因素，停止围剿土著文化，放弃对印第安人的强制同化，使印第安人的境遇以及他们和白人的关系均发生了深刻的变化。1934年的《印第安人重组法》，便是这种历史性成果的结晶。

《印第安人重组法》的问世，直接得益于科利尔的努力。早在 1932年，科利尔等人就提出一项立法草案，建议允许各部落组成部落大会，并成立专门委员会为保留地起草宪法及其他从属法；只要得到保留地四分之一的成年人同意，部落大会即可取得合法性；一俟部落宪法生效，部落大会便可在美国国会代表部落；部落大会在保留地拥有许多权力，内政部不得任意干预。① 这项草案可说是《印第安人重组法》的雏形。1934 年初，科利尔和费利克斯·科恩等人起草一项长达 48 页的法案，由参议员伯顿·惠勒和众议员埃德加·霍华德于 2 月中旬提交国会，因而此法又有"惠勒-霍华德法"之称。法案的要旨在于从根本上扭转美国政府的印第安人政策，其以牵一发而动全身的重要性，在国会如同巨石入池，激起层层波澜。科利尔为了力争印第安人的理解和支持，亲临西部与各部落举行会议，解释和说明法案的内容。有些国会议员以该法有碍于同化印第安人而加以反对，那些看中保留地资源的利益集团更是坚决阻挠终止份地分配。鉴于局面不利，科利尔只得请总统施以援手。罗斯福总统一直支持该法，便要求国会的民主党议员全力玉成其事。国会有关委员会对法案进行了大量修改，特别是删削压缩了原来有利于印第安人的条款，比如减少对部落的拨款之类。6 月 18 日，国会通过了修改后的《印第安人重组法》。

① Cadwalader, *The Aggressions of Civilization*, p. 136.

《印第安人重组法》的正式文本共 19 条，其基本内容是：第一，停止份地分配，把未分配的土地重新交还部落，并由联邦托管，印第安人不得任意出售和转让；第二，扩大保留地的面积，增加的土地只能由印第安人使用；第三，国会拨款资助印第安人成立经济开发公司，并扶助其开展活动；第四，部落可制订宪法和其他附属法，成立部落政府，拥有多项权力；第五，如保留地大多数成年居民反对，不得强制执行本法。[①] 科利尔在说明该法的实质时说，法令旨在"将作为美国生活基础的内政和文化上的自治原则，最低限度地推及所有印第安人"。[②] 此话同时也反映了法令的矛盾：既声明尊重、保护印第安人传统和文化，但又不得不对部落贯彻美国生活的原则。不过，它毕竟摈弃了强制同化的政策，开始以一种相对平等开放的立场对待土著社会与文化。这便是一个具有历史意义的转折。

法令规定其执行程序须以保留地多数成年居民的同意为前提，而印第安人对待法令的态度却相当纷纭复杂。饱受美国政府欺瞒哄骗的印第安人，不免对这种新政策心生疑窦。有个塞尼卡人说，一次接一次的愚弄，使大部分印第安人对撒克逊种族失去了信任。另一位部落首领认为，法令的条文既长且复杂，充满新的规则和规定，一切都由印第安人事务局做出解释，等于让美国政府插手部落事务，因而决非好事。[③] 还有一些拥有份地的人不愿回到共有状态，例如，内兹珀斯族有人就表示："我们坚决反对夺走我们控制自己事务和从事企业交易的独立，……我们不愿意让他们（指下一代——引者）回到 40 年前，重新过那种从未带来进步的老式共有生活。"夏延河管理处的印第安人举行大会，宣称他们长期与白人相处，已经习惯了白人的法律，不愿重新回到部落政府的控制之下。[④] 欢迎和拥护法令者当然也大有人在。威斯康星的奥奈达人曾因实行份地制而大受损失，觉得法令的出台是"最好的事情"。[⑤] 1934—1936 年间，各部落对重组法进行表决的结果是，181 个部落总共 129,750 人赞成，77 个部落共计 86,356 人拒绝。[⑥] 重组法不涉及俄克拉何马的印第安人，1936 年国会另行制订《俄克拉何马印第安

① Prucha, *Documents of United States Indian Policy*, pp. 222-225.

② Cadwalader, *The Aggressions of Civilization*, p. 139.

③ Cadwalader, *The Aggressions of Civilization*, p. 139.

④ Prucha, *The Great Father*, pp. 956, 957.

⑤ Cadwalader, *The Aggressions of Civilization*, p. 132.

⑥ Prucha, *The Great Father*, p. 973.

人福利法》，允许该州印第安人实行自治，建立公司，购买土地，重建部落
政府。实施《印第安人重组法》以后，约有75%的印第安人重建了部落政
府，① 96个部落或群体制订了宪法，73个部落取得了法人特许状。② 除停
止份地分配和重建部落政府之外，教育、宗教、生活习俗等方面的强制同化
措施也相继废除。

　　然而，《印第安人重组法》并未能产生预期的效果。1887年以来，印第
安人共损失9,000万英亩土地，而通过重组法不过收回了400万英亩；重
建的部落政府也没有摆脱对印第安人事务局的依赖，保留地的经济发展和社
会改善仍然举步艰难。这就等于提供了批评重组法的理由，"印第安人新
政"日渐失去人心，要求废除重组法的呼声一度十分强烈。责难首先来自仍
旧持同化主张的人。"印第安人权利协会"负责人马修·史利芬撰文发难，
指责重组法以自治的名义使印第安人的隔离永久化，损及个体印第安人的财
产权利。③ 教会也认为，恢复部落制和土著宗教信仰，意味着对基督教文明
的反动。④ 由20世纪30年代末进入40年代，抨击改组法的势头更盛。众
口一词的说法是，重组法用共有生活和部落制来阻碍印第安人走向主流社
会。参议院印第安人事务委员会于1944年提议恢复份地制。就连重组法的
"助产士"惠勒参议员也主张废除本法。及至战后初期，美苏冷战逐步升
级，美国国内反共产主义的潮流勃然兴起，重组法也被冠以共产主义和非美
的罪名。发自印第安人一方的责难之词也时有所闻。塞尼卡人艾丽
斯·李·杰米森认为，对印第安人说来真正的自治不过是纸上画饼，因为最
后的决定权始终掌握在内政部长手里。一些部落领导人也觉得，重组法加强
了印第安人事务局对印第安人生活的控制。⑤ 若干年以后，印第安人报纸
《阿克韦萨恩笔录》在为1973年翁迪德尼事件辩护时，也对重组法提出类
似的批评，并称由内政部的律师所起草的部落宪法，很少传统的内容。⑥

　　以《印第安人重组法》为核心的"印第安人新政"，通过恢复部落传统
和加强联邦援助以改善印第安人的境况，虽然实际收效不尽如人意，但并不

---

① Hoover, *The Red and the Black*, p. 272.
② Olson, *Native Americans in the Twentieth Century*, p. 122.
③ Prucha, *The Great Father*, p. 960.
④ Hoover, *The Red and the Black*, p. 273.
⑤ Cadwalader, *The Aggressions of Civilization*, pp. 141-142.
⑥ *Voices from Wounded Knee*, pp. 10-12.

能因此抹杀其出发点所含有的人道主义精神。同时也不难看出，文化征服和种族压迫在漫长年代中形成的深厚历史积淀，不可能单纯依靠一次政策的调整而完全加以清除。"印第安人新政"说到底只是一个开端，一个结束强制同化和种族压迫、走向新的种族和文化关系的起点。

3. 文化多元主义的兴起

由《印第安人重组法》所发端的结束文化征服的运动，并非顺畅无阻。20 世纪 40 年代，同化思潮沉渣泛起；二战结束后，一场新的同化运动更呈山雨欲来之势。

同化运动卷土重来的信号，是 1944 年参议院提出的"蒙特报告"。报告宣称，印第安人努力的目标应当是"在白人社会取得一席之地，与白人处于同样的基准上，享有同样的机会和保障"。报告建议在要求退出《印第安人重组法》的部落举行投票，给予印第安人个人更多的自由。报告强调教育的目标应在于培养更好的美国人，而不是更好的印第安人。报告的结论说，"我们全部印第安人计划的目标"，乃是"使更好的印第安裔美国人得以发展，而不是使更好的美国印第安人永久化并得到发展"。① 显然，这个报告反映了当时对"印第安人新政"日趋强烈的不满情绪，预示同化政策的回光返照已在指顾之间。

1947 年，前总统赫伯特·胡佛主持一个委员会，对政府的开支和效率问题开展研究，所提出的措施包括结束联邦与部落的关系，停止一切特殊化的印第安人项目，改组印第安人事务局，废除对印第安人土地的托管制度，对印第安人的个人财产进行征税，目标是最终促成印第安人与美国社会在文化、政治和经济各方面实现整合。② 这项建议名为减轻联邦负担，实则指向全面同化。国会根据胡佛委员会的建议，责成印第安人事务局提出可以解除与联邦关系的部落名单。1953 年，国会依照印第安人事务局的推荐，宣布终结联邦与加利福尼亚、佛罗里达、纽约、得克萨斯诸州境内各部落以及蒙大拿的弗拉特黑德族、俄勒冈的克拉马斯族、堪萨斯与内布拉斯加的波塔沃托米族等部落之间的特殊关系。国会还授权有关各州对这些部落行使司法权力。在 1954—1962 年间，美国政府共与 61 个部落、土著人群或社区终结特殊关系。

① Prucha, *The Great Father*, p. 1002.

② Gibson, *The American Indian*, p. 549.

这一政策称作"终结"(Termination),意即结束联邦对印第安人的责任和保护,使之与其他美国人享有相同的权利,承担相同的义务。这实际等于不顾印第安人的意愿,强迫他们与主流社会实现同化,因而可说是强制"美国化"运动的余波。正如美国印第安人事务协会主席奥立弗·拉法格所说,结束联邦与部落的特殊关系是一种最新的尝试,旨在"打散"印第安人,"使印第安人非印第安化,解散其社会或摧毁其文化遗产"。①

不过,这一尝试仅是昙花一现,涉及 13,263 人,仅占印第安人总人口的 3%。② 但是,"终结"政策仍给这些印第安人造成了损失和伤害,因为他们在突然失去必要的法律保护和联邦援助之后,旋即陷入沉浮不定、任人宰割的境地。可见,美国的印第安人政策绝对不能建立在平等、自由等抽象的原则之上,而必须依据特定的历史与文化背景,切合印第安人的实际情况,否则便会使他们深陷苦海。

惟其如此,"终结"政策一经出台,便遇到激烈的批评。批评者的理由是,印第安人并未做好准备以进入主流社会,而主流社会也没有做好准备以接纳印第安人;而且,从前印第安人向美国出让土地,曾订有许多附加条件,他们的后代理应享有这些附加条件的裨益。《美国印第安人》杂志发表文章指出,结束联邦责任将会导致对印第安人的人身和财产的无耻剥夺。科利尔也提醒说,要警惕出现一个新的"可耻的世纪"的危险。③

在 20 世纪 50—60 年代,美国政府推行重新安置印第安人的措施,这同样带有同化的倾向。这种措施的直接动机在于减轻保留地的经济和人口压力,其实施的结果则是又一次加速了印第安人走向主流生活的步伐。

从 60 年代初开始,发展保留地经济和扩大部落自治,渐成印第安人事务的核心问题,结束联邦责任之议便告不了了之。在整个 60 年代,美国遇到严重的内外挑战,社会激荡不安,主流文化一时也成了怀疑和批判的对象。美国在全球各地的扩张干涉屡遭挫折,证明其力量并非独步天下,无所不能。触目皆是的贫困现象和经济增长的起伏不定,则使美国制度自我涂上的优越色调失去了光泽。更有青年学子和左翼激进派向正统价值观念发难,使主流文化的独尊地位也受到撼动。民权运动由青萍之末而兴起为大风暴,表明美国社会政策和种族关系的合理性陷入了深刻危机。当此风云际会

---

① Prucha, *The Great Father*, p. 1016.

② Prucha, *The Great Father*, p. 1058.

③ Prucha, *The Great Father*, p. 1057.

之世，印白文化关系也迎来进一步调整的时机。

美国学术界开始重新认识印第安人在美国历史中的地位，改写印白关系史一时成了热门课题。对印第安人过去所受残暴对待和当前的不幸处境，越来越多的人报以同情之心。土著服饰、发型和舞蹈也受到许多人的喜爱。向来自命优越不凡的白人中间，有人忽然发现，"印第安人乃是有自己的历史权利去生存和在留存的文化框架中活动的人"。①这个时期对印第安人的状况做过多次调查，所得的数据使得主流社会看到了他们的不幸现状，有助于形成支持部落自决的舆论气候。另外，印第安人受时势推动，为捍卫自己的文化、政治和经济权利而进行抗争，促使美国政府重新考虑印第安人政策。

美国政府不仅加大了对保留地的经济援助，而且在印第安人的政治自决和文化平等方面也显示出新的姿态。及至60年代末和70年代初，多元文化主义最终成为美国政府在族裔和文化政策方面的主导原则。

多元文化主义思潮发端于战后初期。50年代，美国学者米尔顿·戈登调查一些与少数民族事务有关的工作人员的文化立场，发现有人认为，"在美国的一项权利，就是有'不同'的权利"；意即不同的种族和宗教集团都有权利保留自己的特征，不得强求一致。②换句话说，以"盎格鲁一致性"为目标的同化政策，乃是与"美国的权利"完全背道而驰的。与此同时，印第安人对于同化政策的抗议也声势日盛，"同化"一时变成一个丑恶的字眼，被人们当作"文化帝国主义"的代名词。在1968年大选中，非主流文化的权利首次被作为一个重要政治议题推到了选民的面前。尼克松在竞选演说中表示，既要继续维持联邦与部落的特殊关系，同时又要允许不同文化在美国社会和谐地兴盛繁荣。③即将离任的约翰逊总统也宣称，联邦与部落的关系不是监护关系，而是"伙伴关系"。他还表示要推动对印第安人的援助，并且"尊重印第安人文化"。④

尼克松就任总统以后，更是大力倡导多元文化主义，承认美国社会不同种族文化的价值，反对用主流文化的标准去衡量其他文化，强调种族及其

① Steinfield, *Cracks in the Melting Pot*, p. 75.
② Milton Gordon, *Assimilation in American Life: The Role of Race, Religion, and National Origins* (New York, 1964), p. 17.
③ Washburn, *Red Man's Land / White Man's Law*, p. 97.
④ Gibson, *The American Indian*, p. 561.

文化的平等，放弃以同化解决种族问题的做法。① 1975 年，国会通过《印第安人自决与教育援助法》，在保持联邦与部落特殊关系的前提下，赋予部落政府参与涉及印第安人的联邦政策的制定和实施的权利，鼓励印第安人自己管理有关保留地经济发展和资源开发的项目，大力支持印第安人教育的发展，并允许印第安人自己控制自己的教育。② 1978 年，《印第安人宗教自由法》也在国会获得通过，印第安人传统宗教的合法性以及印第安人的信仰自由均得到承认。③ 同年，美国政府还制订了确认印第安人部落地位的原则和程序。④

　　至此，美国政府长期坚持的同化政策方告完全废止，印第安人在美国社会取得了合法和平等的地位，殖民地时代发端的文化征服终于画上了句号。多元文化主义取代同化运动，标志着新型的印白文化关系已经确立。

① Prucha, *Documents of United States Indian Policy*, pp. 256-258.
② Prucha, *Documents of United States Indian Policy*, pp. 274-276.
③ Prucha, *Documents of United States Indian Policy*, pp. 288-289.
④ Prucha, *Documents of United States Indian Policy*, pp. 289-290.

第八章 沉重的历史反思

白人社会所主导的印白文化关系的历史，所记载的大都是文化冲突的激烈场面和文化征服的暴虐景象，印第安人在文化撞击中的惨痛经历更是比比皆是。探讨和反思这段历史，自然可以引出若干教训和启示。作为美国社会主体的盎格鲁-撒克逊白种人，在长期的文化接触和民族交往中，未曾持有理解和尊重其他民族文化的心态，而是把种族主义作为处理与其他文化关系的原则，由此造成种种恶果。虽然印第安人在文化接触中经常处于被动地位，但他们的文化心态仍然产生了不可忽略的影响，不仅制约白人文化征服的效应，而且直接关乎印第安人自身的文化命运。在经历漫长而惨烈的文化浩劫以后，印第安人文化传统的巨大韧性得到更加充分的显现，因而有人相信，它一定能够在现代生活中发挥积极的作用。

一、白人社会的错误抉择

1. "文化帝国主义"

美国白人对待其他民族和非主流文化，历来采用双重标准，他们自己极加珍视的自由、平等和人权之类的原则，很少运用于处理与其他种族和文化的关系。正如美国土著学者德阿西·麦克尼克尔所说，"西方世界的人道传统中具有的反对压迫的保障，屡屡为征服的驱动力所忽视或否认"。① 美国政府对待印第安人及其文化的政策，便是这种"双重标准"的显著例证。白人社会立足于盎格鲁文化优越论，蔑视土著文化的价值，践踏印第安人的

---

① D'Arcy McNickle, *Native American Tribalism: Indian Survivals and Renewals* (New York, 1973), p. 166.

自主权利，试图以自己的文化模式改造部落社会。这种文化上的侵略性和征服倾向，与海外扩张中的帝国主义如出一辙，因之不妨名之曰"文化帝国主义"。

白人社会决意从文化上征服和改造印第安人，在19世纪中期以前主要服务于生存竞争，即夺占土地，扫除部落对白人扩张的阻碍。此后，追求文化纯一性成为核心目标，也就是通过同化印第安人来维持"盎格鲁一致性"。但不论目标和举措如何变化，其基本前提则是前后一贯的。白人社会始终认定，土著文化低劣落后，美国文化则具有无比的优越性，因而后者之战胜和取代前者，不仅属于历史的必然，而且大有裨益于印第安人。这当然是典型的种族主义文化观。受这种文化观的支配，白人社会不能也不愿认识土著文化的价值，完全不顾印第安人的意愿，在"文明"和"进步"的旗号下对印第安人进行文化围剿。约翰·卡尔霍恩在1818年说，为了把印第安人"带入法律与文明的境界"，应采用强制和劝导、惩罚与奖励相结合的方式。① 1878年，内森·米克出任白河尤特人保留地的管理官员，强迫尤特人采纳白人生活方式，如果他们拒不照办，就动用军队把他们赶走。他的立场得到当地许多白人的支持。但是尤特人并不听从他的摆布，结果引发流血冲突，米克本人也断送了性命。这在漫长的文化征服的历史中，只是俯拾即是的例证。

白人社会的文化征服不仅出于文化的偏见，而且是对印第安人实行的种族压迫和剥夺的重要方式，其成败也受到这一大背景的制约。延绵不断的冲突和暴力，深深种下了仇恨的种子，使得两种文化之间相互理解和正常交流的机会变得十分渺茫。印第安人总是受到白人的虐待、欺骗和愚弄，因此对白人及其文化充满反感和怀疑，有的部落甚至把一切与白人有关的东西都视为罪恶的化身，把白人对印第安人的一举一动都看成不怀好意。白人则以印第安人袭击边疆社区和坚持传统生活方式而斥责他们愚顽凶残，把土著文化的存在视作对基督教文明的威胁。这种相互的仇视和误解，一方面促使白人执意以文化征服和同化作为解决问题的方式，另一方面则使印第安人顽强地抵制主流文化的改造。因此，文化征服注定只能遭遇败绩。20世纪30年以来，种族冲突趋于缓和，美国政府调整印第安人政策，印第安人采纳主流社会物质文化的程度和速度都呈今非昔比之势，以致他们在物质技术方面日

---

① Washburn, *The Indian in America*, p. 234.

益接近主流社会。但是，他们非但没有完全认同于主流文化，反而产生了强烈的民族主义情绪，更加执着于维护自己的传统文化。这与白人社会在历史上奉行的种族主义文化政策有着密切的关系。只要印第安人没有忘却过去的悲惨命运，就不可能放弃对主流文化的抵触和离心倾向。

从白人社会的角度来看，种族主义的文化观实际上抵消了文化征服的效果。白人社会一方面力求同化印第安人，而另一方面其种族主义的歧视又阻碍印第安人融入主流社会。可见，白人社会偏狭的文化心理，尚不足以真正容纳一个肤色不同、文化有异的种族。这就必然造成一个尖锐矛盾：美国政府苦心孤诣促使印第安人走向"文明"生活，而已经"开化"的印第安人却又不得不返回部落，恢复过去的生活状态。福克斯人中间流传一个故事，十分形象地展示了"文明开化"留给印第安人的文化困境。这个故事的梗概是，有个印第安人改信了基督教，恪守教规，成了远近闻名的好人；可是，他死后却遇到了很大的麻烦，灵魂找不到归宿。他的灵魂先到了印第安人那里，但人们不肯收留他，因为他已经变成了基督徒；接着他又去天堂，可是他却进不了天堂的大门，因为他是印第安人；最后他只好去地狱，出乎意料的是，地狱之门竟然也不对他开放，因为他是个行善的好人。于是，他的灵魂到处游荡，最后不得不返回他的肉体。他复活以后，决定放弃基督徒的生活，回到印第安人的传统当中，还教导子孙后代永远要坚持这种生活。① 这个故事似可视为那些获得"开化"但最终回归传统的印第安人经历的写照。

白人社会在文化上的种族主义还表现为，"文明开化"和同化的目的与印第安人的实际利益毫不相干，而完全以白人社会的种族利己主义需要为转移。白人社会宣称"文明"生活必能给印第安人带来幸福，但他们对印第安人的幸福观和实际愿望却丝毫未做了解，甚至根本不纳入考虑的范围。他们之追求同化印第安人，不过是为了满足自己的切身需要：印第安人一旦按"文明方式"生活，即可为白人空出大片土地；改造一种"野蛮"的生活方式，能够显示白人文明的巨大优越性；印第安人如实现"美国化"，便意味着"盎格鲁一致性"的胜利。所以，文化征服乃是白人社会出于实际利害而采取的一种处理种族问题的手段，与奴役黑人和排斥华人一样，都直接服务于白人社会发展的需要。

种族主义的目的兼以种族主义的方式，必然导向史所罕见的文化暴

---

① Nabokov, *Native American Testimony*, p. 68.

虐。白人社会推行"文明开化"计划，完全无视文化变迁的机理，仅凭强大的物质力量迫使印第安人在文化上脱胎换骨，力求在短时间内把印第安人从初民社会推向现代文明。这种揠苗助长的同化运动，既不合于文化演变的历史时空条件，也受制于文化系统一旦形成便具有的高度稳定性，必然带给印第安人深重的灾难，也展现了白人文化的妄自尊大和急功近利的征服欲望，此外便很少产生积极而有益的后果。

　　2. 文化差异的制约

　　印第安人文化和白人文化之间缺少实质性的交流，最终形成后者对前者实行征服与改造的格局，还与两种文化在形态和性质上存在巨大差异有着密切的关联。白人社会无视这种差异的制约，必然导致同化运动归于失败。

　　当文化接触开端之际，印第安人尚处于由狩猎采集向农耕文化的转型阶段，而且由于文化发展遇到障碍，这种转型过程极其缓慢，并且存在中断的危险。欧洲人则开始由中世纪走向资本主义时代，其技术和制度的发达，已助长外向扩张的强劲势头。这两种文化代表着人类文化演进的两极，相互间的差异乃是一目了然的。势能上居于优势的白人文化，对印第安人文化取攻击征服之势；印第安人则因差异的制约而不能认同于白人文化，这就决定了两种文化的关系必以冲突为基调。

　　文化的同化要求印第安人接受白人的价值观念和生活习俗。白人社会所崇奉的基本价值观念是个人主义，以及与此相关的政治民主、财产私有和企业自由。簿记核算、银行信贷、机器生产则体现了白人社会的技术性格。对于这样一套复杂的观念、制度和技术体系，印第安人非独不能适应，纵是略加了解也非易事。在经济生活中，印第安人大多不懂得货币的意义，不知如何处理与金钱相关的事务，他们手里的财物很少用于聚财生利的经营。印第安人有此欠缺，在以金钱为支柱的资本主义社会便无法立足。印第安人在价值取向上注重群体和亲情，厌恶激烈的个人竞争，个人不能离开部落的保护和群体的协作。这就使得他们无法如白人社会所期望的那样，以个体的身份进入主流生活，因而他们虽然早已是美国公民，却仍然属于部落，即便生活在城市的印第安人，也不得不通过一定渠道与自己的种族和文化联结起来。总之，白人社会试图把资本主义的价值和伦理输入土著社会，却始终难以越过文化差异划出的鸿沟。

　　印第安人不仅难以接受白人的价值和伦理，而且从自己的切身体验和文化视角出发，认为白人社会和文化弊病丛生，少有可取之处。他们十分鄙弃白人社会普遍存在的贫富不均、以强凌弱、相互争斗、不讲信义、腐败堕落之类的现象，对技术主宰一切、人为物所奴役的风气也颇不以为然。所以，他们可以采用白人的技术和器物，却不愿自己变成"白人"。美国作家哈姆林·加兰曾意味深长地说："如果我们要把这些原始人改造得接受我们的方式，我们必须使我们的方式具有吸引力。"[1] 可是，加兰所说的那种"吸引力"，对印第安人来说是根本无从谈起的，因为不同的文化在价值取向上可能相互抵牾，衡量一切生活方式的绝对标准是从来不曾有过的。

差异既然不可能在短期内消除，文化的融合也就不可企求。白人社会自恃物质和技术的优势，无法理解印第安人何以看不到两种生活方式孰优孰劣；无论他们如何心急和努力，无奈鸿沟始终难以弥合。人类学家摩尔根依据当时"科学种族主义"的知识，明确指出了这方面的困难："我们想问我们的印第安人是否能够获得开化；但他们还和我们远古的野蛮人祖先一样，如何可能一下子越过那么多的人种时期呢？他们具有的是野蛮人的颅骨和大脑，因而也必须像所有取得文明的人类一样，通过渐进的历程而走向文明。"[2]

如果断言白人社会对文化差异的制约毫无觉察，当然也不确切，因为他们在制定"文明开化"的目标时，无疑考虑到了印第安人的文化转换能力问题。从文化接触发端时开始，白人便向印第安人传授基本的语文算术知识和简单的生产技能，希望他们转变为定居生产、经济自足的小农或手工业者。"文明开化"的这种初级目标和内容，一直维持到20世纪初年。然则就在这个期间，主流社会却由农业时代步入工业文明，完成了向现代社会的转型。随着工业的崛起和农业的衰退，美国白人农场主阶层人数日减，社会地位也急剧下降。即令印第安人完全符合白人社会所设计的"文明开化"模式，也不可能在一个变动不居的现代工业社会立足和生存。可见，同化的目标和美国主流文化的演变之间具有一种滞后效应。美国的国民生活既已建立于工业的基础上，农业也因机械化和商品化而突破封闭自足的形态，此时仍然按照小农模式来改造印第安人，白人社会所期待的同化岂非缘木求鱼？这种滞后效应使得印第安人在经济上长期处于生存的边缘，应当说是造成保留地贫困状态的一个重要原因。

---

[1] Moquin, *Great Documents in American Indian History*, p. 275.

[2] Eggan, *The American Indian*, pp. 143-144.

3. 无可挽回的历史失误

按理说，白人的到来和欧洲文化的渗透，应当可以成为印第安人摆脱文化停滞状态的契机，因为随之而来的生存竞争和文化交流，对于土著文化的变革是一个有力的外部刺激。白人传入的铁器、家畜、车轮及能在较大范围通行的语言，对于处于停滞期的印第安人文化可以带来破茧的冲力。印第安人若能借助文化接触所带来的这些条件，似乎可能走出初民社会，在人类文明演化的梯级上找到自己的适当位置。但是，这种理想化的局面并未能成为现实，希望从一开始便告丧失。印第安人从文化接触中得到的只是衰落和毁灭。

历史责任主要应由白人社会承担。因为在两种势能差异悬殊的文化体系相遇时，优势文化的态度决定劣势文化的命运，这与战争中两军交战强者胜的情形大体相似。白人社会受到偏狭的文化心态和自命不凡的使命观的支配，刻意利用文化势能的差距来实现自己的利益，从而使文化征服和反征服成了印白文化关系的主流。这也就阻断了土著文化自我发展的前途。白人社会的这一历史性失误，带给印第安人的是连接不断的痛苦和灾难，使得印白关系成为人类历史上一部罕见的不公正的记录。这部历史的记录告诉后人，在不同民族的交往和不同文化的接触中，种族主义无论以何种形态和面目出现，对人类社会文化的发展都是贻害无穷的。

二、印第安人的文化心态

1. 对白人文化的批判

印第安人对于文化征服的态度固然不可一概而论，但居于主导位置的倾向无疑是抵制白人的同化。从某种意义上说，印第安人的这一态度决定了同化运动的失败结局。

印第安人抵制同化的主要理由，就是白人把厄运和苦难强加于他们。他们普遍认为，在白人到达美洲以前，他们的生活十分幸福美好；白人到来后他们便不复拥有安宁，从前的生活遭到彻底摧毁。早在 1744 年，奥农多加族首领卡纳萨迪戈就对白人代表说过："我们那时拥有充足的地盘，有很多的鹿，很容易捉到；虽然我们没有刀子、斧子和枪这些我们现在已经拥有的东西，但我们有石头做的刀子，石头做的斧头，还有弓箭，这些东西用起来跟现在英国人的东西一样合意。自从英国人到了我们中间以后，我们现在生活窘迫，有时缺少鹿，还有许多不方便的痛苦。"① 他的意思很清楚，"文明"的工具和技术不仅未能改善他们的生活，反而恶化了他们的生活条件。其实，他所要责备的并不是器物和技术，而是白人本身。若干年后，西北印第安人领袖特库姆塞也用同样的话语来激发部落的反美情绪："在白脸人（指美国人——引者）到我们中间来之前，我们享有幸福和无限的自由，不知什么是富有，什么是贫困，也不知道什么是压迫。可是现在怎样了呢？贫困和压迫成了我们的命运。"② 独立战争以后，境况极糟的易洛魁人也将他们的不幸归咎于白人文化的恶劣影响。按照他们的说法，白人只给他们带来了五件东西：一是纸牌，让人们用赌博来消耗财富与时光；二是金钱，使人变得虚伪和贪婪；三是小提琴，让人因跳舞而沉湎于饶舌闲聊；四是朗姆酒，把人变成傻瓜，用自己的土地去换一些漂亮而无用的货物；最后则是一截烂腿骨，因为印第安人已经死去，尸骨都已破碎不全。他们说，这些正是邪恶之神所欢迎的东西。③ 鬼魂舞的创始人沃瓦卡也曾对他的信徒们说：

> 我的人民，在白人到来以前你们很幸福，你们有许多野牛可吃，有很高的草来喂你们的小马，你们跟风一样来去自由。……白人来了，他们挖出大地母亲的骨头。他们用钢铁撕开她的胸膛。他们修了大铁路，把铁马放在上面。他们打你们、揍你们，把你们弄到连有角的蛤蟆也活不了的不毛之地。④

总之，关于惨痛往事的记忆使印第安人长久不能释怀，他们对白人及其文化只能表示反感和怀疑。印第安人事务局长勒普曾说，虽然印第安人有时表示愿意向白人学习，实质上却对白人充满疑虑，不肯与之为伍。⑤

印第安人既然把白人视若灾星，便很自然地鄙弃其品行和人格。在他们眼里，白人都是很"坏"的人，因为他们竟然把耶稣都钉死在十字架上；⑥ 他们中有些人比印第安人还要野蛮；⑦ 他们虐待印第安人，自命不凡，侮辱

---

① Sheehan, *Seeds of Extinction*, p. 218.

② Jacobs, *To Save the Devil*, p. 25.

③ Wallace, *The Death and Rebirth of the Seneca*, p. 202.

④ Armstrong, *I Have Spoken*, p. 129.

⑤ Prucha, *Documents of United States Indian Policy*, p. 204.

⑥ 特库姆塞语，See Armstrong, *I Have Spoken*, p. 44.

⑦ 一个奇克索族首领 1824 年所说的话，见 Armstrong, *I Have Spoken*，扉页。

土著妇女；① 他们虽有律师和牧师，但犯罪却大大多于印第安人，足见白人恶棍之多，可以占满整个地狱；② 他们教唆年轻的印第安人酗酒，拐骗土著少女，和狼没有两样；③ 他们夺走别人的东西，毁灭美好的事物，留下一片污秽，使印第安人无法生存；④ 总之，白人都是不讲信义和狂妄自大的人，⑤ 印第安人情愿一百次选择做一个"红种傻瓜"，也不会做一个"强盗式的白种恶棍"。⑥ 1900 年前后，霍皮人唐克·塔拉杰斯瓦曾回忆说，他从小就相信白人是无耻可恶、专擅欺骗的人，因为老年人总对他说，白人很粗野，手里拿着很厉害的武器，是一些撒谎的老手；他们派黑人用大炮来打印第安人，哄骗战争首领投降，践踏许下的诺言；"我被告以不要相信他们，无论何时看到白人来了，都要给人以警告"。⑦ 苏族作家查尔斯·伊斯门在自传中也提及，他年幼时经常听到长辈们谈论白人，说白人没有心肝，用自己人做奴隶，生活的目的就是要占有和富裕，好像要得到整个世界；所以，印第安人不可能在白人的法律之下生活。⑧ 另据一个美国学者研究，西阿帕奇保留地一直流行以模仿白人取乐的风气，人们通过滑稽的模仿以表现白人的愚蠢、散漫、易怒、自负、自大和丑恶等为印第安人所不齿的恶劣品质。同时也有人不赞成这种玩笑，其理由是，"你为什么要扮得像个白人？难道你希望改变你的肤色吗？"⑨ 一言以蔽之，白人在印第安人心目中的形象是可耻而丑陋的。

印第安人不仅对白人满怀恶感，对白人文化也多有诟病。1933 年，苏族人路德·立熊说："白种人确实带来了巨大的变化。他们的文明的各种后果尽管五彩斑斓，十分诱人，但却是病态和致命的。如果说致残、抢夺和阻挠乃是文明的一部分，那么什么又是进步呢？"⑪ 这番话表达了印第安人对白人文化的双重态度：承认其物质与技术上的优势，但鄙弃其精神价值与社

① 苏族人大鹰语，See Moquin, *Great Documents in American Indian History*, p. 174.
② 苏族人马西·哈乔语，See Moquin, *Great Documents in American Indian History*, p. 91.
③ 纳瓦霍人比格·马格森语，See Armstrong, *I Have Spoken*, p. 98.
④ 弗拉特黑德人查洛特语，See Armstrong, *I Have Spoken*, p. 99.
⑤ 阿帕奇族首领科奇斯语，See Armstrong, *I Have Spoken*, p. 88.
⑥ 阿里斯卡拉族首领白盾语，See Armstrong, *I Have Spoken*, p. 83.
⑦ Moquin, *Great Documents in American Indian History*, p. 278.
⑧ Nabokov, *Native American Testimony*, pp. 25-26.
⑨ Basso, *Portraits of "the Whiteman"*, pp. 30-31, 55, 66.
⑪ Moquin, *Great Documents in American Indian History*, p. 308.

会制度的弊端。因此，印第安人可以采用白人的技术和器物，但决不肯完全白人化。1873 年，奥托人大熊答复美国官员时说："我种了小麦、玉米、土豆和南瓜。我们全都工作。但你不能把我们变成白人。这是你无法做到的一件事。"① 这话说得真是质朴而一针见血。

印第安人虽然在文化接触中处于劣势，但他们一直不能忘情于传统的生活方式和精神价值。大平原印第安人厌恶定居生活，怀念过去那种纵横驰骋于广袤原野的猎牛打仗的场景，觉得大平原上"风自由地吹拂，没有任何东西挡住太阳的光芒"。苏族首领坐牛用哲人般的口吻表达了他对传统生活方式的态度：

> 如果至上神想让我做一个白人，那他一开始就会使我那样。……每个人在他自己的眼里都是好的。没有必要让鹰变成乌鸦。现在我们很穷困，但我们是自由的。……如果我们必须死，那也要为捍卫自己的权利而死。②

很多印第安人都不想被白人同化，而"愿意像红种人那样生活"，希望他们与白人之间的"栅栏永远存在下去"。③

既然印第安人并不向往白人的生活方式，宁愿坚持传统方式，白人仍然强迫他们同化于主流社会，显然是极不合理的事情。事实上，印第安人也从未停止对白人的文化征服进行批判和抵制，越到后来，这种批判就更加激烈和深刻。路德·立熊尖锐地指出，造成所谓"印第安人问题"的不是印第安人，而是白人；其根源在于白人社会的专制、愚蠢和短视。④ 他进一步指出：

> 白人改造印第安人的企图以及由此引起的混乱，乃由白人不遵循一个基本的精神法则所致。自从武装冲突停止以后，（白人）强迫土著人民服从于（白人的）风俗和习惯的企图，施加给他们很大的压力，于是导致比战争更具破坏性的反拨，其伤害不仅涉

① Nabokov, *Native American Testimony*, p. 175.

② Armstrong, *I Have Spoken*, p. 112.

③ Satz, *American Indian Policy in the Jacksonian Era*, p. 294.

④ Moquin, *Great Documents in American Indian History*, p. 307.

及印第安人，白种人也有所不免。①

这种破坏性极大的同化政策，非但未能使印第安人认同于主流社会，反而加深了他们与其他美国人的隔绝，使他们与主流生活之间存在遥远的距离，其结果是，他们没有机会去"试自己的翅膀"，也不知如何去试。按照苏族人埃拉·德洛里亚的说法，这是造成印第安人进步缓慢的主要原因。②

20世纪60年代，印第安人民族主义运动声势日盛，他们对同化政策的实质也进行了更加深入的揭示。1961年，"全国印第安人青年理事会"发表"政策声明"指出："主流社会采用的各种武器，比枪炮更隐蔽也更危险，其表现形式是教育、宗教和社会的改革，用白人制度取代土著制度，所攻击的正是印第安人生活的核心。"③霍皮人戴西·艾伯特在一次讨论会上指出，印第安人的祖先发现了这块土地，在这里按照自己的方式生活，但白人却用"开化"的办法夺走他们的士气，践踏和毁灭了印第安人文化中一切美好的东西；白人用贿赂、谎言和许诺来赢得印第安人对他们的信任，结果使一些印第安人受甜蜜诺言所诱惑，竟然谴责自己的生活方式，想成为"白人"；许多人还把他们自己的同胞叫作"邪教徒"和"异端分子"，这是由于他们必须对居于多数的白人屈服的缘故。④1969年，占领阿尔卡特拉斯岛的印第安人青年激进派愤怒地控诉说，白人过去禁止他们的父母讲自己的语言和跳自己的舞蹈，强迫他们到政府的寄宿学校上学，教他们如何实现"开化"，实际等于使他们失去了自己的认同感。⑤有印第安人不禁心情激愤地质问：为什么白人愿意拯救嘎嘎直叫的鹤群，可以保护夏威夷的野鹅，却始终不肯保留印第安人的生活方式？⑥

2. 开放的文化心态

印第安人对白人文化加以批判，对同化政策进行抵制，坚持维护自己的文化传统，这是他们在文化接触中所做出的主导性选择。但这并不等于说，印第安人文化是一个完全封闭和一成不变的文化系统，也不意味印第安人丝毫没有认识到，环境和时代的巨变对传统的生活方式提出了调整和变通

---

① Moquin, *Great Documents in American Indian History*, p. 307.

② Moquin, *Great Documents in American Indian History*, p. 318.

③ Olson, *Native Americans in the Twentieth Century*, p. 159.

④ Moquin, *Great Documents in American Indian History*, p. 330.

⑤ Moquin, *Great Documents in American Indian History*, p. 378.

⑥ Armstrong, *I Have Spoken*, p. 160.

的要求。实际上，印第安人从与白人交往之初就大量借鉴其文化成果，白人的工具和器物源源不断地进入部落的日常生活。20 世纪以来，印第安人对主流社会物质文化的吸收，具有更快的速度和更大的规模。越来越多的人意识到，他们必须与白人在美国共同生活，既然局面无可改变，了解和吸收白人文化就为生存所必需。可见，印第安人普遍抵制的乃是同化或"白人化"，而并非绝对反对吸纳白人文化。

切罗基人文化上曾有过相当开放的心态，这在 20 世纪以前的土著部落中是极为罕见的。他们明智地选择了学习白人文化以维护和发展部落传统的道路，其利用白人文化的限度在于不与部落传统发生根本冲突。19 世纪 70年代，有一条修建中的铁路必须穿越切罗基人的领地，部落首领们对此事意见不一。混血人出身的首领丹尼斯·布希黑德，一方面反对铁路公司占有铁路沿线的部落土地，另一方面对火车取代马车的优越性十分欣赏。他告诉自己的同胞："伴随这些变化，我们人民的需求、习俗和生活必需品也会发生变化……我们如果能更欣然地适应我们邻人所取得的进步，……我们的地位就会更强大，我们的权利就会更有保障。"[1] 这种借助白人文化成果以捍卫部落传统的眼光，可谓至为远大而明智。切罗基人正是凭借这种文化心态，才得以在逆境中创造出十分灿烂的文化成就。然而，切罗基人并未对白人文化表示完全认同，他们学习白人的目的不是变成"白人"，而是更好地保护自己作为切罗基人的权利。那种完全认同于白人文化的心态，实际上并非开放，而是屈服。

自 19 世纪末以降，与切罗基人抱有类似心态的印第安人逐渐增多。切身的经历使越来越多的印第安人认识到，既然生存环境已然改变，与白人共处也是无法摆脱的局面，倘若不了解白人文化，不掌握与白人同等的知识和技术，就难以在美国生存下去。19 世纪下半叶，一些阿帕奇战俘被美国政府长期关押在军事保留地，他们后来颇有感触地表示："虽然我们痛恨白眼和他们的整个生活方式，但我们与他们接触已有 27 年，已经学到并采纳了他们的一些习俗。我们发现房屋既舒适又方便。我们很愉快地遵从他们的清洁标准。"[2] 欣赏和接受物质生活的舒适与便利，固然只是一种低层次的文化适应，但对那些习惯于以游猎作战为生的阿帕奇武士来说，也是殊为难得

---

[1] Edmunds, *American Indian Leaders*, p. 196.
[2] Ball, *Indeh: An Apache Odyssey*, p. 274.

的。另有不少心态更加开放的印第安人，愿意全面学习白人的技术和制度，主动走"白人之路"。有个希达萨族老媪跟人谈起，她的幼子自从白人的学校毕业以后，不仅能够读书写字，拥有自己的牲口和农场，而且还致力于引导自己的同胞走白人的道路。① 苏族人查尔斯·伊斯门，原名奥希耶萨，15岁入学，先后毕业于达特茅斯学院和波士顿大学医学院，后来回到派恩岭保留地行医，一生写作和出版多种著作。他以现身说法提醒自己的同胞：原始时代已经结束，只有文明和基督教才是印第安人的未来。他建议人们像他一样，在白人之路上做一个能干出色的人。② 另一名叫作帕拉尼阿波普的苏族人，从保留地居民备受白人盘剥的状况中，得出了近似于伊斯门的看法：

> 我想，如果我的小伙子们懂得如何播种耕作和做木工活，能干其他各种事情，我就可以把白人都弄走；付给白人的钱我们自己就可以得到，那我们就会有很多的钱。如果我们已经学到所有这些东西，我们就能自己养活自己，有很多的钱，还有学校，我也就可以给我的祖父写封信。③

可见，实际生活的压力促使印第安人觉察到吸收白人文化的必要性。另一个例子是纳瓦霍人吉姆·贝森蒂的经历。他离开保留地寻找工作，备尝辛酸，深感没有技术和没有受过教育的印第安人，在市场竞争中必定处于不利地位；语言和技术均逊于白人，就很难找到良好的工作。他认为，希望在于"按照一定的方向改变我们的方式和手段"。他还发现，纳瓦霍人最缺乏的是教育，唯有教育才能使印第安人同白人进行竞争。④ 总而言之，"今天印第安人生活的环境，反映着一个生活的一切基本方面都获得改造的世界"；"在一个又一个地区，印第安人群发现他们的生存手段不是被完全摧毁，就是在实质上被改变"。在这样一个时代，"印第安人已不再是他们处境的主人。他们幸存的生活方式，乃是服从于一种处于支配地位的主权力量的意志的"。⑤ 现状既然已经如此，印第安人就不得不调整自己的生活方式，以求在一个和白人共处的世界中生活得略好一些。

---

① Nabokov, *Native American Testimony*, p. 230.
② Hoover, *The Red and the Black*, p. 204.
③ Moquin, *Great Documents in American Indian History*, p. 196.
④ Moquin, *Great Documents in American Indian History*, p. 327.
⑤ Moquin, *Great Documents in American Indian History*, p. 345.

　　然而，印第安人当中还有一些更为激进的人，倡导彻底抛弃土著传统和过去的生活方式，实现与主流社会的完全融合。他们发现，旧的生活方式只能给印第安人带来不幸，传统只能使他们处于不平等和受压迫的地位；与其保持传统而受苦，不如进入主流生活而获得幸福。卡洛斯·蒙特祖马算是这种主张的代表。他出身于阿帕奇族，后来由白人收养，在西北大学获得医学博士学位。在 19 世纪末 20 世纪初，他是最有影响的印第安人社会活动家。他向来反对美国的印第安人政策，对保留地制度和印第安人事务局也多有非议。他尤其不赞成印第安人继续坚持传统的生活方式，因为"今天的印第安人已不是昔日的印第安人"，过去土著生活的优势早已荡然无存；尽管白人文化弊病丛生，但文明的好处却可以享用。他呼吁，印第安人必须突破联邦机构的限制，自己承担责任。他认为，在学校里传授土著技艺和舞蹈以及任何保持土著文化的企图，都是有害无益的，一切带着印第安人标签的歧视行为都应废除；印第安人不应总想着自己是印第安人，而要把美国当作自己的家，与环境和人口主体保持和谐。在他看来，印第安人唯有积极参与主流生活，同化于主流社会，才能在美国找到自己的合适位置。[①] 显然，蒙特祖马的这种激进的同化主张，并非简单地屈服于白人文化的压力，因为他对印第安人的历史命运和印白文化关系的格局有着独到理解，其见解带有一种强烈的种族责任感和历史使命感。

　　这种出自印第安人之口的同化呼声，后来又曾多次可闻。1954 年，切罗基人 N.B.约翰逊在一次讨论会上提出，无论何时何地，只要同化过程是可能的，他就主张印第安人与主流社会融合。他要求制订计划，逐步废除美国政府有关印第安人事务的机构，国会、印第安人事务局和拥有土著人口的各州，应当合作制订一项计划，使印第安人逐步走上独立和完全同化的道路。实现同化的渠道可以是通婚，也可以是把保留地的人口迁移到白人社区。种族混合教育也将大大推进这一融合过程。联邦政府应当帮助印第安人开发资源，提高生活水平。但他同时也反对操之过急，不赞成立即结束联邦与部落的特殊关系。[②]他的见解实际上十分接近后来的自决主张，因为两者的实质性内容都是印第安人在美国政府的援助下，逐步走向独立，从而最终摆脱联邦控制。

---

　　① Armstrong, *I Have Spoken*, pp. 141-142; Edmunds, *American Indian Leaders*, p. 210; Gibson, *The American Indian*, p. 527; Moquin, *Great Documents in American Indian History*, pp. 303, 305.

　　② Moquin, *Great Documents in American Indian History*, p. 332.

3. 印第安人文化心态的意义

15、16 世纪以来，人类社会发展进程的加速，突然把尚处于初民社会的印第安人卷入世界历史运动的前沿，使他们不得不以简陋低效的工具技术、松散粗糙的社会组织和传统的价值伦理，来面对一种势能极强而具有征服扩张本能的异质文化体系，并在一个急剧变动、日新月异的世界寻找自己的位置。这对印第安人乃是巨大的历史不幸，也是人类文化接触史上一个罕有的难题。在历史巨变所造成的这一困境中，印第安人所拥有的回旋余地似乎不大。他们内部分散为众多的部落和人群，彼此隔绝孤立，难以采取一致行动以赶走或消灭入侵的白人。同时，入主美洲的白人急速壮大和增势，以强劲的优势侵逼土著文化，使印第安人很快陷于被动艰难的境地，以致除了变成和白人一样的人或被白人所灭绝之外，似乎就不再存在第三种选择。在这种情势下，印第安人的文化心态究竟具有什么意义呢？印第安人对白人文化的吸收或拒斥、认同或仇视，能够从根本上改变他们的历史命运吗？前文对三种反应模式的分析即已说明，无论印第安人采取何种态度，归根结蒂并不能使他们完全避免厄运。

历史事实证明，两种势差极大的文化体系相遇，劣势文化的命运势必然受到优势文化的支配，这已略如前述。劣势文化的主体做出何种反应，固然无补于其命运的根本改观，但并不等于说对文化关系的格局毫无影响。在美国印白文化关系的历史中，白人对印第安人文化一开始就采取攻击和征服的架势，并以同化为最终归宿，这既不以印第安人的意志为转移，也是各部落所面临的共同考验。从理论上说，印第安人对此至少有三种选择的可能：其一，坚决抵制白人的攻击和同化；其二，屈服于文化压力而接受同化；其三，吸收和消化白人文化因素以图强自存。但实际上，由于文化势能悬殊，加以白人文化无情侵逼，抵制所能带给印第安人的只有毁灭和不幸；而完全同化则极其困难，因为受文化差异的制约，彻底消除差别而归于同一，对两个种族来说都是乌托邦式的空想。唯有第三种选择或许是印第安人所能采取的最佳策略。按文化变迁的常规，一种文化系统一旦形成，便具有高度的稳定性，只要环境和外部压力尚不足以使之崩溃，在维持固有特性中缓慢变动便是其一般趋势。印第安人文化受到白人文化的迅猛冲击，存在的环境突然发生巨变，这一压力空前巨大，文化的稳定性显然已不堪维持。印第安人如果不调整文化心态，其文化必然趋于衰落或毁灭。所以，吸收白人文化因素，改善文化适应能力，对于印第安人维护自己的文化传统便具有至为关键的意义。通过这种主动的文化吸收，印第安人既能保持传统的连续性，又可以增强文化的势能，为文化存续创造机会。易洛魁人和五大文明部落，都曾受益于这种开放的文化心态。

可是，开放的文化心态最终也未能使上述印第安人族群得免于文化浩劫。这又牵涉到前面提及的文化接触中优势文化的支配地位问题。白人社会既然已选定同化目标，就不可能允许印第安人利用白人文化以加强和维护自己的传统；只要白人社会凭其绝对优势而推行强制同化，印第安人便不复可能拥有任何主动选择的余地，开放的文化心态也就失去了意义。从这个意义上说，白人社会始终应当对印白文化关系史上的各种灾难承担主要责任。在近现代不断壮大的白人文化，长期不能以平等公正的态度对待其他文化体系，而是基于"非我族类其心必异"的心理，采取弱肉强食、以强凌弱的逻辑，奉行征服和同化的策略，给那些居于不利地位的文化群体造成无法挽回的惨重损失。因此，白人文化在近现代扩张中所表现的征服性和狭隘性，可说是人类文化关系的畸形格局的根源。美国印第安人的文化劫难，只是这一悲剧中最为残酷的一幕。进入 20 世纪以后，美国主流文化的包容性有所扩大，多元文化主义渐次兴起，印第安人文化的境遇得到改善，文化关系的格局也就趋于合理化。

由此可见，在不同文化的接触中，优势文化的平等态度和劣势文化的开放心态，乃是决定文化关系格局的关键因素。只有在平等而开放的条件下，才有可能进行正常的文化交流和推动人类文化的健康发展。

三、传统的力量

1. 种族意识的觉醒

白人社会长期致力于消除印第安人的部落意识，促使他们与主流社会实现认同和整合。可是结果却适得其反。白人的一切努力到头来只是强化了印第安人的种族认同感，导致民族意识的萌生，让他们自觉地与主流社会保持距离，更加执着地坚持本族的文化传统。

在文化接触的初期，"印第安人"只是人种学上的一个称号，并无民族学的意义。印第安人当中部落林立，语言众多，联系松散，一个部落就是一个世界，有时甚至一个部落内部也分为众多没有联合的胞族和人群。他们尚未超越部落观念的藩篱，不可能意识到各部落的成员都是印第安人。白人到来以后，各部落的种族认同得以逐渐形成。原因有以下几点。第一，白人赋予不同的部落一个共同的名称，或曰"印第安人"，或曰"红种人"，或曰"土著人种"；而各部落借助与白人的对照，不难发现他们同属一个不同于白人的种族。第二，白人语言的传播，为部落之间的交流沟通提供了相对便利的工具，各部落之间的联系趋于密切。第三，白人对各部落活动地域的夺占和压缩，把众多的部落集中在越来越狭小的地区，无意中推动了各部落的相互往来和了解。第四，白人强加于各部落的共同厄运，推动印第安人更加紧密地联系在一起，而反抗剥夺与压迫的共同要求也提出了团结的要求。第五，白人的教育造就一批又一批知识丰富、眼光远大的部落领导人，他们能够突破部落意识的制约，认识到各部落的共同利益，自觉地推动各部落为共同利益而共同奋斗。

不过，印第安人由部落意识走向种族认同的历程，乃是漫长而曲折的。白人入主美洲之前，印第安人中间出现过跨部落的联合，比如易洛魁联盟。但这种联合只涉及少数部落。白人初来，印第安人非但没有觉察到他们遇到了一个共同的敌人，反而把白人视作可以对付敌对部落的盟友。白人则利用部落之间的矛盾和冲突，分化瓦解他们的力量，使他们无法组织联合的抵抗。有的部落也曾向敌对部落发出呼吁，"我们必须成为一体，像英国人那样，否则我们都会被摧毁"；① 但是各部落的分散、敌对和争斗依然是常态。后来有学者谈到，如果当初东部各部落停止内部战争，共同抵御白人，北美的殖民化进程必大为延缓，印白关系的历史也须改写。

到了 19 世纪初期，美国向西扩张的汹涌之势，在印第安人中间激起了第一场民族主义运动，即特库姆塞领导的泛印第安人运动。特库姆塞有"最伟大的印第安人"之称。② 他是肖尼族和克里克族的后代，与其独眼兄弟埃尔斯克瓦塔瓦（人称先知）一起，居住在俄亥俄的肖尼人村落中。他从 1805 年开始宣传印第安人联合的思想，号召摆脱白人文化的影响，恢复传统生活方式，建立一个泛印第安人联盟，共同打败美国人，重建印第安人的黄金时代。他感到，阻止白人扩张的唯一办法，"就是全体红种人团结起

---

① Armstrong, *I Have Spoken*, p. 3.

② Alvin M. Josephy, Jr., *The Patriot Chiefs: A Chronicle of American Indian Leadership* (New York, 1961), p. 131.

来"，共同而平等地占有土地。① 1808 年，他和他的兄弟在蒂珀卡努溪附近的一个土著村落遗址建立先知城，作为泛印第安人运动的中心。特库姆塞拥有出众的口才，加上他的兄弟做出神秘的预言，于是泛印第安主张产生了极强的诱惑力。为复兴之梦所吸引和激励的人们，纷纷移居先知城，运动渐有声势。特库姆塞还亲自走访西北和东部的许多部落，宣传他的主张，动员各部落联合反美。他指出，所有土著人均属一家，都是至上神的孩子，应当相互帮助和共同行动；白人的目标在于彻底消灭红种人，如果印第安人不联合起来，就会被各个击破，最终不免彻底毁灭；白人文化带给印第安人许多恶果，酗酒和犯罪袭扰各部落，印第安人若要复兴，就必须抛弃白人的东西，恢复传统的生活。他大声疾呼："让我们组成一个身躯和一颗心，为捍卫我们的土地、我们的家园、我们的自由和我们的先辈的坟茔，战斗到只剩最后一名武士。"② 但是，多数部落或没有意识到联合的必要性，或以美国太过强大而不愿做无谓的牺牲，因之特库姆塞所期望的泛印第安人联盟并未形成。美国政府担心特库姆塞的活动阻碍白人的西进，遂于 1811 年 11 月命威廉·哈里逊率军队扫荡先知城，在大肆屠杀之后，将全城付之一炬。特库姆塞的联合反美计划也告烟消云散。

19 世纪中后期，东部印第安人已淹没在白人的汪洋大海之中，西部各部落也承受着白人扩张的巨大压力，于是部落联合的尝试便在东部和西部同时发生。1850 年，人类学家摩尔根与东部印第安人领袖接触时发现，他们正在商讨将幸存下来的部落联合为一个整体，组成一个拥有共同地域和政府的族群。但是，这一拟议中的联合未能成为现实。③ 内战结束以后，印第安人领地的五大文明部落感到必须共同抵御白人的扩张，也在酝酿联合问题。斯坦德·瓦蒂认为，印第安人只有联合起来，依靠自己的力量，才能保卫自己的家园。五大文明部落和大平原的几个部落派代表在拿破仑营地开会，拟定一项公约，倡议各部落之间结束战争，保持和平，组成统一的阵线以应付内战后白人的侵逼。④ 即使是长期与邻近部落发生冲突的苏族人，在白人涌入其领地的危急时刻，也主动停止抢劫和战争，联合其他部落一致抵挡白

---

① Josephy, Jr., *The Patriot Chiefs*, p. 155.

② Jacobs, *To Save the Devil*, pp. 55-56; Armstrong, *I Have Spoken*, p. 45; Nabokov, *Native American Testimony*, p. 121.

③ Eggan, *The American Indian*, p. 159.

④ Gibson, *The American Indian*, p. 372.

人。1876 年的小比格霍恩之战，就是苏族和夏延人联手作战所取得的胜利。这说明共同的命运和抵御白人入侵的共同要求，使较多的部落开始走到一起。

20 世纪以来，印第安人的人口处于回升当中，其种族认同也越来越明朗化。塞尼卡族出身的人类学家阿瑟·帕克在 20 世纪初年明确指出，苏族人不再仅仅是苏族人，奥吉布瓦人不再仅仅是奥吉布瓦人，易洛魁人也不再仅仅是易洛魁人，他们都属于一个更大的统一体，即"红种人"。① 这一种族共同体意识的实际体现，就是全国性的印第安人组织相继成立，代表全美国的印第安人开展活动。在 1911 年的"哥伦布日"（10 月 12 日），18 个部落的领导人集会，创建"美国印第安人协会"。会议充满了印第安人的民族主义气氛，出席者均以自己为印第安人而自豪，颂扬印第安人过去的美德，纷纷表示要放弃部落意识，代之以种族认同。会议强调，印第安人正处于历史的进化过程中，应当把自我依赖、自助和主动性作为改善处境的基础。会议主张，印第安人运动应走合法主义道路，把印第安人民族主义和美国爱国精神协调起来，在公开场合唱美国国歌，在全国设立美国印第安人节。② 这次会议和会上成立的组织，均得到同情印第安人的白人的支持。尤其值得注意的是，印第安人的民族主义运动一开始就确定以在美国主权之下争取自治为目标，没有导向激进的政治和种族独立。

此后，全国性的印第安人社团组织逐渐增多。1926 年，一些赞成同化的所谓"红种人进步派"，建立"全国印第安人理事会"，以推动印第安人政策改革为宗旨。1944 年 11 月，27 个州的部落领袖汇集于丹佛，成立"美国印第安人全国大会"，其宗旨为"促进公众更好地理解印第安人种族；保存印第安人文化价值；谋求平等解决部落事务；保障和捍卫印第安人根据与美国的条约而获得的权利；以及推动美国印第安人的共同幸福"。③ 这个组织的成员来自 150 个部落，在印第安人中具有广泛的代表性。它还在华盛顿开展院外活动。1961 年，在人类学家索尔·塔克斯主持下，"美国印第安人芝加哥大会"改名"美国印第安人宪章大会"。出席会议的有来自 67 个部落的 500 名代表，他们把文化平等和种族自决作为目标，要求印第安人

---

① Washburn, *The Indian in America*, p.251.
② Gibson, *The American Indian*, pp. 526-527.
③ Hoxie, "Exploring a Cultural Borderland," p. 993.

参与涉及自己的决策过程。① 1970 年成立的"全国部落主席协会",则主要以协调部落与联邦的关系为活动内容。

及至 20 世纪 60 年代,激进主义运动在年轻一代印第安人中间勃然兴起。他们受到黑人激进思潮的感染,不满于稳健渐进的路线,期望一举改善印第安人的境况。1961 年,他们在新墨西哥成立"全国印第安人青年理事会",发表《政策宣言》,尖锐批判白人社会的同化政策,提出"红色权力"的口号,强烈主张自治和自决。城市印第安人中间也出现"土著美国人联盟"这样的团体,致力于"把各地所有具备印第安人身份和印第安人血统的人们集合起来",在全体土著美国人中"培养一种团结和兄弟友爱的精神"。② 1968 年成立的"美国印第安人运动"和"被毁条约裁决会"等团体,都是激进民族主义运动的发动者。

在这些团体的推动下,全国性的印第安人抗争在 60—70 年代可谓波澜壮阔,其声势令举国震动。1969 年 11 月,印第安人激进派占领旧金山湾的阿尔卡特拉斯岛,要求把这座小岛变为一个印第安人文化和教育中心。他们以全体部落的名义发表声明:

> 我们是一个骄傲的民族!我们是印第安人!我们已经见识和拒绝了许多所谓文明的礼物。我们是印第安人!我们要通过教育我们的后代保存我们的传统和生活方式。……我们是来自所有部落的印第安人!……我们不想在熔炉中被融化,……我们要继续做印第安人!③

这些句子真可谓字字铿锵,掷地有声。这批激进土著青年维护本族传统的决心,也是至为坚定,足见其民族主义情绪强烈到何种程度。后来,美国当局切断岛上的水电供应,迫使占领者撤出。1972 年 11 月发生了另一起重要事件。一批赴华盛顿请愿示威的印第安人,攻占了印第安人事务局办公大楼,要求与美国总统对话,迫使美国政府对印第安人的损失进行赔偿。他们坚持 7 天,显示出要对白人数百年的种族压迫和剥夺进行清算的气概。翌年 2 月,在南达科他州又发生翁迪德尼事件。200 名武装印第安人攻占当年翁迪德尼惨案的遗址,与联邦军警对抗前后达 71 天之久。社会舆论认为,这是

---

① Armstrong, *I Have Spoken*, pp. 149-151.

② Olson, *Native Americans in the Twentieth Century*, p. 116.

③ Moquin, *Great Documents in American Indian History*, pp. 375-377.

印第安人数百年里饱受伤害所郁积的怒火的一次总爆发。1977 年，有一些印第安人在日内瓦向国际人权大会提交一份决议，呼吁联合国对美国政府以强制措施摧毁印第安人文化一事进行调查，并要求联合国全体大会承认印第安人部落为"拥有领土、政府及与其他国家进行交往能力的国家"。[①] 转年2 月，180 名印第安人从旧金山徒步进军，赴华盛顿请愿，反对联邦印第安人立法，要求维护印第安人的权利，切实改善他们的处境。最后共有 2,800人加入，又一次引起美国舆论的关注。

全国性印第安人组织的相继成立，跨部落联合运动的不断开展，表明印第安人已经超越了部落意识，实现了种族认同。他们声称"我们是来自各个部落的印第安人"，这无异于一个划时代的宣言，宣告美国所有土著部落都同属一个种族。虽然部落仍然是基本的政治和经济单位，但各部落的成员已经具备"共同体"意识，这意味着真正的"印第安人民族"业已形成。

印第安人民族意识的觉醒，无疑是对白人社会文化征服的反拨。"文明开化"和强制同化的目的，原本是要消灭作为种族而存在的印第安人，其结果却反而使印第安人由分散的部落凝聚为一个种族群体。另一方面，民族意识的形成，又能起到抵御文化改造的屏障作用，促使印第安人自觉与主流社会保持距离，极力保存作为种族认同基础的传统价值和习俗。如此之多的印第安人表示"我们要继续做印第安人"，这可以说是宣告同化运动彻底失败的最终判决。

2. "印第安特性"的观念

美国学者弗里茨·斯科尔德指出："白人没有认识到的一件事，是印第安人的坚韧执着。他们简直没有意识到印第安人的绝对个体性和他们对一件至高无上的事情所抱的信念：做一个印第安人。"[②] 人类学家普遍认为，现今印第安人仅只完成了文化适应，而没有实现同化；相反，他们创造了一系列抵制白人社会压力的机制。[③] 这些机制中最坚实有力的一种，就是植根于传统之中的"印第安特性"（Indianness）观念。"印第安特性"中凝结着印第安人的文化传统和历史遭遇，也包含了他们的种族认同意识，其要旨是：要做一个印第安人；做一个印第安人很光荣。

这一观念是印第安人抵御文化征服的产物。白人社会出于同化的目

---

① Gibson, *The American Indian*, p. 571.

② Basso, *Portraits of "the Whiteman"*, p. 37.

③ Hoover, *The Red and the Black*, p. 342.

的，极力打破印第安人的自尊心和自豪感，使他们以自己是印第安人为耻辱。诚然，有许多印第安人因此对传统生活方式失去信心，对于部落的前途更感悲观绝望；他们当中有人妄自菲薄、自弃自暴，有人则一心追随白人生活方式，甚至不肯承认自己是印第安人。但是，同时也有一批印第安人一直抗拒同化，力图复兴部落传统。他们用"苹果式印第安人"（意即外红内白）、"中等阶级印第安人"和"印第安人局印第安人"等外号，来揶揄那些刻意追随白人标准的人，甚至羞与为伍。他们坚持传统的生活方式，即使深陷贫困也矢志不渝。进入 20 世纪，白人文化的弊病日渐暴露，同时印第安人的种族认同日趋增强，于是有更多的人回顾历史，体悟传统，感到印第安人在美国社会的独特地位必须加以维持，传统的文化价值应当予以发扬光大，做一个印第安人并非可耻，而是一件极为光荣和值得自豪的事情。由此便诞生了"印第安特性"的观念。这一观念把印第安人凝聚为一个独特的文化群体。可见，"印第安特性"实际上就是为印第安人所保持的、仍旧使他们成为印第安人的文化特征的概括。①

"印第安特性"的观念，首先是从印第安人传统中生长出来的。印第安人文化具有崇奉往昔的逆向特征。印第安人极重传统，他们相信，"没有历史的人民，就像从野牛吃的草上面吹过的风"。② 即使那些从小接受非部落化教育并长期生活于主流社会的人，到最后仍不免回归传统，重新认同于印第安人的生活方式和文化价值。前文提到的卡洛斯·蒙特祖马，就是一个很好的例子。他身为医学博士，一贯倡导立即同化，然而晚年却萌发思乡念祖之情，返回保留地，安身于一个小小的窝棚。他生病后也拒绝接受他终生从事的白人式医疗，最终不治，像他的父辈一样死去。③ 霍皮族的太阳首领早年就读于寄宿学校，学会了白人的生活方式，但在一次重病后大彻大悟，下定决心要"重新变成一个真正的霍皮人"。④ 查尔斯·伊斯门在主流社会获得很大成功，他一度鼓励印第安人效法他的榜样。但在题为《从森林到文明》的自传中，他却称自己"是一个印第安人"，仍然以传统的价值伦理为生活目标，鄙弃白人社会盛行的商业倾向、民族主义或物质效率。⑤ 数代拥

① See Alvin M. Josephy, Jr., *The Indian Heritage of America* (Boston, 1991), p. 23-30.
② Nash，*Red，White，and Black*，题记。
③ Edmunds, *American Indian Leaders*, p. 218.
④ Spencer, *The Native Americans*, p. 512.
⑤ Hoxie, "Exploring a Cultural Borderland," p. 981.

有白人血统、毕生在部落传播基督教的苏族牧师老瓦因·德洛里亚，在其同胞心目中早已是"半个白人"；然而，他晚年却不再传教，隐居反思，总结所走过的生活道路，觉得自己一直生活在对白人的恐惧中，虽然日子可以过得和白人没有两样，但总感到不舒适。[①] 另一位名叫雷·米尔斯的苏族人也有相似的体会。他在 1964 年写道："我离开保留地已经 30 年了。我的大部分时间是在内布拉斯加的白人社会中工作和生活。但我还是一个印第安人。我看到了不少，但多年来一直保持沉默。现在我不能继续沉默了。"[②] 移居城市的人，虽然远离自己的部落，但他们来到城市只为寻找工作，"而不是变成白人或不再做印第安人。很多人非常怀念家人和保留地生活。他们想回去的念头，时常从口中流露出来"。[③] 路德·立熊在 1933 年声称，如果他有个孩子要上学，他会毫不犹豫地选择先辈的方式，而不取白人文明，因为"我要把他培养成一个印第安人！"[④] 这些例证显示，印第安人传统具有顽强的生命力和凝聚力。一个人只要身上流有印第安人的血，便终究难以摆脱这种传统的拉力。在许多历史悠久的民族，反传统的斗士晚年回归传统的例子比比皆是。不过，印第安人的情况更为特别，因为印第安人传统经受内外夹攻，却仍以无形的力量把印第安人团结为一个种族群体。

立誓要坚持做一个印第安人，这在战后成了愈来愈多的印第安人的心愿。帕萨马阔迪人人数甚少，从前人们以为他们是白人，他们自觉高兴；但战后若遇这种误会，他们便立即声明："我是一个印第安人，我引以为荣"。他们十分蔑视那些失去种族认同的人，也不欢迎他们返回保留地。[⑤] 苏族的本·黑麋表示："我们是印第安人，我们热爱印第安方式，我们按照印第安方式生活得很舒适。"他还批评年轻一代不知自己究竟是什么人，找不到自己的归宿，"所以他们没有自豪感"。[⑥] 来自佛罗里达的米科苏基族首领布法罗·泰格在国会参议院的听证会上说：

> 我们试图教导我们的印第安后代，尽管你们是印第安人，但不要觉得耻辱。你们本来是印第安人，因此你们要意识到你们是

---

① Stan Steiner, *The New Indians* (New York, 1968), pp. 106-107.

② Armstrong, *I Have Spoken*, p. 152.

③ Spencer, *The Native Americans*, p. 529.

④ Hoxie, "Exploring a Cultural Borderland," p. 994.

⑤ Stanley, *American Indian Economic Development*, p. 332.

⑥ Armstrong, *I Have Spoken*, p. 158.

印第安人，你们什么都不是，就是印第安人。要像印第安人那样思考，要像个印第安人，……我们不希望失去做印第安人（的权利）。①

另有印第安人强烈呼吁："我们要求得到脱离白人的自由，而不希望被整合。……我们不要权力，我们不想做国会议员和银行家，我们要做我们自己。"② 有人还表白说，他们之所以"采纳白人的习惯和风俗"，目的不是把自己变成白人，而是保证能够继续做印第安人，因为他们觉得如果采纳白人的习俗，"白人就不会妨害或干涉我们作为印第安人的各种权利"。③

印第安人如此竭尽全力地维护自己的文化，其中一个重要原因在于，白人社会的同化运动给他们造成了惨重的损失，带来了深刻的不幸；他们由此认识到，种族之根和文化传统乃是他们生存于美国社会的命脉。因此，"印第安特性"的观念乃是应印第安人的现实需要而产生的。一位霍皮族先知在 1975 年解释传统的意义时说，他们每月都举行传统仪式，以便"使我们的人民保持平衡"；他们觉得，那些在两种文化的边疆不幸挣扎的人，就像从战争中归来而饱受创伤的人一样，"需要旧时的仪式来使他们恢复正常"。④ 这就是说，传统之于身处文化困境的人们，不啻为一剂疗伤药，一个避风港。

印第安人强调"印第安特性"，坚持按照传统方式生活，并不是希望退回到 1500 年以前的石器时代。他们所厌弃的是现代文明的弊病。他们认为美国社会十分"物质化和贪婪"，⑤ 而对于现代的物质和技术所带来的舒适与便利，他们仍然颇为欣悦，只不过觉得理想的生活方式并不仅止于此。他们希望把传统的价值伦理与现代物质生活调和起来，并相信这样可以医治美国社会的痼疾。

有印第安人提出，他们既然是美国最早的居民，就有资格把自己的生活方式视为真正的美国化产物；白人实际上并"不了解美国，他们与它的形

---

① Armstrong, *I Have Spoken*, p. 156.

② Armstrong, *I Have Spoken*, p. 161.

③ Charles F. Wilkinson, *American Indians, Time, and Law: Native Societies in a Modern Constitutional Democracy* (New Haven, 1989), p. 18.

④ Lincoln, *The Good Red Road*, p. 11.

⑤ Armstrong, *I Have Spoken*, p. 161.

成过程相距遥远。他们生命之树的根还没有紧紧抓住岩石和土壤"。① 因此，只要汲取印第安人传统中的有益成分，美国社会所面临的许多难题便会迎刃而解。小瓦因·德洛里亚的论著对此有深入的阐述。他指出，印第安人中凡以传统方式处理保留地冲突的部落，大多取得了更大的进步；而那些不断适应白人价值体系的部落，则没有如此幸运。② 在他看来，不仅印第安人不能背弃自己的传统，而且白人社会也能从土著传统中获益。大公司的兴起、社会组织化程度的提高以及嬉皮士们的自组村社，都被他看成白人正走向部落化的表现。他断言部落制将取代政府而成为管理社会的主要形式，部落的结构和习俗（习俗总是优于法律的），不仅是印第安人的希望，也是白人社会的希望：

> 　　部落制在今天的世界是一个正起着强大作用的力量。印第安人在美国所有群体中乃是最为部落化的。他们在世界所有部落人民中同样处于优势地位。利用现代技术知识，拥有丰富的自然资源，印第安人便能够在全国范围内不断地将城市和乡村生活结合起来。在往后的 10 年里，理解印第安人提出的用以解决具体问题的力量和观念，对解决世界其他地方的相同问题，应当证明是有用的信息。③

他甚至预言，印第安人将获最终的胜利，白人如果不变成印第安人，就会灭亡。④ 他还信心十足地宣布，印第安人人数虽少，但他们要打碎美国的整个价值体系，代之以印第安人的价值观念，因为"我们拥有更为优越的生活方式。我们印第安人拥有一种更合乎人性的生活哲学。我们印第安人将向这个国家表明，如何行动才像人类"。⑤ 他宣称，印第安人更加关心人类生活的终极价值，不像白人那样充满攫夺和占有的欲望，片面追求短期的物质满足。他进而提出，印第安人的价值伦理乃是整个现代人类文明的解毒剂，因为现在整个地球的命运走到了一个十字路口，如何在人与地之间建立合理的关系以保持人类的长久发展，已成一个严峻的问题；如果复兴印第安人热爱

---

① Gibson, *The American Indian*, p. 218.

② Deloria, *Custer Died for Your Sins*, pp. 28-29.

③ Deloria, *Custer Died for Your Sins*, p. 227, 257.

④ Hoover, *The Red and the Black*, p. 352.

⑤ Steiner, *The New Indians*, p. x.

自然、平等对待其他生物的传统，便可化解这一难题。①

德洛里亚作为土著青年激进主义运动的代言人，其见解当中充盈着因为白人社会长期攻击土著文化而郁结的愤懑之情，带有美化乃至神化印第安人传统的倾向。然则平心而论，印第安人的文化价值的某些成分，的确有助益于诊治美国社会的许多顽症。印第安人在人际关系中强调分享和协作，这无疑有补于白人社会因个人奋斗和激烈竞争所造成的精神紧张和人情冷漠；印第安人在世界观中将自然摆在与人类平等的位置，反对过度榨取自然资源，这无疑可用于医治发达工业社会的生态失衡和环境危机。美国环境保护专家奥尔多·利奥波德提出"土地道德论"，构想一种人地关系的新格局，其要旨与印第安人的自然观是如出一辙的。② 这些都说明，不同文化系统之间确实存在一定的互补性，任何一种文化在其所处的环境中，都有自己独特的长处。

虽说印第安人有充分的理由坚持和珍视自己的文化传统，但真正把握传统对印第安人未来的意义的人，则只有那些受过良好教育的精英人物。不过，他们对"印第安特性"的强调，也仍然带有文化征服和种族不幸的阴影。在印第安人社会，消沉失落、无所适从的情绪仍未消失，只不过随着自决运动的进展，这种情绪日趋淡化而已。其实，印第安人之所以至今仍是一个独特的文化群体，所依赖的并不是那种身穿鹿皮服、头插野鸡毛和手执战斧的形象，而是关于过往的记忆和对传统的认同。

3. 文化植根的土壤

印第安人的文化传统能够经受外部的攻击和时间的考验，还与保留地的特殊功能有一定的关系。甚至不妨说，印第安人文化正是植根于保留地的土壤才得以幸存的。当年白人用以隔离和改造印第安人的保留地，未料竟成了印第安人最后的家园，产生了极其重要的文化意义。

在印第安人的传统文化中，土地占据核心位置。他们把大地视为万物之母和生命之源。人不能脱离土地，否则就失去了自己的根，因之印第安人普遍怀有恋土情绪。对故土的留恋和怀念，长期深深折磨着那些被迫迁徙的人们。为了返回故土，他们不惧美国军队的围追堵截。路德·立熊写道："老人们变得实际很爱土地。他们坐在地上，带着一种接近母亲便有力量的

① Vine Deloria, Jr., *God is Red* (New York, 1973), pp. 300-301.

② 参见（美）奥尔多·利奥波德：《沙乡的沉思》，侯文蕙译，经济科学出版社，1992年。

心情。让皮肤接触土地是有益的，老年人喜欢脱掉鹿皮靴，光脚走在神圣的土地上。土地令人安慰，使人强大，清洁而有益健康。"① 可见，土地之于印第安人，不仅是衣食之源，同时也是文化的依托，他们的风俗、宗教和价值伦理都离不开土地。但是，白人后来夺占了他们的土地，毁坏了他们的家园，最后将他们拘禁在狭小而荒凉的保留地。随着时光流逝，世代更替，在保留地出生和长大的人们，逐渐把这里当成他们新的家园。在保留地，印第安人有部落保护可恃，有家庭亲情可依，保留地成了一种安全感和归属感的象征。留在保留地的印第安人竟成了幸运者，因为"一个人只有当他是保留地成员时，他才拥有点什么，他才没有迷失。他与那些城市聚居区的人们不同，在那里，人们唯一的身份认同就是他的工作。我们不是漂流无根的人们"②。即使那些生活在城市的印第安人，也设法使子女与原来的部落保持联系，在假期总带他们回到保留地，体验那里的生活，联络那里的亲人。③ 其目的不外是，要防止这些生长于城市的后代失去文化之根。

关于保留地的文化意义，美国人类学家有十分透辟的阐述。弗雷德·埃根在解释许多印第安人情愿生活在贫穷的保留地这一现象时说：

> 人不单是靠工作而活，而且是生活在社会中的。在保留地，印第安人周围都是亲人和朋友，分享的模式减少了生存的危险。而且，这里还有各种仪式藉以维持人与人之间的关系，也维持人与自然之间的关系。④

斯坦利·戴蒙德等人在 1963 年指出，保留地的土地已成为"一种古代传统的物质切片，一个印第安人身份认同的基础和焦点"。他们写道：

> 不论事实上生活和其他设施如何粗陋，保留地本身就是一个家，一个安身之所，一个印第安特性的最为可感的象征，对于那些生活在这里的人们以及暂时住在别处的部落成员，都是如此。在这点上，印第安人便与其他公民区别开来，与其他少数族群也不一样；对那些少数种族来说，他们所占有的具体土地，远远没

---

① Nabokov, *Native American Testimony*, p, 60.

② Stanley, *American Indian Economic Development*, p. 195.

③ Peter Nabokov, ed., *Native American Testimony: A Chronicle of Indian-White Relations from Prophecy to the Present, 1492-1992* (New York, 1991), p. 349.

④ Eggan, *The American Indian*, p. 167.

有这种文化和心理上的重要性。①

这些看法大体揭示了保留地在现今印第安人的文化认同中所起的作用。印第安人至今仍与保留地密切相联，借助保留地的依托，他们抵御来自主流文化的强劲压力。保留地早已是其传统扎根的土壤。因为有了保留地，才有部落存在的可能；而只有部落继续存在，土著文化的凝聚性才能充分发挥作用，印第安人传统才能得以维持。可见，历史又奇妙地给白人社会一个嘲弄：他们用以围剿和改造土著文化的保留地制度，结果证明竟是印第安人抵制文化征服的牢固的根据地。

四、持续的文化困境

1. 现代物质文明与传统价值

种族压迫和文化征服留给印第安人的负面效应，至今尚未消除，他们依旧处于文化的困境当中。他们始终不能协调现代物质技术与传统价值仪式的矛盾，不能顺畅地处理和白人社会的关系，不能在历史的不幸与未来的复兴之间达成平衡，不能摆脱自决的愿望和美国的援助的相互掣肘，不能和谐地同时扮演美国公民和部落成员两种角色。说到底，他们最大的文化困境在于：在经过长期的种族交往和激烈的文化冲突之后，他们既不能完全脱离主流生活而自立，又不能放弃自己的传统而彻底同化于美国社会。所以，他们的生活仍然笼罩着历史的阴影。

印第安人坚韧顽强地抵御文化征服的压力，成功地保持着文化传统的命脉，但其文化传统依存的环境却已万劫不复，这是无法改变的事实。白人社会的文化渗透和同化改造，在带动土著社会文化发生变化的同时，却未能促成两种文化的融会和整合，这是白人社会的失败。印第安人的传统价值和仪式，固然已有别于1500年的形态，却也较为完整地延续至今，仍旧是他们文化认同的核心。然而，美国的崛起和现代工业文明的扩散，已经彻底破坏了传统土著文化赖以吸取能量的外部环境，过去的价值和仪式不得不应付现代的物质技术的挑战。在这种文化的夹缝当中，印第安人经受着灵与肉的双重考验。这显然是印第安人的不幸。

① Washburn, *Red Man's Land / White Man's Law*, p. 148.

　　在日常生活方面，印第安人已经不能脱离现代的物质和技术。他们很早就已采用白人的器物和工具，20世纪以来更是大量吸纳现代的物质文化成果。另一方面，他们又必须依靠传统的价值、伦理和仪式来维系自己的认同感，否则其精神就无以寄托。很多人经常宣称以自己是印第安人而自豪，但实际潜藏于心底的情绪却异常复杂：他们的物质生活早已淹没于现代文明当中，于是也十分担心人格和文化认同也会随之消解。因此，言辞的申明可以视作文化危机意识的流露。据说，年老的印第安人尤其忧心忡忡，害怕一旦他们作古，年轻一代便会和白人没有两样，印第安人终告消失。① 还有人感叹，"真正的印第安人太少"，到处都是和白人生活得完全一样的印第安人。② 这说明，失去物质依托的传统价值和仪式，已然处于岌岌可危的境地。印第安人能否把物质生活和精神价值和谐地结合起来，能否消除两个生活世界的分裂，能否增进其文化的完整性，显然已直接关系到他们未来的命运。

　　据前文所论，印第安人的传统价值和伦理既然具有医治现代文明之病的效用，也就未必与现代生活绝对格格不入。印第安人教育专家W.卡森·瑞安在1935年指出，如果印第安人把传统的优势与现代文明的长处结合起来，他们就会获得"异乎寻常的机会"。③ 然则这种理想中的"机会"，由于受到主流社会的文化宽容、印第安人生存环境的质量以及土著文化的筛选和转换能力等多种因素的制约，看来一时还难以为印第安人所获得。

　　2. 失去的世界与复兴的梦想

　　印第安人独享美洲、自由生活的日子，在1492年就已经结束了。于今印第安人不得不和曾夺走他们黄金时代的白人一起生活，难免产生十分复杂的心绪。他们怀念先辈生活的时代，对白人的仇恨时时纠缠于心，复兴的梦想也使他们躁动不安。

　　一个老年印第安人妇女说：

　　　　有时我在夜晚坐着，望着外面的密苏里河。太阳落下去了，
　　夜幕降临河上。在朦胧中，我似乎又看见了我们的印第安村庄和
　　那土屋上袅袅升起的炊烟；在河水的咆哮声里，我似乎听到过去

---

① Lincoln, *The Good Red Road*, p. 240.

② Nabokov, *Native American Testimony* (1992), p. 412.

③ Prucha, *The Great Father*, p. 977.

那种武士们的呐喊和孩子们的欢笑。可是，这不过是一个老太婆做的梦罢了。我看到的只是影子，听见的只是河水的轰鸣。泪水顿时充满我的眼眶。我知道，我们印第安人的生活，已经永远逝去了。[1]

在这种淡然的语调里，究竟包含着多少悲哀、辛酸、痛楚、怅惘乃至绝望，虽非亲历者不易体味，但今天读来仍觉心魄震荡，苍凉悲壮之感油然而生。这不正是印第安人为失去的世界所唱的挽歌吗？

苏族的本·黑麋说：

马丁·路德·金说，"我有一个梦想"，但我们印第安人过去没有必要做梦。我们有现实。这整个大陆原是一个乐园。……我们过得很好。后来白人来了。那就是我们的破落。然后压迫就开始了。[2]

这里流露的是对往昔生活的追念，以及失去这种生活的悲愤之情。

有个温纳贝戈人抗议道：

印第安人对白人来说什么也不是。……他们（指白人——引者）没有在这里种这些树；他们没有把鹿弄到这里；他们没有把鱼弄到这里；可他们却说，"我们给你们……"，他们一开始什么给人的东西也没有。他们是叫花子，他们是穷光蛋。……这个国家完全是靠侵略而建立起来的。这里本来人人都有安身之地，但现在他们占有了一切，现在他们还想夺走我们剩下的东西，他们想夺走我们所有的一切。[3]

这种愤怒和仇恨的情绪自有历史作为依据，也就显得合乎情理。

除此而外，许多印第安人还怀有复兴的梦想，时刻盼望和等待快乐王国的重现。在鬼魂舞盛行时期，苏族保留地流传一首歌谣，其中唱道：

整个世界正在走来，／一个民族正在走来，一个民族正在走来，／雄鹰把消息带给部落，／父亲如是说，父亲如是说。／在

① Nabokov, *Native American Testimony*, p. 231.
② Armstrong, *I Have Spoken*, p. 158.
③ Armstrong, *I Have Spoken*, p. 159.

　　大地上他们正在走来，／野牛正在走来，野牛正在走来，／乌鸦
把消息带给部落，／父亲如是说，父亲如是说。①

这是大平原印第安人的复兴之梦。这个梦一直为苏族人所保留，他们中间仍
有人在等待野牛重新漫游于大平原的那一天。

　　切罗基人也有自己的复兴之梦。俄克拉何马建州之际，他们预感大难
临头，于是请 7 位老者来祈求神示。7 位老者整夜围着篝火向至上神祈祷，
有人透过火光看见，原来满满的一桶水竟漏得一滴不剩。但是，天亮后他们
收拾东西回家时，却发现空桶里又奇迹般地装满了水。他们认为这便是神所
赐予的启示：切罗基人将如桶中之水，等到丧失一切之后，又会获得新生和
复兴。② 至今年老的切罗基人仍对这个预言坚信不疑。

　　在《卡斯特因汝之罪而死》一书的结尾，小瓦因·德洛里亚宣告了年
轻一代的复兴梦想："夜晚已经让给白天。印第安人很快会高高站立，再次
变得十分强大。"③ 然则印第安人的复兴之梦能否变成实现，取决于土著传
统能否顺利与现代文明接轨，取决于主流社会能否扩大文化包容性。其实，
从长远的历史进程来看，印第安人的真正复兴并不是部落制和过去生活的重
现，而是他们平等地自立于美国社会。

　　3. 自决的愿望和美国政府的援助

　　印第安人的领袖们，自战后以来一直以现实的态度争取正当的权益。
他们力求在美国现有的社会格局中，最大限度地为印第安人创造生存发展的
条件。他们的奋斗目标在于实现自决，也就是由印第安人自己选择发展道
路，自己管理保留地的事务，并参与联邦涉及印第安人的决策活动。

　　自决要求的提出，反映印第安人在政治上正走向成熟。美国政府容许
印第安人从事争取自决的斗争，并逐步赋予部落一定的自主权，这表明合理
的种族关系正趋于形成。然而，印第安人真正而完全的自决却遇到一个尖锐
的矛盾，即他们必须与美国政府保持特殊关系，接受联邦的援助。

　　自 20 世纪 60 年代以来，美国政府开始关注保留地的经济发展和社会
改善，国会有关印第安人经济发展、就业、教育、福利、保健等方面的法
令，接二连三地出台，对印第安人事务的拨款也有较大的增加。1980 年，

---

① Armstrong, *I Have Spoken*, p. 129.

② Stanley, *American Indian Economic Development*, p. 467.

③ Deloria, *Custer Died for Your Sins*, p. 238.

联邦用于印第安人项目的实际开支为 22 亿美元；① 次年，这项拨款增至 31 亿美元。② 以纳瓦霍人为例，1972 年他们人均获得联邦援助达 3,124 美元。③ 此外，保留地印第安人毋须纳税，其企业受到特殊保护。

美国政府实行这种特惠政策，可以说是对白人在历史上剥夺和压迫印第安人所做的补偿。而且，对尚不能与主流社会平等竞争的印第安人来说，这种政策乃是绝对必要的。但这种政策不仅导致印第安人对联邦政府存在依赖性，也为主流社会反对部落自决制造了口实。这两方面都严重制约印第安人的自决进程。

印第安人仍须联邦加以援助，表明他们在经济上不能自立。如果失去援助，保留地的经济和社会服务均将陷于瘫痪。里根政府曾削减对保留地的援助，结果立即使印第安人的社区发展受到很大挫折。④ 没有经济自立作为基础，政治和文化上的自决无异于空中楼阁，即便存在自决的余地，那也是美国从上而下所授予的。由此可见，发展经济和实现经济平等，乃是印第安人争取种族平等的关键所在。

更严峻的挑战来自主流社会的掣肘。对于印第安人的历史和传统以及部落与美国特殊关系的形成背景和过程，美国公众大都缺乏了解，因而不能容忍印第安人在美国社会享有特殊地位。他们从抽象的平等原则出发，或受新闻媒介和政界人士的诱导，一再要求废除联邦对印第安人的特惠政策。一些印第安人领袖人物已经认识到，公众对印第安人历史和文化的无知，构成印第安人走向自决的最大障碍。美国有关部门往往利用公众的情绪，刻意阻挠印第安人的自决。70 年代，纳瓦霍人提出自决要求，有个印第安人事务局的官员揶揄道："好啊，现在要自决了！可是他们没有经济。他们完全依赖政府。你怎么可能谈论这种事？自决必须意味着花白人的钱而不欠下什么。"⑤ 1974 年，蒙大拿州最高法院在一项判决中宣称，应当抛弃有关印第安人主权的神话。⑥ 1977 年，众议员约翰·坎宁厄姆在国会提出"印第安人平等机会法"，以平等的名义建议废除美国与部落的所有条约，终结联邦

---

① Prucha, *The Great Father*, p. 1199.

② Taylor, *American Indian Policy*, p. 70.

③ Stanley, *American Indian Economic Development*, p. 21.

④ Prucha, *Documents of United States Indian Policy*, pp. 301-302.

⑤ Edmunds, *American Indian Leaders*, p. 228.

⑥ Wilkinson, *American Indians, Time, and Law*, p. 27.

与印第安人的特殊关系，撤销一切保留地。同年，一项关于印第安人司法问题的"一揽子法案"也提交国会讨论。法案主张限制部落的司法权，扩大保留地所在州的司法权力。① 如果这类法案得以通过，印第安人就根本无从言及自决。1983年，"美国农场局联盟"通过621号决议，呼吁美国政府取消对印第安人的"特惠政策"，理由是"在法律之下人人都拥有平等的权利和责任"。② 此外，部落政府与地方当局之间，经常因税收、资源保护和司法问题发生纠纷，部落的政治地位时常遇到挑战。这一切表明，印第安人在还需要美国政府给予特别援助的情况下，要获得完全的自决是决无可能的。

然而，自决对印第安人文化的发展却又至关紧要。弗雷德·埃根断言，所谓印第安人问题只存在两种解决办法：一是体质或文化上的同化，或两者并举；二是平等的自治。③ 关于第一种办法，历史证明不仅窒碍难通，而且危害极深。白人既出于种族主义态度而不愿与印第安人通婚，体质上的同化也就从未成为一个现实的方案。他们力图从文化上同化印第安人，但印第安人却始终不能抛弃自己的传统价值和仪式。因此，切合实际的途径唯有"平等的自治"。也只有实现"平等的自治"，印第安人的社会文化才能走上正常的变迁之路。

① *Indian Tribes*, p. 11.
② Olson, *Native Americans in the Twentieth Century*, p. 182.
③ Eggan, *The American Indian*, p. 144.

结　语

一

在 1883—1884 年那个酷寒而漫长的冬季，大平原上的黑脚族人再也无法捕猎到野牛，饥饿和严寒一齐袭向他们，许多人饱受冻馁之苦以后含恨死去。他们痛恨白人夺占他们的土地，杀尽他们赖以生存的野牛。有个武士咽气以前悲愤难当，不禁喟叹："我真希望白人从来没有到过我们的家园。"① 可是，白人闯入他们的家园，并非可以避免的偶然事件。近代世界风云际会，欧洲人挟其技术与组织的优势，扩张触角伸向全球各地。印第安人孤立世外的局面，注定不按他们的愿望而被打破。以他们当时所处的社会文化状态和对外部世界的茫然无知，倏忽之间被卷入一场空前的历史变局，实在是至为不幸的。他们此后的历史便不复可能由他们自己所执笔，而是后到的白人蘸以他们的血泪写成。

今天略具良知的历史学家，反观这部历史时总不免痛心伤怀。即便在美国白人学者当中，反省和痛责自己先辈的不义和残暴也已成为风气。他们大多认为，印第安人的悲剧乃是"美国遗产中的阴暗部分"。② 这种见识自然已大大高出弗雷德里克·杰克逊·特纳当年的说法。但是，并不是所有白人学者都具有公正开阔的胸襟。至今仍然有人刻意为白人开脱历史责任，指责修正派史学关于印第安人的描述有悖于实情。有文章甚至提出，真正的印第安人残忍不义，嗜好暴力，富于攻击性。一些社会名流也不时声称，白人

---

① Nabokov, *Native American Testimony*, p. 232.

② Calvin Martin, *The American Indian and the Problem of History* (New York, 1987), p. 24.

过去夺取印第安人的土地，不过出于生存所迫，印第安人阻挠夺占，对白人的生存愿望也"不加体恤"，实乃"自私残忍至极"。①

好在历史毕竟不能被任意改写。盎格鲁-撒克逊白人在建成富足强国的过程中，曾经践踏和毁灭其土著邻居的生存权利，这已是载于史册而成不争的事实。以史为鉴，更可清晰地辨别美国发展道路上的斑斑污迹：除剥夺印第安人之外，其他如奴役黑人、压榨劳工、排斥少数族裔移民、夺取他国领土以及争霸海外市场等，又有哪一桩是可以张扬的光彩记录呢？

二

然则不论怎样，美国毕竟在很短的时期勃兴为一流强国，白人在新大陆所创造的文化成就早已世所瞩目。美国白人后来居上，可谓占尽天时地利。辽阔的土地，丰富的资源，这本身就是一笔巨大的财富；加以弱小分散的土著居民不能捍卫自己的土地权利，始终没有从实质上威胁白人的生存发展，美国因而得以迅速崛起，其物质和技术的巨大成功使之雄视于世。于是，美国白人宣称自己的国度乃是机会之乡，自己的成功代表着文明进步的方向和人类未来的希望，美国的制度和价值观念经过检验乃具有无可比拟的优越性，理应推及其他愚昧冥顽的不幸人民，使他们共同沐浴文明之光。自20世纪初以来，这种妄自尊大、自命不凡的心理，刺激起美国人建立一个"美利坚文化帝国"的梦想。他们殚精竭虑不惜代价地向外推广美国的制度、理想和生活方式，力图从文化上征服广大地区和众多民族，由美国充当世界的领导者和引路人，幻想星条旗一经挥舞，各地人民便从者如云。这种征服欲望使美国文化具有强劲的攻击性，而美国人自己过去的迅速成功，又使得文化征服往往急功近利，为达到目的不惜软硬兼施，若遇挫折则狂躁负气，斥责拒不接受其文化价值者为愚顽不灵。

美国文化的征服攻击特性以及美国人"文化帝国"的使命观，通过对印第安人的文化改造和同化运动而得到了鲜明的展现。19世纪末以来，美国向非基督教国家进行文化和政治扩张，实际上乃是白人对待土著文化的态度和政策的放大和推广，因而探析印白文化关系的历史，有助于观照美国的

① Lincoln, *The Good Red Road*, p. 89.

对外扩张政策。

三

　　美国白人社会对待"印第安人问题"的态度，实际上从未出现过一致和共识。力主夺取部落土地的势力一直占据上风，否则北美大陆土地易主的局面便不至于出现。另一方面，白人社会反对驱杀印第安人者有之，谴责对印第安人待遇不公者有之，把边疆战争归咎于白人者有之，甚至支持部落土地权利者亦有之，然则对文化征服的合理性和必要性表示怀疑的意见，在20世纪以前则罕有所闻。在摧毁土著文化和同化印第安人的运动中，行事者自以为天命所归而理直气壮，异议仅仅发生在是否可能、方式若何以及速度多快之类的枝节问题上。可见，当日残暴不义和乖理无情的文化征服，断非少许心存恶念的"不逞之徒"所故意促成，而是那个时代文化观念和社会需要的产物，因之可以说是一场历史的悲剧。

　　现在再来剖析这一悲剧，无论指责具体的参与者，抑或同情不幸的受害者，都无补于改变既有的结局。然则重温历史和究明责任，毕竟可以警示今人：在文化上定于一尊或恃强凌弱，都不是理性日趋发达的人类所应取的立场。唯有多元并存，在相互尊重中开展交流和竞争，才有可能塑造出合理的文化关系格局。这一教训得自于沉重的历史代价，尤应认真加以汲取。

四

　　尊重和平等既为施加于优势文化的约束，也是劣势文化存亡绝续的要害所关。由于文化接触的方式和性质更多地取决于拥有优势的一方，所以势能微弱的文化体系往往陷于被动地位。

　　然而，劣势文化并非不存在摆脱被动处境的可能。机遇在于敞开胸怀，自觉筛选、吸纳优势文化成分，消化综合而为己所用。切罗基人因吸收白人文化而获得迅速进步的例证，说明这是劣势文化避免毁灭和急起直追的唯一有效途径。

　　任何文化系统都具有保守性，往往执着于维持固有的文化特性。顾虑吸纳异质文化会危及传统的心理，普遍存在于各个民族。美国土著文化以其势能之弱，所受冲击之重，在历史上难以找出二例，可是印第安人的文化特性非但未被毁灭，反而趋于劲拔牢固。强制同化尚且不能消灭一个种族的文化特征，自动鉴别吸收外来文化又何至于毁弃传统呢？吸收不同文化的意义，主要在于更新传统，使之实现转换，增添活力，以适应世界的变动。

论及印第安人对本族传统的珍视和捍卫，除了惊叹其文化之坚韧和精神之顽强以外，还须指明，这种珍视和捍卫最好能以有利于自己文化的成长为准则。如果广泛吸纳更能推动文化发展，过分执着于传统而深闭固拒外来文化，则显然不合时宜，而且贻害自身。这也应当成为一条不能忘却的历史教训。

五

实际上，印第安人在文化接触中并没有保持传统的一成不变。他们自始至终都在吸纳白人的器物和技术，并得以在物质文化上日益接近主流社会。他们所拒斥的仅是白人的社会制度和价值伦理。正是这种拒斥，才使得作为种族和文化群体的印第安人，至今仍然存在于美国。

这一现象也反映了文化变迁的一般趋势。在文化系统的基本构件中，技术因素最易于变动和转型，属于"短时段"范畴；组织和制度居次，可归入"中时段"；观念既为文化的深层结构，便具有更强的稳定性，其变动十分缓慢迟滞，有时甚至与技术和制度的变动大为脱节，因而应当视作"长时段"因素。一种文化体系在按照自有逻辑变迁时，各个构件或能相对和谐同步。然而，在不同文化相互碰撞和交流的过程中，技术因素通常远远走在前面。印第安人的文化变迁，就是一个鲜明的例证。

六

在美国历史上，白人向西拓殖而与土著部落接触的前沿地带被称作"边疆"。当时白人社会习惯于把边疆看成"文明"与"野蛮"的分水岭，当作"文明"扩张的前哨。可见，边疆也等于是文化的边疆，可视为印白文化接触的中心地带。

然而，印白文化之间还存在一条非地理的"边疆"。这条边疆所划分的是两个截然不同的文化畛域。白人社会进行文化征服，意在突破这条边疆，占据和改造印第安人的文化"国土"。印第安人则运用各种方式抵御入侵，捍卫边疆，虽然渗透在所难免，但终使传统特性未致崩毁。

不妨设想，白人社会如果尊重这条"文化的边疆"，通过和平交流，也许可以产生两利或至少两不相害的后果。事实证明，任何一种同化都非强制所能造成，而渐进的渗透诱变则可使文化的融合或转换出现于悄然不觉之间。然而，白人社会恃强凌弱，执意以强制手段摧毁"文化的边疆"，结果如同两国鏖兵，拼杀厮夺，胜者不能久占其国，败者则力图救亡复兴；仇视抵消交流，对抗阻止融合。可见，"文化的边疆"实际上是不可能以强力突破的。

幸而美国主流社会尚思回头，走上了文化多元主义的道路，也就是正视和遵守"文化的边疆"，不再谋求强制同化。

其实，在现今美国的文化格局和种族关系当中，同化正日益失去实质性的意义。由于移民涌入和人口结构的变化，美国社会日益具备多元特征。西班牙裔、非洲裔、亚裔和土著人口增长甚快，白人将成少数种族之议也早有耳闻。[①]白人文化的主流地位也就会随之成为疑问。多种文化并存和共同发展似已成为一种趋势。这当然预示着，印第安人文化在美国社会也将拥有光明的未来。然而，迷雾并未完全廓清。美国白人不肯轻易丢弃自己文化的主流地位，美国政府也仍然有意向外推广其文化价值和政治模式，因而国内的多元文化格局能够保持在怎样的水准，并非没有令人疑虑之处。坚持白人文化的主流地位，同时容许其他亚文化存在和发展，似乎是当今美国白人在文化上所采取的基本策略。

经历无数磨难和不幸之后，印白文化关系终于回到当初就应当具有的基点之上。历史就这样残酷无情地画出了一个不规则的圆圈。印白文化接触这一人类历史上罕见的巨大悲剧，今天所能赋予人们的思考和启迪，确实深于一切宗教的训导和理论的宣示。

---

① 据美国学者威廉·亨利三世所说，到 2056 年非白人将超过白人，白人在美国将变成少数民族。见威廉·亨利三世：《在"民族熔炉"之外》，《交流》1991 年第 4 期。

附录一

美国印第安人主要部落译名对照表[①]

Acoma Pueblo	阿科马-普韦布洛
Alabama Coushatta	亚拉巴马-考沙塔
Algonquian	阿尔冈钦
Ariskara	阿里斯卡拉
Arapaho	阿拉珀霍
Assiniboine	阿西尼波伊恩
Blackfoot	黑脚
Caddo	卡多
Catawba	卡托巴
Cherokee	切罗基
Cheyenne	夏延
Chickasaw	奇克索
Chippewa	奇珀瓦
Choctaw	乔克托
Coeur d'Alene	科达伦
Comanche	科曼奇
Conestoga	科纳斯托加
Creek	克里克

[①] 仅限于本书中提及的部落。

Crow	克罗
Delaware	特拉华
Flathead	弗拉特黑德
Gros Ventre	格罗文特
Hidatsa	希达萨
Hoopa	胡帕
Hopi	霍皮
Iowa	艾奥瓦
Iroquois	易洛魁
Jicarilla Apache	吉卡里拉-阿帕奇
Kansas（Kansa）	堪萨斯
Kickapoo	基卡普
Kiowa	凯厄瓦
Klamath	克拉马斯
Lummi	拉米
Mashpee	马什皮
Menomini	梅诺米尼
Mescalero Apache	梅斯卡莱罗-阿帕奇
Miami	迈阿密
Miccosukee	米科苏基
Micmac	米克麦克
Mohave	莫哈维
Mohawk（Iroquois）	莫霍克
Montaigne	蒙泰因
Morongo	莫龙戈
Nachetz	纳奇兹
Narragansett	纳拉甘西特
Navajo（Navaho）	纳瓦霍
Néz Perce	内兹帕斯
Oglala Sioux	奥格拉拉-苏族
Ojibwa	奥吉布瓦
Omaha	奥马哈

Oneida（Iroquois）	奥奈达
Onondaga（Iroquois）	奥农多加
Osage	欧塞奇
Otoe（Oto）	奥托
Ottawa	渥太华
Paiute	派尤特
Pamunkey	帕芒基
Papago	帕帕戈
Passamaquaddy	帕萨马阔迪
Peoria	皮奥里亚
Pequot	皮阔特
Pima	皮马
Ponca	庞卡
Potawatomi	波塔沃托米
Powhatan	波哈坦
Pownee	波尼
Pueblo	普韦布洛
Puyallup	皮阿拉普
Quechan	魁钦
Sac-Fox	索克-福克斯
Seminole	塞米诺尔
Seneca（Iroquois）	塞尼卡
Shahapt	沙哈普特
Shawnee	肖尼
Shoshone	肖肖尼
Sioux	苏族
Sisseton Sioux	锡塞顿-苏族
Spokane	斯波坎
Taos-Pueblo	陶斯-普韦布洛
Tule River	图利河
Tuscarora（Iroquois）	塔斯卡罗拉
Ute	尤特

Wampanoag	万班诺阿格
Winnebego	温纳贝戈
Wintun	温顿
Wyandot	怀恩多特
Yakima	亚基马
Yamasee	雅马西
Yuma	尤马
Yurok	尤罗克

附录二

英文参考书目

Abbot, W. W., ed. *The Papers of George Washington*（《乔治·华盛顿文件集》）. Charlottesville: University Press of Virginia, 1989.

Abler, Thomas S., ed. *Chainbreaker: The Revolutionary War Memoirs of Governor Blacksnake as Told to Benjamin Williams*（《黑蛇总督革命战争回忆录》）. Lincoln: University of Nebraska Press, 1989.

Adler, Mortimer, Jr., editor in chief. *The Annals of America*（《美国年鉴》）. Chicago: Encyclopaedia Britannica, 1976.

Anderson, Gary Clayton. *Kinsmen of Another Kind: Dakota-White Relations in the Upper Mississippi Valley, 1650-1862*（《另一种同胞》）. Lincoln: University of Nebraska press, 1984.

Armstrong, Virginia Irving, ed. *I Have Spoken: American History Through the Voices of the Indians*（《我已说过了：印第安人口中的美国史》）. Chicago: The Swallow Press, 1971.

Arnold, Mary Ellicott, and Mabel Reed. *In the Land of the Grasshopper Song: Two Women in the Klamath River Indian Country in 1908-09*（《在蚱蜢唱歌的地方》）. Lincoln: University of Nebraska Press, 1980.

Axtell, James. *After Columbus: Essays in Ethnohistory of Colonial North America*（《哥伦布以后》）. New York: Oxford University Press, 1988.

Axtell, James. *The Invasion Within: The Contest of Cultures in Colonial North America*（《内部入侵》）. New York: Oxford University Press, 1985.

Bailey, Garrick Alan. *Changes in Osage Social Organization, 1673-1906*（《欧塞奇族社会组织的变迁》）. Eugene: University of Oregon Anthropological Papers, No.5, 1973.

Ball, Eve. *Indeh: An Apache Odyssey*（《印德：一部阿帕奇人的英雄史诗》）. Provo, Utah: Brigham Young University Press, 1980.

Basso, Keith H. *Portraits of "the Whiteman": Linguistic Play and Cultural Symbols Among the Western Apache*（《"白人"的画象》）. Cambridge, UK: Cambridge University Press, 1979.

Beaglehole, Ernest. *Notes on Hopi Economic Life*（《霍皮部落经济札记》）. New Haven: Yale University Press, 1937.

Berkhofer, Robert F., Jr. *The White Man's Indian: Images of American Indian from Columbus to the Present*（《白人眼里的印第安人》）. New York: Alfred A. Knopf, 1978.

Bernstein, Alison R. *American Indian and World War II: Toward a New Era in Indian Affairs*（《美国印第安人与第二次世界大战》）. Norman: University of Oklahoma Press, 1991.

Billington, Ray A. *America's Frontier Culture, Three Essays*（《美国的边疆文化》）. College Station: Texas A & M University Press, 1977.

Bitterli, Urs. *Cultures in Conflict: Encounters Between European and Non-European Cultures, 1492-1800*（《冲突中的文化》）. Cambridge, UK: Pulity Press, 1989.

Bochner, Stephen, ed. *Cultures in the Contact: Studies in Cross-Cultural Interaction*（《接触中的文化》）. Oxford, UK: Pergamon Press, 1982.

Bock, Philip K. *Culture Shock: A Reader in Modern Cultural Anthropology*（《文化冲击》）. New York: Alfred A. Knopf, 1970.

Bolt, Christin. *American Indian Policy and American Reform: Case Study of the Campaign to Assimilate the American Indians*（《美国印第安人政策与美国改革》）. London: Allen & Unwin, 1987.

Brown, Dee. *Bury My Heart at Wounded Knee: An Indian History of the American West*（《翁迪德尼埋葬我的心》）. Toronto: Bantam Books, 1970.

Cadwalader, Sandra L., et al., eds. *The Aggressions of Civilization:*

Federal Indian Policy Since the 1880's（《文明的进犯》）. Philadelphia: Temple University Press, 1984.

Clark, Thomas D., ed. *The Great American Frontier: A Story of Western Pioneering*（《伟大的美国边疆》）. Indianapolis: Bobbs-Merrill, 1975.

Clark, Thomas D., and John D. W. Gvice. *Frontiers in Conflict: The Old Southwest, 1795-1830*（《冲突中的边疆》）. Albuquerque: University of New Mexico Press, 1989.

Clifton, James A., ed. *Introduction to Cultural Anthropology: Essays in the Scope and Methods of the Science of Man*（《文化人类学导论》）. Boston: Houghton Mifflin, 1968.

Clifton, James A., ed. *The Invented Indian: Cultural Fictions and Government Policies*（《被发明出来的印第安人》）. New Brunswick, N.J.: Transaction Publishers, 1990.

Colden, Cadwallader. *The History of the Five Indian Nations Depending on the Province of New-York in America*（《美洲纽约殖民地境内五个印第安人部族的历史》）. Ithaca: Great Seal Books, 1958.

Commager, Henry Steel, ed. *Documents of American History*（《美国历史文献集》）. New York: Appleton-Century-Crofts, 1949.

Connell-Szasz, Margaret. *Indian Education in the American Colonies, 1607-1783*（《北美殖民地的印第安人教育》）. Albuquerque: University of New Mexico Press, 1988.

Cook, Sherburne F. *The Conflict Between the California Indian and White Civilization*（《加利福尼亚印第安人和白人文明之间的冲突》）. Berkeley: University of California Press, 1976.

Debo, Angie. *A History of the Indians of the United States*（《美国印第安人史》）. Norman: University of Oklahoma Press, 1970.

Deloria, Vine, Jr. *Custer Died for Your Sins: An Indian Manifesto*（《卡斯特因汝之罪而死》）. New York: Avon Books, 1969.

Deloria, Vine, Jr. *God is Red*（《上帝是红的》）. New York: Dell Publishing Co., 1973.

Dinnerstein, Leonard, et al., eds. *Uncertain Americans: Readings in Ethnic History*（《不确定的美利坚人》）. New York: Oxford University

Press, 1977.

Edmunds, R. David, ed. *American Indian Leaders: Studies in Diversity* (《美国印第安人领袖》). Lincoln: University of Nebraska Press, 1980.

Eggan, Fred. *The American Indian: Perspectives for the Study of social Change* (《美国印第安人》). 2d. ed., New York: Cambridge University Press, 1980.

Ehle, John. *Trail of Tears: The Rise and Fall of the Cherokee Nation* (《眼泪之路》). New York: Doubleday, 1988.

Elkin, Henry. *The Northern Arapaho of Wyoming* (《怀俄明的北阿拉珀霍人》). New York: D. Appleton-Century, 1940.

Gibson, Arrell Morgan. *American Indian: Prehistory to the Present* (《史前时代至现在的美国印第安人》). Lexington, Mass.: D.C. Heath, 1980.

Goodman, James M. *The Navajo Atlas: Environments, Resources, People, and History of the Diné Bikeyah* (《纳瓦霍地图集》). Norman: University of Oklahoma Press, 1982.

Gordon, Milton M. *Assimilation in American Life: The Role of Race, Religion, and National Origins* (《美国生活中的同化》). New York: Oxford University Press, 1964.

Gossett, Thomas F. *Race: The History of an Idea in America* (《美国种族观念史》). Dallas: Southern Methodist University Press, 1975.

Hagan, William T. *The Indian Rights Association: The Herbert Welsh Years 1882-1904* (《赫伯特·韦尔什时期的印第安人权利协会》). Tucson: The University of Arizona Press, 1985.

Halliburton, R., Jr. *Red Over Black: Black Slavery Among the Cherokee Indians* (《红高于黑：切罗基印第安人中的黑人奴隶制》). Westport, Conn.: Greenwood Press, 1977.

Hammond, Peter B., ed. *Cultural and Social Anthropology: Introductory Readings in Ethnology* (《文化与社会人类学》). New York: Macmillan, 1975.

Heizer, R.F., et al., eds. *The California Indians* (《加利福尼亚的印第安人》). Berkeley: University of California Press, 1971.

Hoffer, Peter Charles, ed. *Indians and Europeans: Selected Articles on*

Indian-White Relations in Colonial North America（《印第安人与欧洲人》）. New York: Garland, 1988.

Hoover, Dwight W. *The Red and the Black*（《红种人与黑人》）. Chicago: Rand McNally College Publishing Co., 1976.

Hoxie, Frederick E. *A Final Promise: The Campaign to Assimilate the Indians 1880-1920*（《最后的诺言》）. New York: Cambridge University Press, 1989.

Hoxie, Frederick E., et al. *Native Americans: An Annotated Bibliography*（《土著美国人书目提要》）. Pasadena, Calif.: Salem Press, 1991.

Hurt, R. Douglas. *Indian Agriculture in America: Prehistory to the Present*（《史前时期至今的美国印第安人农业》）. Lawrence: University Press of Kansas, 1987.

Jackson, Helen Hunt. *A Century of Dishonor: A Sketch of the United States Government's Dealings With Some of the Indian Tribes*（《耻辱的世纪》）. Minneapolis: Ross & Haines, 1964.

Jacobs, Paul, et al. *To Serve the Devil, Vol. I, Natives and Slaves*（《为魔鬼效力》）. New York: Vintage Books, 1971.

Jefferson, Thomas. *Writings*（《托马斯·杰斐逊著作选》）. New York: Library Classics of the United States, 1984.

Jennings, Francis. *The Invasion of America: Indians, Colonialism, and the Cant of Conquest*（《入侵美洲》）. New York: W. W. Norton, 1975.

Joffe, Natalie F. *The Fox of Iowa*（《爱奥瓦的福克斯人》）. New York: D. Appleton-Century, 1940.

Josephy, Alvin M., Jr. *The Indian Heritage of America*（《美国的印第安遗产》）. Boston: Houghton Mifflin, 1991.

Josephy, Alvin M., Jr. *The Patriot Chiefs: A Chronicle of American Indian Leadership*（《忠诚于部落的首领们》）. New York: Viking Press, 1961.

Levine, Stuart, et al., eds. *The American Indian Today*（《今日美国印第安人》）. Baltimore: Penguin Books, 1968.

Lincoln, Kenneth, et al. *The Good Red Road: Passages into Native*

America（《美好的红色之路》）. San Francisco: Harper & Row, 1987.

Lowrie, Walter, et al., eds. *American State Papers: Indian Affairs*（《美国印第安人事务国务文件集》）. Washington, D. C: Gales & Seaton, 1832.

McDonnell, Janet A. *The Dispossession of the American Indian 1887-1934*（《剥夺美国印第安人》）. Bloomington: Indiana University Press, 1991.

McFeat, Tom, ed. *Indians of the North Pacific Coast*（《北太平洋沿岸印第安人》）. Seattle: University of Washington Press, 1966.

Macleod, William C. *The Indian Frontier*（《印第安人边疆》）. New York: Alfred A. Knopf, 1928.

McNickle, D'Arcy. *Native American Tribalism: Indian Survivals and Renewals*（《土著美国人的部落制》）. New York: Oxford University Press, 1973.

Mallea, John R., et al. *Cultural Diversity and Canadian Education*（《文化多样性与加拿大教育》）. Ottawa: Carleton University Press, 1984.

Martin, Calvin. *The American Indian and the Problem of History*（《美国印第安人与历史问题》）. New York: Oxford University Press, 1987.

Meyer, William. *Native Americans: The New Indian Resistance*（《土著美国人：印第安人新抵抗》）. New York: International Publisher, 1971.

Moquin, Wayne et al., eds. *Great Documents in American Indian History*（《美国印第安人重要历史文献》）. New York: Praeger, 1973.

Morgan, Lewis Henry. *The Indian Journals, 1859-1862*（《印第安人日志》）. Ann Arbor: The University of Michigan Press, 1959.

Morgan, Lewis Henry. *League of the Ho-Dé-No-Sau-Nee or Iroquois*（《易洛魁联盟》）. New York: Burt Franklin, 1901.

Nabokov, Peter, ed. *Native American Testimony: An Anthology of Indian and White Relations, First Encounter to Dispossession*（《土著美国人的证言》）. New York: Harper & Row, 1978.

Nabokov, Peter, ed. *Native American Testimony: A Chronicle of Indian-White Relations from Prophecy to the Present, 1492-1992*（《印白关系编年史》）. New York: Viking, 1991.

Nagler, Mark. *Perspectives on the North American Indians*（《北美印第

安人之考察》）. Toronto: McClelland & Steward, 1972.

Nash, Gary B. *Red, White, and Black: The Peoples of Early America*
（《红种人、白人和黑人》）. Englewood Cliffs, N.J.: Prentice-Hall, 1982.

Nichols, Roger L., et al., eds. *The American Indians: Past and Present*
（《美国印第安人的过去与现在》）. Waltham, Mass.: Xerox College
Publishing, 1971.

Nichols, Roger L., et al., eds. *The American Indian: Past and Present*
（《美国印第安人的过去与现在》）. New York: John Wiley and Sons, 1981.

Ogle, Ralph Hedrick. *Federal Control of the Western Apaches,1848-
1886*（《联邦对西阿帕奇人的控制》）. Albuquerque: The University of New
Mexico Press, 1940.

Olson, James S., et al. *Native Americans in the Twentieth Century*（《20
世纪的土著美国人》）. Provo, Utah: Brigham Young University Press, 1984.

Paul, Rodman W. *The Far West and the Great Plains in Transition 1859-
1900*（《转变中的远西部和大平原》）. New York: Harper & Row, 1988.

Pearce, Roy Harvey. *The Savages of America: A Study of the Indian and
the Idea of Civilization*（《美国的野蛮人：关于印第安人与文明观念的研
究》）. Baltimore: The Johns Hopkins University Press, 1965.

Peithmann, Irvin M. *Broken Peace Pipes: A Four-Hundred Year History
of the American Indian*（《美国印第安人四百年史》）. Springfield, Ill.:
Charles C. Thomas, 1964.

Predue, Theda. *Nations Remembered: An Oral History of the Five
Civilized Tribes, 1865-1907*（《五大文明部落口述史》）. Westport, Conn.:
Greenwood Press, 1980.

Prucha, Francis Paul. *American Indian Policy in Crisis: Christian
Reformers and the Indian, 1865-1900*（《危机中的美国印第安人政策》）.
Norman: University of Oklahoma Press, 1976.

Prucha, Francis Paul. *American Indian Policy in the Formative Years:
The Indian Trade and Intercourse Acts, 1790-1834*（《形成中的美国印第安
人政策》）. Cambridge, Mass.: Harvard University Press, 1962.

Prucha, Francis Paul, ed. *Documents of United States Indian Policy*
（《美国印第安人政策文件集》）. Lincoln: University of Nebraska Press,

1990.

Prucha, Francis Paul. *The Great Father: The United States Government and American Indians*（《伟大的父亲：美国政府与美国印第安人》）. Lincoln: University of Nebraska Press, 1984.

Prucha, Francis Paul, ed. *The Indian in American History*（《美国历史上的印第安人》）. New York: Holt, Rinehart, and Winston, 1971.

Radin, Paul. *The Story of American Indian*（《美洲印第安人的故事》）. New York: Liveright, 1944.

Ranney, Victoria Post, ed. *The Papers of Frederick Law Olmsted*（《弗雷德里克·洛·奥尔姆斯特德文件集》）. Baltimore: The Johns Hopkins University Press, 1990.

Richardson, James, ed. *A Compilation of the Messages and Papers of the Presidents*（《美国总统咨文和文件汇编》）. Washington, D. C.: Bureau of National Literature, 1897.

Richter, Daniel K., et al., eds. *Beyond the Covenant Chain: The Iroquois and Their Neighbors in Indian North America, 1600-1800*（《北美的易洛魁人及其邻近部落》）. Syracuse, N.Y.: Syracuse University Press, 1987.

Ross, Thomas E., et al., eds. *A Cultural Geography of North American Indians*（《北美印第安人文化地理》）. Boulder, Colo.: Westview Press, 1987.

Russell, Howard S. *Indian New England Before Mayflower*（《"五月花号"到来以前新英格兰的印第安人》）. Hanover, N.H.: University Press of New England, 1980.

Satz, Ronald N. *American Indian Policy in the Jacksonian Era*（《杰克逊时期美国的印第安人政策》）. Lincoln: University of Nebraska Press, 1975.

Sheehan, Bernard W. *Seeds of Extinction: Jeffersonian Philanthropy and the American Indian*（《灭绝的种子：杰斐逊式的博爱慈善与美国印第安人》）. New York: W. W. Norton, 1973.

Spencer, Robert F., et al. *The Native Americans: Ethnology and Background of the North American Indians*（《土著美国人》）. New York: Harper & Row, 1977.

Spicer, Edward H. *Cycles of Conquest: The Impact of Spain, Mexico, and the United States on the Indians of the Southwest, 1533-1960* (《征服的循环：西班牙、墨西哥和美国对西南部印第安人的冲击》). Tucson: The University of Arizona Press, 1962.

Stanley, Sam, ed. *American Indian Economic Development* (《美国印第安人的经济发展》). Chicago: Mouton Publishers, 1978.

Steinfield, Melvin. *Cracks in the Melting Pot: Racism and Discrimination in American History* (《熔炉中的爆裂声：美国历史中的种族主义和歧视现象》). New York: Macmillan, 1973.

Steiner, Stan. *The New Indians* (《新印第安人》). New York: Harper & Row, 1968.

Sturtevant, William C., ed. *Handbook of North American Indian* (《北美印第安人手册》). Washington, D.C.: Smithsonian Institution, 1979.

Taylor, Theodore W. *American Indian Policy* (《美国印第安人政策》). Mt. Airy, Maryland: Lamond Publications, 1983.

Thornton, Russell. *American Indian Holocaust and Survival: A Population History Since 1492* (《1492 年以来的美国印第安人人口史》). Norman: University of Oklahoma Press, 1987.

Tocqueville, Alexis de. *Democracy in America* (《美国的民主》). New York: Doubleday, 1969.

United States Commission on Civil Rights. *Indian Tribes: A Continuing Quest for Survival* (《美国民权委员会关于印第安人的调查报告》). June 1981.

United States Senate, *Indian Education: Hearings Before the Subcommittee on Indian Education of the Committee on Labor and Public Welfare* (《美国参议院关于印第安人教育问题的听证材料》). Washington, D.C.: GPO, 1969.

Utley, Robert M. *Frontier Regulars: The United States Army and the Indian, 1866-1891* (《边疆正规军：美国军队与印第安人》). New York: Macmillan, 1973.

Utley, Robert M. *Frontiersmen in Blue: The United States Army and Indian, 1848-1865* (《穿蓝制服的边疆佬：美国军队与印第安人》).

Lincoln: University of Nebraska Press, 1967.

Voices from Wounded Knee, 1973: In the Words of the Participants (《来自翁迪德尼的声音》). Roosevelttown, N.Y.: Akwesasne Notes, 1979.

Waddell, Jack O. *Papago Indians at Work*(《工作中的帕帕戈人》). Tucson: The University of Arizona Press, 1969.

Wallace, Anthony F. C. *The Death and Rebirth of the Seneca*(《塞尼卡人的死亡与再生》). New York: Vintage Books, 1972.

Washburn, Wilcomb E., ed. *The American Indian and the United States: A Documentary History*(《美国印第安人与合众国关系史文件集》). New York: Random House, 1973.

Washburn, Wilcomb E. *The Indian and the White Man*(《印第安人与白人》). New York: Doubleday, 1964.

Washburn, Wilcomb E. *The Indian in America*(《美国的印第安人》). New York: Harper & Row, 1975.

Washburn, Wilcomb E. *Red Man's Land / White Man's Law: A Study of the Past and Present Status of the American Indian*(《红种人的土地，白种人的法律》). New York: Charles Scribner's Sons, 1971.

Weeks, Philip. *Farewell, My Nation: The American Indian and the United States,1820-1890*(《别了，我的故国》). Arlington Heights, Ill.: Harlan Davidson, 1990.

Weeks, Philip, et al. *Subjugation and Dishonor: A Brief History of the Native Americans*(《屈服与耻辱：土著美国人简史》). New York: Robert E. Krieger, 1981.

Wilkinson, Charles F. *American Indians, Time, and Law: Native Societies in a Modern Constitutional Democracy*(《现代宪政民主制下的土著社会》). New Haven: Yale University Press, 1989.

Wissler, Clark. *Indians of the United States*(《美国印第安人》). New York: Doubleday, 1966.

Woerner, Davida. *Education Among the Navajo: A Historical Study* (《纳瓦霍人教育的历史考察》). Columbia University Dissertation, 1941.

Wright, J. Leitch, Jr. *The Only Land They Knew: The Tragic Story of the American Indian in the Old South*(《他们唯一所知的土地》). New York:

The Free Press, 1985.

    Wright, Ronald. *Stolen Continents: The Americas Through Indian Eyes Since 1492* （《被盗的大陆》）. Boston: Houghton Mifflin, 1992.

初版后记

　　我从未料到自己还会回头涉足美国印第安人历史这个领域。大约 12 年以前，我甫出大学校门，在湖南一所师范学校讲授世界近代史。教书之余，开始接触美国历史。因当时当地的条件所限，从事具体问题的研究自是困难重重。我就能力所及，从搜求到的中英文书籍中摘抄材料，写出一篇题为《美国历史上的印第安人问题》的长文。我立志研习美国问题，开头便从美国最早居民的历史入手，可谓一种机缘上的巧合。文章既成，投寄北京的《世界历史》杂志。结果未获刊用。然而我并未感到失意丧气，因为黄启芳编审于退稿信中附言慰勉，令我至今感念不已。不过，"印第安人问题"却也就此搁置未提。

　　一晃便到了 1991 年。这期间我的工作环境几经变动，研究条件也大有改善，尤其幸运的是得遇良师，学业自然有所进步。这时，国内筹备纪念哥伦布首航美洲五百周年，拟于大连召开学术研讨会。我对大海一直深为向往，欲往与会的愿望也就油然而生。然则以治美国史的身份，何由参加这种主题的会议呢？我不由想到"美洲发现"后印第安人的历史命运，于是旧题重作，草成一文。孰料此次吉星高照，文章在提交大连会议以后，竟出乎意料地为《历史研究》所选中，得刊于该刊 1992 年第 1 期。我对印第安人历史的兴趣，经此激励，自然更趋浓厚。是年借此东风之助，申报国家教育委员会"八·五"规划课题，亦侥幸入选。这就是写作本书的由来。

　　然则印第安人历史可算是一个棘手的题目。作为北美土著居民，他们在远古的文化形态似乎更具有考古学和人类学的价值。随着白人的入主和美国的崛起，他们的历史地位显然日趋低落。所以国内治美国史者很少有人关注这个课题，而在一般读者则更缺乏阅读的兴味。可见，我的选题已偏入冷门，此书面世，难免如同棉槌击鼓，不易产生反响。这种得失之虑尚在其次。更感为难的是，真正着手写作时，才发现这个主题还令人感情激荡和心绪难安。因为披阅史籍之时，触目皆是关于印第安人苦难和惨祸的记述，白人的无情不义和横暴自负亦充盈其间。略具良知的人都不免义愤填膺和情见乎辞。我虽在"导言"中提及研究历史不应为道德情感所扰，但回头浏览书稿，发现自己绝未完全超然自持。我并不以为这是多么严重的失误，以我目前的学力和修养，自然尚难达到韦伯所谓"价值中立"的境界。

另一个难题在于，印第安人的历史其实也是头绪纷繁，内容驳杂，如果通盘综述其兴衰遭际，则不免流于泛泛，不合"研究"的题旨。即便具体到种族关系，也感觉题目过大而不易深入。某日闲逛书店，于翻阅群书之际忽然心生一念：何不以印白文化关系为题作一探讨？主意既定，于是依计而行，费时两年有余，始有今日之成。

我在研究和写作中，还幸蒙各方鼎力襄助。国家教委的项目经费乃是收集资料和研究工作的经济保证，"美国学著作出版补贴基金"的资助，则使付梓印行成为可能。这都是我深以为幸的事情。业师杨生茂教授逐句审读初稿，于文字、观点和结构都提出了大量意见，我在修改润色中加以吸收，自觉受益不浅。业师张友伦教授曾审阅全书提纲，对基本思路的把握和具体问题的处理，均多有点拨，我于写作中细加领会，亦感视界大为开阔。能得到两位前辈学者的扶助，当然至为欣幸。北京师范大学的黄安年教授指出了书稿中的几处讹误，使本书为之增色。另外，本书所用资料不易搜求，我虽为此颇费心力，但若无诸多师友及美国学者"援之以手"，写作料难顺利进行。陆镜生教授在赴美研究期间，于百忙中代为复印重要文献。留学明尼苏达大学的熊京民先生寄来多种资料的复印件。俄克拉何马大学历史系的杰罗姆·斯蒂芬（Jerome Steffen）教授慷慨赠书若干册。芝加哥纽伯里图书馆印第安人历史中心的弗雷德里克·霍克西（Frederick Hoxie）博士惠赐个人著作。曲阜师范大学历史系的李胜凯先生借阅有关书籍。北京大学的沈贤志、郑文鑫先生以及国家航空航天部的陈宏达先生，在我赴京收集资料期间都曾给予便利。天津人民出版社编辑张晓斌先生促成出版，南开大学历史研究所刘经章先生联系打印事宜，都力力颇多。吴宪先生、周学军先生在印刷和校对方面提供了极大的帮助。我这些年专注于读书写作，无力他顾，家务的操持和幼子的教养，全赖内子陈亚丽独力承担；此外，她还抽暇打印提纲和品评文字。这些都是完成本书所不可或缺的条件。

书稿终于杀青，且喜付梓在即，我也顿觉欣悦宽慰。本书的撰写可谓得益于天时地利。我在去年于起居饮食之处以外，幸获陋室一间，窃以"写心堂"名之，取"文以写心"之意。于是，我得以在清静无扰中专心写作。回首当初看书抄稿的经过，其艰辛劳累的情形仍然历历在目。如果此书能于国内美国史的研究略有补益，则数年时光即未虚掷。其乐在此，何复他求。

识于南开园写心堂上
1994 年 5 月 10 日

作品简介

本书基于作者的博士学位论文修订而成，运用文化人类学、民族学的某些理论和概念，借鉴美国学术界的相关研究成果，从历史学角度对美国印第安人和白人两个种族的文化接触与互动进行探讨，既有鸟瞰式的宏观考察，也有个案性的细致分析，并提及"文化边疆""文化权利"和"文化帝国主义"等重要概念，揭示了美国种族和文化多样性的一个重要侧面，对于国内的美国史及跨文化研究具有一定的参考价值。本书初版于1994年，多家报刊发表评介文字，曾在学术界引起关注。

作者简介

李剑鸣，湖南常德人，1982年本科毕业于湖南师范学院，1989年和1994年在南开大学先后获历史学硕士、博士学位，1989—2006年在南开大学历史研究所、历史学院以及世界近现代史研究中心任教，2009年入选教育部"长江学者奖励计划（特聘教授）"。现为复旦大学历史学系教授，兼任教育部社会科学委员会委员、国家社科基金评审委员、国务院学位委员会学科评议组（世界史）成员，兼任教育部人文社科重点研究基地南开大学世界近现代史研究中心学术委员会副主任，曾任中国美国史研究会理事长。著有《美国的奠基时代 1585—1775》《历史学家的修养和技艺》《"克罗齐命题"的当代回响》等。